Classroom Teaching Skills
(Ninth Edition)

如何成为反思型教师
课堂教学必备技能
（第九版）

[美]詹姆斯·M.库珀（James M. Cooper） 主编
赵萍 郑丹丹 译
赵萍 审校

中国人民大学出版社
·北京·

致　谢

对于以下在本书修订过程中提供帮助及相关网址的专家表示感谢：

瓦莱丽·R. 赫尔特布兰，宾夕法尼亚州印第安纳大学

特德·B. 考克斯博士，威斯康星大学苏必略分校

汤姆·V. 萨维奇，圣塔克拉拉大学

克里斯蒂娜·巴伦，巴伦咨询校长

艾丽西亚·门多萨，佛罗里达国际大学

米歇尔·休斯，詹姆斯·麦迪逊大学

玛丽·埃伦·巴兹利博士，尼亚加拉大学

琳达·M. 马圭尔，宾夕法尼亚州立大学

奥卢芬米拉约·A. 阿莫比，亚利桑那州立大学西校区

詹姆斯·P. 瓦尔，宾夕法尼亚州米勒斯维尔大学

玛丽莲·穆尔，伊利诺伊州立大学

卡齐·霍森，宾夕法尼亚州米勒斯维尔大学

比亚·巴登，长岛大学

辛迪·尼科特拉，哈里斯堡社区学院

海伦妮·罗宾斯，圣托马斯·阿奎纳学院

　　此外还要感谢圣智学习出版公司的编辑人员，感谢他们为本书的出版所提供的支持与帮助。特别感谢项目编辑凯瑟琳·考克斯，她细致周到地编辑本书，答复我的很多疑问；特别感谢策划编辑克里斯·肖特，在他的鼓励下米夫林集团的高等教育部被纳入了圣智学习出版公司旗下；特别感谢媒体编辑阿什莉·克罗宁，她编辑整理了本书涉及的所有网页；特别感谢编辑助理贾尼丝·博克尔曼在本书修订过程中所做的审查；还要感谢制作编辑玛丽·斯通确定本书终稿并做好了收尾工作。我还要向为本书做出重大贡献的各位作者表示最深切的感谢。

詹姆斯·M. 库珀
弗吉尼亚大学荣誉教授

如何使用本书

本书的设计

《如何成为反思型教师：课堂教学必备技能（第九版）》一书的目的是帮助读者提高本书所选定的这几项教学技能，这些教学技能是实施反思型决策模式的基础。本书每章各关注一项特定的教学技能，每章还会提供有关本章要求读者掌握的该项教学技能的概念图。概念图具体包括该项教学技能的目的、各构成要素及排序、最终表现形式的实质。

本书每章都包括了彼此独立且需要付诸实践的资料，并对读者完成这些实践的情况做出反馈。如果条件允许的话，教师教育者可能还可以为师范生创造机会在真实的课堂环境下尝试运用这些教学技能。

为把自己的教学技能提升到更高水平，读者需要进行远比本书所提供的更多的实践。如果你是一位小学教师，那么本书中很多的教学技能都必须在不同的学科领域进行实践。以提问技能为例，这项教学技能在很大程度上是基于具体学科知识而获得的。

各章格式

每章都是按照一定的常规格式展开的，即（1）目标；（2）基本原理；（3）学习材料与活动；（4）掌握程度测验；（5）观察表。

1. **目标**。目标是以教师学习结果的方式呈现的，它详细说明了需要教师最后呈现哪个或哪些具体能力。不管合适与否，这些目标都是按照学习的层次结构安排的，用于帮助读者从相对简单的目标过渡到相对复杂的目标。

2. **基本原理**。基本原理部分描述的是各章目标背后的目的以及重要性，目的是解释清楚为什么读者应当花时间学习并掌握本章所建议掌握的能力。基本原理的介绍很重要，因为如果读者并不相信各章所要求的特定教学技能会对自己的有效教学产生重要影响，那么读者也不大可能愿意花费时间与精力来提升自己与该项教学技能相关的能力。

3. **学习材料与活动**。每个目标后面都有针对该目标的配套阅读材料。此外，一些作者还会提供更多的配套活动，以满足那些想要就该目标多做些练习的读者的需求。当然，阅读材料与活动的性质会根据所属特定目标的不同而有所变化。

4. **掌握程度测验**。每章都设置了掌握程度测验,并给出了答题要点,从而帮助读者评估自己是否达到了各章所设定的这些目标。读者在完成前面相关的阅读与配套练习活动后,就可以利用这些掌握程度测验评估自己的学习情况。采用这一技术可以帮助读者在完成每一部分的学习之后迅速了解自己是否已经完全达到了该项目标。此外,在某些章节的最后,还会有一个总结性的掌握程度测验,用于对读者的掌握情况进行最终的检测。

5. **观察表**。设置观察表的目的是在进行课堂观察时,帮助读者观察和分析本书所涉及的相关教学技能。观察经验型教师,分析他们是如何运用这些教学技能的,所有这些将有助于读者明白该如何在真实的课堂环境下运用这些教学技能。读者还可以按照本书所建议的方式,对教师如何运用这些教学技能的情况进行比较研究。

以上这一学习模式(目标、基本原理、学习材料与活动、掌握程度测验和观察表)已经在许多教师教育项目里被验证是成功的。这样的学习模式安排是一种有效的设计,因为所有的材料都被有序安排以便帮助学生达到预先设置的目标。本书尽量控制了无关的和不重要的材料,从而帮助运用本书的读者能够最有效地利用自己的时间。如果运用得当,在以上学习模式的帮助下,读者从一开始就可以很好地掌握这些基本教学技能。

教学技能的描述

本书所选取的教学技能都是在反思型教学决策模式中比较重要的教学技能。尽管反思型教学决策模式还需要其他一些教学技能,但本书所选取的都是该模式中最核心的教学技能。

反思型教学决策模式的三个基本功能要素就是计划、执行与评价。本书里每项教学技能至少在完成以上一项功能要素的时候起到重要作用,甚至有些教学技能有助于完成的功能要素还不止一项。本书所包括的九项教学技能分别是:

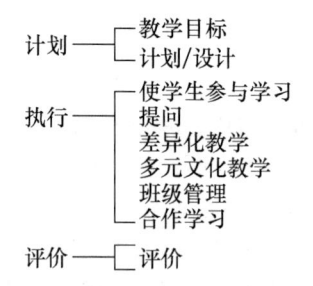

```
计划 ─┬─ 教学目标
      └─ 计划/设计

执行 ─┬─ 使学生参与学习
      ├─ 提问
      ├─ 差异化教学
      ├─ 多元文化教学
      ├─ 班级管理
      └─ 合作学习

评价 ─── 评价
```

教学目标。撰写教学目标是一项基本的计划方面的技能。教师对目标进行详细说明,就是以一种清晰易懂的方式对自己的教学目的加以界定。在第2章,特里·滕布林克就区分了写得好的和写得不好的教学目标。这一章为读者提供了在以下方面取得进步的机会:(1)制定适切、准确的教学目标;(2)在备课过程中运用教学目标;(3)在实施教学过程中运用教学目标。好的教学目标有助于教师计划与实施自己的教学策略。教师是否能够成功地运用教学技能很大程度上有赖于他们所设置的教学目标之深思熟虑程度以及清晰程度。

计划/设计。计划/设计或许是教师最重要的一个手段——整个决策模式都建立在这一教学技能基础之上。在第3章,格蕾塔·莫林-德什密尔强调了高效的教学设计具有哪些关键特征,并在研究基础上审视了新手型教师与专家型教师的教学设计有何不同。专家型教师能够建立并有效实施教学常规,比如如何收取作业、分发材料、提问学生等。他们还有在不同情况下可供选择使用的教学常规和策略库。专家型教师在完成某一目标的时候往往不止一种方法,只要有需要,他们就可以设计和实施不同的教学程序。莫林-德什密尔通过将教师的教学计划/设计与戏剧创作进行类比的方式,审视有效的课时计划和单元计划的特征。她运用了剧本、情景、即兴创作等术语。

使学生参与学习。在第4章,罗伯特·肖斯塔克提出了使学生参与学习的三项基本技能——涉及教学计划的"起始(启动)"阶段、"讨论"阶段以及"结束(收尾)"阶段,这些被证明是促使学生参与学习的重要因素。"起始(启动)"指的是教师主导的行为或表述,教师设计这些行为或表述是为了在学生的经验和课程的目标之间建立起可沟通的联系。"讨论"阶段则是鼓励学生获取新的知识、反思与自己不同的观念、分享个人的观点。"结束(收尾)"是指设计用于将课程教学引向适切的结论并巩固学生学习成果的那些行为或表述。有效运用以上三项教学技能将有助于引起和维持学生对课堂学习的兴趣,确保学生学习掌握课程的主要内容。

提问。或许再也没有比提问得到更多研究的教学行为了。这一点也不奇怪,因为大多数教育者都认同提问策略与技巧是教师互动性教学技能中的一项关键工具。在第5章,戴维·萨德克、迈拉·萨德克和卡伦·齐托曼选择了布卢姆的"教育目标分类学:认知领域"作为课堂问题的分类体系,因为这是教育领域得到最广泛运用的认知划分体系。他们借此机会与师范生一起尝试如何根据布卢姆分类学里的六类水平对问题进行分类和构建,确认"高效提问者的七个习惯",探讨等待时间、探索、反馈等有助于强化提问技能的相关领域,探究美国学生越来越多样化和多元文化的现状如何影响教师的提问策略。如果这一章所探讨的教学技能能够运用到教学实践中,那么最直接的效应就是学生会更积极地参与到学习过程当中来。

差异化教学。有关课堂教学的一个假设就是,学生以不同的方式、不同的次数以及不同的复杂程度学习教师所设计的课程。如果在课堂上想要以一种有效的方式教授所有的学生,教师就必须考虑学生之间存在的各种差异,并针对这些差异采取相应的教学行为。差异化教学就是针对学生差异性的教学方式。正如第6章的作者卡萝尔·安·汤姆林森所说的:"……差异化教学是一种'针对性的'教学方式,而不是'一对多的'万能教学模式。"

在这个需要高度互动的章节里,汤姆林森帮助读者构建独特的包容学习者需要的个人教学理论,提供差异化的学习内容、学习活动和学习结果以应对学生不同的准备程度、兴趣和学习风格,帮助读者思考通过怎样的实践方式可以成长为一名掌握差异化教学技能的教师。

多元文化教学。美国学校的课堂越来越多样化,教师也面临越来越多的挑战。他们需要在教学中应对学生在种族、文化、社会经济地位等方面与自己存在的差异。有效教师能够做到应对不同背景的学生,肯定他们的身份,在了解学生是谁以及学生带着哪些印记来学校的基础上进行教学。在第7章贾森·伊里萨里提供了一个概念基础,帮助读者了解为什么多元文化教学如此重要,并提供常规策略来促使教师的教学更加符合多元文化教学的要求。他还强调教师需要首先进一步熟悉自己的文化身份，然后再妥当地应对学生的文化身份。

班级管理。没有什么问题比班级管理更加困扰新教师了。大多数新教师都会因为不能掌控学生而感到焦虑，也认识到如果不能实现这种掌控的话，就会阻碍有效教学。但在教师教育的课程体系里最缺乏的就是有关班级管理的部分，其主要原因在于教育者以前并没有对班级运作形成系统的认识。然而，当前我们关于班级管理这一领域的认识已经使得开展有关班级管理方面的系统教学成为可能。

在第 8 章，卡萝尔·温斯坦和威尔福德·韦伯强调教师需要建立和维持适当的学习环境。教学的目的是激发所期望的学生学习行为，而班级管理的目的就是创造条件在最大程度上激发学生的学习行为。如果想要开展有效教学，就必须具备班级管理技能，但反过来班级管理技能并不能确保一定实现有效教学。温斯坦和韦伯审视了有关班级管理的三种不同的哲学立场（领导型、权威型和民主型），并提供机会按照这三种不同的观念对真实的班级环境展开诊断。他们还分析了多元文化班级管理的问题，确认了实现有效班级管理所需要的一系列持续性任务。

合作学习。学校隐性课程所包含的一个要素就是竞争。学生通过各种途径学会了如何与他人竞争。但近来，学习者之间通过合作提高学业成就水平的价值已经得到教育者的认同。在第 9 章，玛丽·莱顿审视了各种基于研究的合作学习策略，以帮助学生显著提高他们的学业成就以及社交技能。

合作学习策略都是按照一定的系统方式组织的，一般包括了信息呈现、学生实践、指导学习团队、评估个人掌握程度以及公开认同团队成就。合作学习的三个关键特征是团队目标、个人责任、同等的成功机会。在第 9 章，作者还具体探讨了一些得到最广泛运用的合作学习策略。

评价。如果教师想要提高教学的有效性，那么对于教学结果的评价（评定）和了解就很有必要。评价的核心本质几乎是毋庸置疑的。然而，很少有教师在评价概念和评价程序方面得到充分的培训。特里·滕布林克所写的第 10 章就关注了评价过程中的核心要素。他所有阐述的基本立足点就是，教育评价只有在有助于教育者决策的时候才是有用的。

滕布林克将评价分为四个阶段：（1）评价准备；（2）获取信息；（3）形成判断；（4）将判断用于决策和准备汇报。这一章讨论了教师有可能会遇到的问题并提供了决策方面的各种案例。本章探讨的焦点就是如何编写测验题目、问卷，以及用于评价学生知识水平、作品和表现的量规，探讨这类实践性问题可以帮助读者更容易理解和运用评价概念与评价程序，从而有助于读者做出更为理想的教学决策。

作者简介

詹姆斯·M. 库珀（James M. Cooper）是弗吉尼亚大学柯里教育学院的荣誉教授，1984 年到 1994 年担任该学院院长。库珀博士曾撰写、合作撰写或编辑了无数的出版物，其中包括参与修订第十二版的《能者从教》（Those Who Can, Teach）和《万花筒：当代教育经典著作》（Kaleidoscope: Contemporary and Classic Readings in Education）。1990 年，他被美国教师教育者协会评为全美 70 位教师教育领导者之一。2001 年，他被弗吉尼亚大学柯里教育学院评为杰出教授。

贾森·G. 伊里萨里（Jason G. Irizarry）是康涅狄格大学尼格教育学院课程与教学系的助理教授。伊里萨里博士在学术探究和社会参与方面显著的投入也得到了承认与支持，他获得了全国英语教师委员会（NCTE）的培育有色人种学者新声音奖金以及康涅狄格大学尼格教育学院的青年学者奖。

玛丽·S. 莱顿（Mary S. Leighton）是俄勒冈州尤金特许学校联盟的执行董事。莱顿博士服务于约翰斯·霍普金斯大学的成就每位学生项目开发及传播团队，另外还在一个私人研究公司任职，研究针对处于学业失败风险中的学生的有效项目和实践。作为一个独立顾问，她帮助了很多中学和高校教师在自己特定情境下采用合作学习策略。

格蕾塔·G. 莫林-德什密尔（Greta G. Morine-Dershimer）是弗吉尼亚大学柯里教育学院的荣誉教授，担任教师教育联合中心的教师教育项目主任和高级研究员。她是美国教育研究协会教学与教师教育部门的副主席、《教学与教师教育：一份国际性的研究杂志》（Teaching and Teacher Education: An International Journal of Research and Studies）的编辑。

迈拉·萨德克（Myra Sadker）是美国大学（华盛顿）的教授和院长，直到 1995 年去世。戴维·萨德克是美国大学（华盛顿）的荣誉教授，目前在亚利桑那州的图克森（Tucson）从事教学与写作工作。他与过世的前妻迈拉·萨德克曾因为他们在性别歧视和性骚扰方面所做的努力而一同获得一项国家荣誉。1994 年，由查尔斯-斯克里布纳公司出版了萨德克夫妇的《追求公平的失败：我们的学校如何欺骗女孩》（Failing at Fairness: How Our Schools Cheat Girls）一书；2009 年，戴维·萨德克与卡伦·齐托曼合作对该书进行了修订，将其更名为《追求公平仍然失败：性别歧视如何欺骗男孩女孩以及我们如何行动》（Still Failing at Fairness: How Gender Bias Cheats Girls and Boys and What We Can Do About It）。戴维·萨德克还与人合编了《课堂里的性别：通过课程实现的原理、技能、方法与策略》

(Gender in the Classroom：Foundations，Skills，Methods and Strategies Across the Curriculum，劳伦斯-艾尔伯公司，2007），以及最畅销的入门教材《教师、学校与社会》（Teachers，Schools and Society，麦格劳-希尔公司，2010 年，第九版；麦格劳-希尔公司，2009 年，精编版，第二版）。美国教育研究协会1991 年因萨德克夫妇对美国国内所有正式发表的研究所做的最佳评述而给予表彰，1995 年因他们的良好专业服务而给予表彰，2004 年又因其"以妇女与教育的名义所做的学术研究、行动主义与社区服务"而给予表彰。1995 年，美国大学妇女协会授予萨德克夫妇"埃莉诺·罗斯福奖"；2001 年，美国教师教育学院协会也因他们的贡献而授予他们"性别缔造师奖"。

罗伯特·肖斯塔克（Robert Shostak）曾是佛罗里达国际大学英语教育项目的协调员和国际创意传播学院行政主管，除了曾经出版教材、专著和发表大量论文，他近来主要研究出版的都是有关计算机和英语教学方面的作品。目前他是一位全职教育顾问。

特里·D. 滕布林克（Terry D. TenBrink）是从柯克斯维尔骨科医学院管理岗位上退休的。他发表过大量期刊论文，目前一直从事有效学习条件的研究，还曾出版过教材《评价：教师实践指南》（Evaluation：A Practical Guide for Teachers）。

卡萝尔·安·汤姆林森（Carol Ann Tomlinson）是弗吉尼亚大学柯里教育学院的资深教授，也是弗吉尼亚大学学术多元学院的联合院长。卡萝尔已经出版和发表了超过 200 部（篇）的专著、合著、论文以及其他教育资料，其中包括《在能力混编班级中如何实施差异化教学》（How to Differentiate Instruction in Mixed Ability Classrooms）、《差异化课堂：应对所有学习者的需求》（The Differentiated Classroom：Responding to the Needs of All Learners）、《实践差异化课堂的承诺：针对性教学的策略与工具》（Fulfilling the Promise of the Differentiated Classrom：Strategies and Tools for Responsive Teaching，与杰伊·麦克泰格合著）、《通过设计实现差异化教学与理解：学习内容与学生相联系》（Differentiating Instruction and Understanding by Design：Connecting Content and Kids）、《差异化学校：推动教学的革命性变革》（The Differentiated School：Making Revolutionary Changes in Teaching and Learning，与凯·布里米乔伊、莱恩·纳瓦埃斯合著）。她的书已经被翻译成12国文字。2004 年，她被柯里教育学院授予杰出教授称号，2008 年又被授予大学教学奖。

威尔福德·A. 韦伯（Wilford A. Weber）是休斯敦大学教育学院课程与教学系的教育学教授，在该大学从1971 年一直工作到2007 年去世。

卡萝尔·S. 温斯坦（Carol S. Weinstein）是罗格斯教育研究生院教学系的荣誉教授。她曾出版了《做最好的中学教师：高效课堂管理的十三堂课》（Middle and Secondary Classroom Management：Lessons From Research and Practice，与英格丽德·诺沃德沃斯基合著）、《做最好的小学教师：高效课堂管理的十三堂课》（Elementary Classroom Management：Lessons From Research and Practice，与莫莉·罗马诺、小安德鲁·J. 米格纳诺合著），撰写了大量有关班级管理方面的论文和书籍的部分章节，她也是《课管理手册：研究、实践与当代问题》（Handbook of Classroom Management：Research，Practice，and Contemporary Issues）的合作主编（与卡罗琳·埃弗森合编）。

作者简介

卡伦·R. 齐托曼（Karen R. Zittleman，哲学博士）是一位教育作家与教师。她参与合编了畅销教育类教材《教师、学校与社会》（麦格劳-希尔公司）和探讨学校里性别歧视的普及类书籍《追求公平仍然失败：性别歧视如何欺骗男孩女孩以及我们如何行动》。卡伦还是《课堂里的性别：通过课程实现的原理、技能、方法与策略》的作者之一，出版了《让公立学校对男孩和女孩来说都变得美好》（*Making Public Schools Great for Every Girl and Boy*）一书，用于指导推进数学与科学教学中的公平。

目　录

第 1 章　有效教学 …………………………………………………… 1
　　有效教学 …………………………………………………………… 1
　　反思型教学决策模式 ……………………………………………… 6
　　影响教学决策的因素 ……………………………………………… 10
　　参考文献 …………………………………………………………… 12
　　注释 ………………………………………………………………… 13

第 2 章　教学目标 …………………………………………………… 14
　　教学目标的来源 …………………………………………………… 15
　　有效的教学目标的标准 …………………………………………… 15
　　编写教学目标的三个步骤 ………………………………………… 21
　　教学目标怎样帮助我们备课？ …………………………………… 26
　　教学目标如何帮助教师教学？ …………………………………… 28
　　参考文献 …………………………………………………………… 31
　　注释 ………………………………………………………………… 32

第 3 章　教学计划与设计 …………………………………………… 34
　　计划是人类的…… ………………………………………………… 34
　　从概念图出发 ……………………………………………………… 35
　　学习前与学习后 …………………………………………………… 35
　　谬误与事实 ………………………………………………………… 38
　　新手与专家 ………………………………………………………… 43
　　用戏剧做类比 ……………………………………………………… 49
　　其他比喻方式 ……………………………………………………… 57
　　计划只是开始 ……………………………………………………… 57
　　参考文献 …………………………………………………………… 61
　　注释 ………………………………………………………………… 61

第 4 章　使学生参与学习 …………………………………………… 63
　　教学计划的起始阶段是什么？ …………………………………… 64

i

何时开展教学计划起始阶段的活动? ·········· 65
设计教学启动活动的案例 ·········· 67
教学计划中的讨论阶段是什么? ·········· 69
如何使用教学计划中的"讨论"? ·········· 70
为学生参与讨论做好准备 ·········· 71
设计讨论 ·········· 73
设计讨论的框架 ·········· 74
教学计划的"结束"阶段是什么? ·········· 75
如何设计教学结束阶段? ·········· 76
设计结尾的案例 ·········· 78
参考文献 ·········· 81
注释 ·········· 81

第5章 提问技巧 ·········· 82

关于提问我们知道什么? ·········· 83
教育目标分类学的六种水平 ·········· 90
设计问题的建议 ·········· 101
等待时间 ·········· 104
教师反馈 ·········· 105
学生自主提问 ·········· 108
提问技巧和差异性的学习 ·········· 112
参考文献 ·········· 118
注释 ·········· 119

第6章 差异化教学 ·········· 122

什么是"差异化教学" ·········· 123
为什么要开展差异化教学 ·········· 124
差异化教学的课堂起源 ·········· 127
差异化教学的一些方式 ·········· 131
差异化教学的核心原则 ·········· 141
走向差异化教学 ·········· 143
参考文献 ·········· 149
注释 ·········· 150

第7章 多元文化教学 ·········· 151

什么是多元文化教学方式? ·········· 152
文化:近距离审视多元文化教学方式中的文化 ·········· 154
"我不属于什么种族,我就是标准":探究多元文化教学方式中教师身份
 的作用 ·········· 158
要成为能够实施多元文化教学的教育者,我需要知道什么? ·········· 159
创设多元文化课堂 ·········· 163

作为采用多元文化教学方式的教育者，我应该是（成为）怎样的人？ …… 165
　　反思多元文化教学所需要的教师专业发展 …………………………… 167
　　结语：指向多元文化教学的扎根理论 ………………………………… 168
　　参考文献 …………………………………………………………………… 170
　　注释 ………………………………………………………………………… 171

第8章　班级管理 …………………………………………………………… 174
　　原理 ………………………………………………………………………… 174
　　什么是班级管理？为什么班级管理会成为一个问题？ ………………… 175
　　班级管理的三种类型 …………………………………………………… 177
　　班级管理的任务 ………………………………………………………… 179
　　最后总结 ………………………………………………………………… 196
　　参考文献 ………………………………………………………………… 201
　　注释 ……………………………………………………………………… 201

第9章　合作学习 …………………………………………………………… 204
　　合作学习的一般环境 …………………………………………………… 207
　　合作学习的基本特征 …………………………………………………… 209
　　常见的三类合作学习模式 ……………………………………………… 211
　　什么时候小组活动不是合作学习？ …………………………………… 212
　　简单的合作学习形式 …………………………………………………… 214
　　复杂的合作学习形式 …………………………………………………… 219
　　提高学生的社会技能 …………………………………………………… 229
　　有效管理以支持合作学习 ……………………………………………… 233
　　在全校范围内开展合作学习 …………………………………………… 237
　　参考文献 ………………………………………………………………… 241
　　注释 ……………………………………………………………………… 242

第10章　评价 ……………………………………………………………… 244
　　评价（evaluation）还是评定（assessment）？ ………………………… 244
　　评价过程 ………………………………………………………………… 245
　　选择策略 ………………………………………………………………… 247
　　编写测验题 ……………………………………………………………… 253
　　编制量规 ………………………………………………………………… 259
　　学生档案袋 ……………………………………………………………… 264
　　形成判断 ………………………………………………………………… 267
　　判断类型 ………………………………………………………………… 269
　　评价与标准 ……………………………………………………………… 275
　　什么是标准化测验 ……………………………………………………… 277
　　选择标准化测验 ………………………………………………………… 278
　　运用标准化测验 ………………………………………………………… 279

技术的作用……………………………………………………………………280
参考文献………………………………………………………………………281
注释……………………………………………………………………………282

答案……………………………………………………………………………283
译者后记………………………………………………………………………326

第1章

有效教学

詹姆斯·M. 库珀

李学文　赵　萍　译

目标 ▷▷▷

1. 描述有效教师的特点
2. 解释为什么反思型教学对教师成长如此重要
3. 描述教学的反思型决策制定模式
4. 识别影响教学决策制定的重要因素

有效教学

在我们谈论有效教学之前,让我们问这样一个问题:"教师是谁?"乍一看,这个问题的答案似乎显而易见。教师所承担的责任,是帮助他人以新的、不同的方式学习和行动。但是谁被排除在这个定义之外?家长?乐队指挥?训练军官?童子军领袖?时不时地,我们都教别人,而且反过来,也被别人教。

然而,我们一般将教师这个术语留给这样的人——他们主要的专业或职业职责是帮助别人以新的方式学习和发展。尽管教育、学习和教学能够而且确实发生在很多不同的情境中,但是大多数社会意识到教育非常重要,不能任其发展。因此,它们建立学校以促进学习,帮助人们过更好、更快乐的生活。社会创造学校以提供特定类型的教育经验,即课程。社会通过训练和雇用教师来帮助完成课程的目标。教师,是被社会雇用的社会代理人,在正式的学校教育过程中,帮助进入学校的社会成员实现其自身的智力、个人和社会发展。

与19世纪和20世纪的许多教师相比,今天的教师比他们早期的同行受的教育更高,挣的钱更多,是更加被尊重的社会成员。社会要求它的教师获得大学教育文凭并接受作为教师的专门职业训练。教师受教育水平的提高是因为社会承认,如果教师要促进学生的智力、个人和社会发展,那么他们就必须接受比从前的教师更好的教育。

使教师有效的因素是什么?

美国各州要求教师拥有大学文凭,但是拥有大学文凭并不能保证教师有效。究竟是什么使教师有效? **有效教师**是能够带来预期学习结果的人。尽管学习的本质仍

然是最重要的，但是两位不同的教师可能付出同等的努力并达到不同的结果，并且每一位都可能被认为有效。有效教学的两个决定性维度是目的和成就。没有目的，学生成就变得随机和偶然，然而，目的自身并不足够。如果学生没有实现他们预期的学习目标（即使失败是由于超出教师控制之外的变量），教师就不是真正有效的。越来越多的教师绩效评价系统使用学生成就数据作为衡量教师有效性的尺度。

一些研究已经得出结论，认为决定孩子受教育质量最重要的因素之一就是教师的质量，并且有效教师能够比低效教师产生更大的学生学习成果。[1]尽管有效教师的定义是能够展现出实现预期学习结果的能力，但是，是什么使教师能够在学生身上实现预期的结果？有效的、专业的教师应该知道、相信或能够做什么？他们与其他受过同等教育的人的区别是什么？

人格的重要性

有人认为至关重要的维度是教师的人格。他们会说，教师应该是友善的、愉快的、富有同情心的、道德上纯洁的、充满热情的和幽默的。在一项大规模研究中，戴维·瑞安斯（David Ryans）得出结论认为有效教师是公平的、民主的、积极回应的、善解人意的、亲切和蔼的、富有启发性的、有独创性的、灵活机动的、有魅力的、负责的、沉着的、镇定的和自信的。无效教师被描述为偏爱的、独裁的、疏远的、拘谨的、严厉的、呆滞的、刻板的、冷漠的、平淡的、爱推脱责任的、古怪的、易怒的和迟疑不决的。[2]但是正如两位教育研究者曾经评论的那样："……如果互动的人是友善的、愉快的、富有同情心的和纯洁的，那还有什么样的互动能比这更好呢？"[3]所以，尽管这些特点是人们希望教师具有的，但也并不仅仅限于教师群体。

需要专门的知识和技能

教学专业的知识和技能是什么？无疑达成共识是困难的。但是大多数教育者会赞同，教师的专门技能和知识是确实存在的，也是教师必备的。当然，教师必须熟悉孩子和他们的发展阶段。教师必须知道教室和学校以外的事情。教师必须充分掌握他们将要教授的学科以便能够将重要的核心内容与次要的外围内容区分开。教师必须拥有一种教育理念以帮助指导他们承担教师角色。他们必须知道人类如何学习以及如何创造促进学习的环境。

教师能力的一般领域

史密斯（B. O. Smith）建议，受过良好教育的教师应该在教师能力的四个领域做好准备，以便有效地带来预期的学习结果。[4]

（1）掌握关于学习和人类行为的理论知识。
（2）表现出促进学习和人类交往的态度。
（3）掌握所教授的学科内容知识。
（4）储备促进学生学习的教学技能。

教师能力的第五个领域——个人实践知识，也将被考虑补充到由史密斯所识别的四个领域中去。

1. 掌握关于学习和人类行为的理论知识

数年来，教育因其"习俗水平的"实践备受批评。教育方法和标准化的程序经过正式或非正式的方式传递给新教师，帮助他们完成教学。尽管这种习俗水平的实践仍然存在，但是很多源于心理学、人类学、社会学、语言学、认知科学和相关学科的概念现在可以用来帮助教师解释真实而复杂的教学。这些构成了教学的**理论知识**。如果缺乏基于科学概念的理论背景和理论理解，教师就只能根据普通民众持有的信念或常识来解释教学。尽管常识经常很好地为我们服务，但是有充分的证据表明，习惯依靠常识的教师很容易误解课堂教学。

常识是不够的

新教师常常面对这样的窘境：大学的教授提供给他们的信息与平时和他们一起工作的教师提供的信息往往互相矛盾。尽管教授们倾向于聚焦在理论知识上，但是有经验的教师可能经常建议他们"忘掉自负的理论，听我的，我会告诉你在真实生活中什么最有效"。这种教育的"常识"可能与新教师已经学的东西产生冲突，并且可能造成关于如何处理某一情境的两难困境。摆在新教师面前的问题不是他们的理论不切实际，而是他们还没有将这些理论内化到足以解释和解决实践问题的程度。新教师一直没有足够的机会来应用知识，将理论运用到实践，从而掌握它。

理论没有被内化

举一个例子。"强化"是一个源于心理学并且对教师产生巨大影响的理论概念。从教育心理学课程中，大多数教师知道，一种行为如果被强化，将被增强甚至可能重复出现。然而，同样是这些教师，他们经常把引起全班注意作为回应学生捣乱的方式。如果学生捣乱的原因是希望得到关注，教师的回应方式就强化了学生的错误行为。所以当学生一再调皮的时候，教师就不理解其中的原因究竟是什么。尽管教师可能已经在知识层面上理解了强化的含义，但是这种理解并不等于内化或掌握这个概念。教师能够在具体情境中运用概念才意味着真正掌握了概念。

因为理论知识能够被用于解读情境和解决问题，所以人类行为的诸多理论和概念就可以用来识别和解决很多课堂教学问题。假如不具备相关的理论知识就不能发现这些问题。这不是一件容易的事。它要求教师理解理论，具有洞察力，并且将理论应用于实践，同时获得来自同事和教授的反馈。仅通过正式训练是不能达到精通水平的，它是一个既有正式训练又要求在工作中永无止境地提高自我的过程。

2. 表现出促进学习和人类交往的态度

有效教师必备的第二个能力领域与态度有关。**态度**是以积极或消极的行为方式对人、观点或事件的倾向。几乎所有教育者都认为教师态度是教学过程中的一个重要维度。态度对我们的行为有直接作用，它们决定我们如何看待自己和如何与他人互动。

影响教学行为的态度主要分为以下几类：（1）教师对自己的态度；（2）教师对孩子的态度；（3）教师对同事和家长的态度；（4）教师对学科内容的态度。

态度影响行为

（1）教师对自己的态度。心理学的证据表明，否认或不能面对自己的情感的人很可能也不会尊重和面对他人的情感。如果教师要理解学生的情感并产生同理心，就必须接纳并理解自己的情感。因此很多大学把咨询讲习会、反思性思维和意识体验作为教师教育项目的一部分，以便回应培养教师情感的需要。这些经验强调内省、自评和其他参与者的反馈，目标是帮助未来教师更多地了解自己、自己的态度以及他人如何认识自己。

需要认识自我

（2）教师对孩子的态度。有时很多教师对学生的态度或情感不利于提高教学有效性。偏爱或厌恶某些学生、对少数族裔群体怀有偏见、对贫困孩子的期望低以及对特定类型的学生行为有歧视，都会减少教学有效性。如果教师要面对自己的情感和信念，就必须反省自己对每个学生个体和整个班级的态度。如果教师拥有对学生的移情能力，并且将学生作为独特的个体看待，教师就会更加有效并且能从教学中获得更多的满足感。

教师期望很重要

大量关于教师期望的研究表明，当教师对学生怀有较低的期望并且有意无意地通过教师的行为将低期望值传达给学生时，就有可能出现恶性循环。[5]就是说，教师期望越低，学生表现越差，从而又证实了教师最初的期望。相反，当教师对学生期望较高并且将高期望值传达给学生时，学生经常也不会辜负教师的期望。教师对学生的态度和期望对学生是否学习具有强大的影响力。

（3）教师对同事和家长的态度。教师并不是孤立地存在于教室之中。教师需要与同事和管理者互动，并且经常要小心翼翼地应付家长。有时教师可能在应对孩子方面是有效的，但因为对遇到的成人持消极态度，导致职业生涯也不成功。例如，有的教师可能因为怨恨处于权威位置的人而抗拒他们的改进建议。有的教师可能太过轻易地屈从于来自权威人士的建议，而后又因没有坚持自己的信念而感觉内疚。还有的教师可能会觉得需要与其他教师竞争才能获得管理者或学生的认可。有关教师对自己和学生的态度的诸多观点也同样适用于教师对同事和家长的态度。

（4）教师对学科内容的态度。一句话，**一定要热情**！正如学生能够察觉到教师对自己的态度一样，学生对教师对学科内容的态度也很敏感。对所教授的内容没有热情的教师几乎不可能唤起学生对学科知识的热情。毕竟，如果教师不关心学科内容，又如何指望激励学生来学习它呢？

3. **掌握所教授的学科内容知识**

内容知识＋教学法

显而易见，任何教师都必须掌握所教的学科知识。但是只学习生物、历史或数学课程是不够的。教师的学科内容准备实际上有两方面：（1）对学科内容自身的学习；（2）审慎地选择能够成功地传递给学生的学科材料。

类似数学或英语学科，新教师参加大学课程就能够获得对学科、基本概念及其探究模式的理解；然而，大学课程并不指向应该教给中小学生的具体内容。中小学的学习内容显然没有大学课程内容那么广泛、那么高级，但它要求教师了解学校课程。

关于学校课程的知识与**学科教学法知识**有关，即联结**内容知识**和教学法的知识。学科教学法知识指"将内容和教学法融合为对特定主题、问题或议题的组织方式的理解，并且根据不同学习者的兴趣和能力加以表征和调整，从而为教师教学所用的知识"[6]。拥有学科教学法知识的教师能够将他们拥有的学科知识转换成适合教学的形式，并且能适应学生的需要和能力。这些教师理解每一学科的核心主题，了解学生的学习难点，以及妨碍学生学习的前概念。这些教师会援引有力的例子、插图，通过类比、展示和解释来描绘和衔接学科知识以方便学生更好地理解。例如，使用水在水管流动来类比，解释电如何通过电路流动最初可能是有用的，但常要在不确定的条件下快速地做出判断。随着时间推移，对做出的决策进行反思将帮助教师不断积累个人实践知识。第四，这个模式假设教师通过行动能够以期望的方式改变学生的思想或行为。反思型决策制定模式的程序如图 1-1 所示。在教学角色中，教师必须做出图 1-1 所呈现的三个基本教学角色相关的决策：（1）计划；（2）执行；（3）评价。

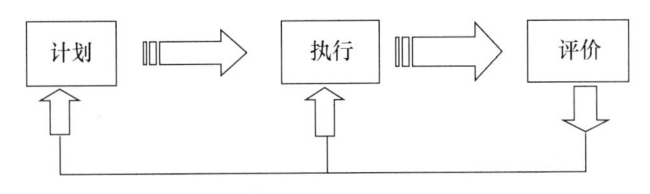

图 1-1　教师作为反思型决策者的模式

计　划

计划要求教师在以下方面做出决策：
- 学生的需要；
- 有助于满足学生需要的最适当的目标和目的；
- 教学的内容；
- 实现教学目标所必需的动机；
- 最适合实现教学目标的教学模式和教学策略。

计划通常是由教师一人独立承担，此时教师有时间考虑和反思长期与短期计划，思考学生实现目标的学习步骤以及其他类似问题，如获得教学材料、教学活动的时间要求等。支持计划的教学技能包括：观察学生行为，判断学生需要，设定目标，对目标进行排序以及确定与目标相关的学习活动。

执　行

执行是教师贯彻在计划阶段做出的决策，尤其是与教学模式、教学策略和学习活动相关的决策。尽管计划大部分由教师独立完成，但是执行却是教师通过与学生互动来实现的。研究表明教师平均每 2～6 分钟就会做出一个对学生与自己都有影响的决策。[10]这些决策通常是为了回应课堂情境而迅速做出的。一般情况下，教师必须基于学生的问题和教师自身对课程进展的认识调整计划。支持执行的教学技能包括呈现和解释、提问、倾听、介绍、展示、引出学生的回应以及收尾。

评　价

评价要求教师判断所选择的目标和实现这些目标的教学策略是否适切，评判学生最终是否达到了教师预期的目标。为了做出必要的决策，教师必须判断所需的信息类型并收集相应的信息。支持评价的教学技能包括明确用于评价的学习目标，描述做出评价所需要的信息，获取、分析和记录信息，并最终形成判断。

决策模式的**反馈和反思**维度仅仅意味着教师检验教学成果，考虑教学成果的意义，并且确定在多大程度上实现了三种教学功能。在考察的基础上，教师需要判断是否成功地实现了教学目标或是否需要制订新的计划或尝试不同的执行策略。反馈和教师对反馈的反思是教师再次启动或继续进行计划、执行和评价过程的新信息。它是决策制定系统自我纠正的方式。

反思型教学的重要性

培养反思的习惯

反思型教学是教师在日常教学的基础上经常检验和评估自身教学的习惯。运用观察、分析、解释和决策技能，反思型实践者能够深入探究教学并批判性地思考教学工作。反思通常包括重构经验，联系先前的知识或技能，考察支持教学的思想和观念，以及决定如何在新的情境中应用知识或技能。沃尔特·多伊尔（Walter Doyle）界定了反思型实践者的智识基础，包括个人知识、熟练实践者的工艺知识以及源于课堂教学研究和社会与行为科学研究的命题知识。[11]根据多伊尔的观点，理论和实证知识以及教学技能内嵌于教师的概念框架中，从而使教师能够仔细思考教学和实践中的问题。与盲目地遵循源于研究的规则和方法不同，反思型实践者在充分了解自己的前提下，运用理论和实证知识以及来自熟练实践者的工艺知识，针对学生和学习情境的具体情况，做出有意义的决策。反思是教师持续学习和改进教学的过程。

包含理智和情感

反思型教学与非反思型教学的区别是什么？美国最著名和最有影响力的哲学家约翰·杜威（John Dewey）认为，不进行教学反思的教师没有批判意识，他们自然而然地接受学校的日常现实。不反思的教师倾向于关注最有效的实践工艺和解决问题的方式，不去质疑看待问题的普遍方式。他们不考虑其他可能存在的看待问题和现实的方式。[12]杜威承认，教师不可能反思在学校里发生的每一件事，但教师必须在反思和按部就班地工作之间寻求平衡。

杜威接着指出，反思不是一系列步骤或程序，它是考察和回应问题的一种整体方式。反思型教学也不仅仅是一个逻辑的、理性的问题解决过程。恰恰相反，反思也涉及情感——情绪、感受和直觉。正如有学者描述这个过程时说的那样，"与常规行动相反，在反思型行动中，理智和情感同时参与其中"[13]。

麻省理工学院的教授唐纳德·舍恩（Donald Schön）指出，反思过程包含两个阶段：对行动的反思和行动中的反思。[14]反思教学计划或思考已经教授过的课程就属于对行动的反思。这种类型的反思倾向于更加闲适，并且不太要求即时做出反应。行动中的反思发生在教学过程之中，经常要求即时反应。例如，如果教师提出了一个问题，而学生给出了意料之外的答案，此时教师就必须快速决定如何回应学生的答案。在这样的过程中，教师可能要考虑学生的能力、先前与学生的互动以及一系列可以回应学生的反应方式。

思考行动背后的假设

舍恩认为，实践者的行动背后是他们自己关于行动的假设。通过反思行动，以往不为人知的、隐藏在行动背后的假设在一定程度上浮出了水面。教师在这个过程中，能够评判、检验和改进这些缄默的知识。舍恩呼吁实践者在经验和当前情境的启发下，投入认识和重新建构问题的过程之中。为了有效地反思，教师需要理解自己的信念和价值观。一般情况下，通过反思，教师开始获得更深刻的自我理解。

考虑伦理和道德问题

教师教育者强烈建议并支持教师在决策过程中反思道德和伦理问题。教师每天都做出道德和伦理决策——树立榜样、创设课堂教学氛围,以及与学生、家长和同事的互动中都包含着道德和伦理决策。日常的教学伦理影响着教师接触的每一个人。教师决定自己对待学生和他人的方式,教师创设安全、信任和合作的课堂教学氛围,教师从历史或文献中选择具体的例子供学生学习,都是教师做出的伦理决策。换句话说,教学离不开伦理和道德。

除教学的日常伦理之外,教师还经常面临两难的伦理困境,教师需要采取行动以摆脱困境,但困境本身包含了相互冲突的价值观。例如,一个平常(对学习)不感兴趣的学生花了很多时间完成学期论文,但论文的质量却十分差。他表示希望教师在给这篇论文评分时考虑他所付出的努力。教师既希望鼓励他重新投入学业,但又觉得这样做对其他学生有失公平,这时该怎么办呢?教学中充满了这类伦理困境。要进一步学习有关教学的道德和伦理方面的内容,请参考本章末参考文献中斯特赖克(Strike)和佐尔蒂斯(Soltis)的著作。

玛利亚·多明格斯:反思型决策案例

玛利亚·多明格斯(Maria Dominguez)是柳橡树小学刚刚入职不到一年的三年级教师,开学前,她一直利用周末时间按自己喜欢的方式布置教室。布告栏上生动地展示着三年级的第一个主题;课桌整齐地排列成行,并且每张课桌上都摆好了课本,帮助教师组织课堂的时间。然而,刚开学两个小时就出问题了。几个男孩开始玩一种游戏,看把课本从课桌上推到地板上能够制造出多大的噪声。警告孩子几次之后,玛利亚对博比·查普尔大发雷霆,她从来没想到自己会为了管理学生而不得不做出这样的事情。休息时间到了,原本一排一排整齐的桌椅看起来像弯弯曲曲的墙,学生满教室晃来晃去,要么去削铅笔,要么到她的办公桌前问问题。到这天放学时,她吃光了整瓶止痛药,并且开始考虑自己的职业选择问题。

离开学校回家之前,玛利亚花了20分钟记录这一天的工作。这是她从开始接受教师教育就一直坚持的习惯。完成记录后,玛利亚意识到她在课堂上至少犯了6个重大错误,而且可能还有其他一些错误被忽略了。在记下发现的错误后,她留下了一些空白处,希望仔细思考今天发生的事情之后再写下感悟和体会。

玛利亚回到家,穿上运动服跑45分钟。洗完澡,简单地吃过晚饭后,玛利亚拿出日记,又读了一遍记下的内容。她在发现的错误下面,草草记下了自己的想法,思考改正错误或将来避免错误的办法。例如,不再把课桌摆成直排,尝试以方形把课桌分成若干组,四张课桌组成一个方块。她也后悔对博比发脾气,发誓明天一定要发现博比做的值得肯定的好事。睡觉的时候,她对教学已经感觉好多了,但她知道还有很多东西要学习。

我们举玛利亚的案例是想说明,教师可以成为反思型决策者。玛利亚做了几个实际效果不太好的计划,比如把课桌摆成排,缺少对学生离座行为的要求和指导。在执行决策方面做得也不够,因为她允许那几个男孩玩制造噪声的游戏而不是一开始就走上前制止。然而,她最棒的一点是,她对这一天发生的事进行了深思熟虑的、积极的反思。她放学后立即写工作日记,在自己印象最清晰的时候及时记录了这一天的事件。她承认自己的错误,诚实地面对自己,而不是把当天发生不愉快的责任一股脑地推到孩子身上。尽管犯错了,但玛利亚从这一天的经历

中学到了很多，因为她认识到了所犯的错误，并思考了今后如何改正或避免类似错误。教学生涯中的这类反思型行为模式将为她提供一个极好的走向有效教学的路径。

> **反思型教师的工具**
>
> **反思实践问题的方式**
>
> 对教学实践的反思可以采取很多种方式。
>
> ● 教学日记。很多教师坚持写日记记录每天的事件以及自己的想法和反应。记录和描述发生在课堂上的事件可以使教师在更加平静和专心的情境（例如放学后在家）中重新审视这些事件，针对出现的问题提出可能的解决方案。日记也记录了新教师在思考能力和问题解决能力方面的成长过程。
>
> ● 视频记录。录像从视觉和听觉两个方面记录了课堂上发生的事件，能够帮助教师回忆当时的事件、情绪和意图。视频似乎也将教学客体化，降低教师的防卫感，使教师更加乐意考虑其他选择。观看自己的教学录像几乎总能让教师发现自己身上存在的、从前没有意识到的行为模式。反思这类行为模式对学生学习产生的效果，可以帮助教师判断是继续还是改变当前的行为模式。
>
> ● 教学档案袋。教学档案袋由记录教师专业发展和成长的资料组成（包括录像、测验、备课记录、学生作品和其他教师制作的材料）。教师可以选择放入档案袋的物品，但是需要想明白，放入档案袋的物品说明了什么，为什么要将这些物品放入档案袋。回顾和阅读档案袋使教师能够反思教学实践，发现自己在实践中的长处，思考需要改进的地方。教学档案袋既可以是数字化的也可以是纸质版的。
>
> ● 同事。与指导教师或同事一起工作，了解他人的视角和新想法时，教师反思会更加容易。向其他教师展示自己的教学，教师的想法得以显性化，并且态度会更加开放，乐于接受他人的观摩和意见。条件允许的话，也可以观摩其他同事的教学。听别人的课能够帮助教师思考自己的实践，也会给教师新的启发。

影响教学决策的因素

教师并不是在真空中制定教学决策，很多因素影响教师的决策过程。教师要有效地计划和执行教学，了解学生、理解学生的背景是必不可少的。学生所呈现出的多样性会影响学生的学习方式。如果学生在种族、民族和文化背景方面相去甚远，这些差异将影响学生对很多问题的看法并进而影响学生偏爱的学习和行为方式。一些学生会说本族语言而不是英语，将给教师设计和执行课程提出了更大的挑战。

贫　困

有的学生来自贫困家庭，这可能影响他们学习某些概念和原则的准备状态。很多研究已经表明，贫困对学生成就有负面影响。例如，来自贫困家庭的孩子可能在健康护理、住宿、穿衣和营养方面缺乏良好的照顾，这些因素给孩子定期上学、集中学习注意力和完成家庭作业带来了消极影响。来自贫困家庭的孩子给学校提出了特殊的挑战，部分原因在于学校的公共服务更倾向于中产阶级家庭的孩子。贫困家庭学生的辍学率比中产阶级家庭学生的辍学率高得多。将课程和教学经验与贫困家庭的孩子的经验联系起来是学校和教师必须面对的重大挑战。

种族、民族和文化多样性

今天我们的学校比历史上任何时候都更多元，无论是种族、民族、语言还是文化。少数族裔学龄儿童约占43%，这一数字在未来数年里还将继续增长。[15]随着文化多样性不断增强，可以预计，教师所面对的学生中，将有更多母语不是英语以及更多反映西班牙或亚洲传统的种族和文化背景的学生。第7章"多元文化教学"即将目标定位于帮助未来教师成功地应对与自己的种族和文化背景不同的学生。

性　别

学生性别也影响教师看待他们的方式，影响教师对学生的期望。将男孩和女孩作为独立的个体公平地对待，而不是复制和强化性别刻板印象，这既是对男教师的挑战，也是对女教师的挑战。

其他因素

学生在归属感、安全感和自尊方面的需要也有差异。来自稳定、安全家庭的孩子可能与缺乏安全感的孩子有不同的需要。认识到学生差异将帮助教师更好地理解学生和他们的行为方式，以及行为背后的原因。学生也将带着不同的能力、成就和学习风格进入课堂。对于教师而言，一个巨大的挑战就是提供适合学生不同背景、需要、学习风格和能力的多样化的学习经验。

个人实践知识

教师的个人实践知识也影响决策。理查德·凯德瓦特（Richard Kindsvatter）和同事的研究提出，信息丰富的信念系统是教师理性决策最可靠的基础。[16]他们认为，教师应该意识到构成自己信念系统的假设和价值观。然后，随着对实践的态度和习惯（例如，决策模式）逐步形成，教师应该小心翼翼地审视自己的假设和价值观，以确保与广泛接受的教育原则相一致。教师设计教学、课堂互动和评价教学成果时，实践的态度和习惯——经过与理想的教育原则进行对照检验之后——将保护教师，避免教师做出不良的教育决策。

本章前半部分讨论的五个教师能力的一般领域是教师做出明智的、有效的决策的基础。因此，关于学习的理论知识、促进学习和加强人际关系的态度、掌握学科内容的知识、储备教学技能以及随着时间的推移和课堂教学经验的增加而发展的个人实践知识为教师提供制定和执行专业判断与决策所必需的工具。图1-2描绘了这种关系。

思考图1-2时，似乎显而易见的是，人们可能努力掌握这种反思型决策模式，却从来做不到。要完全掌握反思型决策模式，需要具备一般领域的四个能力，并且熟练地在每一个教学决策中应用知识、态度和技能。即使不能完美地掌握反思型决策模式，通过反思，教师也能够变得越来越胜任教学，并且因此与学生共同实现更加有效的学习。案例、刺激活动、行动研究和反思可以在教师培养项目中发展和培养教师的决策能力。

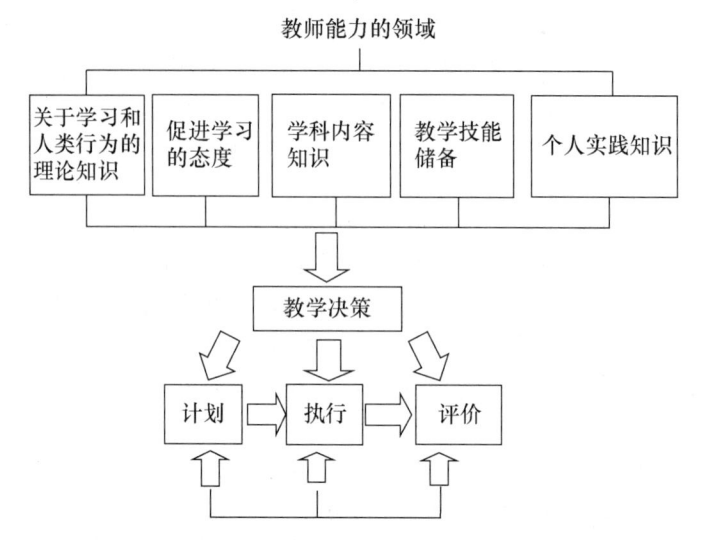

```
                    教师能力的领域
    ┌──────┬──────┬──────┬──────┬──────┐
  关于学习和  促进学习  学科内容  教学技能  个人实践知识
  人类行为的  的态度    知识      储备
  理论知识
    └──────┴──────┼──────┴──────┘
                  ▼
                教学决策
           ┌──────┼──────┐
           ▼      ▼      ▼
          计划 → 执行 → 评价
           ▲      ▲      ▲
```

图 1-2 教师能力领域和教学决策制定过程的关系

目标 1~4 的掌握程度测验

目标 1　描述有效教师的特点
目标 2　解释为什么反思型教学对教师成长如此重要
目标 3　描述教学的反思型决策制定模式
目标 4　识别影响教学决策制定的重要因素

1. 指出你所认为的有效教师的 5~6 个最重要的特点，解释其重要的原因。还有哪些不太重要的特点？
2. 为什么反思型决策对有效教学如此重要？
3. 说出一些教师能够用来促进反思型教学的技巧或程序。
4. 指出教学反思型决策模式的不同阶段及其相互关系。
5. 与学生有关的哪些社会因素和特点影响教学决策？举例说明每个因素及其对教师决策的影响。

参考文献

著作

Arends, Richard I. *Learning to Teach,* 8th ed. New York: McGraw-Hill, 2009. This text provides comprehensive coverage of general teaching methods and models.

Borich, Gary D. *Effective Teaching Methods,* 6th ed. Upper Saddle River, N.J.: Pearson/Merrill/Prentice Hall, 2007. This book presents effective teaching practices derived from empirical research.

Danielson, Charlotte. *Enhancing Professional Practice: A Framework for Teaching,* Second Edition. Alexandria, Va.: Association for Supervision and Curriculum Development, 2007. A useful book, organized around a framework of professional practice and based on the PRAXIS III criteria, including planning and preparation, classroom environment, instruction, and professional responsibilities.

Fenstermacher, Gary D., and Jonas F. Soltis with Matthew N. Sanger. *Approaches to Teaching,* 5th ed. New York: Teachers College Press, 2009. Using a number of case studies, this book explores the strengths and weaknesses of three different approaches to teaching—the Executive, the Facilitator, and the Liberationist.

Good, Thomas L., and Jere E. Brophy. *Looking in Classrooms*, 10th ed. New York: Longman, 2008. This excellent book provides teachers with skills that will enable them to observe and interpret the classroom behavior of both teachers and students.

Strike, Kenneth A., and Jonas F. Soltis. *The Ethics of Teaching*, 5th ed. New York: Teachers College Press, 2009. This book uses realistic case studies to explore day-to-day ethical dilemmas facing teachers.

Ryan, Kevin, Cooper, James M., and Susan Tauer. *Teaching for Student Learning: Becoming a Master Teacher*. Boston, MA: Houghton Mifflin Co., 2008. A comprehensive book of modules on various aspects of teaching, including working with diverse learners, teaching methods, assessment for learning, and professional teaching issues.

Zeichner, Kenneth M., and Daniel P. Liston. *Reflective Teaching: An Introduction*. Mahwah, N.J.: Lawrence Erlbaum Associates, 1996. An excellent introduction to the concept and practice of teacher reflection.

网址

Teacher's Edition Online: http://www.teachnet.com
A versatile site for teachers that includes lesson plans, educational news, and opportunities to share ideas and problems.

Teacher Information Network:
http://www.teacher.com/
Contains web connections to educational organizations, resources, teacher sites, the USDOE, and state DOEs.

Teacher Education: http://educ-reality.com/
An Australian site for student teachers that deals with methodologies, theories, and learning concepts, including Bloom's taxonomy, behavior management, multiple intelligences, Piaget, multiculturalism, special needs, lesson ideas, classroom resources, discussions, web polls, and much more.

Mid-Continent Research for Education and Learning: http://www.mcrel.org/
A regional educational laboratory funded by the U.S. Department of Education, the site contains resources on content standards, school improvement, assessment, curriculum, technology, and much more.

Northwest Regional Educational Laboratory:
http://www.nwrel.org/comm/index.php
A regional educational laboratory, the site contains services and products addressing classroom teaching and learning, research and evaluation, and school improvement, and family and community resources.

For these links and additional resources, please visit the Premium Website at **www.cengage.com/login**.

注 释

[1] Robert J. Marzano, *The Art and Science of Teaching* (Alexandria, VA: Association for Supervision and Curriculum Development, 2007), pp. 1–2.

[2] David Ryans, *Characteristics of Teachers* (Washington, D.C.: American Council on Education, 1960).

[3] J. W. Getzels and P. W. Jackson, "The Teacher's Personality and Characteristics," in *Handbook of Research on Teaching*, ed. N. L. Gage (Chicago: Rand McNally, 1963), p. 574.

[4] B. O. Smith, *Teachers for the Real World* (Washington, D.C.: American Association of Colleges for Teacher Education, 1969), p. 122.

[5] Thomas L. Good and Jere E. Brophy, *Looking in Classrooms*, 10th ed. (New York: Longman, 2008), pp. 49–51.

[6] Lee S. Shulman, "Knowledge and Teaching: Foundations of the New Reform," *Harvard Educational Review* 57 (February 1987): 8.

[7] Kathy Carter and Walter Doyle, "Personal Narrative and Life History in Learning to Teach," in *Handbook of Research on Teacher Education*, 2nd ed., ed. John Sikula (New York: Macmillan, 1996), pp. 124–125.

[8] Kathy Carter, "Teachers' Knowledge and Learning to Teach," in *Handbook of Research on Teacher Education*, ed. W. Robert Houston (New York: Macmillan, 1990), pp. 299–302.

[9] Charlotte Danielson, *Enhancing Professional Practice: A Framework for Teaching*, Second Edition (Alexandria, Va.: Association for Supervision and Curriculum Development, 2007).

[10] Christopher Clark and Penelope Peterson, "Teacher Stimulated Recall of Interactive Decisions" (Paper presented at the annual meeting of the American Educational Research Association, San Francisco, 1986); Richard Shavelson, "Review of Research on Teachers' Pedagogical Judgments, Plans, and Decisions," *Elementary School Journal* 83, no. 4 (1983): 392–413.

[11] Walter Doyle, "Themes in Teacher Education Research," in *Handbook of Research on Teacher Education*, ed. W. R. Houston (New York: Macmillan, 1990), p. 6.

[12] John Dewey, *How We Think* (Chicago: Henry Regnery, 1933).

[13] Kenneth M. Zeichner and Daniel P. Liston, *Reflective Teaching: An Introduction* (Mahwah, N.J.: Lawrence Earlbaum Associates, 1996), p. 10.

[14] Donald A. Schön, *Educating the Reflective Practitioner* (San Francisco: Jossey-Bass, 1987), p. 26.

[15] U.S. Bureau of the Census, *Annual Estimates of the Population by Sex, Race, and Hispanic or Latino Origin for the United States: July 1, 2006*. Available at: http://www.census.gov/popest/national/asrh/NC-EST2006.xls; *The Condition of Education 2006* (Washington, D.C.: U.S. Department of Education, National Center for Education Statistics, 2006), p. 116.

[16] Richard Kindsvatter, William Wilen, and Margaret Ishler, *Dynamics of Effective Teaching* (White Plains, N.Y.: Longman, 1996), pp. 2–3.

第2章

教学目标

特里·D. 滕布林克
李学文　赵　萍　译

目标 ▶▶▶

1. 辨识适切、准确的教学目标
2. 编写适切、准确的教学目标
3. 在备课过程中运用教学目标
4. 在实施教学过程中运用教学目标

想一想教师的工作。坐下来回忆一位对你影响最大的教师。尽可能地随着回忆写下这位教师的特点。在你写下的这些特点当中，很可能会有这么一条：你最喜欢的这位教师把你看作独立的个体，而且非常清楚他希望你做到什么程度。你最喜欢的这位教师还很有可能对你的人生有重要影响，可能是在形成你的某种态度或习惯中发挥了重要作用，或是使你学到了新奇有趣的知识。这位教师曾经给予你细致的指导或是直接推动你去实现上述目标。这位教师也许还给了你大量看得见的帮助。不过也可能什么都没有，只是多项选择题测验、短文测验，甚至什么测验都没有。有效的教师所拥有的共同特征并不是他们的技术、教学风格，或是他们使用什么类型的测验。优秀教师真正与众不同的地方，是他们所实现的目标本身，而不是实现目标的方式。

教师要使学生的生活发生改变，就必须了解自己究竟要使学生达到什么样的目标。在形成目标，或者说形成教学目标的过程中，教师要能够与学生分享这些目标，这样学生也会了解自己的方向，以及教师对自己的期望是什么。

大量的证据表明，如果教师能够清晰地定义和表述教学目标，并且与学生共享同一目标，教学将会发生如下改变[1]：

1. 教学得以提高。
2. 学习成果更为有效。
3. 评估方式得以改进。
4. 学生能够更好地评价自己。

教师需要界定教学目标，在教学中清晰有力地告诉学生：他们希望学生了解什么，或是做到何种程度。因此，教师必须学会运用教学目标提高教学和测验水平。本章的后续部分内容就是设计用来帮助教师做到这一点的。

教学目标的来源

教科书和课程大纲

教学目标有多种来源。不同来源的资料可以帮助教师找到适用于自己的教学目标，或是为教师提供一个范本，只需经过适当的修改即可运用到教学中去。

教科书和教师手册通常包含已经编制完成的教学目标。检查一下，确认这些教学目标能够达到有效教学目标的标准。教学目标的另外一个重要来源是学校为教师所教授课程提供的课程大纲。学校系统为不同学段（完全中学、初级中学或高级中学）的学科教学提供的课程大纲是最常见的。

互联网

近年来互联网的快速崛起为教师提供了另外一个教学目标的来源。很多很好的网页提供课程材料，包括教学目标和教学策略。本章会在最后部分提供一个这类网站的参考列表。可以查看这些网页或是使用不同的搜索引擎找到其他类似的站点，因为互联网上这类网站的数量正在逐渐增加。

州和国家标准

当教师开始界定/明确自己的课堂教学目标时，首先需要考虑当前教育改革活动所依据的州和国家教育标准（本章最后提供了额外参考资料）。值得注意的是，目前有很多讨论，探讨在满足本地需求的同时达到州和国家的教育标准。[2,3]教师尝试在自己的课堂中满足学生需求的同时，也希望能够培养学生适应全球社会。因此，教师会发现自己的教学工作需要在州和国家教育标准的框架下满足本地需求。

目标1：辨识适切、准确的教学目标

有效的教学目标的标准

学习活动 2.1

适于课堂的教学目标一定要满足一些基本条件。

适用于课堂教学的教学目标必须是：（1）学生导向的；（2）描述了恰当的学习成果；（3）清晰并且易于理解；（4）可观察的。

1. 学生导向的

教学目标的学生导向强调学生的学，而不是紧紧盯着教师的教。看看下面的例子，注意它们都描述了学生的行为，而不是教师的行为。

学生导向的教学目标举例
1. 学生可以用至少两种方法解决多位数计算问题。 2. 学生能够辨识五线谱高音谱表上的所有音符。 3. 学生能够依据实验步骤，按照实验活动和实验现象的逻辑顺序写出简单实

验的观察记录。

4. 向学生描述某一形式的政体后，学生能够辨析该政体所属的类型，并指出该政体的优缺点。

教师所拟订的教学目标有时强调的是自己的教学活动，而不是教师期待学生发生的学习活动。这类教学目标我们称为"教师导向的教学目标"。教师导向的教学目标只在特定条件下是有效的，即该目标最终指导教师围绕学生的学习完成教学活动。比如，教师要尝试帮助学生解决多位数计算问题，可能需要在黑板上解出部分习题，解释解题的每一个步骤。如果用教师导向的目标表述方法，与这一活动相应的教学目标可以表述为："在黑板上演示多位数计算方法。"但值得注意的是，这个教学目标和教学活动也许是有效的，但它也只是帮助学生学习多位数计算的诸多有效教学活动中的一种而已。

练习

辨析学生导向的目标

下面的练习给出了学生导向目标和教师导向目标，请对其分别做出辨析。在学生导向目标前标出"S"，在教师导向目标前标出"T"。

1. 每分钟阅读至少 250 个字（词），理解率至少达到 80%。
2. 与每位学生及其家长讨论学生个别化教育计划。
3. 开始课堂教学前在黑板上列出讲课要点。
4. 面对有关复杂机械的描述，能够辨识其中运用的简单机械原理。
5. 帮助学生欣赏古典音乐。
6. 讲解科学方法的基本步骤。
7. 运用科学方法开展探究活动。
8. 维持教学秩序。
9. 用消失点（vanishing point）方法绘出一幅风景画。
10. 依据课堂讨论选出的好诗标准评判一首诗歌。

现在请读者根据参考答案检查一下答案。如果错了三个题目以上，应当重读前一个部分之后再继续阅读本书。

2. 描述了恰当的学习成果

首先，这里一定要记住，教师关心的是学生学会了什么。换句话说，重要的是学习的成果，而不是描述能够取得这些成果的学习活动。"学生应该练习使用两种不同的方法解决多位数计算问题"，这样的表述就不是明确学习成果的表述方法，而是具体指出了由教师设计的、帮助学生实现学习成果的学习活动。因此，它是一项学生导向的活动，而不是成果。

其次，要记住的是，有用的目标必须是恰当的。也就是说，在教学过程中，教学目标必须在恰当的时间出现在恰当的教学环节上（教学的过程也必须是经过合理安排的）。教学目标还必须恰当地反映学生的发展性，也就是说，应该与学生的发展水平相适应。

教学过程恰当

若要使教学目标出现在恰当的教学环节中,就必须满足该教学目标所要求的所有前提条件。在开始实现一个新的学习目标前,一定要明确学生已经具备了前期所要求的全部技能。教育特殊需要儿童(无论是有障碍的儿童还是天才儿童)时,教师需要确信前提目标都已经达成,这一点尤为重要。不能想当然地认为天才儿童已经达到了前提目标,而有学习障碍的儿童并没有达到前提目标。

发展的适切性

小学教师要特别重视学生的发展阶段。让·皮亚杰对心智发展水平做出了最为明确的界定。[4]教师可以选修儿童发展方面的课程、学习其他有关儿童发展的理论(如维果斯基的语言发展理论[5]、埃里克森的社会发展理论[6]和科尔伯格的道德发展理论[7])。

教学目标可以是精神、情感或运动取向的

教学目标本质上来说并不都是认知目标。教育者们通常认为,教学目标总体上可以分为三大类或三个领域:认知、情感和技能。认知目标指向经过思维活动能够获得的学习成果(包括记忆知识、形成概念、解决问题以及分析或综合信息)。情感目标指向学生对人物、环境、事件、思想等发生的情感反应。教育课程中的情感目标大都与学生表现出来的态度有关,尽管这类目标难以测量,但显然,如果教师要把学生培养成对社会有所贡献的公民,实现学生的全面发展,情感目标就是十分重要的。在本书第10章所讨论的其他评价策略对测量情感目标有十分重要的价值。技能目标关注的是身体运动以及控制肌肉与肌群所能实现的学习成果。许多学校教学科目都要求学生掌握技能目标。比如,书写要求学生的手眼协调性,绘画和雕塑同样要求学生的手眼协调。所有的体育项目都要求肌肉控制,演奏乐器要求大量的精细协调能力和大肌群协调能力。

3. 清晰并且易于理解

拟订清晰并且易于理解的教学目标的首要前提是对目标的表述要清楚。教学目标应该用确定而精准的动词来描述某一边界清晰的行为,并且在大多数情况下,教学目标中的动词应该指向明确的目的。检查一下下文中的例子,在每一个例子中,动词和它所指向的对象都用黑体表示。阅读时,要思考其表述是否还有可能包含其他含义。如果表述是准确而清晰的,那么就只能有一种含义。

表述清晰的教学目标举例

1. 学生应该能够在与课本中的图形相类似的心脏图上正确**标示心脏**的各个部分。
2. 拼写课本后单词表所列出的全部词汇,学生可以**辨识出错误的拼写**。
3. 学生能够使用米尺**正确测量**房间内每一件家具的**长、宽、高**,测量误差不超过1厘米。
4. 学生能够**正确找出**教师事前准备的化学混合物中的所有**成分**。
5. 学生能够根据课堂讨论的诗歌欣赏标准**评价一首当代诗歌**。
6. 学生能够**列出**一封符合规范的**书信**所包含的主要部分,并且能够简要**说明每一部分的功能**。
7. 在不同情况下听不同类型的音乐,学生要**选出**至少三种自己喜欢的**音乐类型**。

8. 学生要至少能够**说出五条**与来自不同文化背景的同学共同开展项目学习的**好处**。

含义唯一且可观察

仔细再看一下上面的例子，它们的表述不仅有明确的动词及其伴随的对象，而且所有的表述都只包含唯一的含义。同样重要的是，如果要观察教师是否采用了上述教学行为，或是观察上述教学行为的结果，绝大多数观察者都会就教师的教学行为取得一致的意见。换句话说，上述目标不仅是清晰的，而且是可以观察到的。本节将会重点讨论教学目标的可观察性。

注意：有一对概念非常容易混淆，即教学目标的清晰性与教学目标的具体性。教学目标的清晰性是指教学目标必须是可理解的，绝不能模棱两可。然而，清晰并不意味着教学目标一定是高度具体的，也不是说要将最微小的细节与具体行为的最低水平全都落实在书面上。

不能太过宽泛，也不能过于具体

注意到了吗？在前面的例子中，大多数有用的教学目标都介于非常宽泛和非常具体之间。假如教学目标过于具体，教学目标就会失去指导学习的作用，而不过是需要回答的考试题目而已。过于具体的教学目标也很容易使学生养成不良的学习习惯。学生当前的学习或许足以达到眼下的具体目标，但是却不足以实现更为普遍的终极学习目标。要求学生能够从《麦田里的守望者》中找到描写主人公个性特征的段落的价值在于这种能力也可以运用到其他阅读短文的活动当中去。因此，要求学生找出描写主人公个性特征段落的教学目标就比要求学生在文中找出先前讨论过的段落更有价值，因为这一教学目标具有可迁移性。

练习

找出清晰、明确的教学目标

以下教学目标中，找出只包含单一含义的教学目标（标为1）或包含两个以上教学目标（标为2）的表述。前三项为我们所给出的例子。第一项是模棱两可的教学目标。实际上，第一项教学目标的表述也可以理解为与第二和第三项教学目标的含义相同。第一项教学目标的问题在于所使用的动词不够明确。使用更为明确的动词（如第二、第三项）使表述更为清晰，不再模棱两可。

 _2_ 1. 知道美国历任总统。

 _1_ 2. 列出美国历任总统的名单。

 _1_ 3. 能够将美国历任总统的照片与他们的姓名一一对应。

4. 发现结构完整的句子与结构完整的故事之间的联系。

5. 找到三点透视画法中的消失点。

6. 在三分钟的演讲中至少与五位不同的听众进行目光交流。

7. 使一卷35毫米黑白胶卷显影。

8. 长跑10分钟。

9. 欣赏音乐。

10. 把一团黏土揉成一只动物的形状，并且能够使全班其余同学认出并正确说出这种动物的名字。

11. 不要在幼儿园表现出对任何一个孩子的偏爱。
12. 理解核电站的工作原理。
13. 根据《阳台上的花园》这篇文章所描述的标准设计一个微型花园。
14. 扩大你对"现实主义"这个概念的理解。

4. 可观察的

评价学习成果的关键在于学习成果的可观察性。形成一个具有可观察性的教学目标的关键在于使用具有可观察性的动词。因此，教师选取教学目标时，一定要注意动词！

正如之前所讨论的，有用的教学目标包含明确的动词，并且（通常）会指向明确的对象。这些要求可以帮助我们撰写清晰准确的教学目标。现在，我们再加上一条：动词必须描写一项可观察的行为，或是行为的结果能够产生可观察到的结果。

很多难以直接观察到的教学过程和技能都能够产生可观察的学习结果。比如教师不可能观察到学生解数学方程时的思考过程，但是可以检验学生的计算结果是否正确，教师还可以检查学生的计算步骤（展示了他们的思考过程）。另外，写作一个完整的段落、一首诗歌或是绘制一幅油画都是可以看到并分析的。这些学习的结果或是最终作品可以作为"可观察的"对象，帮助教师了解和判断学生是否达到了预期的学习成果。

选取和撰写教学目标需要教师仔细地做出区分，将具体的可观察的教学行为和教学行为产生的可观察的具体结果区别开来。

问题是什么？

正确使用动词可以帮助我们撰写便于观察的教学目标，或是形成具有可观察性的学习成果。但是假如动词所指向的对象不能描述可观察的学习成果，也会使我们的教学目标变得模糊而不可观察。例如，请分析以下教学目标："解释多元化。"

教师期望解释什么呢？是多元化在社会中的价值？是人们常常担忧组织中的多元化的原因？还是在多元化的工作场所中，组织帮助个人积极适应工作场所的不同策略？所有这些以及还有很多此处未提到的内容都可以解释多元化。那么在这里，问题就不再出在动词上，而是出在了这个动词所指向的对象上。所以教师要确认，撰写教学目标的动词及其动作的对象都是清晰而明确的，并且都是指向可观察的行动或是可观察的最终结果的。

观察表

分析目标

以下活动是为了让读者检查教学目标，根据本章所确立的标准讨论教学目标的优点和缺点。

说明： 在使用这个观察表时，不要使用学校、教师、管理者和学生的真实名称和姓名。

观察者姓名：_____

日期：_____
年级：_____
科目：_____
班级规模：_____
教学目标来源：_____
背景信息：简要描述该校学生的社会、经济和民族背景。
_____
_____

记录什么：向要接受观察和听课的教师要一份指导当天或本周教学的教学目标。这些目标可能来自教师的教案，也可能来自授课大纲或是教师手册。

反思你的观察：请读者总结自己的发现，指出所审读的教学目标存在的主要优点和缺点。考虑你审读的教学目标是否满足以下条件：

1. 它是界定明确的吗？_____
2. 它是学生导向的吗？_____
3. 它的顺序是适宜的吗？_____
4. 它提出的发展目标适合学生的发展水平吗？_____
5. 它是否描述了学习的结果？_____
6. 它是清晰而确定的吗？_____
7. 它是便于观察的吗？_____

掌握程度测验

目标1 辨识适切、准确的教学目标

检查以下每一对教学目标是否满足教学目标有效性的要求。

1. _____ （a）能够冲洗一卷黑白胶卷
   _____ （b）理解显影液的作用
2. _____ （a）选取有效的目标
   _____ （b）了解有效教学目标的要求
3. _____ （a）从下列定义中选出最适合讲义10上各条词语的定义
   _____ （b）了解讲义10中所列出的各条词语的含义
4. _____ （a）解决数学问题需要理解数字补位
   _____ （b）理解问题解决的技巧
5. _____ （a）认识新闻照片中出现的人物
   _____ （b）将新闻中出现的人物姓名与其照片匹配
6. _____ （a）从给出的例子中找出写得好的诗
   _____ （b）评价一组诗歌
7. _____ （a）记忆蝴蝶的生命历程
   _____ （b）根据记忆，在图片上标出蝴蝶生命历程的各个时期的名称
8. _____ （a）听清楚短元音和长元音
   _____ （b）辨识短元音和长元音

9. _____ (a) 了解音位的规则及其在阅读中的应用
   _____ (b) 能够大声读出无意义的单词
10. _____ (a) 准确地在一段文章中添加标点
    _____ (b) 列出标点符号规则

请指出以下教学目标表述中出现的基本错误。

11. 掌握对话的含义
    (a) 情感导向
    (b) 教师导向
    (c) 模糊、模棱两可
12. 向学生讲解整洁的必要性
    (a) 教师导向
    (b) 不可观察
    (c) 学生导向
13. 涂色
    (a) 没有明确的结果
    (b) 模糊
    (c) 教师导向
14. 做练习册第18～20页
    (a) 模糊
    (b) 缺乏清晰的定义
    (c) 这是一项学习活动
15. 听一位嘉宾做关于多元化的演讲
    (a) 教师导向
    (b) 这是一项学习活动
    (c) 模糊

目标2：编写适切、准确的教学目标

编写教学目标的三个步骤

编写有效的教学目标有三个简单的步骤。一般情况下编写教学目标应该按照这三个步骤来进行，但是偶尔也会在进行下一个步骤前先返回某一个步骤，或是重做某一步，这都没问题。教师不断地监控、反思自己的工作，经常对照编写良好教学目标的标准检查自己拟订的教学目标，将会有助于建立一套供自己使用的清晰的教学目标。具体步骤是这样的：

学习活动2.2

1. 列举整体目标。
2. 将整体目标细化为更加具体的、可观察的目标。
3. 检查目标是否清晰和适切。

这三个步骤既可以用来规划一门课的教学目标，也可以在备课时用来拟订一节课的教学目标，重要的是要记住，教师不必也不要在短时间内写完一门课的一整套教学目标。一次撰写一个教学单元的教学目标是更有效的做法。最终，教师能够形成一整套涵盖所教学科的全部内容的教学目标。而且，单元教学的目标和一节课的教学目标应该与一门课的整体教学目标相适应。总之，教师开始准备某一教学单元或是每天某节课的教学目标之前，应该先完成第一个步骤。

1. 列举整体目标

第一步，教师需要确定希望学生实现的目标是什么，这个目标可以是比较宽泛的。此时，教师不必担心措辞的问题，只需将想到的目标写下来即可。这些目标可以通过后续的步骤来进一步明确，并且具有可观察性。通常，整体目标可以分解、细化为若干个次级目标，每一个次级目标都可以帮助学生实现总目标。

从整体目标入手

阅读下文中列出的目标，这些都是希望学生在课程结束时达到的目标。这些目标在一定程度上可以代表高中心理学课程希望学生达到的目标。下列目标中的大多数目标都可以进一步细分为可观察的具体的次级目标。

高中心理学课程的一般目标

Ⅰ. 结课目标

A. 学生可以理解心理学作为一门科学的含义。

B. 学生了解人类发展的基本知识。

C. 学生应该知道通常情况下，人类如何与环境互动，包括人与人之间的互动。

D. 学生应该意识到，关于人格、动机、学习、精神健康和社会心理学的研究有不同的理论。

E. 学生应该对当前大多数关于社会的多样性的研究有所了解。

F. 学生应该能够应用心理学的主要发现去解决人类行为和交往的具体问题。

G. 学生应该对自己的典型行为及其原因有更深刻的认识。

练习

指出整体目标——第一部分和第二部分

现在试着写下一些心理学课程结课时学生要达到的目标。不要重复前文中所列出的目标。读者应该可以至少写下五条心理学课的整体目标。在书后的参考答案中给出了一些这类目标的例子，请与你写下的整体目标进行比较。

写下结课目标之后，就可以继续设计每一个教学单元的直接目标了。同样地，现在不必去考虑目标是否可观察，先用比较宽泛的方式把目标制定出来，然后再逐步加工。

下文给出了一些可以成为第一教学单元教学目标的示例，这一单元的题目是"作为一门科学的心理学"。我们设计了三个认知目标和三个情感目标，仔细阅读后写下你自己设计的目标。**注意：** 单元目标应该反映在结课目标当中。对照文后的参考答案检查自己的作业。

> Ⅱ. 第一单元教学的中期目标：作为一门科学的心理学
> A. 认知目标
> 1. 学生应该知道心理学历史上的重要时间点。
> 2. 学生应该知道使心理学成为一门重要应用科学的主要学说。
> 3. 学生应该知道从"发展理论""研究和验证理论"到"在实践环境中应用研究发现"的步骤。
> B. 情感目标
> 1. 学生应该理解心理科学对文明国家的价值。
> 2. 学生应该欣赏不同心理学理论的有用之处。
> 3. 学生应该对来自多元化背景下的人们所持的不同观点和不同需要保持敏感。

2. 将整体目标细化为更加具体的、可观察的目标

在这个步骤中，每一个整体目标要根据内容被细化为两个主要部分：一是学科内容目标，二是教师预期学生对该内容可能做出的反应。请看下列从高中心理学课目标中选取的一条整体目标：

进一步具体化目标

学生应该知道心理学理论的主要奠基人及其重要理论观点。

与学习内容相关的内容可以被分解为：(1) 心理学理论的主要奠基人；(2) 每个心理学奠基人的主要理论观点。我们最终形成教学目标的时候，这两个部分就可以分成两条，单独作为最终编写具体教学目标的基础。通常，最好的处理方式是一个目标只处理学科内容的一个方面。

现在我们保留上述有关学习内容的描述并回答下列问题：

1. 学习内容的界定是否清晰具体？
2. "我"是否准确地预测学生对上述内容做出的反应？

在上述目标中，学习内容（也就是心理学理论的主要奠基人及其重要理论观点）是相当明确的。然而，这一目标还可以通过列出心理学的主要理论奠基人而再进一步具体化。当然，上述目标最主要的问题在于它使用模糊、不确定的措辞"知道"。教师可以通过观察学生的哪些反应来判断学生"知道"？"写下心理学理论的奠基人"可以证明学生"知道"吗？

下面三个目标是对前面目标的细化。目标中所包含的学习内容目标更加明确了，并且更为准确地将期望中的学生表现加以具体化：

1. 学生应该能够写下教科书中所讨论的所有心理学理论奠基人的名字。
2. 学生能够匹配理论中的每一个重要概念和与其相联系的概念。
3. 提到早期心理学理论家，学生应该能够指出其理论中的核心观念（群）。

尝试分解情感目标：

学生应该更有兴趣了解心理学家曾经研究过的人类行为的具体方面。

具体化内容和行为

教师有时候因为情感目标看起来很难用可观察的术语表述而放弃设计教学的情感目标。实际上，两个办法可以让设计情感目标变得简单：一是教师能够清晰地界定学习内容，二是把反映态度的行为进一步具体化。下面这个目标就是用这两种办

法具体化情感目标的例子：

> 在有关心理学价值的自由讨论中，学生应该提出有意义的问题，这些问题帮助他们发现心理学家们曾经研究过人类行为的不同方面。

可以包含条件

在这个目标中，学习内容是"帮助学生发现问题，反映心理学家们曾经研究过人类行为的不同方面"，期望学生出现的行为是"提出问题"。不过，这里要提醒大家注意的是，在这个教学目标中还增加了一些额外的内容，那就是"在有关心理学价值的自由讨论中"。这个短语所提示的是一种条件或状态，在这种条件或状态下，教师期望学生出现预期的行为。

当然，并不是所有的情感目标的表述中都一定要标明条件，但是在撰写情感目标时描述条件通常是非常有帮助的。下面是另一条类似目标，也是从前文的目标中细化出来的（加点部分是条件）：

> 向学生布置一项任务，要求他们向在世的著名心理学家提出问题，学生能够提出如下类型的问题："心理学家都研究过人类行为的哪些方面？"

列出表现水平

除了描述学生出现教师期望中的反应的条件之外，还可以尝试另外一个方法来编写大多数目标（当然，也不是非用此方法不可）。有时候具体列出期望学生出现的不同层次的表现也是很有效的。[8] 例如，我们可以把上述目标具体化为下列目标：

> 在班级图书角放上描述人类行为的图书或小册子之后，学生会签字借出两本以上的这类资料。

这个目标就提出了成功的标准：两本以上的资料被借出。

教师不仅可以为每一个学生设定标准（预期的表现水平），还可以面向全班制定标准。根据针对每一个学生所提出的表现水平，教师就可以评价教学目标的完成情况。根据全班学生的学习水平，教师就可以评估自己的教学状况。比方说，假设教师按照下列方式编写上述目标：

> 在班级图书角放上描述人类行为的图书或小册子之后，至少有75%的学生签字借出两本以上的这类资料。

如果借出资料的学生比例不到75%，即使有的学生借出了两本甚至更多的资料，教学目标也没有达成。

练 习

将整体目标进一步细化为具体的、可观察的目标

1. 将目标分解为两个部分：1）学习内容；2）学生对学习内容的反应。
2. 明确学习内容，必要的话将学习内容具体化。
3. 明确在有关学习内容的范围内期望学生出现的反应。
4. 如果必要，指出期望学生对学习内容做出反应的条件，或评判学生表现的标准。

3. 检查目标是否清晰和适切

在某种意义上，最后一个步骤并不十分必要。如果前两个步骤做得足够好，教师编写的教学目标就可以马上应用了。但是，最后的一个步骤可以帮助教师省去向学生解释"你真正想说的是什么"的麻烦。检查目标清晰性的一个方法是请一位同行（最好是教授同一学科的教师）来审读教师所拟订的教学目标。如果同行能够用自己的话说出每一个教学目标的含义，通常教师就可以判断这个教学目标是便于理解的。如果不能，这个教学目标就需要进一步明晰。

练习

将整体目标细化为具体的、可观察的目标

将以下教学目标细化为具体的、可观察的目标，并且满足以下要求：

1. 找出目标中包含的学科内容目标，判断其表述是否清晰。如果表述不清晰，请指出应如何使其更加明确。
2. 针对上一步所指出的学科内容的每一个方面，至少描述一项期望学生做出的反应。
3. 可以的话，指出期望学生做出反应的具体条件，并具体指出可接受的学生表现水平。

目标：学生应该理解心理学研究中运用的主要概念、术语和原则。

教学目标不仅要清晰地用可观察的术语表述出来，还必须适合学生的具体情况。下列检查标准将帮助教师判断教学目标是否适切。

评判教学目标适切性的标准

1. 适宜学生的发展水平。
2. 能够让学生在有限的时间内完成教学目标。
3. 教学目标的安排顺序是合理的（只有先完成一个前提目标才能实现下一个教学目标）。
4. 与学习科目和课程的整体目标相适应。
5. 与学校的目标和价值观相适应。

如果教师的教学目标以可观察的术语清晰地表述出来，并且满足上述标准，那么这个教学目标无论是对教师还是对学生就都是有用的。现在，在完成与目标 2 相关的掌握程度测验之前，仔细阅读下列从小学课堂上抽取出来的整体教学目标，以及从中细化出的更为具体的教学目标：

整体目标

学生应该能够读出在之前的课文中没有遇到过的单词。

更为具体的目标

看到包含两个相邻元音的单词时，学生能够运用下列规则读出这些单词："两个元音排队走，排头负责把音读，就读它的字母音。"

上述具体教学目标对教师备课是很有用的，但是在教学之前，学生必须先至少掌握以下目标：

前提目标

学生能够正确辨识在给出的词汇中出现的所有元音。

在两个元音一起出现的单词中，学生能够辨识出"排队走"的元音。

掌握程度测验

目标 2　编写适切、准确的教学目标

1. 列出编写适切、准确的教学目标的三个步骤。
2. 整体的结课目标不必用可观察的术语撰写。（判断正误）
3. 对以下三个目标至少写下两条可观察的目标：
   (a) 学生应该理解人是如何学习的；
   (b) 学生应该知道人们的行为动机是什么；
   (c) 学生应该理解多元课堂的价值。
4. 完整的"适切、准确的教学目标"应该包含哪两个部分？
5. 对于"适切、准确的教学目标"而言，两个有用（但不总是必须）的部分是什么？

目标3：在备课过程中运用教学目标

对任何元音，学生能够"根据其字母音"读出这个元音。

现在，为了复习，我们从整体目标开始，把目标分解为更为具体的可观察目标，然后在适当的时候具体地指出必须首先学习的前提目标。这种方法不仅会帮助教师拟订具体的、可测量的教学目标，而且能够帮助教师在完成前提目标之后，开展针对教学目标的教学。

教学目标怎样帮助我们备课？

学习活动 2.3

教学目标是否真的有用，其实存在巨大的争议。不过清楚的是，教学目标对于备课有非常重要的作用。[9]适切、准确的教学目标能够帮助教师：(1) 关注备课情况；(2) 有效地安排教学活动；(3) 设计有效的评估步骤。

1. 关注备课情况

教师常常抱怨说没有足够的时间钻研教材。编写教学目标使得教师在充分了解教材的基础上确定预期学生学会的知识和掌握的能力。这就在两个方面帮助教师关注自己的备课情况。首先，教学目标可以帮助教师排除无关紧要的方面，强调更加重要的学习内容。其次，教学目标有助于教师在备课时平衡不同水平的学习活动。考察教师对一门科目教学目标的设计（或是一个单元教学目标的设计），就可以判断教师在备课中是否平衡了"记忆""概念化""问题解决"等几种不同的学习方式。运用布卢姆[10]和加涅[11]的学习目标分类法，还可以判断教师是否设计了足够的高水平学习结果目标,是否设计了适宜的情感和精神活动目标。最后,有一点值得注意,关注备课情况时,还要确保教师所拟订的教学目标能够帮助学生满足州和国家标准的要求。

2. 有效地安排教学活动

教学活动中,最重要的是学生头脑中所发生的变化。为了使学生达到预期的学习效果,教师所做的每一件事都必须经过精心的设计,从而帮助学生产生获得学习结果的思维活动。如果教学目标是要求学生记忆信息,那么学生的活动就要设计成通过不断重复、运用恰当的联想等方式来记忆信息。如果教学目标是要求学生形成新的概念,那么设计学生的活动时就应该关注所学概念的关键特征,并且比较正反两个方面的例子。在上述任何一种情形下,教师都应该精心设计教学活动,从而帮助学生运用思维活动(记忆、概念化)来实现教学目标。

教师理解教学活动的概念也非常重要。**教学活动**是学生出于学习的目的(例如完成学习目标)而投入(无论是否有教师)的一项或几项活动。听教师的讲解、观看电影、写历史作业以及完成一页练习册习题都是教学活动。

设计教学活动应该实现教学条件的最优化,并且为学生和教师提供最适宜的活动。不同类型的学习要求不同的学习条件。[12]在布卢姆的教学目标分类中,教师可以运用精心设计的问题帮助学生实现不同水平的学习。萨德克等研究者关于提问技巧的讨论中指出,提出的问题可以根据布卢姆目标分类所提出的思维水平加以分类(见第5章)。教学目标同样可以根据布卢姆的目标分类划分为不同类型,在第5章根据布卢姆目标分类法进行问题类型划分的建议也适用于教学目标。

学习的类型是什么?

为了针对每一个教学目标规划适宜的学生和教师活动,第一步就要明确学生要参与的学习类型。如果教师的教学目标是精心设计的,那么这一点就会相对容易一些。秘诀就在于编写教学目标所用的动词。动词是学习类型的标志。例如,类似"列出""回忆""描述"通常表示记忆学习,"辨识""分类""辨析"意味着概念学习,"解决""诊断""确定""明确"意味着问题解决,"喜欢""欣赏""激发""倾向"表明是情感学习,"操作""表演""做""身体控制"表明是技能学习。

活动的类型是什么?

一旦明确了教学目标所要求的学习类型,下一步就是要明确学生为实现这类学习要投入的学习活动。有很多参考书可以帮助教师完成这个任务[13],本书的其他一些章节也有所涉及(如,见第2、4、5、6、8章)。教师还可以阅读一些有关学习的研究文献来获取最新的研究成果,了解人类是如何实现某种类型的学习的。

现在我们终于准备好来确定教师的活动了。这里要记住的关键就是,教师所做的每一件事情都是用来帮助学生完成其所需要的学习的。所以,教师不仅要为学生提供所需的信息,还要帮助他们用适宜的方式处理信息。这也是为什么教师要在适当的时间提出适当的问题(见第5章)。

3. 设计有效的评估步骤

可信度和可靠性是考虑学习评估的两个最重要的方面(见第10章)。教学目标决定了预期的学习成果,因此是设计有效测验的关键。只有能够测量预期学习目标的测验才是有效的测验。因此，无论何时，如果教师想了解学生对课程内容的学习情况，他们就要检测学生在多大程度上完成了教学目标规定的学习结果。第 10 章将会告诉教师如何根据教学目标设计既有可信度又可靠的测验或真实性评估工具。此处要牢记的是，如果希望测验能够用来评估学生的课堂学习成绩，就要尽可能地使测验直接针对课堂教学目标。

掌握程度测验

目标 3　在备课过程中运用教学目标

1. 列出运用教学目标备课的三种方法。
2. 应该首先确定以下哪个活动？
   (a) 教师活动
   (b) 学生的活动
   (c) 最先确定谁的活动无关紧要
3. 在尝试确定学习目标所要求的学习活动时，教学目标的哪一个部分最重要？
   (a) 动词
   (b) 对课程内容的描述
   (c) 表现的标准
   (d) 表现的条件
4. 为完成教学目标而确定所需要的学习类型，这一点为什么是重要的？
5. 运用教学目标设计评估最能够加强有效评估策略的哪个方面？
   (a) 有用性
   (b) 可靠性
   (c) 可信度

目标 4：在实施教学过程中运用教学目标

学习活动 2.4

教学目标在备课过程中的重要作用已经被教育界广为认可。分析现有教案可以帮助教师进一步充分理解教学目标在备课过程中的价值。收集几份不同类型的教学方案（课程大纲、完整的课程教案、教师手册等），研读这些材料，明确教学目标是否包含其中。如果材料中包含教学目标，尝试着辨析教学目标如何影响学生的活动和教师的活动。最后，根据教学目标，试着提出不同的但同样能够有效地实现教学目标的学生和教师活动。

教学目标如何帮助教师教学？

学习活动 2.5

精心设计的教学目标在教学过程中对教师和学生都有极大帮助。首先，正确运用教学目标可以帮助教师清晰地明确对学生的期待，而"清晰"已经被证明为成功教学的关键因素。[14]其次，教学目标可以为学生提供有效的指导，帮助他们听课、完成作业和考试。[15]最后，设计良好的教学目标可以帮助教师始终保持教学的方向，并且有效地处理干扰教学的因素。教师可以通过以下方式运用教学目标提升教学：1）作为教学前发放给学生的讲义；2）帮助学生做好准备投入教学；3）作为整个教学过程的指南。

1. 作为教学前发放给学生的讲义

一些研究文献提出的证据表明，如果把包含精心设计的教学目标作为讲义发放给学生，将会提高学生在测验中的表现。[16]有很多方法能够使讲义尽可能地发挥出最大效用。符合本章前半部分标准的、精心设计的讲义将提高学生的学业成绩。[17]根据梅尔顿（Melton）的研究，教学目标要使学生感兴趣，就应该处于正确的难度水平，并且与将要掌握的内容高度相关。[18]

经常发放讲义，经常复习

我们的经验是，如果一下子给学生太多的教学目标（比如六个星期内需要完成的全部教学目标），学生就不能有效运用教学目标，也几乎不能提高成绩。试试看每个教学单元给学生一组教学目标，然后在每天的教学中回顾这些目标。最后，要记住的是，教师必须时刻考虑到课堂中所要面对的多样性。要及时调整教学策略以适应这种多样性[19]，必要的话，要适应学生的个体需要，详见第6章差异化教学。

2. 帮助学生做好准备投入教学

不要隐藏学习结果

玛德琳·亨特（Madeline Hunter）曾经强烈呼吁，设计一套学生的学习规程，告诉学生教学活动中教师期望他们做什么。[20]这个观念有时会受到主张发现式或研究性学习的专家的批评。专家顾虑的是，如果学生从一开始就知道了学习的结果，那么发现的过程就不能有效地发挥作用。然而，笔者的观点是，在精心设计教学目标的前提下，教师可以在不放弃给出答案的同时帮助学生充分做好学习的准备。回想一下，尽管我们要求教学目标清晰、明确，但教学目标不能太过具体。因此，可以告诉学生，教师期望他们能够解决某种类型的问题，或是发现事件的某些规律，比如因果关系。也可以告诉学生，教师期望他们发现的具体结果和答案。这里关注的是学习的结果——在发现的过程中他们所获得的技能——而不是他们探究活动的具体答案。

因为每一个教学活动对学习者的要求不同，教师应该在开始新的教学活动前为学生做好准备。至少有四类信息可以帮助学生做好教学准备：（1）学习结果；（2）学生的活动；（3）教师的活动；（4）评价活动。

（1）学习结果。

精心编写的教学目标是对学习结果最好的表述，尤其有助于学生做好准备投入教学。告诉学生教师期望他们知道什么，或是在教学活动结束时能够做到什么将会帮助学生投入教学活动。

（2）学生的活动。

对许多学生而言，仅仅了解预期的学习结果还不足以帮助他们从教学活动中取得最好的学习效果。比方说，对有的学生而言，如果在教学活动中告诉他们学习第19章，描述美国内战的原因（学习结果），他们很有可能不知道怎样学习才能取得预期的学习结果。因此，为学生投入教学活动做好准备，就是要告诉他们，只有怎样做才能在学习活动中取得最好的学习效果，成功地完成预期的学习结果。如果教学目标是经过精心设计的，那么判断哪种学习活动将最为适宜就变得容易多了。[21]

(3) 教师的活动。

在大多数教学活动中，教师的角色和作用非常明确。教师的活动包括：讲解、给予反馈、观察学生的表现等。但是，教师始终要引导学生的学习活动，完成学习结果（教学目标）。在教学活动一开始，就让学生确切地知道教师的作用以及教师所能给予的指导将是非常有帮助的。

(4) 评价活动。

学生怎样知道自己是否实现了预期的学习结果？教师如何判断与学习结果相关的学生表现？告诉学生这两个问题的答案有助于帮助学生为教学活动做好准备，并且提高学生的学习效率。精心设计的教学目标是用可测量、可观察的措辞加以表述的，评价的类型就非常容易判断。设计粗劣的教学目标无法发挥评价的作用。

3. 作为整个教学过程的指南

教学目标不仅有助于学生为投入学习做好准备，还有助于在教学过程中保持学生和教师的注意力。教师在教学过程中不断地提醒学生教学目标，就可以有效地减少教学中的走神或是偏离重点现象。这一策略在以学习和发现过程为核心的建构主义的教学方式中特别有效。只有在整个发现过程中始终牢记教学目标，才能更好地学习。如果教师在课堂上很好地示范了运用教学目标引导教学过程，如果教师要求学生所做的学习活动是为了达成教学目标，并且教师设计的评价确实反映了教学目标，那么教师和学生都将更好地专注于教学。这并不是说教学目标没有写到，或是没有涉及的其他方面都是不好的、不值得学习的，而是说教师的教学目标应该作为教师教学的基本指南，指导教师的教学、学生的学习和有关教学的评价。

学习活动 2.6

可以把教学目标作为教学常规的组成部分，我们通过一个简单的练习来帮助读者理解这样做的价值所在。试想，请读者和读者的同学分为若干小组，每组5~6人。每个小组针对一个教学单元（某一学科某一年级的教学内容）设计一份包含5~6个教学目标的讲义。运用上述指导方法，准备一个关于帮助学生做好学习准备的简短口头汇报（只有几分钟）。一名小组成员必须使用讲义，讲义呈现单元的基本内容，帮助学生做好学习这一单元的准备。小组的其他成员则要准备口头汇报，帮助学生学习讲义上列出的某个具体的教学目标。要保证学生知道学习结果并且要向学生描述他们的学习活动、教师的活动以及评价方式。讨论每个小组的口头汇报，关注这次汇报在多大程度上帮助读者自己做好了开始学习的准备。

掌握程度测验

目标4　在实施教学过程中运用教学目标

1. 列出三种运用教学目标改进教学的方法。
2. 下列哪种通过讲义呈现教学目标的安排对学生而言最有效？
    (a) 在课程学习之初，通过一份讲义将课程的全部目标提供给学生，以帮助他们了解课程全貌。
    (b) 在开始进行每一个教学单元时，用一份讲义把本单元的教学目标呈现给学生。
    (c) 在每节课开始的时候把本节课所要完成的教学目标列在一份讲义当中。
3. 列举四件应该告诉学生的事，帮助学生做好学习准备。
4. 教学目标应该指导：
    (a) 教学；
    (b) 评价；
    (c) 学习；
    (d) 以上全部都有。

参考文献

著作

Anderson, L. W., Krathwohl, D. R., eds. *A Taxonomy of Educational Objectives for Learning, Teaching, and Assessing: A Revision of Bloom's Taxonomy of Educational Objectives*, 2nd ed. Boston: Allyn and Bacon 2000.

Carver, Sharon, and David Klahr, eds. *Cognition and Instruction: 25 Years of Progress*. Mahwah, N.J.: Earlbaum, 2001.

Gagné, R. M., Wager, W. W., Golas, K., and John M. Keller. *Principles of Instructional Design*, 5th ed. Belmont, Calif.: Wadsworth, 2004.

Gallagher, Suzanne. *Educational Psychology: Disrupting the Dominant Discourse*. New York: P. Lang, 2004.

Gronlund, Norman E. and S. M. Brookhart. *Writing Instructional Objectives*, 8th ed. Upper Saddle River, N.J.: Prentice-Hall, 2008.

Krathwohl, David R., Benjamin S. Bloom, and Bertram B. Masia. *Taxonomy of Educational Objectives: Vol. 2. Affective Domain*. Reading, Mass.: Addison-Wesley, 1999.

Mager, Robert F. *Preparing Instructional Objectives: A Critical Tool in the Development of Effective Instruction*, 3rd ed. Atlanta, Ga.: Center for Effective Performance, 1997.

Marzano, Robert J., Debra Pickering, and Jane E. Pollock. *Classroom Instruction That Works: Research-Based Strategies for Increasing Student Achievement*. Alexandria, Va.: Association for Supervision and Curriculum Development, 2001.

Marzano, Robert J., and J. S. Kendall. *Designing and Assessing Educational Objectives: Applying the New Taxonomy*. Thousand Oaks, CA: Corwin Press, 2008.

Smaldino, S., Lowther, D. and J. Russell. *Instructional Media and Technologies for Learning*. 9th ed. Englewood Cliffs: Prentice Hall, Inc. 2007.

网址

Access ERIC: http://www.eric.ed.gov
Access ERIC, the promotional and outreach arm of the U.S. Department of Education's Educational Resources Information Center (ERIC) system, keeps you informed of the wealth of information offered by the ERIC components and other education-related organizations. This site is a beginning point for access to all of the ERIC web sites and can help you in your search for the latest information on all aspects of education, including sources of information on appropriate instructional objectives for various subjects at various grade levels.

The Council of Chief State School Officers: http://www.ccsso.org
This is the web site for the Council of Chief State School Officers and includes the INTASC standards, as well as information on council projects, federal legislative positions, policy statements, and news releases of interest to educators.

Yahoo's Directory of K–12 Lesson Plans: http://dir.yahoo.com/Education/K_12/Teaching/Lesson_Plans/
This web site consists of a variety of lesson plans and resources that are already developed for a variety of subjects. It also talks about different types of media and learning activities that are helpful in teaching the subject material. On this site, click on the appropriate icon or highlighted word to bring you into the different subject areas. In addition, the "AskERIC Lesson Plans" search (http://eduref.org/Virtual/Lessons/index.

shtml) will provide a listing of new lesson plans submitted to this web site for different months during the year. Each month contains many different specific lesson plans, with the subject and appropriate grade levels listed.

Teacher's Net, Lesson Bank: http://www.teachers.net/lessons/posts/posts.html
This web site contains around 200 prepared lesson plans that have been submitted by teachers around the world. The specific topic is listed, along with the grade level and subject area (for instance, *Mini Page Term Paper*, Elementary, Reading/Writing). It also provides you with the capability to submit lesson plans you have developed, search for specific lessons, and request lesson plans from certain topics.

Science Teachers' Resource Center: http://chem.lapeer.org
This web site is for science teachers to share ideas. Included are labs, demonstrations, and other information helpful in planning science instruction. Permission is granted to use and reproduce all materials at this site as long as the activities are not sold.

Mid-continent Research for Education and Learning: http://www.mcrel.org/standards-benchmarks/index.asp
This web site has an accumulation of the different subject areas in categories and lists topical areas under each subject. These sites provide national standards for benchmarking in these areas.

Educator's Reference Desk: http://www.eduref.org
This new site includes 2000 lesson plans, 3000 value-added pointers to education information and organizations, and 200 question archives that were previously accessible through askeric.org. The ERIC database can also be accessed at this site.

New York Times Learning Network: http://www.nytimes.com/learning/
"Free news and education resources for teachers, their students and parents. Includes lesson plans, vocabulary and geography builders and more."

Funbrain.com: http://www.funbrain.com
This site enables teachers to integrate games and thousands of assessment quizzes into their daily lesson plans.

Skewl Sites Online: http://www.skewlsites.com
This site features an online index of numerous helpful educational web sites.

Ed Helper: http://www.edhelper.com
This site includes thousands of lesson plans, worksheets, webquests, and teacher resources.

Education Place: http://www.eduplace.com
This web site is maintained by Houghton Mifflin Harcourt and provides Internet resources for teachers and students (K–8).

For these links and additional resources, please visit the Premium Website at **www.cengage.com/login**.

注 释

[1] W. J. Popham, "Instructional Objectives 1960–1970," *Performance and Instruction* 26, no. 2 (1987): 11–14. Also see Additional Resources at the end of this chapter.

[2] T. Gibbs and A. Howley, "'World-Class Standards' and Local Pedagogies: Can We Do Both?" *ERIC Digest* (December 2000). (Full text available at http://www.ael.org/eric/digests/edorc008.htm)

[3] Birman, B. J., Boyle, A., LeFloch, K. C., Elledge, A., Holtzman, D., Song, M., Thomson, K., Walters, K., and Kwang-suk Yoon, *State and Local Implementation of the "No Child Left Behind" Act.* Vol. VIII – Teacher quality under "NCLB": Final Report. Full text available at www.eric.edu.gov.

[4] Jean Piaget, *Science of Education and the Psychology of the Child* (New York: Orion, 1970); Jean Piaget and Bärbel Inhelder, *The Growth of Logical Thinking from Childhood to Adolescence*, trans. A. Parsons and S. Seagrin (New York: Basic Books, 1958).

[5] Lev Vgotsky, *Thought and Language* (Cambridge, Mass.: MIT Press, 1962).

[6] Erik Erikson, *Identity: Youth and Crisis* (New York: Norton, 1968).

[7] Lawrence Kohlberg, "The Cognitive-Developmental Approach to Moral Education," *Phi Delta Kappan* 56 (1975): 567–677.

[8] Some authors use the term *performance* to refer to student outcome, *condition* to refer to conditions under which the performance is expected to occur, and *criteria* to refer to the level of performance expected.

[9] Lim, Cheer Ping and Ching Sing Chai, "Rethinking Classroom-Oriented Instructional Models to Mediate Instructional Planning in Technology-enhanced Learning" *Teaching and Teacher Education: An International Journal of Research and Studies*, 24, no. 8 (November 2008): 2002–2023.

[10] Lorin W. Anderson and David R. Krathwohl, eds., *Taxonomy for Learning, Teaching, and Assessing: A Revision of Bloom's Taxonomy of Educational Objectives* (New York: Longman, 2000).

[11] R. M. Gagné, "Learning Outcomes and Their Effects: Useful Categories of Human Performance," *American Psychologist* 39, no. 4 (1984): 377–385.

[12] R. M. Gagné, *Conditions of Learning and Theory of Instruction,* 4th ed. (San Diego: Harcourt Brace Jovanovich, 1985).

[13] See Additional Resources for recent books on educational psychology and teaching/learning strategies.

[14] C. V. Hines, D. R. Cruickshank, and J. J. Kennedy, "Teacher Clarity and Its Relationship to Student Achievement and Satisfaction," *American Educational Research Journal* 22, no. 1 (1985): 87–99.

[15] J. Hartley and I. Davies, "Preinstructional Strategies: The Role of Pretests, Behavioral Objectives, Overviews and Advance Organizers," *Review of Educational Research* 46 (1976): 239–265.

[16] P. C. Duchastel and P. F. Merrill, "The Effects of Behavioral Objectives on Learning: A Review of Empirical Studies," *Review of Educational Research* 45 (1973): 53–69.

[17] G. T. Dalis, "Effects of Precise Objectives upon Student Achievement in Health Education," *Journal of Experimental Education* 39 (1970): 20–23.

[18] R. F. Melton, "Resolution of Conflicting Claims Concerning the Effects of Behavioral Objectives on Student Learning," *Review of Educational Research* 48 (1978): 291–302.

[19] T. J. Lasley II and T. J. Matczynski, *Strategies for Teaching in a Diverse Society: Instructional Models*, 2nd ed. (Belmont, Calif.: Wadsworth, 1997).

[20] Madeline Hunter, *Mastery Teaching: Increasing Instructional Effectiveness in Elementary and Secondary Schools, Colleges, and Universities (Madeline Hunter Collection Series)* Phoenix, AZ Crown Press 1994.

[21] R. M. Gagné, W. W. Wager, K. Golas, and J. M. Keller. *Principles of Instructional Design*, 5th ed. (Belmont, Calif.: Wadsworth, 2004).

第3章

教学计划与设计

格蕾塔·G. 莫林-德什密尔
郝国强 译

目标 ▶▶▶

1. 给出两张概念图，图中分别描绘了师范生对教学设计的观点的前后变化，比较这两张图，列举出前后变化的三个特征，并解释关于教学设计的观点发生变化所反映的内容
2. 辨识至少四个有效教学设计的关键特征
3. 用类比的方式描述出至少两个教师教学设计的重要方面

计划是人类的……

所有人都在不停地计划。[1]我们提前思考我们要做的事情，并做好准备使事情能够顺利完成。很明显，教师已经拥有了制订计划的经验。但是教师计划的有效性如何？在多大程度上能完全实施计划？

计划的故事
你曾经计划的最复杂的事情或项目是什么？你是自己独立完成的还是和一名同伴或者一个团队一起完成的？在计划或者实施计划的时候你遇到了什么问题？最终成果在多大程度上与你的原计划匹配？你认为你的计划成功吗？为什么？ 与同伴谈一谈你们各自有关计划的经历，你们的经历有什么异同？你们从各自的经历中学到了什么？

既然教师多年来很有可能已经在自己的生活中计划过重要的事情，那么教师就拥有了一套对于教学中最重要的任务——教学设计——非常有用的经验。在很多方面，教学设计所要求的技能与教师在日常生活中进行计划所需要的技能相同。[2]但是教师必须做出的教学设计是很复杂的，这就需要一些特别的技能和知识。本章将要介绍与这些特别的、在教学设计中非常重要的技能、知识、性情和表现等。本书从整体上提供复杂多样的、有关技能和知识性的信息，只有将这些牢记在心，才能有效地执行教学设计。

第 3 章　教学计划与设计

<u>目标 1：给出两张概念图，图中分别描绘了师范生对教学设计的观点的前后变化，比较这两张图，列举出前后变化的三个特征，并解释关于教学设计的观点发生变化所反映的内容</u>

从概念图出发

概念图能够形象地组织知识

思考任何新的题目时，一个好的起点就是教师自己的想法。你认为教学计划与设计都包含什么内容？一个阐述和解释教师自己想法的有效方法就是建构概念图。[3] **概念图**是一种组织方法，帮助教师组织关于某一具体主题的想法，它能够将各个子主题之间的关系以视觉化的方式呈现出来。

教师可能已经通过其他名称熟悉或者了解了概念图，例如网状图或语义图。如果没有，建议教师去学习这项很有帮助的技巧。概念图可以在写作时帮助教师组织自己的想法，在研究时帮助教师综述研究主题，在教学时帮助教师为设计和教授一个教学单元组织信息。[4]计算机软件可以帮助教师和学生根据不同目的设计开发不同类型的概念图。[5]本章末列出的两个网站（PIVIT & Inspiration Software）也提供开发图形显示的资源。这些概念图是帮助学习者建构、组织和传达他们知识的有效工具。

学习活动 3.1

按照以下简单步骤，建构一张关于教学设计的概念图。首先，列出所有想到的有关教师教学设计的单词和短语。其次，以自己的方式将清单上的单词和短语分组，并对各组进行标注，以显示每组里所有项目的共同特征。再次，将初始分组进行合并，形成更大、内容更丰富的组。最后，画一张概念图或其他图形，展现出组和子组之间的相互关系，及其与教师教学设计主题的关系。

继续阅读本章之前，读者可能想构建一张自己有关教师教学设计的概念图。这样读者就可以将自己的观点与其他人的观点进行比较。继续阅读本章和本书的时候，读者就能看到自己有关教学设计的想法是如何展现出来的。

学习前与学习后

概念图能够呈现观念改变的过程

人类最有趣的事情之一就是他们的想法能够改变。概念图最有趣的事情之一就是它们可以帮助追踪在教育和经验的作用下人类的想法是如何改变的。这一部分将检验一名中学教育师范生的前后两张概念图，看看在设计和教授一系列的课程之后，师范生有关教师教学设计的想法发生了哪些改变。

在锡拉丘兹大学的一个教师培养项目中，他在学习一门有关教学策略的课程之初建构了他的初始概念图。在该课程中，他除了阅读和讨论有关设计与教学的重要内容之外，还参加了**同伴教学**（peer teaching）活动。每个参加这项课程活动的学生都要就某一主题设计三至四节系列授课，每节课都采用不同的教学步骤。[6]师范生组成同伴小组相互听课。

在课程结束时，每名学生都构建了一张新的概念图，以显示他们有关教学设计观念的变化。这一部分将要展示其中一名学生的前后两张概念图。如果读者已经构建了自己的概念图，就会发现将自己之前的概念图与这里展示的或是读者所在的教师培训项目中其他同学的概念图进行比较是非常有趣的。除此之外，请读者比较这里展示的两张概念图，观察这名准教师的想法发生了哪些改变——这些改变是在学习了有关设计和实施教学设计的课程并且完成了教学实践之后发生的。

练习

特德的概念图

特德是一名攻读中学教育专业（社会研究方向）硕士学位的学生。他之前获得了企业管理学士学位。图3-1和3-2展示了两张有关教学设计的概念图，分别为特德学习前后所绘。构建这两张概念图之间的一段时间，他给他的同伴们上了四节有关自由企业制度基本内容的课。在结束同伴教学之后，他开始在一所郊区中学实习，教授八年级和九年级的社会研究课。

观察两张概念图，你看到了什么变化？涌现出了什么新想法？这些新的想法是需要重要考虑的事情吗？特德的教学经验与你所观察到的变化是什么关系？在研究完这两张图之后，如果你开展一些同伴教学或者进行课堂教学设计和授课，你认为自己的概念图可能会发生怎样的变化？

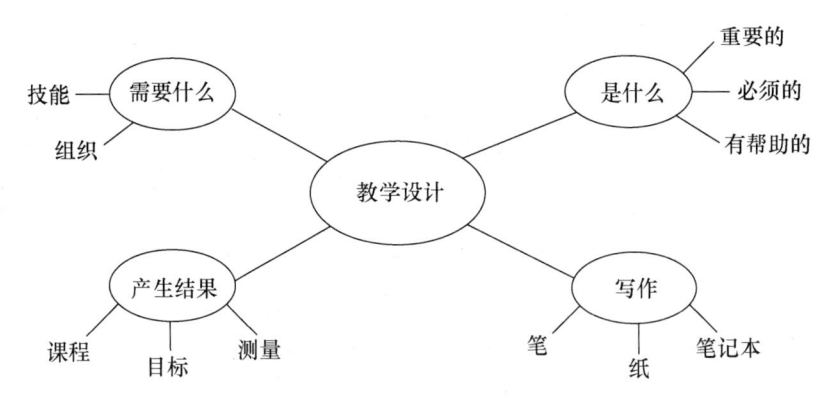

图3-1 进行理论学习与教学实践前绘制的教学设计概念图

特德的想法是如何变化的

特德比较了自己的概念图，并记录下了差异之处。这里是他的一些讨论：

特德：两个月前我不知道什么是教学设计。这能从我之前的简略粗糙的概念图中看出来。我之后的概念图聚焦于教学设计的内容。我思考了教学设计的所有方面，以及它们之间的相互关系和相互作用，其中一个构成部分的任何变化都会影响其他部分。教学设计的构成部分并不是相互独立的，但两个月之前我并不这样认为。同伴教学以及相关的准备工作使我认识到任何一部分都很重要。我不再纸上谈兵，而是亲自进行教学设计。如果我不能设计好任何一个部分，我的课就不会好。

专业成长的一种模式

并不是特德一个人有这样的经历，它其实是教师对教学设计的认识发生变化的

第 3 章 教学计划与设计

```
A.我了解这些内容吗?        1.如何评价学生?          1.我教授什么技能?
B.应该强调哪些部分?        2.这样的评价公平吗?      2.这些技能重要吗?
C.州规定必须包含哪          3.这样的评价考虑到
  些内容?                   不同学生的长处了吗?
```

（方法）　（内容）　（评价）　（技能）

1. 选择的方法对学生学习有效吗?
2. 就内容来讲是最好的方法吗?
3. 该方法有助于课堂管理吗?
4. 就我能掌控的时间而言是最好的方法吗?
5. 我能很好地采用该方法吗?
6. 我能采用哪些该方法的变化形式?

（教学设计）

（目标）

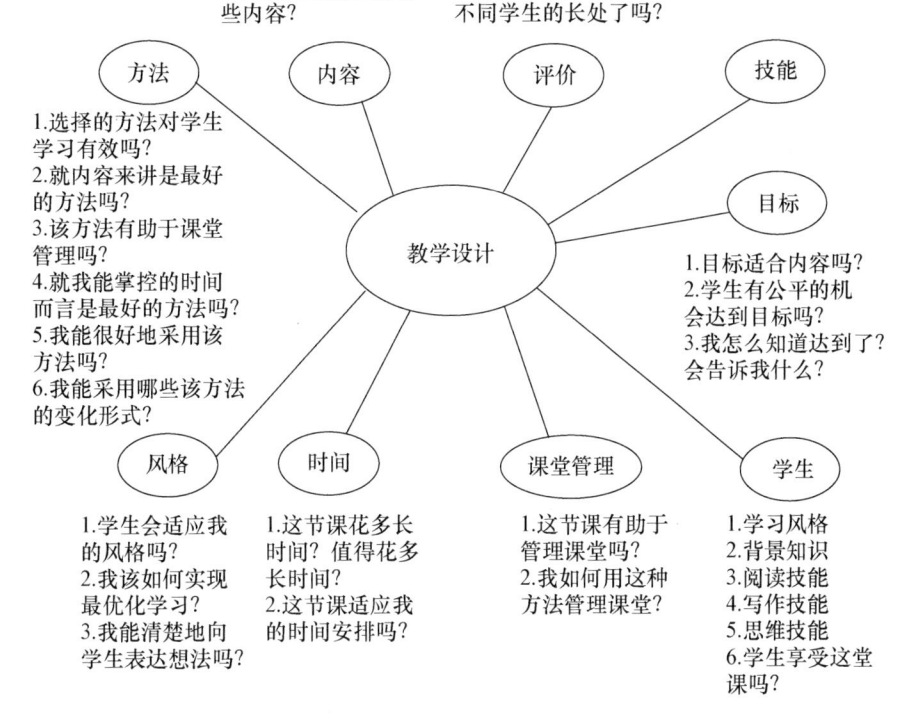

1. 目标适合内容吗?
2. 学生有公平的机会达到目标吗?
3. 我怎么知道达到了? 会告诉我什么?

（风格）　（时间）　（课堂管理）　（学生）

1. 学生会适应我的风格吗?
2. 我该如何实现最优化学习?
3. 我能清楚地向学生表达想法吗?

1. 这节课花多长时间? 值得花多长时间?
2. 这节课适应我的时间安排吗?

1. 这节课有助于管理课堂吗?
2. 我如何用这种方法管理课堂?

1. 学习风格
2. 背景知识
3. 阅读技能
4. 写作技能
5. 思维技能
6. 学生享受这堂课吗?

图 3-2　进行理论学习与教学实践之后绘制的教学设计概念图

一般模式的典型案例。教师认识模式的变化已经在有关师范生的研究中得到了确认。师范生自己设计和教授课程，增强了对成功教学的诸多因素的意识，明确了这些因素之间的相互关系，改变了对成功教学的认识，学会了优先考虑教学的不同要素。

这里呈现的前后两张概念图是**专业发展**的证据。专业人员具有专门的知识和技能，能够权衡选择，能从许多可能有效的活动中做出适合特定情境的选择。作为一名即将成为专业人员的准教师，特德进行理论学习与教学实践之后绘制的概念图显示他已经开始发展自己的专门知识、专门技能、选择意识，以及根据情境特征选择不同教学方法的意识。例如，特德后一张概念图提出的问题（"目标适合内容吗?" "选择的方法对学生学习有效吗?" "就内容来讲是最好的方法吗?" "该方法有助于班级管理吗?" "就我能掌控的时间而言是最好的方法吗?" "学生会适应我的风格吗?"）就显示出他已经培养了选择的意识和根据情境特征选择教学方法的意识。

意识和注意力上的变化

弗吉尼亚大学柯里教育学院的师范生们，结合教学策略课程和实习经验，也在学习前后绘制了两张教学设计概念图。在专业思维方面，最普遍的变化就是他们更加关注学生的背景知识、特征、教学材料和评价过程。所有这些都是进行教学设计的重要方面。[7]

这些例子证明，师范生们正在开始像专业人员一样思考和行动。在阅读本书的过程中，读者应该能够观察到自己在知识、技能和选择意识上发生相似的变化。特德的第二张概念图中提到的一些条目和主题将会在其他章节进行详细的介绍和讨论：目标（第 2 章）、班级管理（第 8 章）、评价（第 10 章）。进行教学设计时要考虑的其他重要因素，尽管特德没有明确地提到，也会在以后的章节中进行讨论：提问（第 5 章）、差异化教学（第 6 章）、合作学习（第 9 章）。使学生参与学习（第 4 章）和多元文化教学（第 7 章）都是成功实施教学设计的重要因素。

读完本书，完成书中的活动之后，读者可能会建构一张最终的教学设计概念图。如果读者将这张概念图与学习之前制作的概念图进行比较，就会发现自己专业发展的确凿证据。

目标 2：辨识至少四个有效教学设计的关键特征

谬误与事实

许多人认为，教学设计是教师最重要的技能之一，能够更好地进行教学设计的教师，教学也更出色。有人认为教学设计是教师在教室没人的时候（早上学生到达之前，晚上学生离开之后）做的事情。甚至有人怀疑，许多教师除了记下每天讲过的课本页数，从来没有进行过真正的教学设计。当然，事实上这些观点没有一个是完全正确的。

关于教学设计存在很多误解。不幸的是，这些误解影响了准教师学习设计教学。下面这些表述，哪些是对教学设计的错误理解？哪些准确描述了教学设计的真实情况？

- 大家都做教学计划
- 小计划起大作用
- 每天一计划，困难不害怕
- 一刀切
- 不要回头看
- 自己就能做
- 过去在美国做得最好

对上一代的教师而言，分辨上述表述哪些是谬误、哪些是事实还是非常难的。有关以往的教师如何进行课堂教学设计我们几乎一无所知。然而，从那时开始，许多研究者观察访谈了进行教学设计的教师。尽管仍然有许多东西需要研究，但是已经建立起了有益的知识基础。20 世纪 70 年代后期和 80 年代早期的一系列研究纠正了这里所讨论的有关教学设计的错误理解。有一些优秀的文献综述全面地总结了这些研究。[8] 本章下面的讨论特别引用了一些新近的研究成果。在有关教学设计的早期研究之后，教学的一些重要方面已经发生变化，并影响了教师开展教学设计的实践。随着新技术的普及，教师必须考虑如何将新技术作为教学内容和教学资源，如何培养学生使用新技术的能力。关于学生学习和知识本质的观点也发生了变化。建构主义学习理论认为，我们的知识是从我们自己的经验中生发出来的，通过在社会情境中与他人的互动得到发展。[9]

大家都做教学计划——使用各种方法

教师确实要进行计划，而且要用各种方法制订教学计划。通常教师主要进行四种基本类型的教学计划：年计划、单元计划、周计划和日计划。计划对有效教学非常重要。

计划因形式和时间不同

尽管所有的教师都进行计划，但教师并不都是严格按照相同的方式制订计划的。有的教师可能只是在课时计划书上简单记一些笔记。有的教师可能会写出要教授的每课或单元内容的详细大纲。许多教师写给代课老师的日教学计划比写给自己的更为详尽，目的是想保证代课教师能够理解和维持已经形成的常规。全面进入计算机时代的教师可能在磁盘上存有一个课时计划或单元计划的文件，每年都进行更新以适应新的情况。

多年研究发现，经验型教师很少严格按照课程专家推荐的程序进行教学设计。课程专家推荐的程序通常为：首先陈述教学目标，然后选择和组织教学活动满足不同的教学目标。许多小学教师开展教学设计的程序与上述程序不同，他们首先考虑教学情境（例如，教学资源和可控时间），然后思考能够激发学生兴趣、使学生参与的活动，最后写下这些活动要达到的目标。中学教师差不多只关注内容和准备生动有趣的课堂展示。这并不意味着教师没有真正的目标，但它确实表明，对大多数教师而言，一个基本的考虑是维持学生兴趣和学习投入。研究显示，学生注意力和专注于学习任务的行为与学习成绩有关，所以在进行教学设计时，教师就必须牢记学生投入学习是很重要的。

当特殊教育教师为每一名学生制订一份年度个别化教育计划时，他们比其他教师更加关注每名学生的个人目标。

教学计划面向每一名学生

最近的研究关注教师进行教学设计时应对学生个体差异的多种方法。现在，许多学生来自不同的文化背景，他们讲多种语言，而不是将英语作为第一语言。有些学生有学习障碍，有些学生天资聪颖。由于学生的多样性增加了，教师也必须学会调整自己的教学以满足学生的特殊需要和能力水平。研究表明，在进行教学设计时，小学教师比中学教师更注意满足有学习障碍学生的需要，而且与特殊教育教师有更多的合作，确保为这些学生做出适当的调整。[10]同有专门知识的同事一起进行教学设计，能够提高教师调整教学计划的能力，以服务多样化的学生群体。一些有效的指导也能帮助教师。[11]

小计划起大作用——特别是最初的计划

有关教学计划的一个棘手问题是一个计划包含在另一个计划中，这就意味着年初的计划将会对这一年中的周计划和日计划产生重要影响。在学生进入教室之前，大多数教师已经设计了教室的空间布局：学生们坐在哪里，如何安排座位，教学设备放在哪里，什么区域被设定为特殊类型活动中心，如何利用布告板和墙面。关于学习科目的日计划和周计划通常也会在开学后第一周的周末完成。在开学前几周内，教师会评估学生的能力，制订学习分组计划。这段时间里，班级常规和管理流程也会确定。并不是所有这些计划都由每位老师单独完成。教师们会按照年级或者科目形成小组，协同制订课程和分组计划。学校管理人员会制定一般作息时间表和学生行为规则。但是无论这些计划源自何处，它们都会成为规范以后其他计划的框架。

许多教师将单元教学计划作为最重要的计划，把周计划和日计划包含在单元教学计划之内。教师倾向于关注计划中的活动，单元教学计划可以组织一段时间内（通常是两周或者一个月）有关某一题目的一系列活动。中学的经验型教师可能使用更长时间跨度的计划，并在学年初就决定了课程内容和材料。[12]

每天一计划，困难不害怕——给新教师的建议

经验型教师反映，单元计划、周计划和日计划是一学年中最重要的计划。尽管遇到新内容或者新的课程材料时教师都会制订课时计划，但是很少有教师定期进行完整的课时计划。但是，有经验的教师确实推荐实习教师和新手型教师写出课时计划。因为在不太熟悉的教学情境中，例如面对新学生、尝试新的主题，或者使用新的教学程序时，课时计划是特别有效的工具。对新手型教师来说，教学的这些方面都是陌生的，课时计划将会有所帮助。

手写计划和打印材料

在经验型教师的日计划和年计划中，他们更倚重课程指南和教材来决定课程内容和进度。课时计划主要包括选择和调整教材中教师指南部分推荐的活动，这样教师可以使这些活动变得特别生动有趣，或者满足特定学生的教学需要。经过多年的教学，经验型教师已经确立了教学常规，并将教材推荐的活动纳入自己的常规活动中，因此，大量有关教学步骤的课时计划对他们而言并不是必需的。新手型教师正处于制定常规、尝试适合自己的教学步骤的过程中，在专业发展的这一阶段，详细的课时计划是必不可少的工作。

在某些情境中，更为丰富的教学计划可能对经验型教师也特别重要。即便项目学习的教学目标是在学习学科内容的同时培养学生自我管理和自我评价能力，项目学习的支持者也还是特别强调制订详细计划的重要性。在制订项目学习计划的过程中，组织资源和让学生进行分组合作学习都是很重要的任务。[13] 使用新技术教学也需要教师进行额外的设计。教师需要决定学生合作的时间和方式，考虑学生使用计算机的时机和条件。在学生开始与新技术有关的学习之前，教师需要提前演练这些活动以发现可能存在的问题。[14] 随着新的教学情境不断涌现，教学设计技能仍然是每一个教师职业生涯必需的能力素质。

一刀切——但这并不太好

大多数课时计划都是为指导整个班级学生的教学而制订的。这样，典型的课时计划都是为了激发和调动普通学生。当然，我们很难找到"普通学生"的最佳典型形象，即使是一个小组的学生也是由一系列令人眼花缭乱的不同特征的个体组成的，比如学生的学业成绩、已有的知识和技能、语言习惯、社交技能、文化背景、身体发育、智能和家庭资源，这些特征都会影响教学。没有任何一个教学设计可以完美地适用于班级或小组中的所有学生。事实上，不存在适用于每一个学生的课时计划。

将多样性融入教学计划之中

教师的观念影响了他们为多样化的学生群体进行教学计划的方法。注重学生学习习惯的小学教师报告说，他们的教学计划更多地回应学生的表现，从而让学生学到更多东西。[15] 如果教师坚信所有学生都能学习，并且所有学生都有为课堂教学做出贡献的天资和思想，那么他们在进行教学计划时会更加注重学生的积极参与，

从而使学生成为更加自主的学习者。[16]

学生的多样性要求教师调整教学计划以适应每个学生的需要，从而促进所有学生的学习。这对特殊教育的学生转入普通班级尤为重要，如果能够提前有意识地进行考虑，特殊学生在普通班级的学习将有可能取得更好的效果。例如，设计鼓励学生表达与课堂主题相关的个人情感、经历和观点的具体活动，这将有助于班级接纳个体差异，鼓励多样化，并有助于学生获得有效的学习成果。一般来讲，包括这些活动的课时计划能够帮助教师调整课堂教学以更好地适应所有学生。

回头看——对提前计划有帮助

经验型教师反映，教完一节课之后，他们会迅速重新思考下次如何改进或修改。[17]这能帮助教师设计以后的课。回顾过去对类似单元计划或者年计划的长期规划特别有帮助。如果教师从教之初就坚持写教学计划，那么教师就会考虑什么活动或者程序效果更好，在顺序或题目与活动的选择上能够做出什么调整。这比每年都从头开始做计划更有效率，而且对于那些希望通过系统地从自己的经验中学习并提升专业水平的教师而言，是一个有效的帮助。师范生回顾同伴教学或者教学实习的一个重要方法是对教学过程进行录像，然后与同伴一起观看讨论。这一过程能提高观察技能，并促进对话和分享学习。[18]

另一种方式的回顾也是有帮助的。师范生需要反省自己早年的学校经历，因为长期的学生经历深刻影响了师范生关于教学和学习的信念。这些信念对教师教学计划的内容和方式都有影响，而且这些信念使得一些教师在使用更加新颖、以学生为中心的教学方法方面存在困难。只有批判性地检验过去的经验和由此形成的信念，教师才能自由地、明智地选择最适合学生的教学活动。[19]

自己就能做——从朋友处获得一些帮助

教师们很少单独依靠自己的知识和灵感来进行教学设计。多年来，教师一直利用课本、教师手册以及州或者地区的课程指南等资料来完成教学计划。而且，在很多学校，教师之间一起合作来做课时或者教学单元计划、共享观念和资源的现象屡见不鲜。最近公立学校的课程都特别强调跨学科教学，即将不同学科或领域的探究方法结合到一起来共同探究一个中心主题或问题[20]，从而使学生以更接近现实生活的方式去看待探究的主题或问题。有的州提出新教师的标准，要求他们与同事合作，帮助学生将各学科知识联系起来。[21]如果教师们合作设计课时和单元，跨学科教学就会得到提高。这在中学层面尤为明显，因为在中学里教师倾向于将自己看作单一学科领域的专家。一名英语教学方向的师范生，在与一位科学教学方向的师范生合作设计和讲授了一个跨学科单元之后，发表了如下评论：

> 虽然我缺乏科学学科知识，但这其实有积极的效果，因为我开始依靠我的同伴理解这一科目。我发现这种合作是值得的，因为我不再害怕学生问问题。教师经常觉得他们必须是永远正确的专家，但处在学习者的位置上能够提醒我，教师不断学习是多么重要。[22]

寻找网络资源

近年来，教师们能够方便地利用千里之外的同事的专业知识来丰富教学计划。

现在，通过网络资源，教师和学生有很多机会通过电子媒介的方式与千里之外的师生共享观点。因为各种网站在不断地更新，所以发布一份有用网站的清单很快就会过时。乔治·卢卡斯教育基金会已经为教育者们发布了一份有丰富电子资源的清单[23]，并承诺会定期更新网站（http://www.edutopia.org）信息以提供最新资源。在本书出版时，该网站可利用的各种资源主要有教学项目、文件、视觉媒体、讨论组，以及一些与特定主题相关的资源链接，比如整合学习、技术整合、社会和情感学习与评价。该网站也有项目学习的教学模块，它还提供一些指导，帮助教师使用技术手段为不同能力的学习者设计教学。使用其他术语，比如"教师备课"或者"课时计划"可以搜索出许多其他资源。在本章结尾处列出来的附录资源中，《纽约时报》的网站就特别有用。准教师们需要了解如何在进行教学设计时利用网络资源，如何评估网络资源，判断它们是否有用。本章的后面部分将提供一些有用的网络资源评价标准。

过去在美国做得最好——除了别人做得更好的时候

美国人总是认为自己的习惯和方法比其他国家的更好。毫不奇怪，其他国家的人也倾向于认为他们的方法比美国的好。人们总是很自然地喜欢最熟悉的方法。但是美国人已经学会采纳和吸收来自其他文化的方法，并充分利用这些舶来品的长处。

其他文化重视合作

与教学设计有关的一个舶来品是日本教师专业发展中的一种方法，或者叫作研修，翻译过来是"通过学习掌握"[24]。日本教育者将教学看作一个合作的过程，并认为同伴规划是教学的一个关键方面。在日本的许多学校，教师们合作设计一个年度研究主题或题目，以改善课堂教学。该计划的一个基本组成部分是教师参加"授业研究"，或者叫作"研究课例"。一组教师共同设计一节课，并选择其中一位教师讲授这堂课。课堂会被录像，以供其他教师观看，然后所有的观摩者与设计小组一起分析评论这堂课。课例评价还经常邀请外部专家参与。授课的教师与教学设计小组共同讨论教学策略的选择、学生的兴趣和对课程内容的理解。在分析的基础上，这个教学计划可能会再次修改，随后被其他教师使用。完整的过程持续整个学年，课例需要不断地设计、教授，然后被按年级或所授科目组成的多个教师小组进行评价。到学年末，学校公告会发布研究课例的记录。

日本教师认为研究课例是改善教学、鼓励教师反思教学的一种有效方法。[25] 美国的一些教师和教师教育者基于同样的目的也已经开始使用这一方法，并称它为"课例研究"。尽管美国教师基本上都是独立进行教学设计的，但课例研究的支持者认为合作设计、教学观摩、规划和分析课例有可能促进教师专业发展和改进教学。[26] 一些师范生也开始使用课例研究的方法，并且能够更为坦然地面对关于教学的建设性批评。[27] 对于课时计划，美国过去不一定是做得最好的，但我们确实知道如何学习其他国家的优秀做法。

考察现实

总之，对于教学设计，我们仍有很多东西需要学习，我们知道教师都会提前思考，知道教师都认为教学设计是必不可少的。对很多教师而言，设计每一节课和每一个单元是教学最有趣的一部分，因为这为教师提供了发挥自己想象力和独创性的机会。我们知道，不同的教师进行教学设计的方法存在很大差异。我们也知道：

- 计划都是环环相扣的，所以在学年初制定的组织课堂的计划对以后的计划会产生重要影响。
- 经验型教师的课时计划更倚重教材和课程指南，而且利用教室里已经建立的基本教学和管理常规。
- 有效教师的课时计划足够灵活，允许教学环节的微调，以适应学生对任务的反应。
- 教师关于教学和学习的信念深刻影响了教师在进行教学设计时的选择。
- 有效的教师调整教学设计以满足不同学习者的需要。
- 与同事合作和利用网络上的多种教学资源能大幅度提升教学设计的水平。

> **练习**
>
> **观察实施中的计划**
>
> 教师的设计方法和信念都是精神活动，不能直接观察到。但是计划和信念影响行动，行动是可以观察到的。一些教师的教学设计方法能够通过观摩他们的课堂教学推断出来，因为课堂教学就是计划实施的过程。

新手与专家

以认知心理学为视角，在比较特定领域新手与专家思维的基础上，人们开展了很多有趣的教学研究。许多领域有关专家与新手的研究表明，专家比新手能够更好地回忆起有意义的信息，并使用不同的标准判断理解和记忆的信息的效用和适切性。[28]

专家型教师评估学生知识并制定规则

一些有关教学设计的研究表明，专家型教师的思维模式与其他领域中的专家是相似的。有一项研究比较了新手型和专家型的数学和科学教师对一项模拟任务的反应，该任务要求他们在开学五周之后必须准备接手一个新的班级。专家型教师和新手型教师之间的一个主要区别就是如何计划开始授课。专家型教师计划要求学生复习难题，在已经讲授的主题范围内，要求学生回答有关内容理解的问题，这样，专家型教师将注意力集中于了解学生已经具备的知识。新手型教师计划向学生询问课本讲到哪里了，然后复习重要的概念。换句话说，专家型教师计划从学生那里收集信息，新手型教师计划向学生传达信息。专家型教师通过将自己的期望和课堂常规解释给学生听，计划"重新开始"。新手型教师则更倾向于询问学生前任教师是如何授课的，这就暗示他们将采用同样的做法。

在对不同类型信息重要性的判断上，专家型教师和新手型教师也有所不同。对专家型教师来说，最重要的信息是学生已经具备的有关该主题的知识。而对新手型教师而言，最重要的信息是学生习惯遵循什么样的管理制度。专家型教师计划创立自己的常规，新手型教师却计划适应他人的常规。专家型教师理解计划环环相扣的特征。他们明白在课程开始前几天所采纳的课堂管理结构会为学年余下的其他计划搭好框架。

常规的功能

对一些人来说，**常规**意味着呆板的、枯燥的、重复的、欠考虑的行为。因此，教师不太容易接受这样的观念，即确立常规对教学设计很重要。但是请想一想你的日常生活中常规与计划之间的关系。作为一名学生，你确立的常规是什么？每天或者每周你会有一段时间用来看你的时间安排吗？当你要写一篇论文时，在你通常工作的图书馆、计算机室或者房间有地方吗？如果你没有为这样的活动确立常规，那你是个少见的人。

常规带来显而易见的好处

类似这样的每日常规对计划我们的日常活动很重要，因为它们可以使我们腾出脑子想其他的事情。如果每次执行行动都必须考虑各种可能并做出选择，很快你就会疲于应付不断地做决定。

同样的原因，具备常规能够使教师更有效地教学。如果教师在课时计划中包含收取家庭作业或者分发教学材料的常规，教师就能够把精力集中在更加重要的教学决策，比如需要呈现哪些信息，或者问学生什么问题上。在授课的时候，如果教师有号召学生参与课堂的常规，教师就能够更容易把精力集中在倾听学生的想法，而不是担心下一个叫谁上。课堂常规也能帮助学生预知教师的行为，当学生知道教师期待什么时，他们更能把精力集中在教学内容上，学习到更多的东西。

将常规融入计划

教学计划的很多层面都能执行常规。例如，在单元教学计划层面上，与评估相关的常规可能包括：进行课前测验确定学生已具备的知识，安排周考以评估学生对概念的掌握程度，准备单元测验以判断学生学到了多少新知识。如果学生了解到这些评估是教师单元教学的一个常规部分，那么他们就会在听讲的过程中掌握内容备战周考，而不是等到临近考试时死记硬背。

在每日教学计划层面，与常规有关的一连串活动可能包括检查家庭作业、教授新内容，通过提问和讨论就新知识进行分组练习，在课堂作业中进行个别辅导帮助学生练习新知识，通过布置新的家庭作业提供独立练习的机会。许多专家型的数学教师都遵循这样的课堂活动模式[29]，而且很多有效教学的研究都发现这是一种提高学生学习成绩的有用模式[30]。当这一连串的活动成为大多数课堂的常规模式时，教师能够将计划集中于如何更好地解释和说明（举例子）将要呈现的新知识。

在课堂具体活动计划层面，管理常规很重要。如果教师号召学生参与课堂，在第一次讨论新知识时，教师通常只提问主动举手的学生，因为主动举手的学生可能更有能力正确回答问题，这样能够有节奏地推进教学。然而，在每堂课的总结部分，教师可能采用按座位提问学生的常规，轮流提问每一个学生，来检验是否所有学生都充分理解了先前讨论的内容。掌握了这些固定常规的教师不需要花太多的时间规划一堂课中的类似具体细节。熟悉这些常规的学生在刚开始教授新内容的时候能够集中注意力，因为他们能预料到在稍后的总结环节会被提问。

策略库的作用

常规是教师教学计划的重要部分，但专家型教师不仅仅依赖于常规。因为不同情境适合不同的活动，专家型教师有自己的策略库，需要的时候可以拿来使用。

各种各样的教学程序

策略库是一整套后备的常规或程序，它们都为某一共同的、普通的目标服务，而且每一个都特别适合于不同的情境。比如，教师可能有一份组织课堂程序的策略库，主要内容包括整个班级教学程序、小组合作学习程序、个性化的课堂作业和同伴辅导程序。上述每一个课堂组织程序都可以有效促进学生学习，但是小组合作学习尤其能够有效培养学生的独立性，而有指导的、个性化的课堂作业对学生实现成就最大化特别有效。如果教师拥有一套适合不同情境的策略库，就不必花太多的时间设计可能的备用活动。策略库提供了一系列可供考虑的选择，而且有关特定情境（包括所教学生的类型、要学习的内容和可控时间）的知识能够使专家型教师选择合乎情境的策略。

教师指导教学的替代方案

许多有关有效教学的早期研究形成了有关教学的一般原则，这些原则倾向于设计在教师指导下进行班级集体授课的课堂教学。这类教学首先回顾前的知识，其次转到对新知识的介绍，最后以教师指导个性化练习结束，以巩固新知识。近年来很多有关特定主题教学的研究倾向于强调设计各种教学程序，包括探究或者问题解决策略、小组讨论以及真实活动教学，允许学生使用第一手的材料和工具，或者鼓励他们将学到的知识应用于校外生活。[31]这类教学设计要求所有科目的教师都形成一份备用的策略库。

活动类型的四维模型

图3-3中的网格图说明了思考备用教学策略库的一种有效方法。垂直线指出了在教学过程中可能的变化，从教师导向的过程过渡到到学生建构的过程，前者由教师选择、组织和呈现信息，而后者由学生承担生成、分析和综合信息的工作。水平线表明了在预期学习目标类型上可能的变化，从学习"接受性的"知识（理解和使用由各个学科的专家传授的知识）过渡到"创造性"认知新方式（培养和传授发散性思维）。不同的教学策略会落入网格上的不同象限。

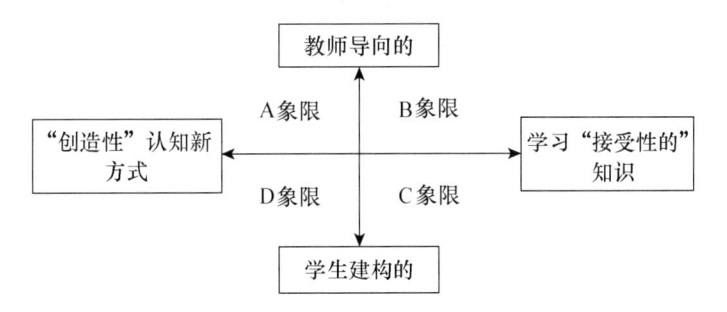

图3-3 教学策略库网格图

教师要想满足多样化学生群体的需要，就需要形成丰富的教学策略库，根据时间的变化，从四个象限中选择策略。例如，在设计有关电视媒体的综合单元教学时，教师可以设计一连串的课程，从A象限开始转向其他三个象限，可以不必按照严格的顺时针顺序。范例课程包括以下类型的活动：

第1类活动（A象限）。教师请学生列举出在家经常看的电视节目，并将这些节目列在黑板上。当列出一个完整的清单之后，学生们两两合作，把具有共同特征的节目分组。然后两人向班里所有人汇报分组和分类系统，教师引导学生讨论学生写出的多种类型的节目的特征。最后本节课结束时，全班要形成具有共同特征的节目分组的集群（对分组进行再分组），这样就产生了学生自己用来描述各种类型电视节目的层级分类系统。（这一活动是建立在概念形成这一策略基础上的。[32]）

在家庭作业方面，要求每位学生都使用自己的分类系统，采访一名家庭成员和一位邻居，了解这些人经常看什么类型的电视节目。第二天，全班同学汇集采访收集到的数据，用柱状图来展示家人和朋友的观看偏好。最后，教师和学生计划通过一个网盘将分类系统和柱状图发布到互联网上[33]，并号召其他班级收集、汇集和发布类似的数据。

第2类活动（C象限）。在班级调研数据的基础上，教师指出电视纪录片是很受欢迎的节目类型，并建议全班观看一个介绍当地名胜历史的纪录片。然后全班集体决定一组需要思考的子主题，学生们从中选择一个进行调查。学生们自行分组，每组负责收集各自子主题的信息。利用几天的时间，各组合作综合整理从各个地方（学校图书馆、社区图书馆、当地历史博物馆和网络等）收集到的信息并准备总结报告。完成报告的时候，学生以新的分组形式分享收集到的信息。每个分享小组都有来自原来调查小组的一到两名成员，然后学生互相介绍各自的发现，这样所有的学生都可以学到有关每个子主题的一些东西。（该活动建立在一个叫作"拼图"的合作学习策略的基础上。[34]要获得有关该策略的更多信息可以参见第9章。）

第3类活动（B象限）。教师以先前开展的撰写短文、设计对白和阅读剧本的教学活动为基础，将写作剧本的技巧教给学生。然后教师将有关电视纪录片剧本片段作为样板，指出需要注意的镜头角度、背景布置、旁白的内容和顺序。然后学生观看一个简短的纪录片的片段，尝试写作剧本，提供片段所需的信息。（该活动建立在直接教学这一策略基础上。[35]）

第4类活动（D象限）。学生按照原来的研究小组开展合作，创作电视剧本，为各自的子主题提供资料。在组内，学生决定向观众传达的信息或观点，并据此设计剧本。初步计划确立之后，各组与同学分享计划，收集反馈和建议。最后，全班一起决定纪录片的全部内容和子主题片段的顺序，以达到最佳的信息传达效果。

各小组完成各自纪录片剧本片段的写作。每组将角色分配给本组的学生（演员、旁白、摄影师等），并拍摄该纪录片的片段。所有的片段都完成之后，全班按照计划的顺序观看，并就任何需要改进的地方提出建议。最终完成的视频会展示给本校的其他班级，并在专门的晚会上向学生家长展示。（该活动建立在分组研究这一策略基础上。[36]）

教师扮演很多角色

在设计这类性质的教学单元时，教师必须利用教学策略库，并扮演从学生学习指导者到学生学习促进者的多种角色。在进行与学科内容领域相关，包括语言艺术、数学和社会研究或历史的学习时，学生也必须具备学术技能、社交技能和技术技能，并反复练习这些技能。类似的综合单元设计要求教师拥有关于教学设计的所有基本元素信息（目标、课程内容、学习者和学习、教学资源、教学策略、课堂管理技巧和评价/评估程序）的策略库，并能够依据当地学校和社区环境来审视这些内容。

实践的必要性

任何领域的专家和新手看问题之所以不同，是因为专家有许多经验。有了各种活动的广泛经验，我们就可以预测通常会出现什么类型的情境，对这些情境做出何种反应是有利的，何种反应是不利的。专家能识别出与他们以前遇到过的情境相似的新情境，并很快调用过去已经使用过的策略库。新手在面对新的情境时，没有很多先前的经验可以利用，不能很快地将某一种情境归入熟悉的情境类型，即便可以做到将新情境归属于熟悉的情境类型，也没有丰富的策略库可以用来回应。随着时间的流逝，新手可以成为专家；所有的专家也都是从新手开始的。成为专家要求具备许多实践经验和想法。

新手型教师利用学生时期的经验

新手型教师与其他领域新手的不同之处在于：在课堂环境中，他们已经具备了相当丰富的经验。许多新手型教师都是专家型学生，经过了多年的练习，擅长从学生的角度来识别某种课堂类型。他们知道哪位同学拥有有助于课堂讨论的想法，并且通过认真倾听这些同学的想法来进行回应。他们可以很快识别出那些完全在东拉西扯、什么也说不出来的同学，甚至在上课的第一天，他们就不再理会这样的同学。在遇到新教师时，专家型学生能够很快决定是否必须按时完成作业；如果教师有这样的要求，他们会调整时间表以确保作业能够完成。作为专家型学生，很多新手型教师拥有现成的课堂行为策略库。而要成为专家型教师，新手型教师必须形成新的视角和新的行为策略库，这需要额外的实践。

计划是一种不寻常的活动，因为如果不执行，计划就不能真正付诸实践。只有得到一些针对行为有效性的反馈，我们才可以从经验中学习。如果只练习制订教学计划，但却从来不在任何真实的或者模拟的环境中尝试执行教学计划，将无助于培养教师有关教学设计的知识和技能。如果教师不去执行计划，就不能辨别它是否有效。计划必须在执行的过程中检验。先前讨论的日本的"研究课例"就是主要基于这一重要的原则。

通过实践学习

有关新手型教师的一项研究发现，实习阶段的教学中，他们在课堂设计上花费了大量的时间；在正式上课之前，他们通过练习自己在课堂上将要说的话和设想学生的反应，在头脑中演练课程。[37] 如果可能，实习教师也尝试在不同小组或班级的学生中使用相同的课时计划来增加额外的实践。在短时间内，通过再一次教授同样的课程，实习教师能够修订和改善自己的教学设计，提升课堂品质。该研究中的实习教师认为，两种形式的实践都帮助他们发展了教学设计的技能。

特德的实践经验

特德是一名新手型教师，在本章先前部分我们研究过他的概念图。他通过同伴教学课程获得了教学设计的实践经历。尽管在某种意义上讲，同伴教学只是一种模拟的教学情境，但是它为新手型教师提供了机会，帮助他们练习教学设计技能，尝试各种常规程序，并形成教学策略库。

在本书中，你将读到关于有效教学步骤的各种观点：呈现信息，差异化教学，提问学生，对学生反应做出反馈，管理课堂任务，合作学习以及评价学生学习。这些想法有助于使你学习有用的常规并形成教学策略库，但是常规和教学策略库要求实践。完成本书中列举的活动之后，准备好充分利用每一个机会，尝试像专家型教师一样思考和行动。你不可能一夜之间成为专家型教师，但是你将领先一步。

> **练习**
>
> **尝试使用教学策略库网格图**
> 读者可以练习思考教学策略库网格图提供的选择。

长远目标的重要性

专家型教师的一个典型的特征是在教学设计和互动教学中拥有牢记长远目标的能力。对一名教师而言，能够意识到最重要的长远目标是非常重要的。设计开展各种长远目标的活动也很重要。但是教师如何选择他们的长远目标呢？

三种类型：学术的、社会的、个人的

以色列的一项对7～9年级自然科学与人文科学的新手型教师与专家型教师的对比研究[38]发现，两类教师的长远目标之间有一些有意思的区别，而且教师的长远目标都是建立在教学经验和所教科目的类型基础之上的。长远目标的三种主要类型分别是学术的、社会的和个人的。学术目标包括提高学生的知识掌握程度，促进学生思考，激发学生学习动机，培养学生学习技巧和提高学生学习成绩。社会目标为发展学生的人际关系，帮助学生获得感知他人的能力，鼓励学生接纳和适应社会规范，培养学生对人类差异的接受能力，促进学生实现良好的沟通。个人目标指的是培养学生的独特能力，提高学生的自我意识，促进健康的自我概念，培养学生的自信心。

将四维度模型与目标类型匹配

为了更好地说明这些不同类型的目标，思考一下先前描述的活动，每类活动都服务于一个不同的长远目标。A象限的第1类活动有助于实现促进学生思考的学术目标（组织和分析信息）。C象限的第2类活动有助于实现发展学生人际关系（分组设计）和促进学生良好沟通（将信息展示给其他小组）的社会目标。B象限的第3类活动有助于实现提高学生的知识掌握程度（剧本写作技巧和视频制作技巧）的学术目标。D象限的第4类活动有助于实现提高学生自我意识（选择有挑战性的或者容易的角色）和培养学生自信心（将一流的作品展示给父母和同伴）的个人目标。

新手型教师强调学术目标

在以色列的上述研究中[39]，与专家型教师相比，无论是自然科学还是人文科学的新手型教师都更强烈地偏重于学术目标，不太关注社会目标和个人目标。就所教授的科目内容而言，不管是新手型还是专家型的科学与数学教师，都比人文科学的教师更强调学术目标，较少强调社会目标和个人目标。与新手型教师相比，专家型教师受科目内容影响而呈现出更大的差异。

对学生学习和发展的长远目标存在的差异能够而且确实影响了教师的教学设计与实施。理解自己的偏好有助于教师设计课程，实现长远目标。它也可以帮助教师保持不同目标之间的平衡，这样学生就能够实现在学术、社会和个人方面的成长。

专家型教师—新手型教师研究总结

专家型教师—新手型教师研究支持和修正了一些关于有效教学设计的主要特征，这些主要特征主要是基于前面"谬误与事实"部分讨论的研究提出来的。具体而言，专家型教师与新手型教师的对比研究强调：

- 计划的环环相扣特征。
- 常规的重要性。
- 能够使教师调整他们的课堂以满足多样化学习者需要的教学策略库的价值。
- 教师信念对教师设计教学时考虑不同方案选择的影响。

这些关于课时和单元计划的重要方面需要教师在课堂教学工作中牢记在心。

目标3：用类比的方式描述出至少两个教师教学设计的重要方面

用戏剧做类比

类比是帮助我们理解新观点和新方法的有效方式。研究专家型教师的教学设计和教学的学者使用了类似剧本、情景、即兴创作等描述性术语来描述专家型教师的思维。这些术语表明，可以用戏剧创作类比教师的教学设计。在这一类比基础上，本节将探索教师教学设计的重要方面，包括课时计划、单元计划和课堂管理。

剧　本

剧本是戏剧创作的一个基本特征。剧本提供对白，这些对白可以向观众传达剧本理应传达的信息。剧本也经常指出特定的行为，向观众传达非语言的信息。在表演戏剧时，男女演员需要遵循剧本。剧本有标准的形式，一般包括舞台布置的一些描述、道具和台词的描述。通常，即使是由非常成功的作家撰写的剧本初稿，也必须在试演阶段反复修改。根据观众的反应修改剧本是剧场传统的一部分。

课时计划＝一幕剧，单元计划＝整部剧本

在很多方面，教师的课时计划、单元计划和剧本是相似的。一部剧本通常是由许多幕组成的。课时计划类似于戏剧的某一幕的剧本，简略描述了在一段时间内需要实施的程序，而且包括从一种类型活动向另一种类型活动的转换，就像戏剧中某一幕内情景的转换。单元计划类似于整个戏剧的地方在于它包括一个较大的主题，并概述了与该主题相关的一系列课程。就像一部戏剧中的各个幕次，单元计划中的各个课时都需要认真排序，以形成一个高潮。单元计划中前期的课程可以预示后来被充分展开的信息。与典型的戏剧相比，单元计划长短不一，因为单元计划针对的是几天或者几周之内的行动，而不是几个小时。每一种计划类型在设计时都带有向"观众"传达重要信息的意图。在"表演"这些课时或者教学单元时，教师要遵循计划。在执行计划之前，教师要在头脑里演练这些步骤，以确保课堂或者单元教学按计划顺利进行。当完成一堂课或者一个单元后，教师通常要记下下次教授该课或者该单元时可能的修订之处。

当然，戏剧剧本和教师设计之间有重要的区别。经过试演后被改写的剧本将会立刻按照新修改的形式表演出来。教师课后修改的课时计划或者单元计划可能在整个一学年都不会再执行。一个剧本提供戏剧中所有角色的对话，而且指望每个人按照剧本来扮演他们的角色。教师能够为学生设计详细的活动，并实施课时或者单元计划，但是却不能保证所有学生会严格按照教师的计划扮演他们的角色。在一定程度上，课堂上的学生有时参与"表演"，有时又是"观众"。

课时或单元计划的五个组成部分

1. 目标或目的

和剧本一样，课时或单元计划也有一个典型的格式。大部分课时或单元教学计划包括五个部分。呈现教学目标或目的（期望学生学到什么或者教师希望传达什么信息）是课时或单元计划的一个重要任务。尽管专家型教师很少明确地写出目标，但是他们头脑中对任何一堂课都有清晰的目标。同样地，剧本的作者希望使观众产生一种特殊的情绪。不同类型的戏剧使人产生不同的情绪。和戏剧一样，课堂也可以采取多种形式。因为教学目标或目的影响一堂课或者一个单元所采用的形式，所以建议新手型教师在开始一节课或者一个单元的教授时要有清晰的目标陈述。

在选择目标方面，网络可以提供帮助。许多州和学区都有以内容标准为基础的课程指南。为了将这些标准牢记于心，在课时计划中呈现教学目标时，教师要时刻参考内容标准。（访问 McREL 网站，找到有关从幼儿园到 12 年级的课程内容标准的汇编 [http://www.mcrel.org/standards-benchmarks]。McREL 网站也提供一些其他网站的链接，这些网站提供与内容标准相关的课时计划、活动和课程资源。）

2. 描述教学内容

课时或单元计划的第二个重要任务是清晰地描述本课或本单元教学的核心内容。描述教学内容可以确定需要发展的概念或者理解、需要执行的程序、需要探讨的有争议的问题，或者需要记忆的事实。专家型教师都非常了解课程内容，而且能够清晰地将其描述出来。同样地，剧本的作者必须明确戏剧的内涵或者主题。这指引着台词和表演的发展。因为内容推动着课堂的互动（例如问题、回答和解释），新手型教师对所教授的课程可能不是很熟悉，他们需要特别注意谨慎地表达学习内容。

3. 材料清单

课时或单元计划的第三个重要任务是呈现课堂或者单元教学中要使用的教学材料。材料清单与剧本中的道具说明类似，它提醒教师注意教学开始前的准备工作。舞台负责人不能等到表演开始前一晚才开始收集剧中要使用的道具，作为一名有效的负责人，教师也不能等到最后一刻才收集或准备课上使用的材料。

4. 一套程序

课时计划的第四个部分包括一套在课上遵循的程序。这些程序涉及一系列的活动，通常包括与每一个活动都相关的指导学生或者提问的细节。单元计划的第四部分通常包括在单元教学中经过几节课之后需要处理的一系列主题。每个主题都包括教学活动的详细计划。课时或者单元计划的这一部分类似于剧本的主体。教师只有具有设计适当活动顺序的能力，才能满足课时计划程序和单元计划主题的要求。同样地，在戏剧的表演中，按照问题确定、剧情发展和得出结论排序也是很重要的。

5. 评价计划

一个典型的课时或单元计划的第五部分是评价程序。教师会采用各种方法评价学生从一堂课或者一个单元中学到了什么，这些方法包括测验、书面家庭作业和观察学生口头回答问题。尽管有许多有用的评价方法，但是教师需要提前设计评价程序。在这方面，课时或单元计划不同于剧本。尽管教师的课时和单元计划很少需要这么公开的审查，但是教师系统评价学生的学习仍旧是有效教学的一个关键方面。如果学习没有发生，就需要修改下节课的"剧本"。

一些计划是不全面的

课时或单元计划的五个基本部分表明了教师在准备一堂课时需要考虑的教学的重要方面。当然，教师的课时和单元计划可能不一定包括所有这些组成部分，但不完整的计划会极大降低学生成功学习的可能性。就好像如果剧本没有指明哪个人物说哪句台词，或者没有提供舞台指导，演员就没办法演下去。而且，不完整的剧本导致不成功的作品。同样，如果课时或者单元计划缺少五个基本部分中的某个或某几个部分，计划就不完整，在教学时就不足以指导教师。

仅仅在课本上标记出下节课要讲的页数的教师可以说从没真正设计一堂课。这样的教师虽然已经指明了课上将要使用的材料，但是很明显并没有确定教学的程序，也不能保证学生参与到与这些材料的互动中去。只简要写出一堂课需要遵循的步骤，却没有指明通过这些活动期望学生学到的具体技能或概念，这样的教师也是开发了一个不完整的计划或者剧本。一套没有与任何具体目标或者内容相联系的程序只能有限地甚至是完全不能指导教师，无法帮助他们就课上面临的情况做出频繁快速的决定。

图 3-4、图 3-5 和图 3-6 呈现了包含上述五个基本部分的课时计划的例子。所有这三堂课都是为了教授写作"扩展句"（能够为读者提供更多描述性信息的句子）的一般技能。这些计划中呈现的相关标准和评分量规都来自先前提到的 www.mcrel.org 网站。前两个课时计划是为小学生设计的，第三个是为初中生设计的。这些课时计划都可以成为单元计划的一部分，培养学生撰写说明文方面的技能和兴趣。两个小学课时计划展示了教师是如何设计采用两种不同的方法将相同的内容教授给两个不同的学生群体的。第一个课时计划是为需要更多规范和指导的学生设计的。第二个课时计划建立在学生提供的观点基础上，并鼓励更多的自主学习。

通过检验教师课时计划的程序部分，我们可以很容易地找出替代性的其他教学策略。当教师从先前讨论的图 3-3 所展示的教学策略库网格图中的一个象限转移到另一个象限时，课堂上的活动顺序也会发生变化。我们以电视媒体的单元教学为例来说明这一点。A 象限所描述的课堂中，课时计划的程序部分将包括以下阶段或主要活动：

● 学生确定并列举出与教师选择的主题和内容领域相关的资料（比如，学生观看的电视节目）。

● 学生将具有相同特征的资料项目分组，并为每组贴上标签，以确定有关的特征。

● 在教师的指导下，学生将已经划分的小组或概念再次进行分组，以形成一个层级分类系统。

相比之下，对于 B 象限描述的课堂，课时计划的程序部分将包括很不一样的一系列主要活动或阶段：

● 教师为学生设计课堂主题，列出课时目标，回顾之前的相关知识。

● 教师将要学习的新技能——剧本写作——解释并展现给学生。

● 当学生练习使用剧本写作这项新技能时，教师提供指导。

- 学生继续独立练习技能。

课时计划的科学形式可以有很大的差异,课时计划的具体构成要素,比如程序描述,也可以有很大不同。但是有效的课时计划必须包括前述的五个基本特征。有的学区支持某一种形式的课时计划,并要求所有教师使用同一种形式。教师教育者可能要求他们的师范生使用另一种形式的课时或单元计划。在教师的职前培养项目和今后的教学中,还有可能接触到描述课时或者单元计划各个部分的新形式和新术语。不管这些形式或术语是什么,寻找一个计划的五个基本部分,并保证教师为自己授课而创作的"剧本"考虑了教学的这些关键方面。

课时计划 A(小学)

目标:
学生至少能用两种方法给简单双字句增加单词,以改变原句的意思。
相关标准:
使用写作的文体和修辞。
相关量规:
在写作中使用多种多样的句子结构(例如,扩展基本句型)。
内容(概念/一般化/程序):
通过增加形容词和副词、修改句子开头或结尾的短语来扩展简单的句子。句子扩展增加了简单句的含义。
材料:
1. 木质的造句卡片槽。
2. 双字句范例及与其相关的扩展句范例。
3. 为学生小组提供的双字句建议。
程序:
1. 开始(启动)。将一个简单双字句卡片放到卡片槽上,并将第一个扩展的句子放在下边。要求学生找出异同。
范例:
鸟儿飞翔。
鸟儿敏捷地飞翔。
要求学生将扩展的句子与原句进行比较,指明异同。
优雅的鸟儿飞翔。
鸟儿飞翔在天空中。
增加最后一个扩展的句子,并要求学生将它与原句和其他扩展的句子进行比较。
优雅的鸟儿在天空中敏捷地飞翔。
2. 独立作业。给每名学生一个双字句,要求他们至少用两种方法扩展。(在没有扩展句范例的情况下,学生可以选择创作自己的扩展句。)因为这些都是提前准备好的,所以必须考虑到学生的阅读水平和兴趣(看下面的例子)。

学生姓名	练习句子
C. 戴维	飞机飞翔。
D. 迈克	消防员工作。
G. 拉里	星球旋转。
H. 朱迪思	花开。
M. 比利	狗吠。

3. 结束(收尾)。让学生大声地读出他们的句子。引导学生讨论"有更丰富含义的"句子,并思考使用扩展句的场合。
评价:
收集书面作业。学生写出的句子有多复杂?他们添加了单个单词或短语吗?这些单词或短语是置于句子的开头、结尾还是中间?哪些扩展形式还需要继续练习?

图 3-4

课时计划 B（小学）
目标：
学生至少能用两种方法给简单双字句增加单词，以改变原句的意思。
相关标准：
使用写作的文体和修辞。
相关量规：
在写作中使用多种多样的句子结构（例如，扩展基本句型）。
材料：
黑板/白色书写板。
程序：
1. 开始（启动）。提问学生名词和动词的定义。
2. （在教师指导下发展。）要求学生给出复数名词的例子，写在黑板上；要求学生给出动词的例子，列在黑板的另一侧。在黑板上写出一个句子结构。
　　__A__　__B__　。
请学生造句，让他们从自己列出的例子里选择名词或动词填入这个句子结构的空白处。将一些例句写在黑板上。
3. （独立作业。）学生结对学习。指导：从黑板上选择一个句子或者新造一个。通过在名词之前或者动词之后添加单词或者短语使句子"有更丰富的含义"。通过这种方式造两三个新句子。
4. （指导讨论。）每对学生分享原句和一个扩展的句子。问他们在哪里添加了单词（名词前还是动词后？）。两个句子中哪一个更有趣？为什么？
5. （收尾。）总结：我们可以通过添加"有更丰富的含义"的单词来扩展句子，也就是说，给出更全面的描述或告诉读者事情发生的时间/地点。这能让我们的写作更有趣。
评价：
收集书面作业。学生写出的句子有多复杂？他们添加了单个单词或短语吗？这些单词或短语是置于句子的开头还是结尾？哪些扩展形式需要继续练习？每对学生合作学习得如何？两个人都为完成创造新句子的任务做出了同样的贡献吗？

图 3-5

课时计划 C（中学）
目标：
给出一套简单的句子和一组逻辑连接词，学生至少用四种不同的方法扩展句子，同时保持逻辑含义。
相关标准：
使用写作的文体和修辞。
相关量规：
使用不同长度和不同结构的句子（比如复合句、排比句或者反复句型）。
内容（概念/一般化/程序）：
通过在句子的开头或者结尾添加带有分句的逻辑连接词来扩展简单句。句子扩展增加或修改了简单句的含义。
材料：
1. 投影仪、幻灯片、马克笔。
2. 黑板。
程序：
1. 开始（启动）。完成句子结构，"_____"。要求每一名学生在纸上写下一个简单句。要求部分学生大声地读出他们的句子，将这些句子写在黑板上。
2. 指导讨论。用投影仪打出"直升机着陆是因为……"。让学生提出建议完成这个句子，将学生的建议写在幻灯片上。
　　要求学生通过添加"因为"和一个合适的分句来扩展简单句。要求部分学生朗读出他们的例子。
　　用同样的方式教授"但是""因此""无论何时""既然""然后""所以"句型。
　　用投影仪打出"尽管直升机着陆了，……"。让学生提出建议完成这个句子。将其中一些建议写在幻灯片上。
　　提问学生，讨论过的哪一个逻辑连接词能够用在句子的开头。要求学生写下一两个，并朗读出来。
　　3. 结束（收尾）。让每一名学生从上课最初写在黑板上的句子中挑选任意三个，使用幻灯片上列出的逻辑连接词，用四种方法扩展每一个句子。
　　评价：
　　收集书面作业。学生在多大程度上准确地使用这些连接词扩展了句子？他们使用了不同的、合适的连接词吗？（长期：在之后的写作练习中，学生使用了带有更多连接词的更加复杂的句子吗？）

图 3-6

练 习

州标准和教学策略库网格图

　　正如图 3-4、图 3-5 和图 3-6 所显示的课时计划那样，某一个具体的标准可以通过多种教学方法得以实现。然而，某些标准可能更适宜使用某一种独特的教学方法。审读课程标准有助于教师分辨标准制定者所提倡的教学方法类型。在图 3-7 中，我们用教学策略库网格图的四个象限图描述了美国弗吉尼亚州小学到中学的 2 年级、4 年级和 7 年级的英语课程的学习标准（SOLs），以说明标准所倡导的课堂或活动。使用网络定位你所在地区的课程标准，从中选择某一个年级两个不同学科的标准，或者某一学科的两个不同年级的标准。利用这些资料，尝试找到两条可以合理应用于教学策略库网格图所有四个象限教学活动的标准。

情　景

　　尽管剧本是戏剧创作的一个重要方面，但是也有其他事情需要考虑。舞台布景是任何戏剧作品的一个重要部分。一部戏剧作品的舞台布景包含大量的象征性意义——通过情景设置的方式传达给观众一些有关戏剧的信息。
　　同样地，当教师计划授课时，他们也不只是用教学语言和学生活动来传递信息，设置课堂情景也是教师传达信息的重要手段。教师的舞台就是教室，教师通过安排教室的物理空间来设置情景。此外，教师也通过决定教室的社会结构形式来设置课堂的舞台。在一个设计良好的教室"情景"中，物理结构和社会结构将相互补充。

为学习活动设置情景

　　尽管图 3-4、图 3-5 和图 3-6 中的三个课时计划有相似的"剧本"（都包括课时计划的五个基本部分），但是设计这些课堂的教师预想了不同的课堂"情景"。在课时计划 A（图 3-4）中，教师想象了这样一个情景（社会结构）：学生们将在各自的位置上独立完成一部分教学，然后课堂的另一部分为集体讨论扩展句的例子。

教师导向的

A 象限	B 象限
2年级：学生能够预测故事内容。 4年级：学生能够描述新内容与以前学习的概念或技能之间的关系。 7年级：学生能比较讲话者的语言信息和非语言的信息。	2年级：学生能辨识和使用强调句、疑问句和感叹句。 4年级：学生能够将历史小说中的事实和想象与其他文学形式进行比较。 7年级：学生能识别出电视和广播节目中使用的说服性技巧。
2年级：学生能够口头创作故事并与他人分享。 4年级：学生能揣摩他人的想法和观点。 7年级：学生能够提出探究性问题来进一步阐述和澄清观点。	2年级：学生能够首先构思，再下笔写一个故事或者一封信。 4年级：学生可以建构有关某一主题的问题来进行调查研究。 7年级：学生能使用图表来组织信息。
C 象限	D 象限

左侧："创造性"认知新方式　　右侧：学习"接受性的"知识

学生建构的

图 3-7　以弗吉尼亚州标准为例的教学策略库网格图

这堂课就需要一些"情景转换"。首先，学生集体讨论样本句；其次，学生在各自的位置上独立学习。最后，学生将分享他们写出的句子，仍旧是集体讨论的方式。在设计这些情景转换时，教师需要确定教室中桌椅的空间布局利于讨论和独立学习。如果学生是按每排单人课桌椅的方式就座，那么他们可以独立学习，不被其他人打扰，但是这种座位安排不利于分组讨论。大多数学生只能看到其他学生的后脑勺。在这种教室情景（空间布局）中，学生能与教师对话，却不能互相对话。为了将这两种类型的活动作为课堂常规，教师需要设置情景以使得讨论和独立作业都能够更加方便。可以考虑把桌椅摆成半圆形。

在课时计划B（图3-5）中，学生首先集体学习，然后结对学习，接着回到集体学习。圆桌可以为这两种活动提供合适的座位安排。

在课时计划C（图3-6）中，教师预想了这样一个情景（空间布局），投影仪和屏幕成为关注焦点。贯穿整堂课的主要活动是集体讨论，教师需要设置情景使学生可以相互看到，而且屏幕要设置在教室前面。对于这种活动，半圆形的桌椅布局不太合适，因为在半圆两端的学生观看屏幕会有困难。

在特殊教育的课堂中，学生们独立完成不同类型的任务，而且一些学生的注意力很容易分散。对于这样的情况，一个合适的办法是将座椅分开，使学生面向教室中心，这样学生更容易全神贯注地学习。

"情景转换"需要灵活

在设计课堂时，教师必须提前思考在实施课堂教学活动时，何种空间布局将帮助或妨碍学生。如果课内或者课间的活动类型转换频繁，教室的布局就必须足够灵活以支持各种活动和组织结构（小组学习、独立作业或者集体讨论）。[40]在设计单元教学时，教师必须预想一系列组织结构的情景。教师是舞台负责人和布景设计师，还是剧本创作人员和演员。

即兴创作

教师必须立足于自己的情况

尽管课时和单元计划可以像剧本一样提示教师接下来将要做什么，但无论多么详细的教学计划也不能像戏剧的剧本一样，精确地告诉教师该说什么。教材的教师指南经常提供一套提问的建议，以供教师在阅读教材的基础上引导学生开展课堂讨论。

但是即便教师将教师指南作为"剧本"，并在课堂上提出它所提供的所有问题，即兴创作仍然是必需的。学生不能正确地回答所有问题，教师就必须通过提出后续问题或者提供更多信息，对片面的或者不正确的答案做出回应。而且，学生自己的问题以及这些问题的答案并不包括在教材的教师指南里面。

正常来讲，脚本戏中的演员不太可能即兴创作台词，但是在即兴创作的戏剧中是可能的。在即兴创作的戏剧中，由观众提议人物和情境，由演员扮演角色，并在没有任何预演的情况下将情境表现出来。

灵活性的关键

我们希望教师在日常教学的基础上进行即兴创作，就像即兴演员一样，但是教师的创作可能不像即兴演员那么广泛。教师只和单个学生进行简单的即兴对话，而不是完成一个完整的戏剧小品。专家型教师从来不用准备这些即兴的表演。通过在自己的课堂上不断地进行仔细观察，专家型教师已经研究了许多"角色"（学生）和情境。关于所教的学科，他们也拥有丰富的背景信息。因此，当现场需要回应学生的问题或建议时，他们可以回忆起这些经验和知识。

为你不能预测的事情做准备

从某种意义上来讲，教师从来都不能提前设计课堂上的即兴创作。即使是专家型教师也不能预测课堂上将要发生的每一件事情。有效教师需要足够灵活地回应学生的观点和问题。也就是说，教师使自己有所准备，以有效应对不能预测的、要求即兴创作的情境也是可能的。这也是为什么课堂常规和教学策略库是无价之宝。即兴创作的一种方法是回到熟悉的常规，并将它用于新的情境。

练习

观察即兴创作行为

有些课堂上需要教师即兴创作。

新手型教师的资源

观察，讨论，形成教学策略库

新手型教师进入课堂时，并没有一套常规和教学策略库。他们必须通过仔细地观察和实践来形成自己的常规和教学策略库，就像专家型教师和即兴演员所做的那样。早期的实践，包括在教室中的系统观察和与小组一起合作的实践机会，对于想成为专家的新手型教师都是很有用的。师范生可以观察专家型教师所使用的常规，并练习使用它们。师范生还应该与专家型教师讨论，帮助自己理解常规的目的和最适合使用的情境。最后，师范生可以调整这些常规，并创造自己的常规，通过这种方式形成自己的教学策略库。

其他比喻方式

教师计划就像戏剧创作，这是一个有用的比喻，因为它强调了教师计划的一些重要特征：考虑课程需要传达的"氛围"和"信息"（目标和内容）的需要，提前准备好"道具"（材料）的需要，有一个可供遵循的"剧本"（计划步骤的顺序）的需要以及由"剧评人"（考虑周到的教师）进行评价的重要性。这一比喻也强调了为一节成功的课堂教学设置"情景"（社会结构和空间布局）的重要性，并指明有效的教师必须熟练地进行即兴创作（回应不确定的事件），利用完善的教学策略库。和任何其他类比一样，这一比喻也并不完全合适。例如：教师不可能日复一日地向一群新观众重复同样的剧本或课时计划。

尽管戏剧创作的比喻是探索教学设计概念的一个有效方式，但它不是唯一的方式。不同的比喻强调概念的不同特征，所以在澄清新概念时，考虑各种可能的比喻是有帮助的。

练习

解释其他的比喻

一些有经验的教育研究者将教师的教学设计比作编舞。[41] 教学计划也被类比为路线图。你能想出编舞或是路线图的哪些特征与教学设计或计划的重要特征相似吗？现在试着列举出三到四个相似特征，然后与同行讨论你的想法。

教学设计或教学计划不适合比喻为编舞或者路线图的地方是什么？列出编舞和路线图不同于教学设计与教学计划的两个方面。

这些新的比喻强调了教学设计/计划的哪些重要特征？描述教学设计/计划与编舞或者路线图相类似的两个重要特征。

其他的比喻方法。你能想到的有关教学设计/计划的其他比喻是什么？发挥你的想象，自创一个比喻。你能想到与教学设计/计划具有相同特征的机器或者自然现象吗？通过列举出新的比喻与教学设计/计划的相同点、不同点和强调的特征来分析你的比喻，并与同伴分享你的比喻。

计划只是开始

所有的计划都只是行动的意图，所以计划只是开始。而且在开始阶段，大多数计划都是行动的模糊架构。随着行动时间的临近，这些局部的计划逐渐被越来越多的明确决定所填充。但是"只是开始"是一个描述性的短语。莎士比亚说"结果好，一切都好"，但是同样正确的是，事情开头好，结局就更有可能好。因为计划是开始，所以进行教学设计是教师最关键的技能之一。

教学计划与设计要求的不仅仅是有关课时或者单元计划内容的信息。为了高效地进行教学设计，教师需要精通所教授的科目，收集有关目标的信息，查找可利用的教学材料和资源，充分利用课堂提问，掌握差异化教学的方法，形成课堂管理的常规，运用学生学习评价的技巧。为了落实教学计划与设计，教师必须拥有课堂展示和人际沟通技能。就像计划只是开始一样，本章也只是有效教学的起始环节。为了培养教学计划与设计的技能，教师需要吸收和利用本书所有章节的信息，需要练习进行教学计划/设计，并在同伴教学中实施，或者在课堂环境中与同伴一起实践，根据行动中学到的东西修改计划/设计。在类似"研究课例"的过程中与一到两名同伴合作可以使教师的实践更有效。

学习本章内容之后创作概念图

在专业教师成长过程的早期阶段，教学设计概念图能记录教师的想法。概念图能在教师的思想中标记出起始点。如果读者很早就制作了这样一张图，一定要保存好它。读完本书，完成了本书中的活动，并且有机会将教学设计付诸行动来实践时，请读者再次建构关于教学设计的概念图。这时读者会发现自己正在学着像专业教师那样思考。这样就有了一个好的开始。

观察表

聚焦于教学设计

教学设计不容易观察，因为它主要是一种精神活动。教师可以在课堂上完成以下三个任务，收集有关教学设计的信息。

说明：在使用这个观察表时，不要使用学校、教师、管理者和学生的真实名称和姓名。

观察者姓名：＿＿＿＿＿＿＿＿＿＿＿＿＿＿＿＿＿＿＿＿＿＿＿＿＿

日期：＿＿＿＿＿＿＿＿＿＿＿＿＿＿＿＿＿＿＿＿＿＿＿＿＿＿＿＿＿

年级：＿＿＿＿＿＿＿＿＿＿＿＿＿＿＿＿＿＿＿＿＿＿＿＿＿＿＿＿＿

科目：＿＿＿＿＿＿＿＿＿＿＿＿＿＿＿＿＿＿＿＿＿＿＿＿＿＿＿＿＿

班级规模：＿＿＿＿＿＿＿＿＿＿＿＿＿＿＿＿＿＿＿＿＿＿＿＿＿＿＿

背景信息：简要描述该校学生的社会、经济和民族背景。

＿＿＿＿＿＿＿＿＿＿＿＿＿＿＿＿＿＿＿＿＿＿＿＿＿＿＿＿＿＿＿＿＿

＿＿＿＿＿＿＿＿＿＿＿＿＿＿＿＿＿＿＿＿＿＿＿＿＿＿＿＿＿＿＿＿＿

任务 1：教案和真实课堂

记录内容：在观察课堂之前，咨询教师指导本节课教学的教案。观摩教学时，记下教师没有记录在教案中的三种教学行为。课程结束后，就这三种行为简单访谈教师并记录。

咨询教师的问题：

1. 上课过程中您是何时决定开展这项教学活动的？

＿＿＿＿＿＿＿＿＿＿＿＿＿＿＿＿＿＿＿＿＿＿＿＿＿＿＿＿＿＿＿＿＿

＿＿＿＿＿＿＿＿＿＿＿＿＿＿＿＿＿＿＿＿＿＿＿＿＿＿＿＿＿＿＿＿＿

2. 这是您经常使用的教学常规吗？

＿＿＿＿＿＿＿＿＿＿＿＿＿＿＿＿＿＿＿＿＿＿＿＿＿＿＿＿＿＿＿＿＿

＿＿＿＿＿＿＿＿＿＿＿＿＿＿＿＿＿＿＿＿＿＿＿＿＿＿＿＿＿＿＿＿＿

3. 您使用这个常规的主要原因是什么?

4. 您曾经将这个常规写入教案中吗?

任务2：教案和代课教师教案

记录内容： 大多数学校要求教师将他们的课时计划存档，这样教师不在的时候，代课教师可以使用。查看教师为代课教师所准备的教案（或者为某一堂课所做的计划，或者为一天的活动所做的计划）。将写给代课教师的教案与教师写给自己的教案进行比较，找出差异之处，并请教师告知原因。

观察基础上的反思：

1. 如果你是这节课的代课教师，你更想要哪一组教案，为什么？

2. 两组教案都没有涉及的内容是什么？

任务3：教师计划和学生计划

记录内容： 学会计划和组织自己的活动是成为一名独立学习者的重要部分。根据学生发展阶段的不同，可以鼓励学生不同程度地进行教学任务的设计和组织。当进行课堂观察时，试着找出教师给学生机会设计或建构一项活动或任务的实例（两三个即可）。

咨询教师的问题：

1. 咨询教师如何以及何时给学生机会，练习设计或者建构个人或小组活动。

掌握程度测验

1. 在完成教学设计和讲授课程的前期实习之后，弗吉尼亚大学柯里教育学院会要求师范生们陈述一条箴言，例证他们经过课堂实习学到的一个重要的原则。（箴言是指导人行为的规则的扼要陈述，比如"一日一苹果，医生远离我"；或者，对于新教师来说，"不要高兴得太早"。）

下面列举出了师范生们给出的许多箴言。其中有一些提供了与教学设计相关的有效原则。请读者自己找出其中强调的相同之处，再将这些箴言分组或者分类。至少可以分为四个不同的类型，如果读者愿意，还可以尽量分为四种以上类型。在每一组中，包括尽可能多的条目。为每一组贴上标签或者命名，以表明本组中所有条目共有的重要特征。为每一组写出一个简单的描述，来解释这组箴言如何/是否与教学设计的一些重要方面相关。

箴言

有趣一点不会伤到任何人
不要害怕自己一个人看外面
预想学生的心态
对学生不能越俎代庖
不怕即兴创作才是明智的
不要一直站着，不然你就成了阿呆
时刻注意时间才能更好地结束
为意外情况做计划
不要低估学生
要么准备，要么当心
吸引学生，学生就会学习
为混乱设上限，为创造性设下限
如果你未能成功计划，那就等着计划失败
学生可以教，教师也要学
和蔼但坚决会帮助学生学习
最好的纪律策略是创设吸引人的课堂
学习是团队努力的结果
教师期望的越多，学生给教师的就越多
寻找学生已掌握知识的书面证据
想好再说
确保学生专注于任务
才美不外现
不要让学生看到你着急
每周错一次
不了解学生就等着麻烦来吧
喜怒不形于色
组织得好才能笑得出来
你不会一直赢他们，但你可以一直努力
过多的计划——事儿就大了
为跑步设定节奏

2. 从你选择的一到两个网站里挑出两个课时计划——其中一个计划包含所有要素，另一个计划缺少一两个要素。打印出每个计划的副本。

A. 确认完整计划的每一个要素，并指出完整计划所包含的两个额外的积极特征，并解释为什么你认为这两个特征是有价值的。

B. 参照完整计划所包含的要素将不完整计划所欠缺的要素补充完整，以提升该计划的整体质量。

参考文献

著作

The book *Psychology and Educational Practice,* edited by Herbert Walberg and Geneva Haertle (Berkeley, Calif.: McCutchan, 1997), includes several chapters with information pertinent to the planning decisions that teachers make. The following chapters are particularly useful:

Blumenfeld, P. C., and R. W. Marx. "Motivation and Cognition," pp. 79–106.

Brown, A. "The Advancement of Learning," pp. 52–78.

Fraser, B. "Classroom Environments," pp. 323–341.

Kaplan, A., and M. Maehr. "School Cultures," pp. 342–355.

Wilson, S. "Teaching in the Content Areas," pp. 233–250.

网址

Mid-continent Research for Education and Learning (McREL): http://www.mcrel.org/srandards-benchmarks
This site provides a compendium of content standards and benchmarks for K–12 education in both searchable and browsable formats. Assessment items linked to standards are available, as well as lesson plans on a variety of topics and subject areas.

New York Times: http://www.nytimes.com/learning/teachers/index.html
Has daily lesson plans for grades 6–8 and 9–12, as well as daily news "snapshot" activities that can be developed into lesson plans for grades 3–5. These are based on current events and use interdisciplinary resources and activities. Identifies academic content standards that can be addressed by each lesson. The Learning Network at this site includes a variety of resources for students and parents as well as for teachers.

The George Lucas Educational Foundation: http://www.edutopia.org
Provides information on resources and activities promoting teachers' instructional use of technology and student development of skills in the use of technology. Instructional modules are available. Articles from the Foundation Newsletter, *Edutopia,* can be accessed.

Project Integration and Visualization Tool (PIViT): http://www.umich.edu/~pbsgroup/PIViT.html
Provides information about a flexible design tool to help teachers visualize and plan complex, integrated curricula like Project-Based Science. PIViT provides easy-to-use graphical mapping tools to support teachers in constructing project designs. Materials are distributed through the Project Support Network (PS Net): http://www.umich.edu/~pbsgroup/psnet/.

Inspiration Software: http://www.inspiration.com/educators
Lesson and unit plans and other resource materials can be obtained from this site. Materials emphasize graphics to help students visualize problems and concepts in a variety of subject areas, for a variety of age levels.

For these links and additional resources, please visit the Premium Website at **www.cengage.com/login.**

注 释

[1] Michael E. Bratman, *Intention, Plans, and Practical Reason* (Cambridge, Mass.: Harvard University Press, 1987).

[2] Margaret E. Herbert and Jean P. Dionne, "Planning Perspectives by Academic, Business, Lay, and Teacher Experts" (Paper presented at the Annual Meeting of the American Educational Research Association, New York, 1996).

[3] Joseph D. Novak and D. Bob Gowin, *Learning How to Learn* (Cambridge: Cambridge University Press, 1984).

[4] Charles R. Williams, "Semantic Map Planning: A Framework for Effective, Reflective Teaching, Teacher Development, and Teacher Research" (M.A. thesis, School for International Training, Brattleboro, Vt., 1994).

[5] David Hyerle, *Visual Tools for Constructing Knowledge* (Alexandria, Va.: Association for Supervision and Curriculum Development, 1996).

[6] Bruce R. Joyce and Marsha Weil, *Models of Teaching* (Needham Heights, Mass.: Allyn & Bacon, 1992). See also Paul D. Eggen and Donald P. Kauchak, *Strategies for Teachers: Teaching Content and Thinking Skills* (Needham Heights, Mass.: Allyn & Bacon, 1996).

[7] Greta Morine-Dershimer, "Tracing Conceptual Change in Preservice Teachers," *Teaching and Teacher Education* 9, no. 1 (1993): 15–26.

[8] Hilda Borko and Jerry Niles, "Descriptions of Teacher Planning: Ideas for Teachers and Researchers," in *Educator's Handbook: A Research Perspective,* ed. Virginia Richardson-Koehler (New York: Longman, 1987). See also Tracy Hogan, Mitchell Rabinowitz, and John A. Craven, III, "Representation in Teaching: Inferences From Research of Expert and Novice Teachers," in *Educational Psychologist* 38, no. 4 (2003): 235–247.

[9] Gail McCutcheon and H. Richard Milner, "A Contemporary Study of Teacher Planning in a High School English Class," *Teachers and Teaching: Theory and Practice* 8, no. 1 (2002): 81–94.

[10] Jeanne S. Schumm et al., "General Education Teacher Planning: What Can Students with Learning Disabilities Expect?" *Exceptional Children* 61, no. 4 (1995): 335–352.

[11] Carol Ann Tomlinson, *How to Differentiate Instruction in Mixed-Ability Classrooms* (Alexandria, Va.: Association

for Supervision and Curriculum Development, 1995).

[12] McCutcheon and Milner, *op. cit.*

[13] John R. Mergendoller, Thom Markham, Jason Ravitz, and John Larmer, "Pervasive Management of Project Based Learning: Teachers as Guides and Facilitators," in *Handbook of Classroom Management: Research, Practice, and Contemporary Issues,* eds. Carolyn M. Evertson and Carol S. Weinstein (Mahwah, New Jersey: Lawrence Erlbaum Associates, 2006).

[14] Cheryl Mason Bolick and James M. Cooper, "Classroom Management and Technology," in *Handbook of Classroom Management: Research, Practice, and Contemporary Issues,* eds. Carolyn M. Evertson and Carol Weinstein (Mahwah, New Jersey: Lawrence Erlbaum, 2006).

[15] Lynn S. Fuchs et al., "The Relation Between Teacher Beliefs About the Importance of Good Student Work Habits, Teacher Planning, and Student Achievement," *Elementary School Journal* 94, no. 3 (1994): 331–345.

[16] Gloria Ladson-Billings, *The Dreamkeepers: Successful Teachers of African American Children* (San Francisco: Jossey-Bass, 1994).

[17] McCutcheon and Milner, *op. cit.*

[18] Judith Harford and Gerry MacRuairc, "Engaging Student Teachers in Meaningful Reflective Practice," *Teaching and Teacher Education,* 24, no. 7 (2008): 1884–1892.

[19] Greta Morine-Dershimer and Stephanie Corrigan, "Teacher Beliefs," in *Psychology and Educational Practice,* ed. Herbert J. Walberg and Geneva Haertle (Berkeley: McCutchan, 1997).

[20] Andy Hargreaves and Shawn Moore, "Curriculum Integration and Classroom Relevance: A Study of Teachers' Practices," *Journal of Curriculum and Supervision* 15, no. 2 (2000): 89–112.

[21] Education Professional Standards Board, *New Teacher Standards for Preparation and Certification* (Frankfort, Ky.: Education Professional Standards Boards, 1994).

[22] Elizabeth Spalding, "Of Organelles and Octagons: What Do Preservice Secondary Students Learn from Interdisciplinary Teaching?" *Teaching and Teacher Education* 18, no. 6 (2002): 699–714.

[23] George Lucas Foundation, *Learn and Live* (Nicasio, Calif.: George Lucas Foundation, 1997).

[24] Nobuo K. Shimahara, *Teaching in Japan: A Cultural Perspective* (New York: Routledge Palmer, 2002), p. 61.

[25] Ibid.

[26] Laurel D. Puchner and Ann R. Taylor, "Lesson Study, Collaboration and Teacher Efficacy: Stories From Two School-Based Math Lesson Study Groups," *Teaching and Teacher Education,* 22, no. 7 (2006): 922–934.

[27] Linda Sims and Daniel Walsh, "Lesson Study With Preservice Teachers: Lessons From Lessons," *Teaching and Teacher Education,* 25, no.5 (2008): 724–733.

[28] Kathy Carter, Donna Sabers, Katherine Cushing, Stefinee Pinnegar, and David Berliner, "Processing and Using Information About Students: A Study of Expert, Novice, and Postulant Teachers," *Teaching and Teacher Education* 3, no. 2 (1987): 147–157.

[29] Gaea Leinhardt, "Math Lessons: A Contrast of Novice and Expert Competence" (Paper presented at the Psychology of Mathematics Education Conference, East Lansing, Mich., 1986).

[30] Jere Brophy, ed., *Subject-Specific Instructional Methods and Activities (Advances in Research on Teaching,* vol. 8) (Amsterdam: JAI Press, 2001).

[31] Ibid.

[32] Joyce and Weil, *op. cit.*

[33] Will Richardson, "World Without Walls: Learning Well With Others," *Edutopia*: http://www.glef.org/technologyintegration.

[34] Robert E. Slavin, *Cooperative Learning: Theory, Research, and Practice* (Englewood Cliffs, N.J.: Prentice-Hall, 1990).

[35] Eggen and Kauchak, *op. cit.*

[36] Joyce and Weil, *op. cit.*

[37] Hilda Borko and Carol Livingston, "Expert and Novice Teachers' Mathematics Instruction: Planning, Teaching, and Post-Lesson Reflections" (Paper presented at the Annual Meeting of the American Educational Research Association, New Orleans, 1988).

[38] Yisrael Rich and Malka Almozlino, "Educational Goal Preferences Among Novice and Veteran Teachers of Sciences and Humanities," *Teaching and Teacher Education* 15, no. 6 (1999): 613–629.

[39] Ibid.

[40] Pam Pointon and Ruth Kershner, "Making Decisions About Organizing the Primary Classroom Environment as a Context for Learning: The Views of Three Experienced Teachers and Their Pupils," *Teaching and Teacher Education* 16, no. 1 (2000): 117–127.

[41] Fritz K. Oser and Franz J. Baeriswyl, "Choreographies of Teaching: Bridging Instruction to Learning," in *Handbook of Research on Teaching,* 4th ed., ed. Virginia Richardson (Washington, D.C.: American Educational Research Association, 2001).

第4章

使学生参与学习

罗伯特·肖斯塔克

闫玉洁 译

目标 ▶▶▶

1. 明确教学计划"起始（启动）"阶段的含义和目标，并举例说明如何在教学计划的起始阶段使学生参与学习

2. 为了使学生参与学习，设计有创新性的教学启动活动

3. 明确教学计划中"讨论"阶段的含义和目标，并举例说明如何在教学计划的讨论阶段使学生参与学习

4. 辨识反映学生有能力投入有效课堂讨论的行为

5. 在具体的学习情境中，设计有创新性的课堂讨论活动

6. 明确教学计划中"结束（收尾）"阶段的含义和目标，并举例说明如何在教学计划的结束阶段使学生参与学习

7. 在具体的学习情境中，设计有创新性的教学收尾活动

直到今天，教育研究始终把学习者作为研究的焦点。研究者将课堂描述为一个"复杂的社会环境"，"学习者的特点……影响着教师的教学方式，而教师影响着学生的学习"[1]。研究者认为学生的学习是一个社会化的过程，受学生的社会语言、伦理及文化特点的深刻影响。**建构主义理论**强调学生不是被动地接受知识，有效的学习发生在学生的交往之中。通过教师的帮助，学生得到自己的理解，建构自己的知识。[2]

全美州首席教育官理事会将现有教育研究和理论的多个成果运用在有效课堂教学必备的十个领域，提出了新教师必须拥有的教学表现。

本书第1章介绍了丹尼尔森提出的促进学生学习的教学框架。第2章介绍了教学过程三个关键步骤的第一步，即设定教学目标，为学生学习提供明确的方向和清晰的教学目标。第3章介绍了第二个关键步骤，即教学计划与设计。该章介绍了教学计划与设计的概念，并与剧本的创作进行类比。第4章将把教师视为"导演"（play director），教师不仅要理解"剧本"，还要给观众创造出愉快、有益的作品。同时，教师也需要选择教学策略，不仅使学生参与学习，而且使他们能够获得愉快的、有意义的学习体验。

本章的重点集中在介绍学生学习和教学策略的标准。教师必须了解影响学生学习的重要因素，才能决定实现教学目标的有效教学策略。教师必须理解所有学生都

是不同的，他们有不同的能力、学习方式、兴趣和需要。随着社会越来越多元化，教师必须意识到学生的个人经历和学习风格在参与有意义的学习中的影响，并在教学中加以运用。

选择适合的教学策略来促进所有学生的学习意味着教师必须为学生提供多种学习机会，帮助他们理解、发展和运用日常课堂教学内容。以往的教育理论研究者和一线经验型教师提供了大量被证明有效的教学策略。在此，简要回顾其中的三个有效教学策略，然后再进一步介绍另外三个有效策略。

迄今为止，优秀教师使用的一个有效策略是**差异化教学**。在本书的第 6 章，汤姆林森认为，"差异化教学"是"教师为了尽可能促进学生有效学习，对学生所学内容以及学习方式积极进行多种教学设计的教学策略"。汤姆林森进而介绍了在课堂教学中如何运用差异化教学的几种策略。

教师经常使用的另一个有效教学策略是**探究式学习**。尽管探究式学习是一种科学方法，但它同样可以运用到学科知识的学习中。探究式学习的教学策略以信息加工模型为基础，主张学生从已有事物及其相互联系中获得自身的理解，发展新的知识。它的关键在于提出问题，收集信息，讨论结果，获得结论，也就是学习者能够清楚地阐明学习的成果。

在促进学生学习的所有教学策略中，也许**合作学习**最广为人知。有效运用这种教学策略可以促进学生积极有效地学习，掌握更多的学习内容，同时也有助于培养学生内在的学习兴趣。合作学习的目标是使学生个人和小组都能从学习中受益。要想成功运用这种教学策略，教师需要认真设计，清楚地阐明教学目标。每位学生需要参与小组学习过程，承担各自的角色，当然在适当的条件下学生也可以变换角色。然而，仅仅把学生分组，告诉他们要相互合作并不能保证学生一定会合作。本书的第 9 章介绍了合作学习教学策略的重要特征，并开发了一种成功使用合作学习策略的复杂模式。

关于学习动机的研究结果明确提出，学生的学习是在做的过程中实现的。不管教师使用何种教学策略，学生必须积极地去听，去观察，去思考，去协作，去表达，去感受。教师需要掌握使学生参与有效学习的三个关键技能是：（1）如何开始一节课；（2）如何进行有效的讨论；（3）如何结束一节课。

记住，不管你教哪一个年级，接受新知识、新观点或复杂的关系的学习都需要学生参与到学习过程中来。

<u>目标 1：明确教学计划"起始（启动）"阶段的含义和目标，并举例说明如何在教学计划的起始阶段使学生参与学习</u>

教学计划的起始阶段是什么？

学习活动 4.1

教学计划的起始阶段，或启动阶段，是将学生的经验与课堂教学目标相结合的表述和行动阶段。[3] 这种将学生已有知识和未知知识联系的观点受动机理论的支持，它表明人们更愿意通过已有的兴趣或知识去获得新知识。另外，学生直接参与学习过程也反映了动机教学理论中的另一条原则：**关联**。在教学目标与学生已有的知识相关的情况下，学生更容易有一种成就感，去追求成功。

使学生参与学习需要做到以下几个关键方面：集中学生的注意力，建立学习期望，激发学生参与，建立学生已有知识和新知识之间有意义的联系。

有一个故事，讲的是一位旅行者遇到一位老人，为了让驴站起来，老人就鞭打它。这头驴卧在马路中间，拒绝站起来，老人就不断鞭打它。这时一位陌生人走过来，阻止老人，说道："你为什么不告诉驴要站起来？"老人回答说："我会的，但是我要先引起它的注意。"

集中学生注意力

教学计划起始阶段的首要目的是将学生的注意力集中在学习内容上。有效的教师知道他们的首要任务就是引导学生参与学习。科尔文集团（Kelwynn Group）是一家教育咨询公司，他们在玛德琳·亨特尔、珍妮·斯塔林斯（Jane Stallings）、巴拉克·罗森舍恩（Barak Rosenshine）的研究和其他关于有效教学研究的基础上提出了教师有效教学的20条准则。[4]

建立学习期望

教学计划起始阶段的第二个目的就是建立学习的期望。这需要按照一定的框架组织学习内容的观点、原则或信息。古德（Good）和布洛菲（Brophy）在研究如何组织目标呈现时，提出**先行组织者**（advance organizers）的概念，即"在教学活动开始前的学习中……用先行组织者给学生提供一个结构，帮助他们同化将要学习的内容"[5]。有效教师经常将教学目标告知学生，帮助学生建立所学知识的结构，参与课堂学习。

激发学生参与

教学计划起始阶段的第三个目的是激发学生参与课堂学习。为提高学生参与学习，已有大量的研究对学生的动机和需要进行了研究。蒙台梭利（Maria Montessori）观察发现，深度投入游戏能够使学生在相当长的时间内对同一个游戏保持兴趣和动机。因而，学生在课堂教学起始阶段的积极参与能够激发他们的兴趣和动机。[6]比如教师想要教给学生分类的概念，在课堂上带来很多棒球卡片、CD唱片或者树叶，接下来教师就需要把学生分成小组，让他们对这些物品进行分类，并解释如何分以及为什么要这样分。

与先前知识相联系

教学计划起始阶段的第四个目的是将已有的知识和新知识联系起来。仅仅表达一个新观点或原则并不能保证学生理解。而且，许多学生即使理解了新知识也不能将其运用到新的情境中。举例和分类可以帮助学生建立新知识和已有知识之间的联系。

何时开展教学计划起始阶段的活动？

学习活动4.2

上文介绍了教学计划起始阶段的含义及目标，现在开始集中学习如何在一节课

中使用设计好的启动活动。为了更好地理解这一内容，请将课堂当作一项整体活动。贝尔拉克（Bellack）在对教师使用语言促使学生参与学习的研究中，提出"要为整个课堂活动创造情境"[7]。他进一步提出，课堂是由几个次要活动组成的，每一部分都在一定的活动时间内界定了将要发生的活动类型。

每节课包含不同的次要活动

比如，教师准备采用不同的活动如读、写、讨论来处理不同的学科内容。每一部分都可以看成是整个课堂活动的次级组成部分。每一个活动的设计都要能够使学生积极参与到课堂学习中。目标2会介绍几个具体的例子。

在教学计划的起始阶段，可采用的活动方式有很多。为了帮助教师学会如何启动教学计划，请教师认真学习以下表格：

举例：何时开展教学计划起始阶段的活动
● 开始一个大的单元教学，学生准备有关学习植物、火箭或地方政府的知识 ● 介绍新概念或新原则 ● 开始一场讨论 ● 开始技能练习活动，如阅读理解或"找不同" ● 介绍一场电影、一个电视节目或一段录像视频 ● 展示计算机的功能 ● 准备一次野外旅行 ● 介绍一位演讲者 ● 开始安排一项家庭作业 ● 在实验室开始一场实验 ● 反复讲解学生不理解的内容

掌握程度测验

目标1　明确教学计划"起始（启动）"阶段的含义和目标，并举例说明如何在教学计划的起始阶段使学生参与学习

这些问题是为检验读者的知识和理解而设计的。成功完成这些任务，就可完成这一学习活动的目标。

1. 解释教学计划起始阶段的含义和它的三个具体目标。
2. 简单描述课堂中使用教学计划起始阶段活动的三个不同情境。

目标2：为了使学生参与学习，设计有创新性的教学启动活动

学习活动4.3

上文已经介绍了什么是教学计划的起始阶段以及它的主要目标，现在该开始练习如何设计教学启动活动了。在开始之前，需要熟悉以下经验型教师所设计的教学启动活动。

设计教学启动活动的案例

下面是经验型教师设计教学启动活动的步骤。仔细研究这些步骤。阅读下面的案例以及对它们的分析。然后在给定的教学情境中，设计自己的教学启动活动。

1. 通过与学生兴趣或已有经验直接相关的活动、事件、事物或人物吸引学生的注意。
2. 向学生提供本课学习目标、内容或活动的框架，建立起学生学习的期望。
3. 借助以学生为中心的活动或由学生设计的案例来激发学生参与学习。
4. 利用学生已有的知识、过去的经验、相似的案例促进学生从已有知识到未知/新知识的顺利过渡。

授课案例 1

一位教师准备讲授百分比，他知道学生对当地的棒球赛感兴趣，所以决定通过简单讨论昨天的比赛来引入课堂教学。他让学生讨论棒球的击球率，而且要学生展示他们的计算过程。教师鼓励学生为一到两个喜欢的队员计算击球率。

分析：这个教学启动活动的设计最适合讲授百分比或百分数的概念。结合上文设计教学启动活动的四个步骤，该案例中：

1. 使用了昨天棒球比赛的事件，这也是学生熟悉和感兴趣的事件，从而吸引学生的注意。
2. 为学习百分数这个新概念，提供一个简单的参照物，即棒球击球率。
3. 学生讨论他们喜欢的体育活动，具有主动参与学习的愿望。
4. 将已有知识或经验（先前所学的数的概念和棒球击球率的术语）和百分数这个新概念联系了起来。

授课案例 2

学生进行自然科学单元学习。在单元学习的前一部分学习了关于混合的基本知识。教师准备进行一次实验，让学生亲眼看到混合的发生。她把几个装有常见色拉调料的瓶子带到课堂上，在调料混合前后让学生观察不同瓶子里发生的变化。

分析：这种教学启动活动的设计最适合进行实验。结合上文设计教学启动活动的四个步骤，该案例中：

1. 使用常见的色拉调料作为道具，吸引学生的注意。
2. 在进行色拉调料实验时，让学生集中注意力去观察，建立起学生的学习期待。
3. 在进行有意义的学习活动中激发学生参与。
4. 运用学生已有的关于"混合"的知识帮助他们进行研究，从而获得新知识。

授课案例 3

学生将要在关于电子邮件的新课程中学习如何撰写电子邮件。教师告诉他们可以选择一个笔友，开始学习给对方发邮件。

分析：这种教学启动活动的设计最适合于教授一项新技能。结合上文设计教学启动活动的四个步骤，该案例中：

1. 通过使学生参与他们喜欢的活动和选择笔友的期望来引起学生的注意。
2. 用学生已掌握的能力来完成使用电子邮件的新技能学习，建立学生学习的联结。
3. 使学生愉快地运用所学的知识，激励学生参与。
4. 运用学生的语言知识和计算机知识为有意义学习创造机会。

学习活动 4.4

以上内容只是帮助读者从书本上学习，现在我们要请读者观察真实课堂情境中学生的参与情况。在进行第一次观察时，先看下文所提供的观察表。准备开始观察时，多打印几张观察表来收集数据。这可以帮助你对所观察的一系列教学活动进行比较。

观察表

开始一节课

这个观察活动可以帮助读者把自己掌握的有关设计教学启动活动的知识和真实教学环境中的实践进行对照。

说明：在使用这个观察表时，不要使用学校、教师、管理者和学生的真实名称和姓名。

观察者姓名：＿＿＿＿＿＿＿＿＿＿＿＿＿＿＿＿＿＿＿＿

日期：＿＿＿＿＿＿＿＿＿＿＿＿＿＿＿＿＿＿＿＿

年级：＿＿＿＿＿＿＿＿＿＿＿＿＿＿＿＿＿＿＿＿

科目：＿＿＿＿＿＿＿＿＿＿＿＿＿＿＿＿＿＿＿＿

班级规模：＿＿＿＿＿＿＿＿＿＿＿＿＿＿＿＿＿＿＿＿

背景信息：简要描述该校学生的社会、经济和民族背景。

＿＿
＿＿

需要记录：在观察教师教学活动时，注意教师是如何开始一节课的。使用下列表格帮助你记录教师为使学生做好学习准备而运用的语言。

1. 学生如何意识到一节课即将开始？

＿＿
＿＿

2. 教师如何激发学生参与课堂学习？

＿＿
＿＿
＿＿

3. 为帮助学生组织学习，教师提供了哪些参考框架？

4. 教师如何将学生已有的知识和新知识联系起来？

反思你的观察：
比较本节介绍的设计教学启动活动的知识和你所观察到的教师启动教学的程序。有什么相似和不同？哪一种教学启动方式最有效？为什么？

掌握程度测验

目标2　为了使学生参与学习，设计有创新性的教学启动活动

下面是五个虚构的教学情境。认真阅读，设计出在具体的情境下你认为能够有效发挥作用的教学启动活动。

情境1：在一节课上，学生要学习比较不同文化。在一开始，学生先观看了概括介绍主要文化差异的简短视频。教师需要在余下的时间里安排新的活动，鼓励学生参与。

情境2：在一节课上，学生要学习环境污染的内容。教师以适当的方式展开教学很重要。

情境3：在一节课上，教师要介绍互联网搜索引擎的使用。

情境4：在一节课上，学生要学习字母表中的字母。教师需要在当天花一些时间复习这部分内容，并确定学生能按顺序记住字母表中的哪一个字母。

情境5：在一节课上，学生要学习运用不同的方法开展有关日常生活的写作活动。教师需要向学生介绍描述不同生活画面的词语。

目标3：明确教学计划中"讨论"阶段的含义和目标，并举例说明如何在教学计划的讨论阶段使学生参与学习

教学计划中的讨论阶段是什么？

学习活动4.5

近年来，社会语言学开展了大量关于课堂对话的教育功能的研究，这些研究的成果为课堂教学带来了很多变化。学生是被动学习者、教师是知识传授者的观点已经被一种新的观点——只有学生参与到创造知识的过程中，他们才能更好地学

习——所取代。[8]

这种教育观点的转变主要基于建构主义学习理论。建构主义学习理论源于对人类大脑和学习的研究。尽管建构主义理论中的学习至今没有一个一致的概念，但许多建构主义理论家一致认同关于人的学习的基本假设，即知识是建构的。

教学计划中设计"讨论"阶段的目的

建构主义理论的基本观点是学生是**学习**的中心，在学生学习过程中社会互动发挥着关键作用。具体地说，当学生直接与带给他们学习经验的事件相互作用，或是学生从社会互动中产生自己的想法和理解时，学习就发生了。这也就意味着建构主义强调学习（learning），而不是告知（telling）。建构主义学习理论主张学生更多地去体验，对自己的学习负责。此外，它还更加强调要创造一个促进学生互动的课堂环境。

建构主义学习理论将教师看作一个促进者。教师通过创造环境来促使学生形成自己的概念，建构自己的知识。教师也鼓励学生进行合作学习，重视学生学习过程中有意义的对话。这使得对话或课堂讨论在教师帮助学生创造知识的过程中成为一个重要的教学策略。[9]

教学计划中**"讨论"阶段**的含义是允许学生和学生之间、学生和教师之间进行开放的互动。尽管讨论是教师发起的活动，但他们并不是活动的领导者，而是其中一名参与者。每个人都要遵守讨论活动的原则。讨论在促进学生参与中可以达到以下几个目的：

1. 学生获得新知识。
2. 学生学习清楚地表达自己的观点。
3. 学生学习评价自己和他人的观点。
4. 学生学习反思不同于自己的意见。
5. 学生学习形成自己的观点。

如何使用教学计划中的"讨论"？

学习活动4.6

上文已经介绍了讨论的含义和目的，现在要介绍在一节课中如何有效地使用计划好的讨论。为帮助教师实现此目标，请仔细阅读以下例子：

> **举例：在教学中使用讨论**
>
> 比较不同情境下的同一个问题。
> 确定学生能够从复杂的实验室实验、大范围的研究项目或有意义的田野旅行中学到什么。
> 比较一本小说、一个剧本、一部人物传记或一部传记电影。
> 审视不同的政治意识形态。
> 评价社会政策已经发生或预期发生的新变化。
> 探究多种文化的相同点和不同点。

掌握程度测验

目标3　明确教学计划中"讨论"阶段的含义和目标，并举例说明如何在教学计划的讨论阶段使学生参与学习

以下问题考查你掌握的知识和能力。成功回答这些问题，就可达到这一学习活动的目标。

1. 用自己的话解释教学计划中"讨论"阶段的含义。
2. 说出教学计划中设计讨论环节的三个具体目的。
3. 简单描述在课堂中开展讨论的三个不同情境。

目标4：辨识反映学生有能力投入有效课堂讨论的行为

为学生参与讨论做好准备

学习活动4.7

尽管教师学习如何设计成功的教学讨论很重要，但学习如何使学生做好积极参与讨论的准备也同样重要。组织动力学的多数专家认为，有效课堂讨论的关键之一就是教师要具备促进师生之间、学生之间相互信任的能力。教师要能够使学生感觉到课堂是表达自己观点和感受的安全环境，而不能让学生感到窘迫或受到嘲讽。

在今天多元文化的课堂环境中，创造这种安全、信任的氛围需要教师能够辨别学生文化和民族文化的差异。学生语言不同，学习方式不同，对社会环境的反应不同，在多元文化环境中看待自己的方式不同，这都是教师在准备课程讨论时需要考虑的重要方面。在开始学习活动之前，教师会发现第6章差异化教学的部分材料将会对自己有所帮助。

教会学生基本的讨论技能

许多教师误认为学生天生就能够在讨论中进行有效交流，这是不正确的。学生必须学习有效参与讨论的基本技能。教师在进行教学讨论的设计之前，要确定学生是否有足够时间掌握有效参与讨论的技能。以下列出了研究人际交往的专家认为能够促进学生成功参与课堂讨论的基本技巧。教师在初次进行课堂讨论之前，要认真研究以下原则：

1. 即便有不同观点，也要认真地听。
2. 当别人说话时尽量不要打断。
3. 对不同观点保持开放的心态。
4. 学会对任务负责任。
5. 学会合作解决眼前的问题。
6. 学会批判地听。
7. 学会聚焦问题，避免不相关的评论或语言。
8. 学会如何达成一致意见。

掌握程度测验

目标4　辨识反映学生有能力投入有效课堂讨论的行为

上文已经介绍了设计讨论的目的和使用方式，也介绍了使学生做好参与讨论准备的重要性。现在要考一考读者在真实教学环境中的观察能力。你的任务是识别反映学生有效参与课堂的行为。在进行观察之前，先阅读下面的观察表。当你准备开始观察时，多打印几张观察表来收集数据。这可以帮助你比较所观察到的一系列教学活动。

观察表

设计讨论

这个观察活动锻炼你辨识反映学生有能力投入有效课堂讨论的行为。

说明：在使用这个观察表时，不要使用学校、教师、管理者和学生的真实名称和姓名。

观察者姓名：_____

日期：_____

年级：_____

科目：_____

班级规模：_____

背景信息：简要描述该校学生的社会、经济和民族背景。
_____
_____

需要记录：你要观察、辨别反映学生有能力参与有效课堂讨论的行为。运用下面的问题帮助你记录学生在讨论中的表现。

1. 学生如何表现出对他人的尊重？
_____
_____

2. 学生如何做到观点开放？
_____
_____

3. 学生如何表达他们愿意对接受的任务承担责任？
_____
_____

4. 有什么证据说明学生试图得出一致的结论？
_____
_____

5. 学生如何表现出他们专注于问题的讨论？
_____
_____

6. 有什么证据说明学生正在思考讨论中的问题？
_____
_____

7. 学生如何表现出合作能力？
_____
_____

反思你的观察：
1. 总结你对学生有效参与讨论的感受。
_____
_____
_____

2. 如果由你来组织一个讨论，你会带来哪些变化？为什么？
_____
_____
_____

目标5：在具体的学习情境中，设计有创新性的课堂讨论活动

设计讨论

学习活动4.8

自己要有条理

尽管教学中可以自发地产生有效的讨论，但这并不能保证它会经常发生。要想产生有意义的讨论，同样需要教师认真设计。这并不意味着讨论的结果是预先决定的或可以预测的，相反，设计有效的讨论只能提供一个组织框架，来确保产生有意义的和富有创造力的对话。运用前两章所学的教学计划和教学目标方面的知识，可以很好地实现对有效讨论的设计。在进行教学讨论设计之前，教师需要先熟悉专家型教师所采用的成功教学讨论的组织框架。

1. 提出一个指导学生学习的教学目标。
2. 明确提出教学内容，即发展概念或提出要解决的问题。
3. 准备教学材料，如阅读材料、DVD、网址或要讨论的问题清单。
4. 制定一系列参与讨论的原则或程序。
5. 通过纸笔作业、课堂活动、测验、观察等方式来评估学生讨论的结果。

设计讨论的框架

学习活动4.9

在进行这项任务之前,教师最好找机会观察一下专家型教师如何组织课堂讨论,同时比较你所收集到的观察信息。记住,讨论的设计和课程的设计一样。假设教师已经具备讨论内容的学科知识,学生也知道如何进行讨论,此时教师需要建立一个框架,以产生有意义的和富有创造力的对话。教师需要先回顾上述设计讨论的内容和所提出的组织框架,然后检验下面列出的教学讨论模式。当看完这些内容后,教师需要在给出的教学情境中完成自己的讨论设计。

设计讨论的一种模式

目标: 发展学生口语和书面语的韵律感,提高学生熟练进行口头和书面交流的技能。

内容: 调查学生在口头和书面交流中运用韵律的现象,探究语言的韵律如何帮助学生表达意义,加强意义的理解。

材料: 幽默短诗(选择适合所教年级的短诗)
　　　　散文(选择有特殊韵律的散文,比如头韵)
　　　　儿童歌谣(选择多数学生熟悉的儿童歌谣)
　　　　教师准备的引导学生讨论的问题
　　　　供学生选择填写的短诗作业单

程序: 1. 分解任务,给1/3的学生发放短诗材料,给1/3的学生发放散文材料,给1/3的学生发放儿童歌谣材料,让他们带回家,大声朗读。

2. 第二天进行讨论时,分发提前为学生讨论准备好的问题。每组由一名学生朗读所发的材料,在问题的指导下进行讨论。在适合的时间,让第二组朗读并就所给问题进行讨论。其他组重复这种程序。试着让学生自己总结讨论结果。

评价: 给每个学生发一张短诗作业单让他们完成。最后,在新的讨论中比较作业结果。

掌握程度测验

目标5　在具体的学习情境中,设计有创新性的课堂讨论活动

以下是具体的教学情境。认真阅读每一个情境,选择其中一个来设计你自己的讨论。可以参考上文提供的模式。

情境1: 学生正在学习作家发展人物性格所采用的不同写作手法。选择适合学生的小说素材,就某些具体的部分设计一次讨论,说明不同的写作手法。

情境2: 随着人们生活越来越依赖计算机,如购物、存钱、支付账单、交往等,一些问题也随之出现。计算机素养课要解决的就是这些问题。设计一次讨论,让学生讨论计算机带来的问题。问题分析可以从现实和虚拟的角度入手。

情境3：从时事中选择一个适合学生讨论的话题，设计一次解决这些问题或与话题相关问题的讨论。

情境4：学生正在学习清教徒文化和感恩节习俗，而且已经学习了不同文化下的感恩节是怎样庆祝的。设计一次讨论，让学生对比不同文化下的感恩节。

情境5：安全是重要的学习内容。教师已经带领学生参观过附近的消防部门，观看过预防家中火灾事故的电影。围绕学生这次外出学习的收获，设计一次讨论。

目标6：明确教学计划中"结束（收尾）"阶段的含义和目标，并举例说明如何在教学计划的结束阶段使学生参与学习

教学计划的"结束"阶段是什么？

学习活动 4.10

熟悉每周电视节目的人会发现理解教学计划的结束阶段很容易。电视编剧在每一次节目结尾都有设计，从而给观众一个满意的结尾。也就是说，随着节目的结束，所有未完成的零星事务处理完，所有的冲突得到解决，主要人物的故事讲完，观众才会感到满意、舒服。但是在教学中，教师要想设计一个成功的结尾，远比电视编剧更为复杂。

如果教师希望为学生创造如同电视剧作家带给观众的那种满意感，那就必须学习如何有技巧地设计一个教学结尾。**教学结束阶段**的含义是指教师旨在帮助学生总结并掌握所学内容的行动或表述。学习心理学的研究表明，当教师有意识地帮助学生总结课堂内容、建立知识间的联系时，学生的学习就会得到提高。

帮助学生推进课程学习

另一个看待教学结束阶段的方法是把设计教学的结束阶段与起草教学计划的过程相比较。有效的教学计划通常会预测学生的进展，如学生将要达到哪些目标，如何达到这些目标，怎样知道他们达到这些目标。在认知学习策略的研究中，罗森舍恩和梅斯特认为，总结起到"加深理解"的作用，促进"深度加工"。[10]教师熟练运用教学计划的结束阶段能确保学生了解自己的学习进展。

建构主义学习理论家加尼翁（Gagnon）和科雷（Collay）的学习模式强调，反思是学习的六个重要环节之一。反思出现在课程的结束阶段，它使学生回顾在课堂所获得的经验，建立新知识和已有知识的联系，创造新知识。[11]

吸引学生对结束阶段的注意

设计教学结束阶段的第一个目的是吸引学生对结束阶段的注意。但很多教师却忽视这一重要环节。你可能见过许多教师下课前会说：

许多教师忽视结束环节

教师A：好了。下课铃响了！你们走吧，要不然会赶不上下一节课！

教师B：就到这里吧。让我们收起课本，先休息。

教师C：响铃了？好，我们就先讲到这儿，明天再接着讲。

教师D：有问题吗？没有？好，让我们进入下一课。

在这些例子中，学生都清楚课已经结束，但仅此而已。这种低水平的课堂收尾忽视了一个事实，即有效的学习是精心设计的结果。教师课时计划中的一个重要部分就是安排反馈和复习，也就是设计教学结束阶段。

设计教学结束阶段提醒学生已经到了课堂教学的重要环节，课程将要圆满结束。这个环节的设计和教学开始阶段的设计一样重要。教学结束的时间很关键。教师必须有时间意识，在下课之前进入教学结束阶段。

巩固学习

设计教学结束阶段的第二个目的是帮助学生巩固所学知识。在课程结束时，仅仅唤起学生的注意是不够的。一节课上会讲授大量的信息或知识，进行很多活动，教师需要帮助学生把这些知识点都串联起来，形成一个有意义的整体。学习者就像电视观众一样，不应该觉得事情没有进行完或感到沮丧。就像侦探片会在结尾告诉观众一个个疑团怎样聚集到一起，最终解开谜团一样，高水平的教师也需要为学生提供巩固知识、建立知识间的联系、形成新知识的机会。

强调重点

设计结尾的第三个目的是加强重点知识的学习。教师已表达课程将要结束，并带领学生对课堂教学知识进行了总结，现在应该简要回顾本课的重点知识或重要过程。这样做的目的是帮助学生储存重要信息，方便以后的知识提取和运用。加涅和布里格斯在研究信息储存和提取时说："当回忆知识或信息时，新知识所在的知识网络为它的提取提供了多种线索。"[12]因而，设计教学结束阶段唤起学生的注意，有助于融会贯通知识点，也有助于学生在知识网络中提取知识。

如何设计教学结束阶段？

学习活动 4.11

以上介绍了教学计划中结束阶段的含义和目的，现在该集中学习如何在一节课中执行结束阶段的教学计划了。如果教师完成了教学计划初始阶段的学习活动，就会很容易理解如何设计结束阶段。在计划初始阶段，课程被比喻为包括几个小活动的游戏。它的内容可以是介绍几个概念或几种技能，也可以是由读、写、阅读或讨论组成的活动。每部分都作为整个课堂教学中的一部分存在。

何时运用教学收尾阶段的设计？

教师是课时计划的设计者，课堂教学的开始和结束都应让学生参与到学习中，这也是计划的作用所在。为了帮助教师学习使用教学结束阶段的教学计划，请认真研究下面表格中列出的内容。

> **举例：使用教学计划中"结束"阶段**
>
> - 结束一个大的教学单元的学习，如学习有关动物、家庭或国家的知识
> - 巩固新概念或原则的学习
> - 结束一场讨论
> - 结束技能学习的活动，如查字典或练习分数的基本用法
> - 结束观看一场电影、电视节目或录像后的教学活动
> - 结束一场设计好的运用计算机的学习活动
> - 巩固短途旅行获得的学习经验
> - 总结演讲者所说的内容
> - 课堂上复习家庭作业
> - 结束一个实验
> - 组织所有关于一个新概念或原则的思考（如"所有的语言并不都是文字"或"不同的文化反映不同的价值观"）

掌握程度测验

目标6　明确教学计划中"结束（收尾）"阶段的含义和目标，并举例说明如何在教学计划的结束阶段使学生参与学习

1. 用自己的话解释教学计划"结束"阶段的含义，解释它的具体目的。
2. 回答下列问题，对的选项前填T，错的选项前填F。
　　_____（a）教学收尾阶段的设计和教学起始阶段的设计互为补充。
　　_____（b）教学收尾阶段的设计不如教学起始阶段的设计重要，因为下课时间一到，学生就知道课已经结束了。
　　_____（c）教学收尾阶段的设计帮助学生了解他们在何种情况下达到了教学目标。
　　_____（d）教学收尾阶段设计的一个目的就是吸引学生对结尾的注意。
　　_____（e）教学收尾阶段的设计为学生提供回顾已学知识的机会。
　　_____（f）教学收尾阶段是个自然而然的事，不需要计划。
　　_____（g）教学收尾阶段设计的目的之一是帮助学生学习。
　　_____（h）教学收尾阶段设计中时间很重要。
　　_____（i）教学收尾阶段的设计帮助教师在正确的地方结束教学。
　　_____（j）教学收尾阶段设计的目的之一是巩固或强化一节课所学习的重点知识。
3. 简要描述在三个不同情境下，你为了吸引学生参与而设计的结尾。

目标7：在具体的学习情境中，设计有创新性的教学收尾活动

学习活动 4.12

　　既然读者已经知道设计结尾的含义和它的目的，也知道在何种情况下使用它，

读者就可以设计自己的教学结尾了。在做这件事情之前，请读者先看看专家型教师设计教学结尾的案例。

设计结尾的案例

下面列出了专家型教师设计教学结尾的具体做法。仔细阅读，然后再看下面的案例和相应的分析。读完以后，你应在具体条件下完成设计教学结尾的任务。

情境1：在课程结束时，尽量吸引学生注意。

情境2：复习教师所讲的主要内容。

情境3：复习学习材料在教师讲授时出现的先后顺序。

情境4：对学生的讨论重点进行总结。

情境5：将教学知识与学生已有的知识概念联系起来。

情境6：尽量引导学生从已有的知识概念中建构新知识。

情境7：让学生练习学到的知识。

授课案例1

这节课是地理课，教师打算讲授两个基本概念：（1）人是积极的环境塑造者；（2）人存在于有限的环境中。教师已经讲了第一个概念的重点内容，现在该吸引学生注意，结束第一个概念的学习。

设计结尾："在进入下一个知识点之前，让我们先回顾一下我前面讲的重要内容——人是如何在环境塑造中发挥重要作用的。"然后，教师让学生进行小组讨论，列出学生自己认为重要的观点，从而结束这个知识点。

分析：在进入下一个知识点前，用这种结尾的方式帮助学生思考是合适的。参照以上列出的设计教学结尾的做法，在该案例中：

1. 教师在内容结束时，用一个口头提示——"在进入下一个知识点之前……"吸引了学生的注意。

2. 教师要求学生分组找出课堂所讲的重要内容。

3. 教师要求学生概括重要知识点，引导他们思考前一个知识点。

授课案例2

在语言课、社会研究课、科学课等其他学科教学中，教师要求学生围绕课程的重要问题进行讨论。讨论即将结束。

设计结尾：教师让学生回答问题："杰西卡，你能总结刚才讨论的内容，并指出你认为的重点吗？"

分析：这种方式的教学设计适合于结束课堂讨论。参照以上列出的设计教学结尾的做法，在该案例中：

1. 教师通过让学生总结来提醒学生结束讨论的时间到了。

2. 教师让学生总结刚刚讨论的内容。

3. 教师通过让学生列出讨论中的重要知识点，帮助他们组织自己的观点。

授课案例3

本课将学习使用互联网的技术。学生的家庭作业是写出从互联网上搜集维生素信息的步骤。看过学生的家庭作业后，教师认为学生已经掌握使用互联网搜索信息的第一步。她准备结束这个知识点，继续学习新知识。

设计结尾："你们用计算机搜集了非常有趣的信息，做得非常棒！现在让我们运用这个技术回答教科书上关于营养的问题。"

分析：这种方式的教学设计适合在课堂上进一步学习应用新技术之前教师在课上点评学生作业。参照以上列出的设计教学结尾的做法，在该案例中：

1. 教师通过表扬学生的家庭作业来引起学生注意，"你们用计算机搜集了非常有趣的信息，做得非常棒！"
2. 教师鼓励学生进一步应用所学知识解决新问题。

授课案例 4

这节课是数学课，教师告诉学生解决问题的一般阅读技巧。（1）预习；（2）找出关系或细节；（3）用自己的话陈述问题；（4）列出将要采用的计算步骤。现在教师该检查学生是否掌握这个技巧。

设计结尾："在你们运用这种技巧解决问题之前，我需要请一位同学帮我在黑板上写出它所包含的步骤，并用这种技巧解决课本第 27 页的第一个问题。当做完题后，请这位同学与大家分享使用这种技巧的感受。"

分析：这种方式的教学设计适合于结束技能练习活动。它帮助学生巩固了所学知识。参照以上列出的设计教学结尾的做法，在该案例中：

1. 教师在内容结束时，用一个口头提示——"在你们运用这种技巧解决问题之前，我请一位同学帮我在黑板上写出……"吸引了学生的注意。
2. 教师要求学生回答阅读技巧的步骤。
3. 教师鼓励学生立即练习所学技能。

学习活动 4.13

至此，读者可以观察教师在教学结束阶段如何让学生参与学习。准备观察时，请多准备几张观察表来收集数据。这可以帮助你对所观察的一系列教学活动进行比较。

观察表

结束课程

这个观察活动让你比较所学的关于教学结束阶段设计的知识和真实教学情境下结束教学的实践。

说明：在使用这个观察表时，不要使用学校、教师、管理者和学生的真实名称和姓名。

观察者姓名：_____

日期：_____

年级：_____

科目：_____

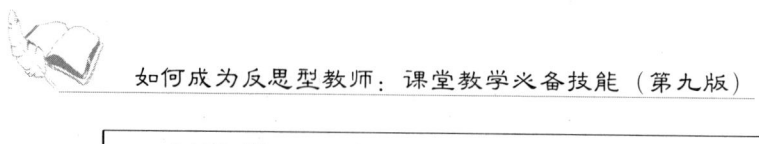

班级规模：_____

背景信息：简要描述该校学生的社会、经济和民族背景。
_____
_____

需要记录：当你观察教师时，注意教师结束教学时的教学进度。使用下面的问题帮助你记录教师如何进入教学的结束阶段。

1. 学生如何意识到课程将要结束了？
_____
_____
_____

2. 教师用什么方式帮助学生组织和巩固他们所学的知识？
_____
_____
_____

3. 教师用什么方式来强化学生的学习？
_____
_____
_____

反思你的观察：

1. 判断你所观察的教学收尾有效吗？给出理由。
_____
_____

2. 至少想出一个方法来结束课堂教学，并进行描述。
_____
_____
_____

掌握程度测验

目标7 在具体的学习情境中，设计有创新性的教学收尾活动

下面是具体的教学情境。认真阅读每一个情境，设计一个你认为符合情境的教学收尾。

情境1：你刚展示完制作绿色沙拉的一个步骤。

情境2：你刚完成如何将文件保存到磁盘的教学。

情境3：你已经到了要结束课堂讨论的时间了。

情境4：你用丰富多彩的织锦来比喻文学中不同主题的用法。现在到了课程要结束的时候。

情境5：你在科学课上向学生们介绍了一个重要概念，并问学生在其他条件下会发生什么情况。

参考文献

著作

Bligh, Donald A. *What's the Point in Discussion*. Portland, Ore.: Intellect Book, 2000.

Campbell, L., B. Campbell, and D. Dickson. *Teaching and Learning Through Multiple Intelligences*. Boston, Mass.: Allyn & Bacon, 2004.

Gay, G. *Culturally Responsive Teaching: Theory, Research, & Practice*. New York: Teachers College Press, 2000.

Glasser, William. *The Quality School Teacher*. New York: Harper Collins Publishers, 1998.

Hudley, C., and A. E. Gottfried. *Academic Motivation and the Culture of School in Childhood and Adolescence*. New York: Oxford University Press, 2008.

Stipek, Deborah J. *Motivation to Learn: Integrating Theory and Practice*. Boston, Mass.: Allyn & Bacon, 2002.

Tomlinson, Carol A. *Fulfilling the Promise of the Differentiated Classroom: Strategies and Tools for Responsive Teaching*. Alexandria, Va.: ASCD, 2003.

网址

Center for Applied Special Technology: http://cast.org/ncac/index.cfm?i=2876
Helpful site for providing knowledge and materials on differentiated instruction.

Discovery School Channel: http://school.discovery.com
Teachers, parents, and students can find lesson plans, teaching tools, homework help, and online activities. The teaching tools section enables teachers to create their own classroom materials in all subjects and grade levels.

Sites for Teachers: http://www.sitesforteachers.com
Provides teachers with timely resources through pages of site links for activities, materials, and instructional aides for all grade levels.

Meeting the Needs of All Students: Success Through Differentiation & Technology: http://eduscapes.com/sessions/needs
This site focuses on differentiation and help for developing materials to meet the needs of all students.

Scholastic: http://www2.scholastic.com/browse/learn.jsp
Provides teachers with pre-K–12 online activities and interactive learning experiences.

Gateway to 21st Century Skills: http://teachers.net/
Allows teachers to connect on 150 different chat boards and includes links to lesson plans, teaching jobs, and an online gazette that accepts for publication of your own education-related articles.

For these links and additional resources, please visit the Premium Website at **www.cengage.com/login.**

注 释

[1] Thomas J. Shuell, "Teaching and Learning in a Classroom Context," in *Handbook of Educational Psychology,* eds. D. C. Berliner and R. C. Calfee (New York: Macmillan, 1996), p. 745.

[2] Catherine Fosnot, *Constructivism: Theory, Perspectives, and Practice* (New York: Teachers College Press, 1996).

[3] Set induction as a lesson presentation skill was developed for use in teacher training by J. C. Fortune and V. B. Rosenshine for the School of Education, Stanford University, Stanford, Calif.

[4] "Criteria for Effective Teaching Performance," *Effective School Report* (February 1991): 6–7.

[5] Thomas L. Good and Jere E. Brophy, *Looking in Classrooms,* 10th ed. (Boston, MA: Pearson/Allyn & Bacon, 2008), p. 309.

[6] Maria Montessori, *The Montessori Method* (New York: Schocken Books, 1964), p. 170.

[7] Arno A. Bellack et al., *The Language of the Classroom* (New York: Teachers College Press, 1966), p. 134.

[8] George W. Gagnon, Jr., and Michelle Collay, "Constructivist Learning Design." Paper available at http://www.prainbow.com/cld/cldp.html.

[9] C. T. Adger, M. Kalyanpur, D. B. Peterson, and T. L. Bridger, *Engaging Students: Thinking, Talking, Cooperating* (Thousand Oaks, Calif.: Corwin Press, 1995), p. 1.

[10] Barak Rosenshine and Carla Meister, "Reciprocal Teaching: A Review of Nineteen Experimental Studies" (Paper presented at the Annual Meeting of the American Educational Research Association, Chicago, April 1991).

[11] Gagnon and Collay, *op. cit.*

[12] Robert M. Gagné, Leslie J. Briggs, and Walter W. Wager, *Principles of Instructional Design,* 4th ed. (Fort Worth: Harcourt Brace Jovanovich College, 1992), p. 123.

第5章

提问技巧

戴维·萨德克　迈拉·萨德克　卡伦·R. 齐托曼
闫玉洁　译

目标 ▶▶▶

1. 解释有效课堂提问的七个技巧
2. 依据布卢姆教育目标分类学的认知领域对问题进行分类
3. 在布卢姆教育目标分类学认知领域的六个水平基础上设计课堂提问
4. 列举提高学生参与课堂学习质量的提问策略
5. 阐述学生日益增加的差异性和多元文化特征对课堂提问的影响

这里我们介绍一位麦迪逊中学十年级的实习教师奥梅斯女士（化名）。奥梅斯开始实习不久，很快对班级管理的细节——学生出勤率和课外作业——进行了安排。随着学生们关于星期六晚上舞会和即将到来的足球比赛的闲聊告一段落，他们开始就座。学生们喜欢她，因为她有办法既有条不紊地讲授学习内容又关注学生的需要。校长经过教室外的走廊，看到学生们正在讨论哈姆雷特，课堂看似进行得很顺利。八周的实习生活将要结束时，校长根据奥梅斯的工作表现，提供给她一份工作合同。但是倘若校长当时再多待一会儿，听到学生们的课堂讨论，并且稍微评估一下学生的语言互动水平（the quality of verbal interaction），他对这位实习教师的教学表现可能就不那么满意了。

　　奥梅斯：我想和同学们讨论我们布置的阅读作业。在这一幕开始时，两个小丑出现了。布莉安娜，他们在做什么？
　　布莉安娜：这两个人在挖墓穴。
　　奥梅斯：很对。吉姆，墓穴里埋的是谁？
　　吉姆：奥菲莉亚。
　　奥梅斯：对。其中一个挖墓人发现了尤里克的头骨。蒂娅，尤里克以前做什么工作？
　　蒂娅：他是国王的小丑。
　　奥梅斯：很好。一场争执发生在奥菲莉亚坟前。谁和谁在打斗，比尔？
　　比尔：雷欧提斯和哈姆雷特。
　　奥梅斯：对。奥菲莉亚被埋葬发生在第几幕第几场？
　　丹特雷尔：第四幕的第一场。

在 50 分钟的英语课上，奥梅斯老师问了一系列的事实性问题，收到了学生一连串一到两个词语的回应。于是，这场莎士比亚的戏剧课变成了带有一些讽刺意味的场景小测验。

对教师而言，避免上述例子中的无效提问极其重要，因为提问对课堂教学来说常常是关键的环节。提问在教育过程中的关键作用已经受到许多教育者的重视。

课堂提问的重要性

好的提问带来好的教学。提问技巧要比其他任何教学艺术都重要，因为它指向清晰明确的学习目标，激发学生的想象力，引起学生思考，并产生学习行为。[1]

在提问中，可以问什么？任何事情都可以问。提问是激发学生参与或进行探究学习的方式。本质上，提问是教学的核心。[2]

提问的艺术是……引导学习的艺术。[3]

杜威指出，提问本身就是思考。遗憾的是，研究表明大多数实习教师以及有经验的教师并不具备有效提问的技能。请读者回想自己在中小学的生活。你或许阅读课文和课堂笔记，学习（更准确地说是记忆），然后等待老师让你迅速回答问题，通常只要求你简要回答。这门课是语言课或社会研究课还是科学课并不重要，重要的是提问反映了你是否记住了学习内容。但是，提问并非只有这一种用途，适当地运用提问能够营造强大而有效的学习环境。著名教授马克·凡·多伦（Mark van Doren）运用提问鼓励哥伦比亚大学的学生：

马克走进教室，没有任何紧张不安就开始讨论学习内容。大多数时间他都在提问。他提的问题很好，如果真的动脑筋回答这些问题，你会发现自己说得很好以至于自己从前竟然浑然不觉。马克会引出学生对问题的思考。他的课堂是具有教育性的，学生通过思考问题，形成了自己清晰的想法……马克的秘诀就是用自己感兴趣的事物和自己的行为方式与学生进行交流，但结果常常是出乎意料的。这个故事告诉我们，好的教学方式是教师在不知不觉中引导了学生学习。[4]

需要提出好问题

显然，凡·多伦教授是位有天赋的教师，他把提问策略当作一种艺术，而这是多数教师不曾想到的。我们坚信教师运用这种方式进行有效提问非常重要。遗憾的是，有关运用课堂提问的研究表明，很多教师并没有运用有效的提问策略。如果我们回顾有关课堂提问的研究，结果将表明提问在学校教育中是重要的，但是教师需要提高他们的提问技巧。

目标 1：解释有效课堂提问的七个技巧

关于提问我们知道什么？

学习活动 5.1

如果打算从事教学工作，那就不仅要提出问题，还要提出大量问题。有研究者指出，一位普通教师在教学生涯中总共会提出大约 150 万个问题。（他们还在研究这些问题中有多少问题得到了准确回答。）还有教育者估计，教师平均一小时会提出 30～120 个问题！教师严重依赖提问的现象至今还在持续。1912 年，首批重大

课堂研究成果之一表明，大约80%的课堂讨论包括提问和回答。事实上，讲授法是教师较为普遍使用的教学策略。一旦教师在课堂上开始进行提问，就有可能变成教学的一个习惯，这贯穿在教师的整个教学生涯中，既有优点也有不足。[5]

尽管教师会在课堂上提出很多问题，但他们常常没有耐心等待学生的回复。通常，在教师的提问和回应之间只有不到1秒的时间！在学生回应和教师回复之间只有0.9秒的时间。教师提出大量的问题，而留给学生回答问题的时间却很短，这证明教师的大多数问题并不需要深思熟虑。课堂提问仅仅需要学生快速记住信息。[6]

但是，提出很多问题并不意味着提出的就是好问题。教师提出的大多数问题是低水平的记忆型问题。低水平提问的比例有多高？研究者的估计各不相同。有研究认为，教师提问中，70%~95%的问题都不需要深入思考。导致的后果是，没有更高水平的、深度思考的提问，学习只不过是一种记忆学习。尽管人们对高水平的课堂提问仍存在争议，但大家正在逐渐形成共识：高水平的提问能够提高学生的思维水平，促进学生取得更好的学业成就。[7]

研究也表明，随着教师不断增加学生思考问题的时间，学生回答问题的数量和质量都有了提高。如果教师等待学生回答的时间增加到3秒或更多，那么学生便会在深入思考的基础上进行回答，而且会有更多的学生积极参与到课堂学习中。[8]

尽管学习是为了帮助学生解决问题，理解周围的世界，成为独立公民，然而学校的提问很少能够帮助学生达到上述目的。[9]

与课堂提问相关的大量研究表明，提问在课堂教学中发挥着关键作用，教师需要提高提问技能。[10]本章旨在帮助教师提高提问技巧的能力。

高效提问者的七个习惯

史蒂芬·科维（Stephen Covey）在畅销书《高效能人士的七个习惯》（*Seven Habits of Highly Effective People*）中[11]，为人们提升自我提出了实用的建议。借用柯维的方法，本章将前面介绍的研究成果转化为提高课堂提问技巧的七个策略（如果你愿意，亦可称之为习惯）：

1. 减少提问次数。
2. 差异化提问。
3. 提出有深度的问题。
4. 广泛地提出问题。
5. 用好等待时间。
6. 选择学生回答问题。
7. 给出有价值的反馈。

（跟科维不同，我们不认为上述观点能够提高你的个人生活品质，但也许可以呢。）

1. 减少提问次数

好事也有可能做过头。大多数教师会提出很多问题。以下几个意见可以解释课堂上提问的作用，或者说为什么课堂提问如此重要。

教师为什么要提问

- 通过提问，教师强化了他们作为知识权威者的形象，即教师是拥有正确答案的专家。
- 既然讲授被当作以教师为中心的、教条主义的、过时的教学方法，那么提问可以成为与之相反的教学方法。如果教师讲授是专断的，那么教师提问就显得民主。
- 教师提问越多，学生学习越努力，他们学到的也就越多。
- 提问帮助教师按照计划涵盖所有重要主题。
- 提问可以使学生参与学习任务，减少或消除课堂纪律问题。
- 课堂上学生的角色决定其任务是学习某个学科知识，回答问题；而教师的角色决定其任务是提出问题。
- 对于一些教师来说，提问是唯一让学生参与课堂的方式。
- 当教师自己是学生时，他们的老师或许也提了好多问题，因而教师仅仅是在模仿他们老师的教学风格。

2. 差异化提问

为了减少连续的提问，教师需要**对问题进行分类**。尽管同一个班上的学生年龄可能相同，但他们的准备程度、学习风格、兴趣、个人背景却存在差异。教师在提出问题时，有必要考虑学生的个体差异，基于学生需要而提出有价值的问题。教师需要问自己：如何在学生的知识水平上提出问题？就这个学生的能力来说，提的问题是否太难或者太简单？针对学生的学习风格，我是否使用了有效的提问策略？学生的兴趣是什么？如何根据他们的兴趣来提问？我提的问题是否与学生的背景和经历相符合？

考虑你的学生

既了解学生又熟悉教学内容的教师能够有效地进行差异化提问。例如，假设有一位英语教师知道学生对女权感兴趣，就可以根据这个兴趣提出这样的问题："在《蝇王》（Lord of the Flies）中，如果不是男孩而是女孩困在岛上，会发生什么？"基于学生兴趣的问题能够将教学任务变成令学生感兴趣的个人探究。这种方式的提问不仅考虑了学生的兴趣，也联系了学生的经验。这才能称为**真实的问题**。[12]真实的问题与学生内部探究有关："这些问题与我有什么关系？它们如何与我的生活经验相联系？"在《蝇王》中，对学生来说，真实的问题是："你有什么在岛上的经历吗？""你曾有过书中所描写的岛上孩子的那种迷失和害怕吗？""与《蝇王》中的同伴冲突相比，你的经历是什么？""如果你在这个岛上，可能会有怎样的结局？"

挑战性问题会激发学生的注意力，促使他们去冒险，去进步，但有时也会遭遇失败。显然，教师和学生处在一个相互支持的共同体中，也就是要尊重个体，鼓励学生去尝试，去挑战。同时，教师提出的挑战性问题必须在学生可接受的范围内，不能使学生（或者教师）产生挫败感。[13]

3. 提出有深度的问题

"哥伦布什么时候到达美洲？"这类问题对我们大多数人来说很常见。这种问题并没有什么错误，只是没有深度。它只要求简单记忆即可。然而，提问不应停留在简单记忆上，而应深化学生对内容的理解。与上述提问相关但更有深度的提问是："如果哥伦布早一个世纪或晚一个世纪到达美洲，美国会是怎样的？"以下列举了几个有效的高水平提问的例子，这类提问赋予学生学习的意义：

想象一下，如果林肯遇到马尔科姆，他们会谈论什么？

分析玛格丽特·桑格对女权运动的影响。

比较毕加索和蒙德里安。

以上提问能够促进学生对知识内容的深入理解，这类**探究性问题**更加关注学生个体，而非学科知识。为了解学生已有的知识水平，教师需要超越学生的第一反应，进一步追问。这种问题叫作探究性问题。具体例子如：

选择这种答案的理由是什么？

你选择的备选答案最吸引你的特点是什么？

你能举个例子吗？

最近发展区

探究使教师处在学生知识的边界。边界的一侧是学生已有的正确知识，另一侧是学生不知道的未知知识或不清楚的错误知识。在教育术语中，学生的已有知识和未知但可以通过学习获得的知识被称为"**最近发展区**"。[14]维果斯基认为，最近发展区是学生已有的知识水平和在他人的帮助下能够达到的知识水平之间的差距。教师就是那个帮助学生的"他人"。深思性问题，特别是探究性问题，可以促进学生在最近发展区内发展，提高思维水平。提出恰当的问题需要技巧。如果问题太容易，学生会很快回答出来，而且思考不深，因而他学到的东西就少。教师必须提出具有挑战性的问题。然而，如果教师提的问题使学生沉默或困惑，这类问题必定很难。这时教师就应该把问题变得再简单一些，否则学生就会沮丧，失去学习信心。因而，教师面临的挑战是要知道学生处于何种水平，进而提出促进学生发展的问题。维果斯基提醒我们，教师不是单独承担教学任务的人，社会互动也可以帮助学生在最近发展区获得最大水平的发展。随着学生参与到课堂讨论中，他们激发思维，内化知识。社会互动拓展了学习，这对教师是个重要的提醒，因为它意味着学生从彼此之间也可以学习到很多东西。

提示与线索

当学生不能回答问题时，教师也可以提示学生帮助他们获得正确答案。本质上，提示与探究是相对的。在探究中，问题用来促进学生思考；而在提示中，问题是用来帮助学生获得正确答案的。通过提供更多信息或线索，学生便朝着成功学习的方向迈进。例如：

我们正在寻找英国人未控制美国之前欧洲人给纽约起的地名。如果你记住欧洲人在英国人之前就出现在纽约，你便能记住这些名字。

认知脚手架

有时候仅有一个提示或线索是不够的，可以用更为复杂的策略——**认知脚手架**。该策略来源于建造中的建筑。一座新的建筑在最初建造的时候几乎是看不到的，它在栏杆或围墙的背后隐藏着，暂时支持它的是脚手架。这种脚手架很关键，因为它帮助建筑者从底部开始慢慢搭建起建筑。脚手架是一种帮助，而不是阻碍。建筑者围绕着新的结构，一点点慢慢地增加，以保障建筑的坚固与牢靠。随着建筑物成形，脚手架逐渐减少。当建筑完成后，脚手架最终拆除。对于建筑是这样，那么对于学生呢？

教育者借用脚手架的形象，来解释教师在建构学生能力中的作用。教育的脚手架在最初建构时很重要，教师要认真诊断学生的能力，决定新知识在哪个范围内建立。一旦设计好学生学习的脚手架，教师便可通过丰富的提问、措词恰当的解释和丰富的学习活动来建构学生的知识。本章所描述的大多数技巧就是帮助教师提高搭建脚手架的能力。随着学生对知识的内化，教师减少脚手架。一旦学生完全能胜任学习，教师就移去脚手架。[15]

4. 广泛地提出问题

聚合＝封闭

发散＝开放

所有的问题都包括两个维度：本书说的不是"对"和"错"，而是"聚合"和"发散"。聚合性问题又叫封闭式问题，是只有一个答案的问题——对或错。例如，"这是谁写的诗？"许多聚合性问题属于低水平问题，只需要记忆。但也不完全如此。封闭性问题也可以引发学生高水平的思考。例如，一个复杂的数学问题或科学公式可能只有一个答案，但回答这个问题却相当具有挑战性。

相反，正如读者可能猜到的，发散性问题不止一个正确答案，而且通常属于高水平问题。发散性问题也称为开放式问题。例如："你认为这首诗的意义是什么？"或"若计算机没有出现，人们的生活会有什么不同？"当教师想要听取学生的不同想法，或拓展教学内容，或让学生发挥创造性思维时，就可以使用发散性问题。

霍华德·加德纳的多元智力极大拓展了人们回答问题的能力。[16]他认为现代学校教育的一个严重问题就是把学生的智力局限在语言和数理逻辑两种智力水平上。

参照不同的智力类型提出问题

1. 语言智力：演说家、诗人、记者所具备的能力；能够有效运用词汇的意义、韵律，发挥语言的功能。

2. 数理逻辑智力：科学家和数学家所具备的能力，使用数字操作、识别和解决逻辑问题的技能。

加德纳等人认为，包括标准化测验的现代学校教育过于强调学生的上述两种智力而忽视了其他智力。还有哪些智力呢？加德纳认为包括：

3. 身体运动智力：控制身体运动和巧妙操纵物体的技能，如运动员、舞蹈家表现的能力。

4. 音乐智力：创作和欣赏韵律、音调、音色、音乐的技能，如歌唱家、作曲家、演奏乐器者表现的能力。

5. 空间智力：准确感知物质世界的能力，如雕塑家、航海家和建筑师所表现的能力。

6. 人际交往智力：理解和回应他人的心情、情绪、愿望、需要，如销售员、教师、心理学家表现的能力。

7. 自我认知智力：认识自己的需要、优势和弱势，并在此基础上指导自己行为的能力；在大多数职业中都非常有用。

8. 自然智力：智慧地生活，尊重自然资源；与环境对话或相关的职业。

加德纳认为这些智力也不是确定的，未来会有更多的智力出现。他的远见卓识直到今天依然很有价值。加德纳的多元智力提醒我们，课堂提问应当涉及多种智力。你认为还有哪些是加德纳没有提到的智力？

在教学计划和实践中，我们要超越传统的语言或数理逻辑式的提问，例如：

你能表达你对这次活动的感受吗?
你能设计一个物理模型吗?
你在这个领域的个人优势是什么?
在这个问题上,你如何让你的同学接受你的观点/影响你的同学?

5. 用好等待时间

等待时间 1 和等待时间 2

通常,向学生提出问题后,教师只等待不到 1 秒的时间就让学生回答。对于需要更多时间来思考的学生来说,在这种情况下,参与课堂学习是困难的。教师的等待时间过短不仅使得学生较少参与,也降低了他们回答的质量。不到 1 秒的等待时间使学生不知道回答什么,更别提如何回答。短暂的等待时间对教师也有影响。教师没有时间去思考让谁回答问题,教师总是倾向让班中举手快的学生发言。

还有一个短暂的等待时间,少有人知但同样重要。这就是学生回答后直到教师或其他学生肯定或否定其答案,然后教师再继续下去,这之间有 1 秒间隔。它通常被称为"等待时间 2"。如同上一个等待时间一样,等待时间 2 很短暂。它通常发生在教师打断学生回答问题之时,其表达如"嗯……""好""我懂了"。学生根本就没有时间完整表达或深化他们的答案或思考。这种快速的回应和教学进度的压力使得教师自己也"短路"了。听到学生回答后,教师也少有时间去思考学生的答案或对其做出回应。因而,教师对学生的回应经常是盲目的、不准确的或无效的。尽管这短暂的 1 秒等待时间不值得一提,但它也会阻碍有效教学。

6. 选择学生回答问题

你可能记得在中小学的时候,经常是少数学生垄断了与教师的课堂互动,而其他学生只是在听。课堂教学的快节奏使得许多教师会让先举手的学生回答问题。有的学生连 1 秒钟都等不了。若教师直接说出答案,再积极的学生也无法说出他们的想法了。

让所有的学生都有表达的机会

尽管教师决定着由谁来回答问题,但教师也往往倾向于选择希望回答问题的学生。正如特德·赛泽(Ted Sizer)在《霍勒斯的妥协》(*Horace's Compromise*)一书中所说,这是一个令所有人安心的情境。想发言的学生发言,想安静的学生保持安静。教学按照合理的速度进行,主要知识点都涉及即可。每个人都有各自的需要,每个人对自己需要的实现都很满足。但是这有什么问题?其中一个问题就是学校教育的目的不是消除所有的焦虑,使每个人都感到舒服,(尽管这听起来很不错!)学生到学校是为了接受教育,为了发展自我,为了学习新知识或技能(即便有时候学生会不喜欢学习某些技能)。优秀的教师知道,如果他们只叫反应敏捷的学生,沉默的学生将会被排除在课堂之外,不能参与课堂学习。结果,积极发言者会有更多的发言机会。你可能经历过这种情况,少数学生控制着课堂上的讨论和发言,而其他学生被排除在课堂学习之外。需要更多时间思考问题的学生,可能他们天生就比较深思熟虑,或者英语对他们来说是一种新语言,又或者他们的文化背景使得他们反应较慢,还有可能是他们比较害羞,这些学生成为快节奏课堂的旁观者。这类情形常常发生在女生或有色人种学生身上。英语语言学习者和害羞的男孩也会出现这种情况。当教师让学生讨论时,少数表现积极的学生把控着课堂互动,而教师却忽视了他们的教育职责：让所有学生积极参与到学习中。

不恰当的提问方式

> **误区：不恰当的提问方式**
>
> 并不是教师的所有提问都值得称赞。教师常常不恰当地使用提问技巧。下面列举了无效的或不恰当的提问。我们将尽量解释它们的错误之处，以避免类似事情再度发生。但我们只能说这么多。（总之，我们不想花太多时间教给教师"不当"的提问策略。）
>
> ● 控制学生的不当行为。一些教师用提问来预防或制止学生的不当行为，比如："我看到你了，这儿有个问题，回答不上来？那好，停止你的错误行为，认真听！"这样的提问不是为了让学生不再分散注意力，而是作为"惩罚"学生的方式。它确实能引起行为不当学生的注意，但问题是行为得当的学生受到了教师的忽视。课堂提问应针对课堂上的每一个人，而不是少数人。（我们想要补充的是，进行有效提问的老师能够使所有的学生都专注于学习任务，减少管理问题。）
>
> ● "帮助"特殊需要的学生。教师设计问题时可以针对学生个体设计问题，但个性化问题的设计更多针对有特殊需要的学生。问题太难会使学生感到沮丧、窘迫不安；问题太容易会使学生骄傲自大。一个简单的规则是设计问题要针对学生的特殊能力和特殊需要。总之，了解你的学生，挑战他们。
>
> ● 羞辱学生。与以上情况相反，教师有时将提问作为羞辱学生的工具，用十分难的问题（即使优秀生也很少能回答）让后进生当众出丑。或者如果学生成功回答了问题，教师也会用语言讽刺挖苦他们。提问不应当成为攻击学生的武器。
>
> ● 操纵答案。众所周知，教师常常会改述学生答案以便课堂按照教师自己预先设计的方向前进。结果，问题的答案就变成了教师的想法而非学生的回答。教师如此不当地改述学生的答案贬低了学生的想法和思考，而提问不应成为教师控制课堂的工具。
>
> ● 表现"是……，但……"的回应。一些教师处在既想接受学生的回答又想纠正学生的回答之间，因而这种冲突就表现在他们"是……，但……"的回应中。这样的回应暗示了教师对学生的不信任。
>
> ● 促进学生"参与"。一个在课堂上使大多数学生参与主题学习的简单方式就是给学生提出很多问题。电视上的益智节目可能很好看，但课堂不能过度使用益智节目的提问方式。不断给学生提出问题的教师，尽管是为了让学生参与学习，但也会离提供好的学习环境越来越远。

7. 给出有价值的反馈

教育者会把问题分为高水平和低水平两类，但他们并不会给教师对学生的反馈也做出这样的分类。假设将教师的反馈分为高水平和低水平，则大多数教师的反馈属于低水平层次。教师对学生的回应通常是不准确的或随意的，因而也不会促进学生的学习。教师不准确的反馈意味着即使学生回答问题很出色，他们也不会得到相应的奖励；当学生表现不好时，却没有人告诉他们做错了或如何改进。教师的反馈常常不具体，比如常见的口头反馈"很好""好"。

缺少反馈的机会

出现这种低水平反馈的原因不足为奇,只要看看问题的情况就知道了。由于大多数问题只需简单记忆,教师的反馈再好也不会表现出高水平。而当课堂教学中充斥着大量的提问时,教师很难有时间关注自己的反馈,甚至都不能关注到问题本身。教师极其短暂的等待时间也阻碍了他们去认真思考学生说了什么,就更谈不上思考如何回应学生了。所有的这些因素使得课堂教学的环境既不鼓励也不需要教师做出高水平反馈,其最终结果是不利于学生学习。

运用这七个技巧对创造有意义的学习环境、促进学生积极参与学习很有帮助。下面练习部分为读者提供了练习运用这七个有效提问技巧的机会。

练习

有效提问的特点

判断正误,在正确的描述前填"T",在错误的描述前填"F"。

1. 通常,教师提问后会等待3~5秒,才让学生回答问题。
2. 课堂上,多数问题都属于只需要简单思考的低水平问题。
3. 通常,教师会在1分钟内问几个问题,一天问几百个问题。
4. 在学生回答问题后,教师等待时间还不到1秒就给出了反馈。
5. 确切地说,教师对学生的反馈是准确的、真诚的和有帮助的。
6. 简要写出课堂提问的目的,至少写出三个。同时,写出不恰当使用课堂提问的一个原因。

掌握程度测验

目标1 解释有效课堂提问的七个技巧

假设你们校长准备推进教师专业发展,她认为和你一样的新教师应当为教师专业发展承担一部分责任。她设计了一个方案来帮助教职工接触大学的前沿知识,同时提供锻炼青年教师领导力的机会。她邀请你加入这个计划,你也确实很喜欢这个想法。她要求你就有效课堂提问策略做个10分钟的报告。很幸运,你读了本章的内容,完全能够胜任这项任务。列出你要讲的要点,确保七个方面都讲到。尽可能举出一个例子。

目标2:依据布卢姆教育目标分类学的认知领域对问题进行分类

教育目标分类学的六种水平

学习活动5.2

不同种类的问题有多种术语和分类。多数分类体系是有用的,因为它们提供了一个概念框架和划分问题的方式。然而,为了简化教学过程,避免重复的术语,本书只选择一种分类体系。**布卢姆的目标分类学**[17]或许是最著名的教育目标分类体

系，也是最著名的课堂问题分类体系。它包括六类水平，每一水平上的提问都需要不同的思维。教师应基于这六类水平设计问题，鼓励学生参与多种认知过程。在开始设计问题之前，教师需要先了解这六类水平的定义，并能够对每一种水平做出判断。这六类水平是：

1. 识记。
2. 理解。
3. 应用。
4. 分析。
5. 综合/创造。
6. 评价。

（注：近年来，一些教育者重新修订了布卢姆的目标分类学，将"创造"作为最高水平的目标。他们认为创造是一种比评价更需要高智力的活动。[18] 你认为呢？）

以下定义、例子和练习都旨在帮助教师对布卢姆目标分类学的六类认知水平做出识别和分类。

水平 1　识记

目标分类学的第一水平是识记，它只要求学生能够识别或再现学过的信息。识记并不要求学生运用信息，只需按照原貌再现信息。回答有关识记水平的提问，学生只需记住所学的事实、论述或定义。

识记型问题的例子：

- 缅因州的首府是哪里？
- 当增加第二种化学物质时，溶液会变成什么颜色？
- 美国国务卿是谁？
- 《哈姆雷特》是谁写的？

有价值的识记问题

贬低识记型问题的提问越来越成为一种流行的趋势。例如，大学生常常抱怨考试出现要求重复书本或课堂笔记所学知识的问题。然而，记忆知识很重要。因为识记或记忆范畴对其他所有水平的思考来说都很关键。如果学生没有掌握基本信息，就无法进行高水平的思维活动。在社会中，很多任务的完成也需要知识的识记，如成为一名合格公民或成为好父母。社会需要人们记住很多东西。此外，使用识记水平的提问能促进一些学生的课堂参与和高成功体验。来自低社会经济背景的学生在大量的识记型问题面前更容易获得成功。研究表明，有效教师既能为高水平学生提供成功机会，也能为低水平学生提供成功机会。在这些成功的班级中，学生准确回答问题的比例高达 $70\%\sim80\%$。[19] 这类水平的提问在增强学生获得成功的概率中发挥关键作用。

过度使用识记问题

尽管识记水平的提问很重要，但也有严重的弊端。其中一个主要问题就是教师容易过度使用识记型问题。在课堂讨论和考试中，多数问题属于这类提问。第二个弊端则是多数记住的知识很容易忘记。第三个弊端是识记型问题仍属于浅层次的知识理解。学生机械地重复知识表明其并未真正理解知识。下面表格中列出了识记类

提问常用的词语。

识记型问题常用的词语			
定义	谁	列举	命名
回忆	何事	识别	再现
识别	哪里	背诵	
记住	何时	复习	

练习

识 记

以下问题是检验你对布卢姆目标分类学中识记型问题的理解，同时也检验你能否正确判断哪些属于识记型提问。这些将能帮助你很好地完成掌握程度测验。

在1~5题中，判断正误，正确填"T"，错误填"F"。

1. 布卢姆分类学的第一个水平要求高水平思考。
2. 多数课堂提问和考试题目属于识记的识记型问题。
3. 知识或识记的识记型问题的一个缺点是它们并不重要。
4. 知识或识记的识记型问题很重要，是因为它们是通向高水平问题的必要步骤。
5. 以上1~4题都属于布卢姆目标分类学中识记水平的问题。

在以下6~12题中，在属于识记水平的问题前填写"K"，在不属于识记水平的问题前填写"—"。

6. 谁发明了治愈黄热病的方法？
7. 海湾战争的原因是什么？
8. 美国大部分的锡金属来自哪里？
9. 这首歌曲对你意味着什么？
10. 定义吸血鬼。（学生已经学过了这个词。）
11. 你认为这幅画的名字是什么？
12. 你认为，如果经济继续衰退几年，教师职业会怎么样？

检查你的答案。如果你全都做对了——非常棒！只有一个错误也不错。做错了两个提示你应该重新检查每一题的答案，或许可以再读一下前文的内容。如果错题在三个或以上，请重新阅读一下前文内容，画出重点。

水平2 理解

理解水平的问题要求学生对学习材料有足够的理解，以便在理解的同时能够组织信息。学生必须选择与问题相关的事实信息。学生回答理解水平的问题，不能只靠记忆信息，而是需要个人完全掌握信息，对信息进行重新阐述，用自己的语言描述信息，或与其他信息进行比较。

不只是再现

例如，假设教师问学生："我们昨天所学的哈姆雷特的名言是什么？这句名言

表现了他对存在的意义和价值产生的困惑。"这个问题要求学生回忆信息,因而属于识记水平的问题。

用学生自己的话

但如果教师问:"你认为哈姆雷特说'生存还是毁灭,这是个问题'表达了什么意思?"这个问题就属于理解水平的问题,它要求学生用自己的话重新表述信息。

要求学生解释或转换信息的理解型问题通常出现在图表和漫画中。

理解型问题的例子:
- 这幅图表达的主要意思是什么?
- 用自己的话描述下面漫画中赫布洛克说的是什么意思?

这类理解型问题要求学生能够转换信息。

记住:要求学生回答这类问题时,需要提供给他们必要的信息。例如,如果学生之前读过或听过讨论独立战争发生的原因的材料,那么提问就可以要求学生用自己的话解释独立战争爆发的原因。如果学生不知道独立战争发生的原因,而提问要求他给出解释,那么这个提问对他而言就不属于理解型问题,而属于分类学中另一个水平的问题。

理解型问题常用的词语	
描述	重述
比较	用自己的话
对比	解释主要思想

练习

理 解

在1~4题中,判断正误,正确填"T",错误填"F"。

1. 理解水平的问题要求学生使用先前没有学过的新信息。
2. 理解水平的问题要求学生重述信息。
3. 在不理解的情况下记住一个定义也是有可能的。
4. 理解水平的问题要求学生准确记住信息。

5~6题属于识记水平和理解水平的问题。在理解水平的问题前填写"C",在识记水平的问题前填写"K"。

5. 柏林墙什么时间被推倒的?
6. 用维恩图比较鲸鱼和鲨鱼。
7. 这幅卡通画的意义是什么?
8. 《紫色》的作者是谁?
9. 描述你的天文馆之旅。
10. 解释演讲者所说的"信息爆炸"的主要原因。

检查一下你的答案。如果你的错题在两个及以上,你应重新读一下理解型问题的内容。用自己的话写出理解型问题的含义,以确保你理解这部分内容。

水平3　应用

仅仅要求学生记忆知识甚至理解知识是不够的。学生必须能运用知识。要求学生应用先前所学的知识来解决问题就属于应用水平的问题。

应用型问题要求学生应用一条规则或程序来解决问题，找出唯一的正确答案。在数学中，应用型问题很常见。例如，

如果 $x=2$，$y=5$
那么 $x^2+2y=?$

应用型问题在其他学科中也同样重要。例如，在社会研究课中，教师告诉学生经度和纬度的定义，要求学生重复定义，这属于识记型问题。教师要求学生比较经度和纬度的定义，这属于理解型问题。而教师要求学生运用经度和纬度的定义在地图上标出一个点，就属于应用型问题。

在语言学科中要求学生回答应用型问题，可以采用以下步骤。在教师讲完俳句（一种类型的诗）后，发给学生一张汇集了不同体裁的诗的练习材料，要求学生选出属于俳句的诗。这就需要学生根据不同的诗的定义进行判断，选出相应的答案。

展示学生学会了什么

以上提供的例子，需要学生应用所学知识选择唯一的正确答案。下面又列举了其他应用型问题的例子。

应用型问题的例子：

- 下面例子中，哪一个证明了牛顿的万有引力？
- 根据社会主义的定义，下面哪一个国家现在属于社会主义国家？
- 就刚刚讨论过的性骚扰政策举一个例子。
- 如果布瑞洗车需要三小时，艾丽西娅只需要两小时，那么他们一起洗车需要多长时间？
- 哪一个原则适合案例2？

应用型问题常用的词语			
应用	举例	展示	证明
分类	解决	转化	画图
使用	多少	做出	记录
选择	哪一个	解释	
采用	是什么	教授	

练习

应　用

用布卢姆的目标分类学判断下面问题。在识记型问题前填写"K"，在理解型问题前填写"C"，在应用型问题前填写"Ap"。

1. 对你来说，《独立宣言》意味着什么？
2. 使用互联网，找出这所大学的网站主页。
3. 小说《喜福会》的作者是谁？

4. 如果图表信息属实，公司盈利或损失是多少？
5. 按照刚学过的分类体系，区分不同的植物。
6. 阅读关于田径运动员和游泳运动员的说明文章，找出他们的共同点。

检查你的答案。如果你的错题在两个及以上，你应重新读一下这部分内容，然后回答下面问题。如果你想再进一步练习，请完成7～10题。当你感觉掌握这部分内容时，请进入下面的学习。到此，你已经学完了目标2学习活动的一半内容。

7. 运用我们探讨解决冲突的方法来解决这个问题。
8. 复述 CPR 的定义。
9. 重述爬山应遵守的三个安全原则。
10. 根据哺乳动物的定义，下列图片展示的五个动物中，哪一个属于哺乳动物？

检查你的答案。如果你需要帮助，可以问你的老师或教师同行，或查看本章后面的参考资料。如果你掌握了应用水平的提问，请进入下一个水平。

水平4 分析

分析水平的问题属于高水平的问题，它要求学生批判地、深刻地思考问题，找出原因，发现证据，得出结论。

下面介绍三种分析型问题。

寻找问题的原因

1. 找出具体事情的动机或原因。
- 影响安妮·弗兰克写作的因素有哪些？
- 为什么国会女议员不想竞选总统？
- 经济衰退对你的个人收入有什么影响？

这些问题要求学生通过分析找出某件事情的原因。

2. 运用所掌握的信息进行思考和分析，得出结论或推断。
- 读完这个故事，描述作者的背景、态度和观点。
- 看这个发明，你认为作者的目的是什么？
- 学完引起南非和中国重大发展的事件，你认为引起变革的原因有哪些？

这些问题要求学生得出一个结论或推论，或者根据已有信息进行归纳总结。

3. 分析结论、推断或总结，找出支持或反驳的理由。
- 演讲者的哪一个观点支持平权行动？
- 角色互换如何促进对不同文化的理解？
- 吸烟比喝酒更有害的证据是什么？

这些问题要求学生分析信息，找出证据来支持某一结论、推断或总结。

如果回答上述问题，你会发现有多种答案，这是有可能的。这些问题需要你认真思考和分析，不能不假思索地快速回答出来。有充分的思考时间是必要的。因而，分析水平的问题属于高水平问题。学生仅靠记住信息、重新组织信息或应用信息无法回答这类问题。分析型问题不仅帮助学生知道发生了什么，还会促进学生寻找事情发生的原因。

分析型问题常用的词语		
识别动机或原因	为什么	分类/分析
得出结论	对比	推断
找出证据	排序	调查
支持	总结	证明

练习

分　析

1. 分析型问题需要高水平思考。（对或错）
2. 下面哪一个不属于分析型问题？
   a. 找出支持论点的证据。
   b. 根据证据得出结论。
   c. 解释动机或原因。
   d. 做出评价。
3. "为什么"的问题经常属于分析型问题。（对或错）
4. 分析型问题只要求学生重述信息，用他们自己的话陈述。（对或错）
5. 分析型问题要求学生回答问题时提供证据。（对或错）

判断下面问题属于哪一个水平？（K＝识记，C＝理解，Ap＝应用，An＝分析）

6. 为什么哈姆雷特在他初次遭到背叛时没有行动？（这个原因还没有在课堂上讨论或学习）
7. 在丹麦，哈姆雷特的地位或头衔是什么？
8. 用自己的话概括今天所讨论的哈姆雷特的人物特征。
9. 说明哈姆雷特是个懦夫的证据是什么？
10. 根据道德困境的定义，判断哈姆雷特在何时处于道德困境中？

检查答案。如果你的错题在两个及以上，你应重新读一下这部分内容。可以和同伴一起思考，他们可以帮助你分析问题。如果你的错题在两个以下，可直接进入第五个水平——综合。

水平5　综合/创造

原创的和创造型问题

综合水平的问题属于高水平问题，它要求学生能够进行创造性思维。这类问题要求学生有创新想法，做出预测或解决问题。尽管应用型问题也要求学生解决问题，但不同的是，综合型问题不是只有一个正确答案，而是允许有多个创造性的答案。下面介绍几种不同的综合型问题：

1. 创造性表达：
- 创作一幅拼贴画，表达你的价值观和想法。

- 为这个视频节目想一个精彩的标题。
- 就你所关心的社会问题向当地报刊编辑写一封邮件。

2. 做出预测：
- 如果在美国南北战争中南方胜利了，会出现什么情况？
- 如果没有义务教育，你的人生会怎样？
- 在学完西海岸植被的知识后，你认为美国南部的热带雨林的前景是怎样的？

3. 解决问题：
- 在不直接测量的情况下，如何确定一个建筑的高度？
- 如何成功为流浪者住宿计划筹集资金？
- 设计一个有效反映力学三原则的乐器。

教师可以运用综合型问题帮助学生发展创造力。然而，分析教师使用的问题可以发现，教师常常使用低水平问题，尤其是识记型问题，而避免使用综合型问题。综合型问题需要学生对学习内容有彻底的理解，而非胡乱猜测。例如上面的例子："如果在美国南北战争中南方胜利了，会出现什么情况？"这个问题就需要学生牢固掌握学习内容，才可以做出合理的预测。总之，综合型问题需要学生进行预测，创造性地表达自己的观点或解决问题。

综合型问题常用的词语

预测	构建	创造
产生	如何提高……？	设想
写出	如果……会发生什么？	假设
设计	你能设计……？	结合
发展	如何解决……？	估计
综合		发明

练习

综　合

在1~10题中，判断下列问题属于哪一个水平？（K＝识记，C＝理解，Ap＝应用，An＝分析，S＝综合）

1. 州的首府是什么？
2. 本州的首府在哪里？
3. 在地图上找出本州的首府。
4. 如果让你选择新首府的地点，你会选择哪个地方？
5. 为什么？
6. 如果有两个首府，会出现什么情况？
7. 简要写出你理想的首府？
8. 引述课本上描述的州首府的基本职能。
9. 描述州首府的基本职能。
10. 在给出的不同类型的首府中，缅因州首府属于哪一类型？

> 11. 下面不属于综合型问题对学生的要求的是
>   a. 做出预测
>   b. 解决问题
>   c. 主要依赖记忆
>   d. 进行创造性表达
> 12. 综合型问题要求学生进行创造性思考。（对或错）
>
> 这些问题检验你对这部分内容的掌握。如果你的错题在两个及以上，看一下"综合型问题常用的词语"进行更正。如果你的错题在两个以下，可直接进入最后一个水平——评价。

水平6　评价

布卢姆分类学的最后一个水平是评价。评价也是高水平的脑力活动。评价型问题并不只有一个正确答案，它要求学生对一个观点、一个解决问题的方法或一件艺术作品进行评价。评价型问题也要求学生对问题提出自己的看法。

下面介绍几种不同的评价型问题：

评价型问题的例子：

- 判断应不应该让儿童读他们喜欢的书。
- 如何评估你在学校的表现？
- 给出证明你的画最好的三个理由。
- 参照文化评论员对当地公共广播电台的评论，评论三部当代电影。
- 判断校车制度是否是一种废除种族隔离学校的合适的解决办法，并写出理由。
- 哪一个参议员最有影响？为什么？

表达对问题的看法或对某个想法、办法、艺术作品做出判断需要运用一些评价标准。这个评价标准要么是参照客观标准，要么是出于个人主观的价值观。例如，"哪一个参议员最有影响？为什么？"你可能认为想法和你的个人政治哲学最一致的参议员就是最合适的人选。如果你强烈反对国防开支或强烈支持公民立法权，这些价值观便会在你评价最有影响的参议员时发挥作用。

评价参议员的另一种方式是采用客观标准，例如依据出勤记录、竞选资金、对其他参议员的影响力、提出的议案等。依据这些标准比较每一个议员，就可以选出"最有影响力的参议员"。

当然，许多人会结合客观标准和个人主观标准进行评价。重要的是记住不是随机或随便地评价，必须使用一些标准。这可能会有不同的答案。

评价型问题常用的词语		
判断	给出观点	证实
辩论	哪一个较好	评价
决定	是否同意	选择
评估	是否最好	主张
估计		得出

练习

评 价

判断下面问题属于哪一个水平？（K＝识记，C＝理解，Ap＝应用，An＝分析，S＝综合，E＝评价）

1. 抽象派艺术的创立者是谁？
2. 抽象派艺术先驱最初的目的是什么？
3. 画出反映抽象派特点的作品。
4. 你对抽象派有何看法？
5. 哪一个手工艺作品与抽象派油画最相似？
6. 为什么女性是抽象派艺术作品的核心意象？
7. 米罗和毕加索，你喜欢哪一个？

观察表

关注高水平提问

假如课堂讨论进展很快，观察教师的提问水平就相当有挑战。这里提供一个方法，帮助你分析教师使用/未使用的高水平问题。

说明： 在当使用这个观察表时，不要使用学校、教师、管理者和学生的真实名称和姓名。

观察者姓名：＿＿＿＿＿＿＿＿＿＿＿＿＿＿＿＿＿＿＿＿＿＿

日期：＿＿＿＿＿＿＿＿＿＿＿＿＿＿＿＿＿＿＿＿＿＿＿＿＿＿

年级：＿＿＿＿＿＿＿＿＿＿＿＿＿＿＿＿＿＿＿＿＿＿＿＿＿＿

科目：＿＿＿＿＿＿＿＿＿＿＿＿＿＿＿＿＿＿＿＿＿＿＿＿＿＿

班级规模：＿＿＿＿＿＿＿＿＿＿＿＿＿＿＿＿＿＿＿＿＿＿＿＿

背景信息： 简要描述该校学生的社会、经济和民族背景。

＿＿＿＿＿＿＿＿＿＿＿＿＿＿＿＿＿＿＿＿＿＿＿＿＿＿＿＿＿＿
＿＿＿＿＿＿＿＿＿＿＿＿＿＿＿＿＿＿＿＿＿＿＿＿＿＿＿＿＿＿
＿＿＿＿＿＿＿＿＿＿＿＿＿＿＿＿＿＿＿＿＿＿＿＿＿＿＿＿＿＿

需要记录： 为后面的分析写下每一个课堂提问。完成这个观察后，根据布卢姆的分类学对每一个问题进行评估，看看每个问题属于六个水平中的哪一类。有些提问可能与课堂进展或其他非学习内容有关，所以你要设计第七种分类，这些非教学内容的问题可归入"其他"。

反思你的观察：

1. 根据布卢姆的分类学，教师如何设计每一个问题？

＿＿＿＿＿＿＿＿＿＿＿＿＿＿＿＿＿＿＿＿＿＿＿＿＿＿＿＿＿＿

2. 哪些水平的问题没有提出？哪些水平的问题被过度使用？

＿＿＿＿＿＿＿＿＿＿＿＿＿＿＿＿＿＿＿＿＿＿＿＿＿＿＿＿＿＿
＿＿＿＿＿＿＿＿＿＿＿＿＿＿＿＿＿＿＿＿＿＿＿＿＿＿＿＿＿＿

3. 根据你的观察，哪些因素对使用布卢姆目标分类学开展提问是重要的？

掌握程度测验

目标 2　依据布卢姆教育目标分类学的认知领域对问题进行分类

阅读下面的内容，然后根据布卢姆分类学的六个水平对问题进行分类。（K＝识记，C＝理解，Ap＝应用，An＝分析，S＝综合，E＝评价）

若想通过掌握程度测验，你至少要做对9道题。祝你好运！

研究者麦克洛·汉密尔顿（Mykol Hamilton）和戴维·安德森（David Anderson）对200部著名儿童作品中的性别主义进行了研究。这些书中出现的男性人物是女性人物的两倍，插图中50%以上是男性。尽管有作为医生、律师、科学家角色的女性人物，但她们常常被描述为负面角色，看她们的兄弟积极投入工作。《强尼和苏茜的登山探险》（*Johnny and Susie's Mountain Quest*）一书描绘了勇敢的男孩和无助的女孩的性别刻板印象："快帮帮我，强尼！"苏茜哭喊道，"我们爬得太高了，我害怕我要掉下去了！"女性不是唯一一个在儿童作品中缺少的角色。在这200本书中，父亲的角色出现的还不到一半。父亲经常被描述为默默承受的、什么都不管的、很少抱孩子或喂养孩子的角色；而母亲却更多地被描述为充满慈爱的、能够表达诸如高兴和悲伤情感的角色。令人惊讶的是，故事中的母亲管教孩子和发脾气的次数比父亲还多。

汉密尔顿和安德森还发现职业刻板印象早已公开存在。在这200本儿童书籍中，女性从事的传统工作是非传统工作的10倍。例如，在《大鳄鱼的故事》（*Alligator Tales*）中，女主人公是一名女管家，在《威洛白先生的圣诞树》（*Mr. Willowby's Christmas Tree*）中，女主人公是一名女仆，而在《希望母鸡在这里》（*Hopping Hens Here*）中，女主人公是一名图书管理员。男性的角色通常是战士、冒险家和救援人员。他们常常具有攻击性，表现出争强好胜的特点。

——戴维·萨德克，迈拉·萨德克，卡伦·R. 齐托曼，《追求公平仍然失败》（David Sadker, Myra Sadker, and Karen R. Zittleman, *Still Failing at Fairness*, New York: Scribners, 2009, pp.91—92）

1. 用你自己的话，比较儿童书籍中的男性和女性。
2. 评估描写种族主义的书籍与上述描写性别歧视的书籍存在的相似点和不同点。
3. 上述研究中男性的角色通常是什么？
4. 这段话的主要思想是什么？
5. 你理想的非性别歧视主义是什么样的？
6. 你对这些书中的性别主义有什么看法？
7. 如果在接下来的五年中，所有的书都主张性别中立、性别平等或性别认同（gender affirming），你认为会对儿童产生什么影响？
8. 你认为在学校教育背景下，男孩和女孩在性别刻板历史文化影响下有哪

些行为表现？
9. 被认为存在性别歧视的作品有多少？
10. 你认为应当在儿童图书馆中禁止陈列有性别歧视的书籍吗？
11. 为什么教育者关注儿童文学作品中对男性和女性角色的描述？

目标3：在布卢姆教育目标分类学认知领域的六个水平基础上设计课堂提问

学习活动5.3

进行有效课堂提问首要的或许也是最困难的一步就是完全掌握布卢姆的目标分类学。通过以上的学习，读者应该已经能够对问题进行分类，现在可以集中精力来设计问题。有效课堂问题应基于这六个水平让学生思考。尽管在较短的上课时间内，教师的提问可能只反映一两个水平的问题，但在一个学期里，教师应给学生提供充分的机会来回答各个水平的问题。这个学习活动中列出的问题举例和信息对教师设计问题很有帮助。下面内容将回顾布卢姆分类学各个水平上的问题，以便为教师设计各类问题提供参考。

设计问题的建议

下面我们复习布卢姆目标分类学各个水平的认知过程和提出相应水平问题的动词。阅读完这部分内容后，请读者记住要重点分析你写出的每一个问题，因为只看描述问题的关键词并不能保证它属于某一性质的问题。简要复习完这部分内容后，你就可以练习设计问题了。

用语简洁

在进行这部分学习活动之前，要记住认真表述问题很重要。每一位学生可能都不止一次地遇到教师啰里啰嗦地提问，以至于学生常常不理解教师的问题到底是什么意思。事实上，有研究表明，教师提出的一半问题都是空洞的、表述很差的。教师应直接、清晰地提出问题，确保学生能够理解，但也要避免使用过多的词语。当一个问题过于冗杂时，学生就会感到困惑，无法做出回应。最终还需要教师重复一遍问题。

值得问的问题

现在请准备根据布卢姆分类学认知领域的每一个水平进行问题设计。阅读下面的"练习"部分，然后设计至少12个问题，但要确保针对每种水平提出两个问题。在设计问题时，要记住下面的内容。在这段话中，哪些内容需要学生记住（识记水平）？这段话的哪些主要思想你想让学生理解并用自己的话复述出来（理解水平）？哪些信息可以帮助学生解决问题，分类或举例（应用水平）？哪些问题要求学生找出原因，检查结论的合理性或找出论据（分析水平）？根据这段话，如何激发学生的创造性思维，即创造性地解决问题、做出预测或通过写作、音乐、舞蹈、艺术等创造性地表达观点（综合水平）？最后，哪些问题可以让学生对一个观点、解决问题的方法或艺术作品进行评价（评价水平）？

在你完成这些问题的设计后，请将它们与后附答案部分的例题进行比较。当

然，一段话可以设计多个问题。例题只是提供一个比较的基础，同时也说明每一水平的问题都可以有多种提法。

目标分类学的各个水平：提问的词语

识记	理解	应用	分析	综合	评价
定义	描述	应用	支持	预测	判断
回忆	比较	分类	分析	产生	辩论
识别	对比	采用	为什么	写出	决定
记住	用自己的话	选择	总结	设计	评估
谁	解释主要思想	利用	对比	发展	估计
何事		举例	排序	综合	给出观点
哪里		解决	推断	构建	哪一个较好
何时		多少	调查	提高	是否同意
列举		哪一个	分类	如果……会	是否最好
识别		是什么	得出结论	发生什么？	证实
背诵		展现	识别动机或原因	解决	评价
复习		转化	找出证据	创造	选择
命名		做出	证明	设想	主张
描述		解释		假设	得出
再现		教授		结合	
		证明		估计	
		画图		发明	
		记录			

用上述学习活动中的内容和例子与你设计的问题进行比较。请读者与指导教师或同行讨论你的问题。如果你提出的11个或12个问题都准确反映了相应的水平，说明你掌握得很好。如果错了两三个，可以回顾一下先前的内容，认真研究例题，尤其是在你出错的问题的水平上。如果你错的超过了三个，就需要再认真读一下，多加练习才能完成目标的内容。

练习

根据布卢姆目标分类学的六个水平设计问题

美国艾奥瓦州得梅因市的两所高中的学生和一所初中的学生根据校方颁布的抗议法案，戴着黑臂章对越南战争进行抗议。结果，他们被学校勒令退学。但后来美国最高法院判定学校的行为是违法的，并坚持要修改宪法，保护在校学生表达政治和社会观点的权利。

这个案例说明美国正在发生一个重大的变化。年轻人，尤其是21岁以下的年轻人，正在要求属于他们的、长期被压抑的正当权利。经过不懈的努力，他们正在逐渐赢得应有的权利。

——迈克尔·多尔曼，《21岁以下》

(Michael Dorman, *Under 21*, New York: Delacorte, 1970, pp. 3, 5.)

根据以上材料，在目标分类学的每个水平上提出两个问题。

1. 识记水平

2. 理解水平
3. 应用水平
4. 分析水平
5. 综合水平
6. 评价水平

掌握程度测验

目标 3　在布卢姆教育目标分类学认知领域的六个水平基础上设计课堂提问

阅读下面的文章，然后提出 12 个问题，就每个水平提出两个问题。如果你提出的 9 个及以上的问题都能准确反映各种水平，你就成功掌握了这部分内容。

死亡或许是不受欢迎的、令人恐惧的敌人，是一个龇牙咧嘴、手握大刀的魔鬼。死亡也有可能是静静等待许久的朋友，隐藏在垂死之人的身旁，等待减轻他的痛苦、孤独、疲倦和绝望。

万物之中，只有人能预知死亡。老鼠、树林或微生物却不能。人知道死亡是必然的，他害怕死亡这种未知的事物，就像儿童害怕黑夜一样。约翰·德莱顿说："我们恐惧的是我们不知道将要去往哪里。"但人最恐惧的是将死之时，即一个人独自走向消亡，充满无助、绝望的残酷过程。所以人不去想死亡，否认它的存在，拒绝公开讨论它，尽力把它控制住。人们创造出关于死亡的各种隐晦说法，或者把"对活着有好处"挂在嘴边，其真实含义是期望永生。人不能接受死后一无所有，人用天堂的欢愉安慰自己，以补偿死亡或为永存存在寻找依托。

——约翰·朗万，《死亡是一个名词》
(John Langone, *Death Is a Noun*, Boston：Little, Brown, 1972, pp. 3-4.)

现在设计你的问题。当你提出应用类问题时，会发现提前在班级中分享下列信息很有帮助。

(1) 不同文学意象的定义，包括隐喻、明喻和拟人。
(2) 概括表达不同心理状态的一系列术语和定义。
(3) 将死亡作为中心主题或次要主题的几部小说。

1. 两个识记型问题
2. 两个理解型问题
3. 两个应用型问题
4. 两个分析型问题
5. 两个综合型问题
6. 两个评价型问题

目标 4：列举提高学生参与课堂学习质量的提问策略

学习活动 5.4

本章集中探讨如何提出高水平的问题，为了提高教师的提问技能，以下内容着

力探讨三种相关提问的策略。前两个是提问后的跟进技巧：等待时间和教师反馈，最后一个探讨以学生为提问主体的策略。

等待时间

如果我们经过教室，驻足，可能会听到这样的课堂对话：

教师："在一个下雪的晚上，走在树林里，我突然停下了脚步"，这句诗是谁写的？

托马斯：罗伯特·弗罗斯特。

教师：很好。莎莉，这首诗讲的是什么故事？

莎莉：一个人乘着雪橇来到树林，观看雪景。

教师：正确。艾玛，这个人当时在想什么？

艾玛：他在想多么美丽的树林——（停了1秒）

教师：乔伊，他还想到了什么？

乔伊：他想再多待一会儿，观赏风景。（停了1秒）

教师：对，还有呢？丽塔，你说。（停了半秒）快点，丽塔，你能说出来的。（停了半秒）。好吧，为什么这个人感到不能一直待下去看树林中的雪景？

丽塔：他知道他很忙。他有太多的事情要做，所以不能待在那儿。

教师：很好。在这首诗的最后，这个人说在入睡之前，他还要走很长的路。这个"入睡"象征着什么？萨拉，你说。

萨拉：我认为可能是——（停了1秒）

教师：想想，萨拉。（停了半秒）麦克，你呢？（又停了半秒）马库斯？（又停了半秒）今天你们是怎么了，回答不上来？你们难道没有读吗？

在这个课堂对话中，可以评论的地方有很多。我们既可以说教师的问题从初级水平过渡到较高的水平，也可以说学生们没有能力回答老师后面的问题，使得老师很失望。然而，在此我最想谈的是，这个对话还不到1分钟。

等待时间1：提出问题之后

在这个不到1分钟的对话里，教师尝试建构并提出了6个问题，其中一些还属于高认知水平的问题。前面已经说过，快速提问在全国很多课堂中存在。教师平均每分钟要提2~3个问题，但我们也常常看到，教师在课堂教学中每分钟能提出7~10个问题。

等待时间2：学生回答之后

这种高频率的提问就像"抛炸弹"一样，其结果是学生很少有时间思考。事实上，研究表明，教师在提出问题后给学生思考的时间是1秒（等待时间1）。如果以这个速度，学生不能迅速做出回答，教师就会重复问题，或者换一个问题，或者让另外一个学生回答。如果学生能够回答上来，教师给出回应或者进行下一个提问的时间是0.9秒（等待时间2）。毫不奇怪，教师的快速提问很容易带来学生的低效回答。若以"抛炸弹"的频率进行课堂提问，学生在这个充满口头评价和测验的氛围中，将没有时间或者不愿意去思考问题，表达他们的观点。

如果教师改变快速提问的做法，学着将等待时间1和等待时间2从1秒增加到3~5秒，课堂教学将发生很大的变化。例如[20]：

延长等待时间的好处

1. 学生会对问题给出更丰富的回答。
2. 学生会愿意做出更多的回答，而且回答的频率增加。
3. 学生的分析和综合能力提高。他们的回答会更加深思熟虑，有理有据。
4. 学生提问的频率会更高。
5. 学生对回答表现出更多的自信。那些被教师认为学习相对较慢的学生也会提出更多的问题，更加积极回答问题。
6. 学生的学业成就得到提高。

提出问题后，尤其是高水平问题，延长等待时间，教师可以感受到学生回答问题的数量和质量有显著的变化。但等待时间延长到3～5秒并非易事。因为教师没有得到学生立即回应时，自然而然会担心，是不是提的问题无效，或者学生根本不知道怎么回答。事实上，尝试过延长等待时间的教师发现，在2～3周实验后他们很困惑，不确定在提出问题后，到底应该等待多长时间。然而，如果在这个阶段教师受到鼓励，他们大多能够做到等待3～5秒。一些教师认为以下建议对他们延长等待时间很有帮助。

怎样延长等待时间

1. 不要重复学生的答案。
2. 不能让学生只是思考而不给他们提示。提供线索帮助学生思考或给他们时间进行系统的思考。
3. 不要对学生的回答只说"嗯"或"好"。
4. 不要对学生的回答做出"很好，但是"的回应。这暗示教师对学生回答的否定。

现在在很多课堂的师生互动表现出快节奏。教师不断向学生提出一个又一个问题，而不给他们思考、组织和表达观点的时间。如果教师能够掌握延长等待时间的技能，特别是提出高水平的问题时延长等待时间，课堂讨论和学生的学业成就都将发生积极的变化。

教师反馈

著名教育家约翰·古德莱德（John Goodlad）和他的研究团队在不久前对1 000多个班级进行了深入观察，从观察结果来看，古德莱德认为：

乏味的课堂

> 这些课堂既缺少教师对学生的表扬和纠正，也缺少教师指导学生下次做得更好的反馈。教师对学生的回答既不肯定也不否定。课堂给我们的印象是，它是个乏味的场所。热情、快乐或愤怒都被控制着。[21]

古德莱德发现，学校的情感基调（emotional tone）既不是惩罚性的也不是充满愉悦的，而是"平淡的"（flat）。产生这种现象的部分原因可能与教师对学生的反馈有关。研究者对美国东海岸地区100多个班级进行观察，分析教师对学生的回应和评价，发现：

无效的反馈

● 教师不经常表扬学生。教师约有10%的反应是表扬学生。在观察的所有班级中，从不表扬学生的教师比例占25%。

- 教师的批评更是稀少。（这里的批评是指教师直接说出学生的错误行为或不当表现。）几乎 2/3 的班级没有教师的批评，而在 35 个存在教师批评学生的班级中，这种批评只占教师反应的 5%。
- 教师纠正学生答案的现象很频繁。（这种纠正是指教师为帮助学生更准确或更深刻地回答问题而做出的评价或提问。）纠正行为发生在所有的教室中，占教师对学生所有回应的 30%。
- 最常见的教师回应是既不表扬或批评，也不纠正。教师更多只是接受学生的回答。接受也就是他们所说的"嗯""好"，或什么也不说。所有被观察的班级都有这种现象，而它占教师对学生所有回应的 50% 以上，比对学生的表扬、批评和纠正的总次数还多。[22]

有些教师常常使用无效反馈（bland feedback），尽管他们自己不这么看。他们建议新教师"不要说答案错或不准确"，以免伤害学生自尊。"在学生的回答中发现好的方面，让学生高兴并乐于参与。"下面的例子就采用这种建议：

> 美国东部城市的一位五年级教师提了一个很常见的问题："哥伦布什么时候到达美洲的？"
> 坐在前面的一名学生很快回答道："1942 年。"
> 教师回应道："很接近了。"

这位教师后来解释说，不论哥伦布 1942 年是否到达美洲，学生的回答虽然不正确，但就是那几个数字，只不过数字的排列顺序需要调整。为了不伤害学生的自尊，这位教师试图寻找答案中正确的方面，并接受这个回答。教师常常避免说一个学生的答案错了，甚至有的教师感觉指出学生回答错误的话说不出口。事实上，这样不确定的反馈不应出现在教师身上，这样的反应反而会让其他 35 个学生更加困惑。教师的好心却导致了学生对教师的负面评价。更糟糕的是，这种情况在教育中很普遍。

课堂提问常见的程序是：
- 教师提出问题。
- 学生回答问题。
- 教师说"OK"。

回答"OK"的课堂很可能是一个平淡乏味的课堂，这样的课堂就促进学生学习而言一点都不"OK"。有效教学的研究表明学生需要具体的反馈来理解学习目标，纠正错误，促进进步。如果学生回答或提问，教师只回应"嗯""好"，那么学生就不能得到所需要的具体反馈。此外，教师泛泛地"接受"学生的回答并不会促进学生高水平的思考和讨论。

语言反馈和非语言反馈

教师对学生的反馈有两种方式：语言反馈和非语言反馈。尽管两者都是有效的反馈，但有时后者表现得更有力。非语言的反馈是指通过眼神接触、面部表情、身体姿势传递的肢体信息。教师在课堂上对学生的回答是否表现出微笑、皱眉或冷漠？教师是在看着学生还是远离他？教师站在哪个地方？教师表现出放松或紧张了吗？所有的这些肢体信息暗示着学生，教师对学生的回答是喜欢还是讨厌，积极还是消极，高兴还是不高兴。

一些研究比较了教师语言反馈和非语言反馈的效果。其中一个研究让教师向学生传递矛盾的信息来判断学生更倾向接受哪一种方式。一组教师用积极的非语言反馈（例如微笑、眼神接触等面部表情或肢体语言对学生回答表现出积极态度）表达积极的语言信息。第二组正好相反，教师用消极的非语言反馈表达积极的语言信息（在说"好""做得很好"的同时皱眉等）。

研究没有收集表明教师是否具有多重人格的证据，不过尽管如此，以上研究的结果却很有趣。在这两组比较中，大多数学生认为非语言信息更有效果。不管它是积极的还是消极的，学生对非语言反馈的敏感性超过语言反馈。这个研究肯定了"无声语言"或"肢体语言"的作用，它强调了教师在激发学生参与时言行示范的重要性。

需要多种反馈

许多教育者认为，不管是语言的还是非语言的奖励都是积极促进学生学习的工具，而且还有很多案例证明这一点。但奖励并不是有效的教学策略。也有一些案例证明奖励是无效的，有时甚至有损学习。[23]

当教师总是依赖一两种喜欢的反馈方式，并反复使用它们时，它们最终会变得没有效果。例如，教师在学生回答后说"好"，其实这不是一种强化，而是一种口头评价，不具有奖励的功能。无论新教师还是老教师，反复使用一句话或一句短语是一种常见的行为。不断重复一句话如"很好"似乎只能减轻教师的焦虑，应该给教师1～2秒时间组织对学生的回应或提出下一个问题。

反馈不充分

当教师给学生的反馈过快或过于频繁时，它就会背离教育目标，不利于学生学习。学生参与问题解决活动时，教师不断地回应会打断学生的思路，甚至会终止问题的解决。教师对每一位学生的回答给予反馈使得讨论只停留在师生之间，阻碍了学生和学生之间的交流互动。

差异化反馈

最后，需要指出的是，不同的学生需要不同的反馈。教师应意识到，有的学生喜欢教师不断地通过眼神接触奖励，有的学生可能会对眼神交流感到不舒服；有的学生喜欢教师表扬他们时说出他们的名字，但另一些学生可能会对此感到尴尬。尽管期望教师能够掌握适合每一位学生的反馈技能是不可能的，但对于教师来说，去尝试和体验不同奖励对学生的影响是有可能的。

研究教师反馈的结果表明，有效反馈具有以下特征[24]：

有效的反馈

1. 有效反馈因学生回答或行为的情况而定。当学生做对事情时，教师要表扬；当学生犯错误时，教师应及时纠正。反馈直接与学生的表现有关，教师及时的、集中的反馈要比拖延的、不集中的反馈更加有效。

2. 有效反馈是具体的。教师应准确说出表扬什么（如"按照时间顺序使得行文组织结构有条理、清晰"）或需要改正什么（如"检查你的作文标点，在标点符号上你犯了好几个错误"）。通过具体的反馈给学生指出明确的方向，使学生发扬优势，改正错误。

3. 有效反馈是真诚的。教师不断给学生一连串的表扬很快会让学生不屑一顾。学生提出的有价值问题或深思熟虑的思考需要教师给予真诚的反馈。

学生自主提问

天生的提问者

请读者回想一下和 2 岁、3 岁或 4 岁孩子的对话。你是否还记得他们用一堆问题不断地向你询问"是什么"和"怎样做"？教育是个耐心的工作，你回答了每一个问题，却没想到他们紧跟着还会问"为什么"。在儿童上学之前，他们脑中装满了各种问题，从"为什么天是蓝的"到"宝宝从哪里来"。（如果这两个问题让成年人选择回答，他们会直接选择前者。）事实上，儿童提出的问题比成年人向他们提出的问题多出一倍还多。[25] 儿童提问是为了了解周围的世界，他们对知识的探求似乎没有止境。直到他们开始上学，这种情况发生了变化。在学校里，儿童天然的求知欲被莫名其妙的问题慢慢消磨，逐渐消逝。从他们上学的第一天起，成人变成了提问者，而儿童变成了回答问题的人。一个引人深思的故事表现了这种角色的转变。故事讲的是一位家长和孩子的对话：

家长问他儿子第一天上学的感受。儿子回答说："好啊，但有一点不好，有个大人不停打断我。"

随着逐渐升入高年级，学生提出的问题还不到 15%。[26] 此外，这些问题一般与教学内容无关，他们的提问更多与组织管理有关，如："是不是又要考试了？""我们站在哪儿排队？"或更常见的是："我可以去厕所吗？"真正有关学习的问题却很少。为什么学生上学后，提问题的能力如此急剧地下降？如果你愿意花时间去解决这个问题，现在就恰逢其时。究竟在学校发生了什么，影响了学生提问题？

妨碍学生提问题的因素

你认为时间压力是其中一个重要的影响因素吗？教师反映，既要讲完课程又要提高学生考试分数让他们很有压力。学区考试、州考试，甚至国家考试使得学校和教师处在公众关注的一个非常突出的焦点上。学生自主提问不太可能出现在标准化的测试中，当然这也不能使学生获得高分，因而学校也不鼓励学生自主提问。

但是除了时间和考试压力，学校的组织结构也阻碍了学生提问。现代教育中班级（时隔多少年，班级作为一个房间的基本含义并未改变）的画面是：教师的讲桌和黑板擦操控着充满小课桌的教室，正如一句话所说："教师是权威者，学生是跟随者；学生眼光要跟着教师。"不像一个孩子问父母一个问题，在学校有 20~30 个学生在争夺同一个教师的关注。这就带来了"控制"（control）问题。在课堂上，学生的声音无处不在，甚至这些声音是由于对问题的兴奋而引出的，一些教育者将这种现象视为一种威胁，它反映教师"失去了控制"。

示 范

要改变这种情形，可以通过直接和间接的方式鼓励学生提问。[27] 事实上，如果你在教学中采用了本章所给出的策略（"高效提问者的七个习惯"），说明你已经使用了间接的方式，我们可以称之为"示范"。例如，教师灵活使用等待时间，提出高水平和低水平的问题，进行问题探究，这些是在向学生示范本书所列出的提问技巧，促进学生学习。这些间接的提问技巧为班级创造了良好的提问氛围，逐渐使学生掌握好的提问技巧。

尽管这些间接的方式在帮助学生提问上很有用，但通常使用较多的是直接的方式。[28]本章无法再详细展开这些直接的方式，仅列出一些建议供教师参考。[29]

鼓励学生提出问题

1. 营造鼓励学生提问的班级氛围。一些教师已经证明有趣的提问活动或游戏在促进学生提问方面非常有效。例如，"20个问题"游戏。一个学生秘密地选择一个人、一个地方或一件东西，其余的同学猜猜是什么。活动要提出20个问题，但只能回答"是"或"不是"。另一个有趣的活动是提供学生学习主题的答案，要求他们自己设计适合的问题。许多学生发现这种角色转换很有趣。有趣的活动能够营造支持学生提问的氛围，帮助他们掌握基本的提问技巧。

2. 积极强化学生提问。教师可以通过鼓励和表扬引导学生提问。"多么好的问题啊！让我先想一想。""你提的问题越来越好了。"对学生来说，提问是个冒险的事情，对提问的奖赏可以促使学生愿意冒险。

3. 支持提问者。巧妙的问题反映了提问者的聪明智慧，而一个糟糕的问题则显示了提问者的无知。"愚蠢"的问题会招来其他学生的嘲笑或羞辱。但对于教师来说，"愚蠢"的问题也是有价值的启示：学生有勇气（即便是愚笨）提出它，说明其他学生和他一样没有理解教师所讲的内容，因而需要教师进一步讲解。但如果学生对冒险提"愚蠢"的问题感到害怕，那么学生提问将会减少。

4. 设计有助于提问的指南。设计有助于提问的指南能形成一个支持性的班级规范。这个指南可以包括：与他人分享，说出要点，尊重他人，接受和倾听所有的问题，在提问之前进行思考，对研究主题每个人都要写出至少一个问题。教师也可以写出关键的提问词提示学生就布卢姆教育目标分类学的每一个水平提出自己的问题。教师和学生可以一起补充或修改提问指南，然后在全班公布。

5. 提示学生。教师可以鼓励学生把握提问机会，积极发言。教师可以直接提示，如：

  阅读完这一章节，写出你想问的问题。
  写出你想问明天演讲者的问题。
  完成本章最后的问题之后，提出你自己的问题。

6. 让学生设计试题。为帮助学生准备考试，一些老师让学生写出并上交他们自己设计的问题，从而指导学生。还有教师更进一步，让学生自行设计考卷的试题。（这将真正激发学生！）

7. 鼓励学生与学生之间的相互提问。在学生做报告、解释或回答问题时，让其他学生直接对他提问。有礼貌的追问促进开放的课堂对话，帮助学生深入理解正在讨论的内容。

8. 提出真实的问题。真实的问题是与学生兴趣和好奇心密切相关的问题。它不仅能激发学生的兴趣，而且促使学生提出问题。教师可以让学生列出他们感兴趣的与学科相关的问题，然后和学生一起去解决。真实的问题可以推动有意义课堂教学的展开。

9. 直接教授提问技巧。可以把好问题的构成要素直接教给学生。例如，可以让学生在课堂上讨论和练习表达问题的不同方式。事实上，本章所列出的高效提问者的七个习惯可以教授给学生。提出有效的问题不只是教师应具备的教学技能，也是学习者重要的学习技能。

本节是要提醒教师，学生是教师教学中非常有价值的合作伙伴。尽管本书旨在

提高教师的教学技能，但课堂属于每一个人。教师发展自己的提问技巧，成为有效教师的同时，也应记住学生主动提问对其成功学习有重要帮助。[30]

练习

提问策略

在此，我们将使用布卢姆的分类学来强化你对有效提问知识的掌握。通过分析，简要写出促进学生参与的策略（等待时间、教师反馈、学生自主提问）。正确答案可在附录中找到。题中的黑体字是帮助读者分析的提示。

1. 在阅读的基础上，**识别**教师的动机，延长等待时间。
2. 在纠正学生答案前，**指明**批评他的原因。
3. **为什么**你对多元智力的理解会促进学生自主提问？
4. 至少**总结**一个你在一周内对等待时间进行观察的案例（课堂内外）。
5. 当教师将接受作为对学生的基本反馈时，你能**得出**什么结论？

在6～12题中，用提供的符号（K＝识记，C＝理解，Ap＝应用，An＝分析，S＝综合）判断每个问题的水平。完成后，你就可以做后面的分析性问题了。（提示，只有3个属于综合水平的问题！）

6. 与同行分享1～5题，讨论并改正，直到你们对正确答案达成一致。
7. 将你学到的提问技巧融合到你创作的短诗或说唱乐中。
8. 在1～5题和6～12题中，你发现了什么？
9. 解释分析水平的主要内容。
10. 这12个问题中哪一个对你最有挑战？
11. 为什么这部分练习内容（超出知识和理解的范畴）会激发你？
12. 写出你对本部分的疑问，由2～3个人组成小组进行解决。

对于1～5题，仔细检查你的答案，并参考答案。如果这些还不能解决你的问题，请与其他同学或老师讨论。对于6～12题，检查你的答案。相信你能评价你自己的回答并修正。

观察表

等待时间和教师反馈

课堂中的有效提问取决于很多因素，如教师的等待时间和教师的具体反馈。在这个活动中，你将练习考查这些关键变量。

说明： 在当使用这个观察表时，不要使用学校、教师、管理者和学生的真实名称和姓名。

观察者姓名：_____

日期：_____

年级：_____

科目：_____

班级规模：_____

背景信息： 简要描述该校学生的社会、经济和民族背景。
_____
_____

等待时间

需要记录： 观察教师的等待时间不仅需要耐心，还需要测量时间的秒表和倾听沉默的能力。记住，等待时间是沉默时间，没有被问题的重述或任何语言打断。在教师提出问题后，如果他给学生思考问题的时间是1秒或者更少，写下"1"，记下每个等待时间的长度。

教师反馈

需要记录： 教师的反馈分为四种：表扬、接受、纠正和批评。在这个观察活动中，你要考虑教师如何运用这几种反应。写下教师给每个学生的反馈或评论。你可以听听教师的反馈，然后记下它属于哪种反应类型。如果你需要更多的时间判断教师的反馈属于哪一种类型，你可以详细记下教师的反馈，观察后再进行判断。如果教师在学生回答后追问，也要记录下来。

反思你的观察：

1. 教师一般等待的时间是多久？
_____

2. 教师等待时间超过3秒有几次？
_____

3. 你认为更长的等待时间有用吗？
_____

4. 教师在四种类型的反馈上，平均的使用比例是多少？
_____
_____

5. 从教师反馈类型的分布上，你能得出什么结论？
_____
_____

6. 思考你的观察数据，哪些是学生自主的提问？学生的自主提问是如何发生的？
_____
_____
_____

掌握程度测验

目标4 列举提高学生参与课堂学习质量的提问策略

创设一个场景（与本章的案例类似），包括以下有效提问策略。

1. 师生互动时的等待时间（WT）
2. 对正确答案的反馈（具体的表扬）（SP）
3. 对不正确答案的反馈（纠正）（R）
4. 学生自主提出的问题（SIQ）

同时，用括号标出体现各个提问策略的部分，并标上WT、SP、R和SIQ。

目标5：阐述学生日益增加的差异性和多元文化特征对课堂提问的影响

提问技巧和差异性的学习

虽然目前差异性和多元文化已成为美国学校的热点问题，但对不同种族、宗教和阶层的刻板印象早已有很长的历史。因而，一般教师对这种不正确的、不断贬低人格的刻板印象置之不理，这毫不奇怪。我们常听老师宣称"我的眼中没有肤色，只有学生"。这样的声明表示教师尽量公平对待每一位学生。但遗憾的是，这种假装族群差别并不存在的教师并不会进行公平或有效的教学。事实上，否认族群差别只会使教学过于宽泛，使得课堂提问难以有效发挥作用。

刻板印象与普遍性

许多亚裔美国人在数学课上表现突出，非裔美国人在运动上表现出色，而犹太裔美国人在学习上求知欲旺盛。这是**刻板印象**吗？还是现实？教育家卡洛斯·柯蒂斯（Carlos Cortés）认为，这是现实，认识这种合理的**普遍性**对教师成为一名有效教师来说很重要。[31]那么究竟在这种可能有用的普遍性和可能有害的刻板印象之间有什么区别？柯蒂斯提出三个基本的区别：

1. 灵活性。普遍性面对变化，特别是新信息产生或新理论出现时表现出开放的特征。而刻板印象面对新信息时过于僵化、落后。

2. 组内同质性。普遍性认可即使在一个群组内，也并非都是一样的，而是存在多样性和差异。刻板印象却假设所有群组成员是同质的。当个体稍微有不"符合"群组的特征时，就认为个体属于非典型的、异常的一员，除非个体符合组织的规范。

3. 提示。既然不同的群体有各自的特点，当已知某一个体属于某一群体后，我们就可以推测个体所具备的特征。从这个角度看，普遍性为教师提供了观察学生的视角。刻板印象却不是为教师提供了解学生的机会，它认为群体内的一员必须具有群体的特征。可以看出，普遍性是巧妙提示，而刻板印象是公然断定。

虽然每个人都是独一无二的，但作为群体的一员也具有某种共同点。了解学生群体的特点，可以帮助教师进一步了解学生，设计出更加有效的教学策略。例如，如何与印第安学生进行眼神交流，如何与墨西哥裔学生的父母进行交流，如何对英语不熟练的学生合理地使用等待时间等，这些针对群体的策略可以为教师提供有益的指导。

普遍性对有效教学来说是有益的，但也应谨慎使用。从普遍性到刻板印象的界限并不清晰，一旦教师从普遍性过渡到刻板印象，就会对教学产生不利影响。正如柯蒂斯所说，随意对学生群体的特点加以概括归纳会带来有害的刻板印象和无意识的偏见。

在美国学校中，有一半的学生是非欧裔学生或拉丁裔学生。事实上，现在很多学校的"少数民族"学生已经变成了"多数"。[32]另外，绝大多数教师都是白种

人。[33]教师需要了解学生的差异性，才能进行有效的提问（和教学）。下面就让我们一起看看运用上文所提到的提问策略的课堂情境，了解在多元文化的课堂上教师如何进行提问。

25 号教室

教室里的快枪手

25 号教室的教师倾向叫积极或快速举手的学生。这样做确实感觉很好，教学节奏也很快，教学内容可以完成，而且还会有不错的答案。

但是，许多快速举手的学生多是主流文化中追求成功的男性。他们希望站起来回答问题，成为公众的焦点。这些学生很活跃，甚至不等老师叫他们的名字就喊出答案。在类似 25 号教室的课堂里，通常 25% 的学生（通常是男生）能够很快吸引教师的注意。其他对自己回答不太确定的学生则选择不举手，在教师让学生自愿回答时选择"隐藏"。文化背景也会影响学习者回答问题。亚裔学生、西班牙裔学生、印第安学生、英语语言学习者在教师提问时，可能会放下手，低着头，避免回答问题。对他们来说，腼腆是美德，而说话，尤其是表达自己是不被接受的。[34]当课程以这样的速度推进时，只有 1/4 的学生跟得上。

911 号教室

说话语速快

911 号教室的教师叫一位学生站起来回答问题，还没等他回答，就立即叫了另一个学生。这个教师可能不想使学生难堪。而且如果学生未能立即回答上来，可能还需要更多的时间来思考。

但是，教师近距离地看学生表明他在给学生更多的时间来思考答案。教师倾向等待他认为值得等待的学生。这样就使得少数聪明的学生受益——有更多的时间来形成和表达他们的想法。这样的学生多是善于表达的人，能够把握教师的要点。学生的能力水平预示着他们的参与水平，除非教师主动改变这种情况。然而，英语水平有限的学生可能需要更多的时间来回答教师的问题，但教师却认为课程需要继续进行下去。[35]根据对 911 号教室的课堂观察，受文化的影响，有小部分西班牙裔女生不愿意在这个男女混合的课堂上表现她们的学习能力。[36]因而，在课堂互动中，这个群体是沉默的。

411 号教室

不只是事实性问题

411 号教室的教师喜欢提问知识性或事实性问题，因为他们认为准确地回答出问题能够保护学生的自尊心。与其他教师不同的是，这类教师会让学生大量参与。从学生的优秀表现中，教师自身也感到了满足。

但是，一些学生喜欢回答事实性问题，这可能与他们的学习风格契合，因而很容易获得成功。在 411 号教室的课堂中，一些学生如英语语言学习者和来自低收入家庭的学生能够成功完成教师提出的具体的事实性问题，并且感到老师教的知识正是他们需要的。[37]然而，还有其他许多种族和社会背景的学生希望教师能提出更

具挑战性或与真实生活密切相关的问题,他们更愿意进行深度思考。[38]但事实上,教师的提问并没有使这类学生参与课堂学习。因而,课堂在他们看来是枯燥乏味的。其中个别学生在没有被叫到的情况下就提出自己的问题。[39]

007 号教室

何时出发

007 号教室的教师很喜欢通过探究或向学生提供脚手架来帮助学生深度思考。每个学生都应有高期望的学习目标。在这个班中,没有学生愿意用快速回答或说"我不知道"来摆脱被提问的困境。当有人回答不准确时,教师很坚定地让他再想想。

但是,与教师身处不同文化的少数学生却感到教师这样做是对他们的羞辱。在007 号教室的课堂上,两个印第安学生简短回答了问题,但当教师让他们再进一步扩充答案时,他们感到难堪。大多数学生喜欢这类课堂文化氛围,并会极力抓住机会扩充自己的答案。因为在这类学生看来,教师的指导是很有帮助的。[40]但从另一个方面看,教师的反馈无意中造成了一些学生的窘境。[41]

OK 教室

沉闷的 OK

OK 教室的教师评价学生的回答常说"OK",所以有些学生就会数教师在一节课上说了多少个"OK"(因而,该老师的绰号叫"OK 安妮")。只有少数学习好的学生会得到她的具体反馈,而且还会得到表扬。大多数情况下,教师的反馈是"OK"。

但是,这位教师的反馈反映了她对学生的期望存在偏见。很可能这种反馈会预示学生的学业成就。这种情况在多元文化的课堂中表现更为明显。大多数时候,教师只是接受学生的答案。但当她惊讶非裔美国学生表现出的聪明才智时,便会大加赞赏。有些人会说这是教师给学生的特殊待遇。这位教师也从不纠正亚裔学生悄不作声、默默工作的行为,因为她认为这是好的行为,而不用关心学生做的事情本身。[42]

这种场景反映不同种族或民族的学生所得到的教师提问是不同的。很多教师的决定常常是自发的、无意识的,这会对一些学生产生负面影响。这些教师并非有意对学生持有偏见,其中还有人在学习"高效提问者的七个习惯"。然而,尽管他们在实践有效的课堂提问,但对学生的文化和个人差异并没做出回应。结果,一些学生受益,而另一些学生却相反。

观察课堂互动的研究者指出,性别差异也影响教师的提问。分析下面的七年级课堂的对话,看是否能发现性别偏见。

5050 号教室

发现性别偏见①

教师:你们有多少人已经决定,或许并非百分之百确定但考虑过,长大后你想

---

① 贾斯廷、詹姆斯、马尔科姆、艾萨克、贾马尔、阿图罗为男孩名,玛西亚、希拉里、丽莎、詹妮弗为女孩名。——译者注

要做什么?(教师环顾学生,大约有一半学生举起了手。)贾斯廷,你说。(教师站在贾斯廷和其他几位男生的旁边。)

贾斯廷:我想成为一名律师。

教师:好,为什么呢?是什么吸引你对法律感兴趣?

贾斯廷:我的爸爸是名律师,他很喜欢这份工作,工作很努力,而且也取得了成功。另外,我看电视上律师做的事情真的很神奇。

教师:比方说……

贾斯廷:上周我爸爸为一件减肥药的法律诉讼乘飞机去加利福尼亚州调查了一些医学资料。

教师:听上去很有趣。贾斯廷,很高兴你要继承父业。电视节目中的律师是怎么回事?

贾斯廷:他们大多像在处理罪犯或在法庭工作一样。真的令人兴奋,就像真正在进行生死审判。

教师:很好。所以你准备将来从事一份类似有关生死审判一样刺激的工作。这就需要丰富的知识和技能。你认为学校中哪些技能是贾斯廷需要的?有人要回答吗?詹姆斯?

詹姆斯:阅读和写作技能。还有我们下学期可能要学习的演讲。

教师:非常正确。玛西亚,你有什么要补充的?比如我们上周学过的图书馆网络搜索。

玛西亚:嗯,他查找历史案件会使用到互联网。

教师:好。(走向教室前面靠近黑板的位置。)下面我将给大家提供未来25年内一些热门职业的列表,从现在就开始让你们认识到现在的学习对将来的工作有多么重要。你们越多地了解不同的职业,发展你们的兴趣和能力,你们将来的选择就会越好。(投影仪上出现"热门职业"。)

热门职业:

生物技术——专利代理人

老年病学——康复治疗专家

精神药理学家(psychopharmacologist)

医药卫生律师

网站管理者——在线资源开发人员

马尔科姆:什么是 psychophar…molist?

教师:psy-cho-pharm-a-col-o-gist。马尔科姆,你认为呢?你是怎样理解这个词的?

马尔科姆:一个在药店工作的人——药剂师或其他人。

教师:不错,马尔科姆。前缀——精神(psycho),听说过吗?

马尔科姆:与疯子打交道的人?

教师:谁能帮帮马尔科姆?艾萨克,你来。

艾萨克:嗯——像——一个心理学家?

教师:是什么?有人知道吗?好,希拉里?

希拉里:研究人的人?

教师:不是。詹姆斯?

詹姆斯：研究人类精神的人。

教师：很接近了。所以，放到一起，精神药理学家是什么意思呢？每位同学在你的作业本上写出你的想法，然后和同桌相互对照。如果你们都同意，而且认为解释是正确的，请举手。好，贾马尔，你说。

贾马尔：（和丽莎是同桌）检查人的感受、精神或其他事情，但是在药店里工作。

教师：嗯，这是一种解释，也不算差，但是不准确。其他人呢？阿图罗，你来回答。

阿图罗：只为精神差的人拿药。

教师：很正确！两个工作合为一体了。有的人精通制药或药物，而有些人只知道大脑如何工作。所以，两个独立的职业放到一起就成立一个新专业。这种人十分精通药品和人的大脑或人的情感。这也就是为什么我让你们给这些热门职业分类，这些职业都属于双重职业。谁愿意对这些词再一次分类？詹妮弗，你举手了，你说。

詹妮弗：这些职业可以分为两类。这些职业中有两种工作与律师有关，有四种工作与健康或医学有关。

教师：好。如果热门职业包含两个方面的工作，我想请大家思考你们将来会从事什么职业？安静，豪尔赫，你会喜欢这项任务的。大家需要做的是将你喜欢的两件事情放到一起组成一个新的而且有趣的职业。

性别歧视例证

如果你仔细阅读这个情景，你会发现教师直接向男生提问的次数要多于向女生提问的次数，而且教师向男生提出的高水平问题也要多于女生，男生的创造性回答也多于女生。一些研究表明，男生，尤其是高成就的男生，很容易受到教师的积极关注。[43] 他们在学业上受到的表扬比较多[44]，而且被问的问题也比较复杂或抽象。[45] 还有研究表明，数学教师对男生的等待时间要超过女生。因而，研究者得出"这种差异很可能对女生的数学学习产生不利影响"的结论。[46]

当教师意识到他们在不公平地分配对学生的注意力和提问时，可能会改变教学行为。对教师来说，为了使所有学生都积极参与课堂讨论，检查自己在师生互动和提问上是否公平很重要。[47]

如果学生不能公平地得到教师提问的机会，那说明教师——即便是高效能的教师——也不能很好地帮助这些学生。如果教师进行教学时对学生的文化、种族、性别和族群差异置之不理，那我们的学校就是在糊弄越来越多的美国学生。下面的练习和掌握程度测验不仅能帮助教师走向有效教学，也会使教师的教学更加具有包容性。

练习

应对多元文化

在学校里走一圈，再次参观25号、911号、411号等教室。在每一类教室中，教师都错过了至少一个让所有学生参与教学的机会。简要写出这些情境，纠正教师的错误，并思考在你创设的教学片段中要做出哪些变化，来为所有学生营造更加包容的、更加高效的学习环境。

观察表

教师提问的公平性

这个活动中,你将要观察教师如何在课堂中分配他们的问题。拿到学生的座次表,或者自己画一个。记下每名学生的位置。当你在听课时,记下每一位被提问的学生姓名。既然你要分析影响学生课堂参与的因素,记下学生的性别、种族或民族信息会有帮助。你可以借助座次表对一小部分学生进行编码来练习收集信息。然后再对全班学生的信息进行收集。

说明: 在使用这个观察表时,不要使用学校、教师、管理者和学生的真实名称和姓名。

观察者姓名:＿＿＿＿＿＿＿＿＿＿＿＿＿＿＿＿＿＿＿＿＿＿＿＿＿＿

日期:＿＿＿＿＿＿＿＿＿＿＿＿＿＿＿＿＿＿＿＿＿＿＿＿＿＿＿＿＿

年级:＿＿＿＿＿＿＿＿＿＿＿＿＿＿＿＿＿＿＿＿＿＿＿＿＿＿＿＿＿

科目:＿＿＿＿＿＿＿＿＿＿＿＿＿＿＿＿＿＿＿＿＿＿＿＿＿＿＿＿＿

班级规模:＿＿＿＿＿＿＿＿＿＿＿＿＿＿＿＿＿＿＿＿＿＿＿＿＿＿＿

背景信息: 简要描述该校学生的社会、经济和民族背景。

＿＿＿＿＿＿＿＿＿＿＿＿＿＿＿＿＿＿＿＿＿＿＿＿＿＿＿＿＿＿＿＿＿

测量反应机会

需要记录: 无论是教师叫学生回答还是学生主动回答,在座次表上记下每一位参与者的姓名。你可以对学生主动回答的表现记下"SI",对于教师主动叫学生回答的表现记下"TI"。你要抓住教师每一次对学生的提问,即便学生回答不上来。教师每次提的问题,包括连续被提问的学生都需要一一标记出来。这种信息可以反映教师在一定时间内走过了哪些位置。如果教师让每个人都对同一个问题做出回答(一起回答),最好在记录表的最后标出"集体回答"一类,并在这类问题旁边做个标记。

反思你的观察:

1. 哪些学生参与最多?他们是自己争先喊出答案,举手来回答,还是教师叫他们来回答问题?

＿＿＿＿＿＿＿＿＿＿＿＿＿＿＿＿＿＿＿＿＿＿＿＿＿＿＿＿＿＿＿＿＿

2. 那些参与度高的学生属于哪一类群体?(例如,他们的座位特别吗?还是他们属于某一种族、民族或性别群体?)

＿＿＿＿＿＿＿＿＿＿＿＿＿＿＿＿＿＿＿＿＿＿＿＿＿＿＿＿＿＿＿＿＿

3. 哪些学生完全被排除在课堂互动之外?你能解释为什么这些学生不参与教学吗?

＿＿＿＿＿＿＿＿＿＿＿＿＿＿＿＿＿＿＿＿＿＿＿＿＿＿＿＿＿＿＿＿＿

＿＿＿＿＿＿＿＿＿＿＿＿＿＿＿＿＿＿＿＿＿＿＿＿＿＿＿＿＿＿＿＿＿

4. 你能提出建议，推动上一个问题中的学生参与课堂吗？

5. 从观察数据中你能得出什么结论？

掌握程度测验

目标5 阐述学生日益增加的差异性和多元文化特征对课堂提问的影响

回顾你在目标4掌握程度测验中设计的情境。把各种有效提问策略整合到一个对话中。把你虚构的教学场景设置在一个真实的学校背景中，学校的背景反映了城市中心学校、郊区学校和农村学校所面临的不同社区环境。在设想学生构成的时候，想象学生的种族、民族、性别和阶层情况如何影响学习。简要描述你们班的"文化"，设计一个体现各种有效提问策略（等待时间、具体表扬、纠正、学生自主提问）的方案，展示你所学的知识、期望以及对学生差异的敏感性。

示例：等待时间——很多学生是东南亚的难民，他们是家里唯一一说英语的人，或者说是唯一上高中的人。教师应给学生更多的等待时间，让他们有条件完成两种语言的转换，认真思考问题并在头脑中"演练"回答问题。教师可以等待5秒，让他们处理信息并组织语言表达。这样做的另一个好处是培养了其他学生认真倾听的好习惯。

参考文献

著作

Banks, James and Cherry Banks (eds.), *Multicultural Education,* 6th ed. San Francisco: Jossey Bass, 2007.

Browne, Neil M., and Stuart M. Keely. *Asking the Right Questions: A Guide to Critical Thinking,* 9th ed. Upper Saddle River, NJ: Prentice Hall, 2009.

Chuska, Kenneth R. *Improving Classroom Questions,* 2nd ed. Indianapolis, IN: Phi Delta Kappa Educational Foundation, 2003.

Delpit, Lisa. *Other People's Children: Cultural Conflict in the Classroom.* New York: New Press, 2006.

Disch, Estelle. *Reconstructing Gender: A Multicultural Anthology,* 4th ed. New York: McGraw-Hill, 2006.

Sadker, David, Myra Sadker, and Karen Zittleman. *Still Failing at Fairness: How Gender Bias Cheats Girls and Boys in School and What We Can Do About It.* New York: Scribners, 2009.

Sadker, David and Ellen S. Silber (eds). *Gender in the Classroom: Foundations, Skills, Methods, and Strategies Across the Curriculum.* Mahwah, NJ: Lawrence Erlbaum, 2007.

Simon, Katherine. *Moral Questions in the Classroom: How to Get Kids to Think Deeply About Real Life and Their Schoolwork.* New Haven, Conn: Yale University Press, 2001.

Walsh, Jackie and Beth Sattes. *Quality Questioning: Research-Based Practice to Engage Every Learner.* Thousand Oaks, CA: Corwin Press, 2004.

网址

A Questioning Toolkit: http://www.fno.org/nov97/toolkit.html

The *Educational Technology Journal* integrates philosophy and pragmatism to assist teachers in developing effective questioning techniques.

Tips for Teachers: Asking Good Questions: http://www.edb.utexas.edu/pbl/TIPS/question.html
This Web site offers practical advice on how to make the classroom learning environment more active, student-centered, inquiry-based, and metacognitive.

Effective Classroom Questioning: http://www.cte.uiuc.edu/Did/docs/questioning.htm
From Bloom's Taxonomy to wait time to quality feedback, this Web site suggests innovative ways to engage all students in your classroom.

Classroom Questioning: http://www.nwrel.org/archive/sirs/3/cu5.html
A teacher offers practical advice on how to use effective classroom questions. Here is a realistic bridge from your textbook to your classroom.

For these links and additional resources, please visit the Premium Website at **www.cengage.com/login**.

注 释

[1] Charles DeGarmo, *Interest and Education* (New York: Macmillan, 1902), p. 179.

[2] John Dewey, *How We Think*, rev. ed. (Boston: D.C. Heath, 1933), p. 266.

[3] Joseph Green, "Editor's Note," *Clearing House* 40 (1966): 397.

[4] Thomas Merton, *The Seven Storey Mountain* (Garden City, N.Y.: Doubleday, 1948), p. 139.

[5] Romiett Stevens, "The Question as a Measure of Classroom Practice," *Teachers College Contributions to Education*, no. 48 (New York: Teachers College Press, 1912); Thomas Good and Jere Brophy, *Looking in Classrooms*, 10th ed. (Boston: Allyn & Bacon, 2007); Jackie Acree Walsh and Beth Dankert Sattes, *Quality Questioning* (Thousand Oaks, CA: Corwin Press, 2005); Jim Duffy, Kelly Warren, and Margaret Walsh, "Classroom interactions: Gender of teacher, gender of student, and classroom subject." *Sex Roles* 45, no. 9/10, (2001): 579–593; William S. Carlsen, "Questioning in Classrooms: A Sociolinguistic Perspective," *Review of Educational Research* 61 (1991): 157–178; Meredith D. Gall, "Synthesis of Research on Teacher's Questioning," *Educational Leadership* 42 (1984): 40–47.

[6] Gregory P. Risner, Dorothy J. Skeel, and Janice I. Nicholson, "A Closer Look at Textbooks," *Science and Children* 30, no. 1 (1992): 42–45, 73; Kenneth Tobin, "Effects of Teacher Wait Time on Discourse Characteristics in Mathematics and Language Arts Classes," *American Educational Research Journal* 23 (1986): 191–200.

[7] Thomas Good and Jere Brophy, *Looking in Classrooms*, 10th ed. (Boston: Allyn & Bacon, 2007); L. M. Barden, "Effective Questions and the Ever-Elusive Higher-Order Question," *American Biology Teacher* 57, no. 7 (1995): 423–426; Meredith D. Gall and T. Rhody, "Review of Research on Questioning Techniques," in *Questions, Questioning Techniques, and Effective Teaching*, ed. William W. Wilen (Washington, D.C.: National Education Association, 1987), pp. 23–48; William W. Wilen and Ambrose A. Clegg, "Effective Questions and Questioning: A Research Review," *Theory and Research in Social Education* 14 (1986): 153–161.

[8] Mary Budd Rowe, "Science, Silence, and Sanctions," *Science and Children* 34 (September 1996): 35–37.

[9] Thomas Good and Jere Brophy, *Looking in Classrooms*, 10th ed. (Boston: Allyn & Bacon, 2007); Jackie Acree Walsh and Beth Dankert Sattes, *Quality Questioning* (Thousand Oaks, CA: Corwin Press, 2005); Black, Susan, "Ask Me a Question" *American School Board Journal* 188 (5), May 2001; Angelo V. Ciardiello, "Training Students to Ask Reflective Questions," *The Clearing House* 66 (May/June 1993): 312–314; Robert J. Sternberg, "Answering Questions and Questioning Answers," *Phi Delta Kappan* 70, no. 2 (October 1994): 136–138.

[10] Thomas Good and Jere Brophy, *Looking in Classrooms*, 10th ed. (Boston: Allyn & Bacon, 2007); Jackie Acree Walsh and Beth Dankert Sattes, *Quality Questioning* (Thousand Oaks, CA: Corwin Press, 2005); Black, Susan, "Ask Me a Question" *American School Board Journal* 188 (5), (May 2001); Duffy, Jim, Kelly Warren, & Margaret Walsh, "Classroom interactions: Gender of teacher, gender of student, and classroom subject." *Sex Roles* 45, no. 9/10, (2001): 579–593; Robert Marzano, Debra J. Pickering, and Jane E. Pollock, *Classroom Instruction That Works: Research-Based Strategies for Increasing Student Achievement* (Alexandria, Va.: Association for Supervision and Curriculum Development, 2001); A. C. Brualdi, *Classroom Questions. ERIC/AE Digest* (Washington, D.C.: ERIC Clearinghouse on Assessment and Evaluation, 1998), ED 422 407.

[11] Stephen R. Covey, *The Seven Habits of Highly Effective People* (New York: Simon & Schuster, 1990).

[12] Norah Morgan and Juliana Saxton, *Teaching, Questioning and Learning* (London and New York: Routledge, 1991), p. 76; Beverly A. Busching and Betty Ann Slexinger, "Authentic Questions: What Do They Look Like? Where Do They Lead?" *Language Arts* 72 (September 1995): 341–351.

[13] Carol Ann Tomlinson "Learning to Love Assessment," *Educational Leadership* 58, no. 4 (December 2007): 8–13; Carol Ann Tomlinson, "Reconcilable Differences? Standards-Based Teaching and Differentiation," *Educational Leadership* 58, no. 1 (September 2000): 6–11; Meredith D. Gall and Margaret T. Artero-Boname, "Questioning," *International Encyclopedia of Teaching and Teacher Education*, ed. L. W. Anderson (Tarrytown, N.Y.: Elsevier Science, 1995), pp. 242–248.

[14] P. Smagoinsky, "The Social Construction of Data: Methodological Problems of Investigation Learning in the Zone of Proximal Development," *Review of Educational Research* 65, no. 3 (1995): 191–212.

[15] J. V. Wertsch, *Vygotsky and the Social Formation of the Mind* (Cambridge, Mass.: Harvard University Press, 1985).

[16] Seana Moran, Mindy Kornhaber, and Howard Gardner, "Orchestrating Multiple Intelligences," *Educational*

Leadership 64, no. 1, (September 2006); Howard Gardner, "Probing More Deeply into the Theory of Multiple Intelligences," *The National Association of Secondary Principals Bulletin* 80, no. 583 (November 1996): 1–7; Howard Gardner, "Reflections on Multiple Intelligences: Myths and Messages," *Phi Delta Kappan* 77, no. 3 (November 1995): 200–209.

[17] Benjamin Bloom, ed., *Taxonomy of Educational Objectives, Handbook I: Cognitive Domain* (New York: McKay, 1956).

[18] Lorin W. Anderson and David Krathwohl (eds). *A Taxonomy for Learning, Teaching, and Assessing: A Revision of Bloom's Taxonomy of Educational Objectives*. New York: Longman, 2001.

[19] Lynn Fox and Janet Soller, "Gender Equity for Gifted Students," in Klein, Susan S. (ed.) *Handbook for Achieving Gender Equity through Education*, 2nd ed. (New York: Lawrence Erlbaum Associates, Taylor & Francis Group, 2007), pp. 573–582; Marjorie Montague and Christine Rinaldi, "Classroom Dynamics and Children at Risk," *Learning Disability Quarterly* 24 (2001): 75–83; Jere Brophy and Carolyn Evertson, *Learning from Teaching: A Developmental Perspective* (Boston: Allyn and Bacon, 1976).

[20] The findings in this section are based on the work of Mary Budd Rowe. See also Kenneth Tobin, "The Role of Wait Time in Higher Cognitive Level Learning," *Review of Educational Research* 57, no. 1 (1987): 69–95.

[21] John Goodlad, *A Place Called School* (New York: McGraw-Hill, 1984/2004), p. 124.

[22] Myra Sadker, Joyce Bauchner, David Sadker, and Leslie Hergert, *Promoting Effectiveness in Classroom Instruction: Final Report* (Contract No. 400-80-0033) (Washington, D.C.: U.S. Department of Education, 1984); Susanne M. Jones and Kathryn Dindia, "A Meta-Analytic Perspective on Sex Equity in the Classroom," *Review of Educational Research* 74(4), (Winter 2004): 443–471; Renee Spencer, Michelle Porche, & Deborah Tolman, "We've come a long way—maybe. New challenges for gender equity education." *Teachers College Record* 105(9), (2003): 1774–1807.

[23] Jackie Acree Walsh and Beth Dankert Sattes, *Quality Questioning*, Thousand Oaks, CA: Corwin Press, 2005; Kohn, Alfie. "Five Reasons to Stop Saying 'Good Job'" *Young Children* (September 2001); Jere Brophy, "Teacher Praise: A Functional Analysis," (Occasional Paper No. 2) (East Lansing: Michigan State University, Institute for Research on Teaching, 1979).

[24] *Ibid*.

[25] A. E. Edwards and D. G. P. Westgate, *Investigating Classroom Talk*, Social Research and Educational Studies Series: 4 (London and Philadelphia: Falmer, 1987), p. 170.

[26] Jackie Acree Walsh and Beth Dankert Sattes, *Quality Questioning*, Thousand Oaks, CA: Corwin Press, 2005; D. Bridges, "A Philosophical Analysis of Discussion," in *Questioning and Discussion: A Multidisciplinary Study*, ed. J. Dillon (Norwood, N.J.: Ablex, 1988), p. 26; see also J. N. Swift, C. T. Gooding, and P. R. Swift, "Using Research to Improve the Quality of Classroom Discussion," *Research Matters . . . to the Science Teacher* (Cincinnati: The National Association for Research in Science Teaching, 1992).

[27] Morgan and Saxton, *op. cit.*, pp. 105–111; Thomas Good and Jere Brophy, *Looking in Classrooms*, 10th ed. (Boston: Allyn & Bacon, 2007); Jackie Acree Walsh and Beth Dankert Sattes, *Quality Questioning* (Thousand Oaks, CA: Corwin Press, 2005); G. W. Beamon, *Sparking the Thinking of Students, Ages 10–14: Strategies for Teachers* (Thousand Oaks, Calif.: Corwin Press, 1997).

[28] Ciardiello, *op. cit.*; E. van Zee and J. Minstrell, "Using Questions to Guide Student Thinking," *Journal of the Learning Sciences* 6, no. 2 (1997): 227–269.

[29] Morgan and Saxton, *op. cit.*, pp. 113–125.

[30] See also Margaret A. Cintorino, "Discovering Their Voices, Valuing Their Words," *English Journal* 83, no. 6 (October 1994): 33–40; Ciardiello, *op. cit.*; Sternberg, *op. cit.*; Debby Deal and Donna Sterling, "Kids Ask the Best Questions," *Educational Leadership* 54, no. 6 (March 1997): 61–63; Christine Chinn and David E. Brown, "Student-generated Questions: A Meaningful Aspect of Learning Science," *International Journal of Science Education* 24, no. 5, (2002): 521–549.

[31] Carlos E. Cortés, *The Children Are Watching: How the Media Teach About Diversity* (New York: Teachers College Press, 2000), pp. 149–150.

[32] "Minority Kids Seen as Majority by 2023," *Arizona Daily Star*, March 5, 2009, p. A2; The Center for Public Education, *At a Glance: Changing Demographics* (Washington, D.C.: The Center for Public Education, December 2007); U.S. Department of Education, *The Condition of Education*, Indicator 7, 2008.

[33] Tom Snyder, Sally Dillow, and Charlene Hoffman, *Digest of Education Statistics 2008* (NCES 2009-020). National Center for Education Statistics, Institute of Education Sciences, U.S. Department of Education (Washington, D.C., 2009).

[34] Toni Weingarten, "When quiet kids get forgotten in class," *The Christian Science Monitor* (April 26, 2005). Available at http://www.csmonitor.com/2005/0426/p11s01-legn.html; J. C. McCroskey and V. P. Richmond, *Quiet Children and the Classroom Teacher*, 2nd ed. (Annandale, Va.: Speech Communication Association, 1991).

[35] Tom Strikus and Manka Varghese, "Language Diversity and Schooling," in *Multicultural Education: Issues and Perspectives*, 6th ed., eds. James A. Banks and Cherry A. McGee Banks (Hoboken, NJ: Wiley, 2007), pp. 297–325; Ron Scollon and Suzanne B. K. Scollon, *Narrative, Literacy, and Face in Interethnic Communication: An Athabaskan Case*, Working Papers in Sociolinguistics, no. 59, 1995.

[36] Lisa Delpit, *Other People's Children: Cultural Conflict in the Classroom* (New York: New Press, 2006).

[37] *Ibid.*; Gary Howard, *We Can't Teach What We Don't Know: White Teachers, Multiracial Schools* (New York: Multicultural Education Series, 2006).

[38] Delpit, *op cit.*; Jeanne Oakes, *Keeping Track: How Schools Structure Inequality* (New Haven, Conn.: Yale University Press, 1985/2005); Gloria Ladson Billings, "Culturally Responsive Teaching: Theory and Practice," in *Multicultural Education: Issues and Perspectives*, 6th ed., eds. James A. Banks and Cherry A. McGee Banks (Hoboken, NJ: Wiley, 2007), pp. 221–245; Jacqueline Jordan Irvine, *In Search of Wholeness: African American Teachers and Their Culturally Specific Classroom Practices* (New York:

Palgrave/St. Martin's Press, 2002).

[39] Jim Chesebro, Roy Berko, Carol Hopson, Pamela Cooper, and Helene Hodges, "Strategies for Increasing Achievement in Oral Communication," in Cole, *op. cit.*, p. 156.

[40] Delpit, *op. cit.*

[41] Chesebro et al., *op. cit.*, p. 152.

[42] James A. Banks and Cherry A. McGee Banks, eds. *Multicultural Education: Issues and Perspectives*, 6th ed. (Hoboken, NJ: Wiley, 2007); Christine Bennett, *Comprehensive Multicultural Education: Theory and Practice*, 6th ed, (Upper Saddle River, NJ:Allyn & Bacon, 2006); Donna M. Gollnick and P. C. Chinn, *Multicultural Education in a Pluralistic Society*, 7th ed. (Upper Saddle River, NJ: Prentice Hall, 2005).

[43] Robyn Beaman, Kevin Wheldall, and Coral Kemp, "Differential teacher attention to boys and girls in the *classroom*." *Educational Review* 58, Issue 3 (2006), 339–366; Renee Spencer, Michelle Porche, and Deborah Tolman, "We've come a long way—maybe. New challenges for gender equity education," *Teachers College Record* 105 (9), (2003): 1774–1807; Jere Brophy and Thomas Good, *Teacher–Student Relationships: Causes and Consequences* (New York: Holt, Rinehart & Winston, 1974).

[44] Robyn Beaman, Kevin Wheldall, and Coral Kemp, "Differential teacher attention to boys and girls in the *classroom*," *Educational Review* 58, Issue 3 (2006): 339–366; Jackie Acree Walsh and Beth Dankert Sattes, *Quality Questioning* (Thousand Oaks, CA: Corwin Press, 2005); Renee Spencer, Michelle Porche, and Deborah Tolman, "We've come a long way—maybe. New challenges for gender equity education," *Teachers College Record*, 105 (9), (2003): 1774–1807; Sadker, Bauchner, Sadker, and Hergert, *op. cit.*

[45] *Ibid.*

[46] Delores Gore and Daniel Roumagoux, "Wait Time as a Variable in Sex Related Differences During Fourth-Grade Mathematics Instruction," *Journal of Educational Research in Education* 17 (1991): 269–334.

[47] For a comprehensive review of the impact of gender in schools, see David Sadker and Myra Sadker and Karen R. Zittleman, *Still Failing at Fairness: How Gender Bias Cheats Girls and Boys in School and What We Can Do About It* (New York: Scribners, 2009); Myra Sadker, David Sadker, and Susan Klein, "The Issue of Gender in Elementary and Secondary Schools," *Review of Research in Education* 17 (1991): 269–334.

第6章

差异化教学

卡萝尔·安·汤姆林森
赵 萍 李 琳 译

目标 ▶▶▶

1. 依据大量研究，形成关于差异化教学的个人定义
2. 构建独特的包容学习者需要的个人教学理论
3. 构建学习者、学习环境、课程设置相统一的包容性差异化教学
4. 运用具体方法提供差异化的学习内容、学习活动和学习结果，回应学生的准备程度、兴趣和学习风格
5. 分析和理解开展有效的差异化教学的一般原则
6. 迈出差异化教学的第一步

目标1：依据大量研究，形成关于差异化教学的个人定义

学习活动6.1

大约100年前，三年级的学生贝蒂斯从一个小镇搬到城里。来到新学校的第一天，贝蒂斯的老师让她在一个分组朗读环节大声向同学们朗读。她富有感情、熟练而详尽地朗读完之后，老师告诉她，她的阅读水平达到了七级。九岁多的贝蒂斯充满疑惑、高兴和焦虑。她疑惑的是，老师居然认为三年级的她可以去读七年级的书。难道三年级的学生不是阅读三年级的书吗？令贝蒂斯高兴的是，其实她一直想阅读更高水平的书籍，那些书上有她更感兴趣的词句和思想，现在可能是她的机会。同时她也感到不安，她最担心的是怎样向老师解释自己没有报名参加七年级朗读组。她向老师坦白了她糟糕的三年级数学成绩，数学是她最头疼的科目。

现在轮到老师疑惑了。"我没有问你关于数学的任何事情呀。"老师想，"我也没有想检查你在数学方面的不足。"

晚上，贝蒂斯（又名伊丽莎白·安）困惑的是她各科都有作业。这不像她以前的课堂，在那里每个人在同样的时间做同样的事情。

当伊丽莎白张着嘴回到座位时，她极度困惑。老师到底说了什么疯狂的话！她想着想着，似乎有被撕裂的感觉。

"怎么了？"老师看着她充满疑惑的脸问道。

伊丽莎白问："为什么？为什么？我完全糊涂了，如果我具备二年级的数学水平和七年级的阅读水平以及三年级的拼写水平，我到底应该属于哪个年级？"

教师笑道："只要你在咱们学校，你将不属于任何一个年级，你恰恰是你自己，不是吗？是什么区分了你应该在那个年级？阅读对你来说也许非常容易，而在数学方面你可能连乘法表都不知道，是吗？"[1]

一个世纪前，贝蒂斯的老师就知道差异化教学的必要性。与以前相比，现代班级教学的许多方面发生了重大变化。教师应该知道，忙碌的课堂很容易让人忽略这个事实：一个好教师应把研究和积极地处理学生的差异性作为教学的必要组成部分。

什么是"差异化教学"

差异化教学在教育领域仍然是一个相对较新的术语。然而，实践上它可能与教师和课堂一样久远。只要教室里的学生超过一个，教学将不再像以前那样：所有的学生按照教师既定计划以相同的方式学习同等难度的知识或者依照相同的课程表进行教学。事实上，即使只有一个学生，也应该重视这个学生在人生的不同发展阶段的学习差异性变化，还有不同课程的差异性以及一门课的不同部分，甚至在一天的不同时间段都存在的差异。

简言之，差异化教学是针对学生差异性的教学方式，它意味着课堂不再采用那种所有学生在固定的年龄阶段，在固定的年级学习的标准化模式。差异化教学是一种有针对性的教学方式，而不是一对多的万能教学模式。

充分定义差异化教学是指教师根据学生需要学习什么、如何学习和如何表达他们已经学到的知识（目的是最大程度提升学生的学习效能）等不同方面，来提前设计教学。

本章后面我们将进一步解读差异化教学的定义，主要通过考察支持差异化教学的基础、差异化教学的重要成分和完成差异化教学的有效途径等方面。本章的重点是帮助未来的教师考虑在早期的职业训练中能够贯彻以学生需要为中心的教学方式。

本章给出了几个差异化教学的定义，区分如下：

● 以学生的现有水平为起点，而不是像标准化模式所假定的那样，认为相同年龄、相同年级的学生基本上是一样的。

● 包容性教学。

● 教师的教学计划包含多种方式，根据学生需要决定学习什么、如何学习，并且要求学生用不同的方式表明他们已经学会的内容（目的是最大程度提升教师的教学效能）。

这里还有几个定义，差异化教学还意味着：

● 使学习材料适合学习者的需要。[2]

● 向教师提出了挑战，为教室里的每一个孩子而教。[3]

● 教学和学习者紧密联系。[4]

● 通过给予学生一系列学习选择和支持系统，以及采用一系列的教学和学习策略，使规定课程变得个性化。[5]

● 以最大限度地开发每个学生的能力为目标，以评估和运用综合学习方式为基础，借助班级学习活动、单个学生学习活动和小组学习活动，以多种方式呈现学习内容，设计多样化的学习过程，积极地计划以学生为中心的教学。[6]

练习

形成差异化教学的概念

1. 回忆一次你在校内或校外不愉快的学习经历，写出你的感受，包括认知（学习方面）和情感（感受方面）的描述。

2. 现在在写一个备忘录，描述适合你的学习情境是如何设置的。如果有的话，列出你所喜欢的和不喜欢的。

3. 根据本章的定义和你的思考，写出你对于差异化教学的定义。

4. 在结束本章的学习后回忆和修改你的定义，再反思你提出的关于差异化教学的定义。

目标2：构建独特的包容学习者需要的个人教学理论

为什么要开展差异化教学

学习活动6.2

与传统课堂千人一面的典型教学方式相比，差异化教学要求教师发展综合的教学技能。那么，我们花费时间努力研究差异化教学有价值吗？

下面有许多令人信服的理由去提倡关注学生差异、精心设计的差异化课堂教学。这个倡议来源于教育理论、研究和常识的支持，具体如下：

解决学生差异问题

● 今天在美国的大多数地区，课堂上的学生越来越多样化。许多课堂的学生包含两三种文化背景，而且经常包含母语不是英语的学生和拥有特殊文化背景的学生。这些学生当然拥有不同的阅读水平、不同的兴趣和多样化的学习方式。[7]

为每一个学生提供富有挑战性的学习机会

● 心理学家告诉我们，只有当学生的学习任务适中时，学生才会学习。学生能够独立处理一些稍微努力一下就能应付的问题，但是那不是学习，而是经验的重复。当学生发现一个任务超出他的能力范围，他会有受挫感而不再去学习。仅仅当一个任务稍稍超出学生的一般水平，学生找到支持系统弥补了这个差距时，学习才能发生。这个最佳的困难程度就是学生的最近发展区。[8]面对多样化的课堂，教师设计一种万能的教学模式去满足所有学生的最近发展区是不可能的。

● 脑科学研究表明，当学习者面对过于困难的学习任务时，大脑会自动降低思考的运行效率，大脑边缘区域会停止思考工作，这种机制是保护个体免受伤害。同样，当任务太简单时，学习者不用周密思考，从而使得大脑进入一种早期休眠状态。只有当任务适中，对于学习者具有一定的挑战性才能激发大脑思考，进而促进学习。[9]同样，寻找一个适用于班级中处于不同阅读和经验水平的所有学生的学习任务是十分困难的。

应对学习的性别差异

- 男生和女生的学习模式和学习兴趣是不同的，这些不同可能有生理上的、文化的和环境的，当然，他们在学习上也有很大的差异。如果假定性别对于个体学习内容和学习方式没有影响，结果会适得其反。[10]

考虑文化因素

- 文化与个体学习密切相关。虽然不是某一特定文化中的所有成员都用相同的方法学习，但对于某一文化群体中大部分成员适用的学习环境和学习过程不一定适用于其他文化群体。在有着不适宜文化氛围的课堂中学习，学生往往表现得不好。[11]在有着多种文化群体的课堂中，单一的教学和学习方法是不可能很好地服务所有学生的。事实上，由于任何一个文化群体中的学生也都彼此存在差异，即使文化背景高度一致的课堂也会受益于多样化的教学和学习方法。

注意学生的兴趣和学习形式

- 当学生所学的主题符合他们的个人兴趣，他们的学习动力和任务持久性就会增加。调整授课方式以吸引学生的兴趣，这样他们可能会有更强的参与性、更大的内在动力、更多的学习产出、更大的自主性、取得更大的成就，并且提高自我竞争的意识。[12]在大多数课堂中，鼓励学生把要学习的内容和自己的兴趣联系起来对于教师来说似乎是一项重要的调整。

- 采用效率更高的学习方式往往也会使学习效果更好。注意学生喜欢的学习和思考方式也会提高学生的学习成绩。[13]

课堂实例

除了理论和研究所提供的信息，我们中的大部分人都能通过个人经验和课堂观察来了解适合个体的授课方式所产生的正面影响和不太适合个体的授课方式所产生的负面影响。思考下面不同的教育方式可能对学生产生的影响。

　　A　在历史课上胡安不会读课文，也无法理解教师的讲义。没有什么能帮助他理解这些内容，他不知道从何入手。

　　B　胡安有一本教师已经强调过重点的教科书，因此，他能够努力理解基本的部分。另外，他一直有机会和他的搭档一起阅读或者利用课文录音。教师经常利用小组讨论来鼓励学生总结和理解学习的内容。

　　A　拉提莎是一个在阅读方面很优秀的学生，尽管她是一年级学生，但她的阅读水平已经达到四年级的水平。不过，她的老师仍然让每个学生阅读相同的材料，做相同的练习。

　　B　拉提莎的老师意识到她在阅读方面的优势，虽然有时大家在课堂上一起阅读，但大多数时间里，阅读水平相近和兴趣相似的同学们聚在一起阅读，或者分享阅读心得。教师也参与到小组中去，准确地处理学生的需要，让学生做一个自信的阅读者。

　　A　戴维的学习能力较差，虽然他能很好地理解大意，但快速阅读和高效写作却很成问题。然而，几乎所有的课堂评估都是笔试，大部分测验和试卷都有严格的时间限制。

B 戴维和他的老师一起努力为他的写作任务做了一个时间表。这种灵活性缓和了戴维写作时的紧张情绪，并使戴维有时间校对他的作文。教师也大体上提供了不止一种供他们表达观点的方式，以便戴维和他的同学们能用诸如图表、速写、口头表达、亲身证明等方式来展现他们的知识和技巧。

A 琳达额外在一个专为轻度智力障碍学生设计的个别教育计划中学习。她的阅读技巧在班级水平之下。另外，她的个别教育计划旨在训练一些特别的阅读技巧，以此来帮助她提高一些重要能力，而这类能力在普通班级的集体授课中并不会得到专门学习和训练。

B 琳达的老师在常规教学中为小团体学生计划了指导教学时间。其中一个重点是阅读指导和实践。琳达是他们班中在提高阅读能力方面需要特殊帮助的学生之一。教师对这些学生进行定期的阅读训练，而这些练习是不会在班级授课上教授的。另外，琳达的老师为她精简了学习任务，并结合她的个别教育计划进行教学。这样使琳达能够运用教学单元中的核心思想来提高技巧，这些技巧对她的发展十分重要。[14]

练习

为差异化教学构建教学理论

1. 把一张纸分成两栏。在左边一栏列出所有你认为支持教师进行差异化教学的原因。在右边一栏，列出所有你认为导致教师未实施差异化教学的原因。

2. 仔细观察你所列出的两列原因。你发现了什么模式？这些模式是由什么组成的？如果可以的话，比较一下你的同事所列出的原因及他们发现的模式，看看是否相似。写一段简要的话，总结一下你从这个练习中得出的想法。如果你愿意，你可以简单地列出分析所列原因得到的一些想法，或者你可以画一幅讽刺性漫画来表达你的思考。

3. 给自己写一封信，或录一段话，记录下你愿意或者不愿意开展差异化教学的原因。建议读者在教学实习结束或者完成了第一年的教学之后再读这封信或听这段录音。学习本章或者是本书的内容之后，读者也许会有新的想法，修改这封信或这段录音。

在场景A所描述的情境下，不难理解胡安、拉提莎、戴维和琳达在学习过程中所受的折磨。而在场景B所描述的情境中，学生的态度和学习效果很明显地得到提升。教育理论与教育研究对于我们的课堂教学当然具有指导意义，但除此之外，善于观察的教师每天都能够明确地了解学生的状况，清楚地知道学生能够从适合自身需要的课堂教学中收获良多。

我们通过对学习过程和学习本身的研究，获得了大量的知识，清楚地知道在教学中适应学生的差异具有十分重要的意义。同样，我们还知道，能够最大限度地照顾学生差异的课堂少之又少。学生的差异性可能表现为学生有不同类型的学习障碍，或是天资过人，也有可能表现为学生来自不同的文化背景，或者母语是英语以外的语言。

目标3：构建学习者、学习环境、课程设置相统一的包容性差异化教学

差异化教学的课堂起源

学习活动6.3

差异化教学又叫作包容性教学，这并不是孤立的一个想法，它也不是一个当你有富余的时间才可以运用的具体的策略。实际上，差异化是一种思考教与学的方式，久而久之，这种方式就贯穿于教师所做的一切。差异化教学得以流行的原因在于差异化源于对学生这一课堂关键因素的逐步重视。这种重视的提高影响了其他的课堂因素和教师关于这些因素所做的决定。

一种有助于了解差异化起源和影响的方式就是调查课堂四元素的方法。课堂四元素即教学对象、教学地点、教学内容以及如何教学。稍微观察一下课堂，作为一个体系，上述四个元素相互依赖，让我们更好地理解了什么是差异化，差异化从何而来，为什么教师选择进行差异化教学，甚至让我们看到了一点差异化教学的表现特征。

教学对象

霍华德·加德纳认为，我们在教学中所犯的最大错误是想当然地认为课堂中所有的学习者都大致相同。一旦我们让自己确信，打个比方，所有的幼儿园孩子都基本一样，或者相信我们的西班牙语学习者都处在一个相似的团体里，又或是认为我们七年级社会研究课的学生都一样，我们就会允许自己教授给他们相同的东西，用相同的方法，并且分配同等的学习时间给每个学生。[15]

思考一下加德纳的提醒，他的提醒刚好反映了近年来的美国课堂教学现状。一位名为朱迪·莱克斯的教师班上有25名学生，她表示加德纳所说的情况恰好反映了自己的真实课堂情况。实际上，这并不是今天独有的状况，过去的课堂其实与今天大同小异。[16]

莱克斯夫人的课堂

- 一些学生表现出来在某些方面和本年级水平相当，但在其他方面高于或低于年级水平。
- 三个学生有相同的学习障碍。
- 三个学生是英语语言学习者。
- 四个学生被认为有学习天赋，其中一个持续表现出高于年级水平五年的学习能力。
- 三个学生正在进行药物治疗，并且是极度活跃的混乱制造者。
- 两个学生被诊断出有情绪困扰。
- 三个学生正在接受语言或者职业障碍矫正。
- 一些学生在课堂上表现出来的问题和需要与已经被诊断为有特殊需要的学生相似，但他们还没有做好接受特殊帮助的准备。

即使是这个学习差异列表也忽略了一些重要的信息。学生们在家庭中的安全感、经济地位、父母的支持程度、经验方面都有差异，这些都影响着他们在学校的表现、文化和性别、才能和兴趣、学习方式，以及个性和社会技巧等。

莱克斯夫人每年秋季开学进入课堂的时候，除期望她的学生在学业方面有明显的多样化特征之外，还秉持着一些重要的信念。

莱克斯夫人的教学信念

- 每一个学生都是有价值的个体——他们有尊严，值得老师和同学们的尊重，值得老师投入时间和精力。
- 每一个学生都是独立的个体——在某些重要方面与所有人一样，在另一些重要方面又不同于其他任何人。教师要扬长避短，以帮助学生更有效地发展。
- 这间教室中的每一个学生都是在建立自己的人生——与之相伴的是发展与他人和学习的关系，以及学生尚未表现出来的潜力。

独特性

- 每个学生都是由不同文化、种族、性别、经历和生命体共同创造的独特个体。了解塑造了学生的因素，学习怎么样通过课堂来扩大学生的独特优势是摆在教师面前的一份责任，也是一个机遇。
- 每个学生都需要教师试着去认识、了解，从而能尊重他们，认可他们的个性，发展长处，处理缺点，并且发现他们的潜力。即便教师知道自己永远也不能彻底地了解一个孩子，他们也仍然相信自己必须坚持了解每一个学生，并用自己所了解的一切去帮助学生更好地成长。

正是由于莱克斯夫人的教学信念，她完全不可能不顾学生之间明显的差异。学生的共性和差异性共同成为她思考和计划教学的核心。她的教学设想主要受教学信念的影响。

教学环境

莱克斯夫人除了具有上述教学信念之外，她还了解教学环境对学习的影响，因此莱克斯夫人也发展了一些关于教学环境能够更好地促进学生学习的重要理念。

安全感

- 教室必须是一个让学生感到安全的地方，在这里他们的优势能够得到认可和证实，他们的缺点能够得到诚实且富有鼓励性的处理，他们的错误能被看成是学习过程中重要且可以被接受的一方面，教师能够为了成功而教学。

认　可

- 教室必须是一个能为每位学生提供被他人认识和认识他人机会的地方，是每位学生都能在某些方面被积极认可、能感到和彼此有联系的地方。

期　望

- 课堂必须是能通过向学习者传递基本期望而赋予尊严和接受尊重的地方——定期上课，按时完成任务，通过努力学习和做一个对同学有价值的学习者来体现对学习的全身心投入。
- 课堂是每位学生的种族、文化、性别、经历和优势都能得到尊重，而且上述因素对学习的贡献还能得到重视的地方。

努力工作和支持
- 课堂必须是这样一个地方，在学习目标、快乐和自豪感的驱使下，努力学习是这里的基本伦理和规范，对个体成长提供持续支持是这里的日常活动，个体的成长在这里最值得认可和庆祝；在这里，教学常规支持学生进行高效率的学习，传递了教师对学生明确的期待和成功的标准。

每个人都既是学生又是老师
- 无论是从为教师腾出时间来给学生个体和小团体辅导，还是从培养学生的独立性和学习自主意识方面来说，课堂都必须支持分享的教与学——在课堂上每个人都能对他人做出重要的学术贡献，老师也是学习者，学生也是教师。

莱克斯夫人提出的上述有关教学环境的信念在一定程度上植根于她的学生观，并且有助于她在上述观念的引领下巩固和发展行动能力。相应的，莱克斯夫人有关教学环境的信念既植根于她的教学信念，同时也会对她教学信念的进一步发展产生影响——换句话说，影响她对课程本质的理解。

教学内容

在本书的其他部分，作者描写了课程的重要因素。一位教师对课程有什么样的信念很大程度上影响了他的教学对象和他的教学地点。一个对本学科着迷并且看到了学科能够使人们的生活更加丰富多彩的教师，与那些只是把课程单纯视为教授内容的教师大不一样。

对课程的信念

莱克斯夫人也发展了关于课程的信念。这个信念同样也是源于她对自己的学生和所处的教学环境的信念：

- 课程应该是清晰和重点突出的——教师必须意识到并帮助学生掌握对他们来说基本的东西，让学生知道、理解并有能力去做。
- 课程应该突出那些高级知识、想法和技巧——这些知识、想法和技巧能提高学生学科学习的表现，帮助学生理解本学科的意义，是本学科专家所重视的东西，支持保留、恢复和转化知识，使学生能接触到学科的专门知识。
- 课程应该是具有吸引力的——它对个体来说是重要的、启蒙的、吸引人的、有目的的和具有挑战性的。
- 课程在发展求知欲中应该扮演重要角色——它是学习者发展自我意识的催化剂，是让学习者养成有效理解知识和技巧这一习惯和态度的催化剂。

如何教学

差异化教学是和我们如何教学相关的。然而，如何教学并不是和教学对象、教学地点、教学内容分离的实体。如何教学是对其他三个元素的一种回应。

成长和成功的任务

莱克斯夫人采用差异化教学方式。她可能会说她真的没有其他更好的选择。如果她相信每个学生都是值得尊重的，都值得花时间投入，那么她会担起了解学生的责任。她越是了解学生，在给他们营造一个好的学习环境方面的投入就越多。她越是了解学生，就越是下定决心去和他们分享知识的力量，帮助他们发展能力，开创一种更有益的、更丰富的生活。让每位她真心关怀的学生爱上这门她觉得很有力量

的课程，这已经成了她的一项使命。在这一点上，如何教学已是既定的。她在短期内将不会开展高度差异化的课堂教学。事实上，她将用全部的职业生涯致力于包容性教学这个目标，但这个过程将会被以下四元素及其相互之间日益增强的意识所驱使：

● 教学必须是精心设计的，以便使每个学习者掌握基本知识、增长技能的成功机会最大化。

● 为了使个体的成长和成功最大化，教学必须适合学习者的阅读水平、兴趣和学习模式。

● 为了使个体的成长和成功最大化，教学必须运用多种呈现方式、多种学习方法和多种路线来迎合课程目标和学生需求。

● 为了使个体的成长和成功最大化，教学将囊括一系列学生团体——考虑到学习者和学习内容之间的匹配，允许学生在一个多样化的环境中学习以提高他们成功的概率，去观察不同环境下学生的表现以便了解哪种方式能更好地为不同学习者服务，并且能让教师以更符合个体和小团体学习者需要的方式来教学。

● 为了使个体的成长和成功最大化，教学将建立学生—教师伙伴关系——为了更有效地决定哪种教学方式最好，为教学目标的设定、监督学生成长和建立成功框架服务。

下一节将研究教师可能用哪些具体的策略来进行差异化教学。然而，只有当差异化教学自然而然地成为教师的信念时，它才能成为一个强有力的教学，记住这一点很重要。

练习

检验有针对性的教学中的课堂联系

很可能你所在的课堂教学有学业差异。在你的教学生涯中你也不太可能避免学业差异。你能做的就是如何回应差异。甚至是当你开始从事教师这一职业时，你的职业信念就开始决定你将如何从事这一职业。

1. 画一个流程图或其他图表，展示出教学对象、教学地点、教学内容和如何教学这四者在莱克斯夫人的教学思想和实践中的关系。对你的图表进行注解，以便你的同事能清楚地看懂这些关系。

2. 画一个相似的流程图，反映出在"一刀切"式的课堂教学中教师的教学思想和实践。给你的图表做注解，在图表下方，写下对这两种形式的比较。

3. 列出3～4个你认为关于教学对象、教学地点、教学内容以及如何教学最重要的信念。在每个信念旁边，写下你认为它是如何改变你的教学的。

4. 评分很容易被看成是既成的规定——它存在于教师教学的理念之外。事实上，通常是这么一回事：我们把评分看成是固定的，从而让评分影响了我们关于教学的理念，而不是我们关于教学的理念影响我们的评分方式。你认为莱克斯夫人的教学理念对她的评分有什么影响？你将怎样评分来反映你在前面题目中列出的理念呢？

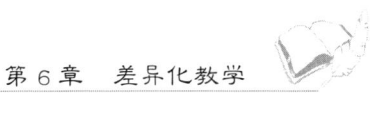

目标4：运用具体方法提供差异化的学习内容、学习活动和学习结果，回应学生的准备程度、兴趣和学习风格

差异化教学的一些方式

学习活动6.4

差异化教学没有公式——没有一个单一的方法可以应对学生的多样化。尽管差异化教学在有些方面令教师感到难以接受，但它是积极的。教师随着学生的变化而变化，对教师来说，能够根据学生的需要来调整学习过程和步骤，同时发展自己的个性和专业知识，是非常重要的。

对教师来说，采用某种方法来组织自己有关包容性教学的想法和教学计划依然是很有帮助的。因此，用差异化的方式思考并回应学生的三个特点（意愿、兴趣、学习风格）和涉及课程的三个要素（内容、过程、结果），并从两个教学角色（教师、学生）的角度去思考，都是很有用的。

这一节只是举了一些例子，它们呈现了教师如何提供差异化的"学习内容"（学生应该学习什么或是学生如何得到信息和观点）、"学习过程"（活动，或是学生如何理解和掌握内容）和"学习结果"（学生如何展现他们所知道、了解以及能做的事情）的过程。[17]

针对学生的不同准备状态开展差异化教学

学生的准备状态取决于学生现阶段的理解能力以及与具体学习目标有关的技能的掌握程度。对于学生来讲，在学习的初始阶段提出的任务可能难以独立完成。通常我们不会根据学生的准备状态变换学习目标，但我们可以根据学生的情况改变一下任务的难度或复杂程度。如果学习任务太难或者太简单，学习成效就会打折扣。因此，区别对待学生的准备状态就是要确保：（1）学生有足够的背景知识理解教师布置的材料或任务；（2）学生能够把已有的知识同材料或任务中不熟悉的内容联系起来；（3）学生在上课时能够将新知识和旧知识融会贯通；（4）学生能够发现努力就会成功。

在表6-1中有一些方法和策略，使课堂更加适合不同类型和程度的学生。表中列举的方法远远不够齐全，但描述了教师如何根据学生的需求形成自己核心的教学思想和计划以教授重要内容。

表6-1　　　　　　　　区别对待学生准备状态的方法

根据学生的准备程度调整教学：教师展示阶段的策略	
策略	示例
让组织者帮助学生跟上教师展示的进程和授课	为帮助跟不上授课节奏的学生，詹姆森先生给学生发了一些空白表格，使他们能够记下重点内容和笔记。他自己也会一边讲课一边在投影上填写表格。

续前表

根据学生的准备程度调整教学：教师展示阶段的策略	
策略	示例
用实物解释复杂或抽象的概念，提前教授专业术语	为帮助那些不能理解抽象概念的学生，希金小姐经常从家里带来一些物品演示物理课上的原理。
把关键词列出来供学生参考	对于母语不是英语的学习者和读写有困难的学生，艾哈迈德小姐在开展某个讨论前绘制了一个与此专题有关的关键词表，让学生讨论或猜出这些词的意思。随着新信息的增多，学生对于这些词的认识不断加深。
在教学中经常进行小组授课	对于难度较大的知识或技能，阿贝尔夫人总是采用小组的方式。她逐个要求学生参与进来，并且邀请有见地的学生参与讨论。她定期组织复习，帮助基本功不扎实的学生，并且为学习进度较快的学生组织小组讨论，拓展他们的思维。
时不时停下来让学生反思和提问	加西亚先生在黑板上或投影上讲解知识时，每隔7~10分钟会停一下。他有时让学生总结要点或与同伴训练技能，有时会要求每个学生写一篇总结或是写下他们理解中存在的问题。他在教室四处走动，听听或看看学生的观点，问一些问题，然后继续讲课。他会经常根据学生的理解和反馈调整他的授课进程。
在提问时逐渐增加难度	为确保班里的每一个学生都保持对课堂的高度注意，伦茨小姐设计了一系列问题，从最基本的知识概念开始，然后逐渐增加难度和问题的复杂程度，直到每一个学生都准确掌握了知识并且得到拓展。
根据学生的准备程度调整教学：学生学习阶段的策略	
策略	示例
给学生提供不同阅读阶段的材料	格伦小姐就同一专题提供不同阅读水平的补充读物，使得每一名学生都接触到适合自己的材料。
帮助母语不是英语的学习者弥合语言间的差距	亨德里克斯小姐总是尽量为学生找到母语学习材料。在小组讨论中，她还确保每一组中都有几个既能说英语又能说其他语言的学生帮助初学英语的学生。她鼓励初学英语的学生先使用母语表述，然后将其翻译成英语，以便他们的观点不受语言障碍的影响。另外，她经常与这些学生会谈，用新的语言指导他们。
经常评估并根据结果调整计划	彼得森先生把他的学生所做的一切都当作评估的工具。他在每个单元开始前都进行预估。在学生讨论时进行速记，当他抽查作业、和学生交谈、评定任务时，就能更好地了解学生的水平。他经常使用"过关卡"，在卡片上，学生们简要地回答了关于这一天课程的问题。所有这些都有助于他了解如何调整明天或接下来几天的课程。
提供重点突出的教材	鲁宾斯基先生在他书桌后的书架上保存了一些教材。在每一本上面，他都标出了重点的段落。那些有学习困难的学生，如对英语很陌生，或有其他的阅读问题的学生，经常用这种标出重点的书来学习，以此让他们集中精力理解重要的观点。用突出重点的教材教学，阅读也就似乎变得可操控了。
利用教材磁带和其他补充材料	伊莎美尔女士经常在课堂上设立听力站，播放重要的学习材料。她自己录下一些材料，还经常让学生和家长志愿者协助录音。

续前表

根据学生的准备程度调整教学：学生学习阶段的策略	
策略	示例
提供阅读伙伴	费因斯坦女士运用了一些大声阅读的策略，比如学生结成阅读伙伴，和水平相近的同伴一起阅读；学生根据兴趣自主选择一对搭档进行合唱式阅读，阅读水平高的先读一小段，另一个重复。她发现结伴阅读不仅能帮助有阅读困难的学生，还能成为对阅读程度高的学生的一种挑战。
让学生用多种方式表达他们所学的知识	阿诺德先生经常让学生选择是写散文还是用有注解的图表来表达观点。他经常既给学生亲身实践的机会，也给他们关于一个话题的测试。他请有语言障碍的学生告诉他测试答案，或是写下问题的答案，这样保证语言问题不会阻碍学生对内容的理解。
提供不同难度和复杂程度的任务	阿维拉女士定期用分级任务和分层教材来保证她的所有学生都学习同等重要的观点和技巧。但在有挑战性的学习阶段就要根据个体情况进行调整。
在不同的复杂程度上给学生呈现关于学习质量的清晰的量规指标	费列罗先生运用量规反映技能和理解的关键要素，并指出不同能力水平的具体描述指标。他与学生一起讨论下一个学习阶段的目标和量规，他并不会假定在一定的时间内，有一套内容相同的标准来评价学生是否优秀。
调整学生学习的节奏	阿斯金斯女士知道她的学生完成同一项任务需要的时间不同。有些学生可能需要额外的练习时间，其他的学生用额外的时间进行更深入的主题研究。她用"抛锚活动"来给那些提前完成任务的学生以指示，告诉他们该做什么。
提供家庭作业选择	邦迪先生经常让学生在教学单元的某一阶段评估自己的优势和劣势，然后提供家庭作业选择，因此学生们可以选择尽可能促进他们提高的作业。
不同的测验题目	虽然康克林先生的测验包含相同的核心知识、理解和技能，但是他经常在测验中改变一些题目。他的目标是至少让一些题目符合学生当前的理解和技能水平。
成功的指导	每当学生们在完成任务时，贝林女士就积极地在学生中走动。她监控他们的进步，评估他们的理解，并且单独训练学生以便帮助他们实现和扩展团体和个人的目标。贝林女士对学生的指导通常由学生案例和评估量规来指导，以便帮助学生鉴定成功的标准并理解不同质量的学习成果。
运用指导性策略，例如学习中心和学习契约，使学生学习符合他们能力发展水平的关键内容	在临近单元学习结束时，费里尼先生按惯例向学生发出学习契约。他设计的学习契约要求所有学生学习单元中的主要思想和原则，而且学生个人契约里的技能与学生当前需求相符。他以持续的评估信息为指导发展各种版本的契约。

  大部分时间，通过差异化的、复杂的学生任务，一名教师实质上可以帮助所有学生探索同样重要的概念、理解和技能，调整步调，提供不同的支持系统。然而，有时，有必要改变学生正在学习的内容。学生在学习一系列序列技巧，如拼写、数

学计算和一些外语习得时，这个原则特别适用。在上述情况下，学生只有掌握前一阶段的技能后，才达到新的能力水平。一旦学生达到了一定水平，如果继续在相同的水平学习，就不会有任何进步。在这种情况下，教师最好考虑给学生提供他们需要进步的技能和机会，而不是强迫每个人适应与大多数学习者目标不相适应的课程。例如，即使同为六年级学生，有的学生的拼写水平只达到一年级的程度，而有的学生的拼写水平达到了大学生的程度，这时，让所有学生总是练习相同的拼写单词表是没有意义的。与之相似，一个对数字还缺少认知的学生可能不会在加法和减法方面取得成功。同样道理，一个已经学会加法和减法的学生，再继续学习什么是数字乃至数字的表达方式就没有任何意义。

教师适应学生不同准备水平的起点是，教师应该问自己，我今天教的是什么？我今天的教学如何靠近学生的最近发展区？如果对课堂中的一些学生而言，答案是"否"，此时，如果教师要使这一天的教学对每个学生都有意义，那么教师就要继续追问：我可以做哪些调整？怎样才能确保每个学生能够接受挑战，提高他们努力学习取得成功的机会？记住"努力学习"和"取得成功"也是高度个人化的概念。

针对学生的兴趣开展差异化教学

兴趣是与学生倾向相关的一个话题。文化、经验、学生的特长都会影响兴趣。当学生遇到感兴趣的话题，他们更有动力，更为积极地投入学习，并且也更可能取得成就。教师要学会把学生的兴趣和课程的诸多要素结合起来。同时，教师有很大的机会帮助学生发展新兴趣，因为动力与学生的课程和教学密切相关。以学生的兴趣为基础开展差异化教学的目标是帮助学生把学习内容同他们的天赋、经验、爱好和需要结合起来。考虑到所有的知识都是相互关联的，抓住学生的兴趣并且把它和学生"必须学习"的内容结合起来其实并不是那么困难。

就像区别对待学生的准备状况一样，根据学生的需要开展差异化教学也没有公式可循。表6-2给出一些以学生兴趣为基础的差异化教学方法。

以学生兴趣为基础开展差异化教学的教师通常会问：我所教的内容如何成为发展个人兴趣和才能的催化剂？个人兴趣和才能如何能够激发学生对我所教内容的学习热情？这些教师理解：学习是双向过程。学生的兴趣和他们需要学习的知识可以共同为学生提供通向成功和个人发展的道路。

表6-2　　　　　　　　　一些包容学生兴趣的差异化教学方法

根据学生的兴趣调整教学：教师展示阶段的策略	
策略	示例
将学科知识和学生的兴趣联系起来	布鲁斯特先生经常用音乐、体育、文学、时事和其他学生感兴趣的例子解释他教学内容里涉及的概念和技能。
找出学生感兴趣的领域，并在教师的教学内容中融入学生感兴趣的元素	丹吉洛女士寻找学生感兴趣的原因。他们也许会被幽默、表演、反思、人类的故事、制作或者创作等吸引。然后她就会想办法在自己的教学中融入这些元素。她帮助学生理解为什么他们喜欢自己当前所做的事情，并且这些事情本身也是她讲课的一部分。

续前表

根据学生的兴趣调整教学：教师展示阶段的策略	
策略	示例
为学生们展示如何将你所教的内容联系起来并进一步发展你的兴趣	艾肯女士经常在教学中用自己的兴趣作比喻。例如，她最近谈论的是历史的主题与音乐的主题有多么相似。她为学生们解释，她怎样把所教的内容和自己的兴趣结合起来，这样会让她自己对两件事都更加感兴趣。然后她要求学生思考如何把自己的兴趣与所学课程的要素联系起来。
向学生展示教学内容如何塑造人们的生活	莱特富特女士经常给学生讲故事。其中，有对本学科发展做出了重大贡献的学者的故事，也有以不同方式与本学科产生联系的普通人的故事。莱特富特女士小心地运用来自不同文化、职业的解释。她发现很多学生由于发现了所学内容同生活的联系而对该学科产生了学习兴趣。
满怀喜悦地教学	华盛顿先生在设计教学时总是提醒自己，学生总是对快乐的、内容精深的、有目的的、充满热情的教学产生反应。他发现学生总能够掌握具有上述特征的教学中所包含的技能和思想。
利用学生的兴趣调查和家长意见调查来了解学生的兴趣	年初，托德女士了解了学生的兴趣。随着时间的推移，她也在寻找其他方法调查学生的兴趣，例如：讨论；设计布告栏，请学生在布告栏里张贴感兴趣的问题；撰写关于兴趣的日志。同时她还要求学生提一些建议，帮助教师根据学生的兴趣开展教学。
利用兴趣中心和兴趣小组	利兰先生在教室中保留了一个区域，摆放他和学生为正在学习的主题搜集的材料。他鼓励学生利用这个区域学习更多的知识，了解学生特别感兴趣的人物。同时他还不时地利用兴趣讨论小组鼓励学生和有同样兴趣的伙伴分享共同的喜好。他还喜欢用一种名为小组调查的合作策略，在学生学习自己选出的内容时，教会他们调查和展示的技巧。
允许学生就一个大主题中的副主题开展专门学习	弗朗西斯科先生经常要求学生在将要学习的教学单元中选择一个方面进行专门学习。他给学生时间和指导，帮助学生探索他们喜欢的主题，以此来增强学科对学生的吸引力，扩大学生的知识面。
根据学生的兴趣调整教学：学生学习阶段的策略	
策略	示例
设计学习任务和学习成果，请学生把教学内容中包含的概念和技能与感兴趣的方面结合起来	基尔南先生通常要求学生将语言艺术课的核心概念和技能与自己的兴趣结合起来。例如，学生比较在小说写作、论文写作、音乐写作和科学写作中写作规则的差异。他们最近还考察了相互依存这个概念在运动、艺术、科学、家庭、政府以及文学——基本的内容范围——中是如何证明的。
允许学生利用网络探究就自己特别感兴趣的某一主题的某一方面开展研究	梅拉格罗斯女士经常利用网络探究作为引入单元学习的方法。她通常就学生将要学习的主题张贴5~6个开放式问题，这些问题主要用于激发学生的好奇心，帮助学生在自己的兴趣和将要学习的内容之间建立联系。学生个人或小组选择自己想要追踪和完成的网络探究问题。梅拉格罗斯女士会把相关主题的不同难度的网站设为书签，保证所有学生可以找到有用的资源。在整个单元学习中，她在适当的时候为学生创造机会，分享学生对关键问题的研究成果。
提供选择	林先生发现，无论是在安排座位、寻找学习伙伴、利用资源、限制完成任务的时间、设定成功的标准时还是在确定调查主题时，只要给学生选择的机会，他们的兴趣就会增强。

续前表

根据学生的兴趣调整教学：学生学习阶段的策略	
策略	示例
鼓励学生选择表达学习的方式	拉森女士细心地为学生列出了掌握学习内容所需的基础信息、基本思想和技能。但是她为学生提供选择，学生可以自己选择如何表现自己的学习。展示的形式包括独白、编辑卡通画、录像片段、博物馆展示、撰写小论文和小组讨论。
为学生提供机会，指导学生就自己感兴趣的领域开展自主探究	沃纳梅克女士把自主学习作为年度课程的一部分。学习的时间随着学生的准备状况和兴趣的广度有所不同。她与学生讨论，共同学习自主探究的某些方面，如提出好的问题、有效利用资源、分析数据、得出结论、设立目标和时限等。她的目标是帮助每一个学生扩展独立学习的能力。自主探究主题的选择主要依据学生的兴趣。
利用"专家团"策略帮助学生在感兴趣的方面开展深度探索	莱德先生经常以邀请学生加入"专家团"来开始一个单元。在"专家团"中，学生就单元中的具体主题探索引导性问题，从而深入理解所学主题。在单元教学中出现该主题时，"专家团"策略帮助里德先生展示信息并安排学生学习。
在学生感兴趣的领域帮助学生发展导师制	埃尔金斯女士在不同的学生中通过导师制帮助他们发展或扩展兴趣。导师可以是专业人士，也可以是年长的学生，他们与现在的学生有相同的兴趣。她发现，在用真实的方法向学生展示如何应用思想和技能，以及对学习质量开展真实性评价时，导师制非常有帮助。

针对学生的不同风格开展差异化教学

学习的风格和学习方式的偏好有关。根据学习风格开展差异化教学的目的是以对学生最佳的方式开展学习，同时或许还能帮助学生扩展学习方法。学习风格至少受以下四种因素影响：学习类型、智力偏好、性别和文化。

学习类型指的是环境条件，是指一个人最有可能集中注意力、内化、保持信息和能力的环境条件。环境条件还经常与类似范畴有关，如环境、生理需求以及与他人的互动。[18]根据以上定义，学习类型包括以下因素：噪声水平、运动程度、坐姿、对授课方式的偏好以及偏爱独立学习还是伙伴学习等。

斯滕伯格：分析型的、实践型的还是创造型的？

智力偏好指的是思维风格。罗伯特·斯滕伯格指出，个体可能有不同的智力偏好，有善于分析的学习偏好（这是一种典型的学校教育风格取向，强调思想的逻辑性，重视总结和重复信息，并且以书面—口头测验的方式呈现思想），有实践的学习偏好（鼓励人们在真实的生活环境中学习思想和技能，并在现实生活中运用思想和技能），有创造的学习偏好（集中于问题解决和想象力）。[19]

加德纳的"八种智力"

霍华德·加德纳指出个体倾向于八种智力之一，他称这些智力为语言智力、数理逻辑智力、身体运动智力、音乐智力、空间智力、人际交往智力、自我认知智力和自然智力。在第5章已经简明地描述了这些智力。[20]加德纳和斯滕伯格指出遗传和环境共同影响我们的智力偏好。他们提出，在学习过程中考虑学生个人的智力

偏好能够加强学习。我们可以运用多种方式描述观点和信息,还可以鼓励学生用多种方式探索和表达自己所学的知识,以此适应学生不同的智力偏好。总之,这意味着教师要扩展自己的教学技能,适应课堂中不同学生的智力偏好。

文化和性别影响世界观和角色

文化和性别同样影响我们学习的偏好。文化和性别有助于塑造环境和智力偏好,也影响我们与他人建立联系的方式,例如,我们是偏爱自己学习还是小组学习?我们是更关注个人还是小组?我们是更容易接受来自自我、同伴还是成年人的信息,或者是来自以上方面的综合信息?性别和文化影响我们的信息加工方式,我们是从整体到部分还是从部分到整体学得更好?是以线性方式还是以非线性方式学习效果更好?是通过合作还是竞争学习?是通过口头语言、视觉还是空间学习?我们是以人为本还是以任务为本?我们是归纳地学习还是演绎地学习?我们是建立事实之间的联系还是意义之间的联系?我们是创新还是遵循传统?性别和文化影响我们如何看待现实中的自己,我们是有能力还是没有能力?我们是面向现实还是面向未来?我们是把自己看成规则制定者还是跟随者?我们认为自己脆弱还是强大?我们是自己主导还是被别人主导?虽然不应该假设同质化存在于任何文化和性别之中,但是学习偏好类型确实存在于不同文化和不同性别的人群中。大体上,哪种文化在学校占主流,学校便对这种主流文化的人群最有利。当然,这一趋势也有例外。

不要贴标签

一个包容学生学习偏好的教师并不是要根据学生的性别、文化和智力偏好给学生贴上标签,下个结论。教师不应该规定或是限制学生的学习方式。相反,教师的目标是创造一个灵活的课堂——提供足够的选择——供学生自己探索最适合自己的学习方式并做出明智的选择。

我们了解了大量的学习风格,因此,实际上,做出选择是很艰难的。没有哪一个教师可以解决所有的学习风格的因素,为学生提供完全充分的选择。比较现实的做法是从少量重要并且易于实现的学习风格做起,与学生讨论不同的学习风格,创设适宜的课堂教学环境,让学生有充分的选择来找到适合自己的学习方式。表6-3呈现了考虑不同学习风格的差异化教学方法。与前文的表格一样,图表的目标,不是要穷尽所有的教学策略,而是要说明考虑不同学习风格的差异化教学方法的概况。

不要想当然

理解不同的学习风格需要学习和时间。在当今文化多元化的教室里,教师花时间来了解学生的传统、价值和观点尤其重要。教师很容易认为,每个人看到的世界都跟自己看到的一样。然而,不能这样想当然。如果教师认为学生跟自己的视角是一样的,就会给学校教育带来很大的不便,剥夺学生的权利,打击学习信心,降低学生取得成功的机会。

邀请学生加入教学

没有哪个教师能够完全了解每一位学生。然而,每一位教师都可以做到尽可能深入地了解学生,只要他们现在就开始行动,而不是想当然地认为教师不可能充分了解学生。在初始阶段,可以先给学生一些学习风格方面的选择,然后请他们与教师分享如何了解自己。好的教师经常与学生交流他们的想法,听取学生的建议改进班级教学，使教学更适应学生需要。新教师在教学生涯的初始阶段就养成这样的习惯是非常有帮助的。

家长帮助教师深入了解学生

建立与家长沟通的桥梁，更加深入地了解学生是很重要的。随着教龄的增长，教师开始更为广泛地了解某一特定年龄段的学生，比如四年级或十年级学生的特点。情况确实如此。然而，家长对学生的了解比教师更为深入。家长可以提供宝贵的信息，帮助教师了解学生的兴趣，学生如何学习，什么曾经鼓励或打击过学生的学校学习经验等。创造和家长交流的机会，认真倾听家长的心声，向家长传递教师渴望和家长合作推动学生取得成功的重要信号。这些工作最终会帮助家长感受到学校欢迎家长参与学生在校的学习（见表6-3）。

表6-3　　　　　　　　一些考虑学生学习风格的差异化教学方法

根据学习风格调整教学：教师展示阶段的策略	
策略	示例
强调过去和现在来自不同文化和不同性别的人为本学科发展做出的贡献	菲利普斯女士讨论对其所教学科发展做出贡献的人。她列举了来自不同文化和不同性别的人的贡献。她还仔细地把相关人士的事迹与本地的情况结合起来。按照惯例，她还为不同阅读水平的学生提供不同阅读难度的网站，有时还为学生提供以其母语所撰写的介绍对本学科发展有贡献的人的材料。
就主题和讨论的问题提供不同观点	罗萨里奥女士总是提出复杂的、多向度的问题，鼓励学生运用自身的知识深入思考。她鼓励学生就某一问题寻找不同的观点，并且让学生明白，这样做是有效的思考。
用口头语言、视觉和触觉形式呈现知识	巴塞尔先生经常在课堂上使用投影仪。讲课时他总是使用一些图片，并且在讲台上展示模型。他经常为学生提供动手操作的学具，这样学生可以和他一起学习。他还发现很多网站提供的视频、音频或动画可以帮助教师更清楚地呈现知识要点，吸引学生的注意力。
在课堂中设计循环运用不同智力的学习方式	泰珀女士经常在教学中设计用实践的、分析的和创造的方式说明和呈现问题。这种方法确保每个学生至少能够辨识课堂呈现的一个片段，从而帮助学生扩大选择学习方式的机会。
利用等待时间与学生参与和反思的其他方法	埃金巴女士经常使用类似思考—合作—分享的策略确保学生参与教学活动，这个策略可以使那些对课堂发言不自信的学生、发言前深思熟虑的学生、喜欢发言的学生和沉默寡言的学生都参与到课堂中。她通常会在开始新一周的学习之前或是开展学习任务评分的评价周之前提醒学生，这说明她非常重视反思。
运用从整体到部分和从部分到整体的方法	劳埃德先生经常解释课程的目的和它的细节，使学生清楚地了解他们即将学习的内容"是什么"，以及"为什么"要学习这部分内容。他还经常运用教学单元和学年学习概念图来帮助学生理解课程各个部分之间的联系。
用具体的例子解释抽象的思想	彼得森先生总是告诉学生，他所教授的知识是如何反映在人们的日常生活、工作和兴趣爱好中的。他经常指导学生利用（熟悉的）实物来导入正在学习的（陌生的）知识。

续前表

根据学习风格调整教学：教师展示阶段的策略	
策略	示例
运用现代技术为学生开展探究活动和表达学科内容提供更广泛的选择	霍布金女士将博客、视频博客、维基百科和解释性的视频作为学生阅读的备选手段，也鼓励学生通过上述手段交流在阅读和学习中学到的思想。她发现对于很多学生来说，这些表达和交流的形式让人感觉更为自然。她发现这些做法提高了学生的理解能力。

根据学习风格调整教学：学生学习阶段的策略	
策略	示例
设计要求学生带着同理心从不同的角度思考不同观点的学习任务和学生评价	马隆诺维斯基先生在不同单元教学中经常运用"智囊团"策略。在整个单元中学生组成小组一起学习，对讨论的问题提出不同的观点。到单元总结时，智囊团小组亮明他们的观点并与其他人展开辩论，捍卫自己的观点。教师和学生还一起开发评分量规，评价所有智囊团小组汇报的有效性。其中一条成功标准是帮助同伴理解在某一问题上与自己不同的观点。
尊重学生独立学习或结伴学习的需要	卢金女士经常鼓励学生独立学习、结对学习或是组成一个小组来完成活动和作品。她还和学生一起学习，以便学生能够获得成功所需的技能，无论学生选择什么样的学习环境。
为学生提供多种不同的探究模式	学生们在学习新的知识和技能时，弗伦奇先生经常给学生分配实践的、分析的或是创造性的任务。
为学生提供多种不同的表达学习的方式	只要有机会，拉金特先生就会设计包含几种不同呈现模式的学习成果作业，反映学生对学习内容的理解状况。在一个教学单元中，学生可以用写说明书、制作幻灯片或是播放视频，甚至是现场表演的方式来展示他们所学的知识。在这种情况下，无论学生选择用哪种模式，都需要呈现相同的核心知识——理解和技能。
提供选择合作或者竞争的机会	麦克阿利斯特女士有时利用竞赛来复习，有时利用小组合作，她经常让学生选择自己更喜欢的备考方法。
设计灵活的教室空间	埃丽斯女士的学生经常有机会选择不同的学习方式，可以在圆桌上学习，也可以独自在小桌上或是地板上学习。她还鼓励学生在做"快速分享"小组练习时，站起来学习。
设计教室环境，满足学生对听觉和视觉刺激的不同需要	伦弗罗先生在他的教室里留出了一些空白区域，在这些区域的墙上和专栏上没有贴东西，以免部分学生被过于"忙碌"的空间转移注意力。他还创设"安静区"，提供耳机和耳塞帮助学生免受噪声影响。他和学生还一起努力，平衡班上学生不同的视觉与听觉需要。
平衡结构化和开放性	卡弗女士学会了用一种更加结构化的方法为一部分学生描述学习任务、进行作品指导，而对另一部分学生设计一种更具开放性的方法。但是，她也和高度结构化和具创造性的学生一起学习，使前者变得更加灵活，使后者更加注意结构化的要求。

续前表

适应学习风格：学生学习阶段的策略	
策略	示例
包容好动的学生	在史密斯女士的课堂上，如果学生需要，只要不影响其他学生，他们就可以站起来或者是自由地活动。史密斯女士发现，如果这样做的话，这些学生更容易取得成功。而且，比起要求学生一直安静地坐着，这种做法也使她自己也不容易有挫败感。有时她甚至安排一些学习任务，要求学生四处活动一下，释放过剩的精力。
帮助学生了解自己的学习偏好	格沃特尼女士要求学生记录自己采用不同学习方法的经历。她指导学生分析自己、了解自己，从而在选择学习方法时做出决定。
运用网站提供不同的内容模型	阿伦女士为学生制作了不同网站的书签，这些网站在不同难度水平上解释了重要思想，同时还为当前正在学习的观点提供了可视化的解读。她还为学生推荐了一些网站，这些网站用实践性、分析性或是创造性的方式展示了运用核心观点的方式。

练 习

以学生的需要为基础，设计差异化教学

从包容学生不同准备状况、不同兴趣和学习风格的差异化教学的视角来观察丰富的课例是非常重要的实践机会。教师越是考虑以现有的手段改善课堂教学，使其适应更多学生的需要，他们在实际教学中就越能够做到这一点。

1. 仔细阅读学生教材中的一个章节，或是阅读师范大学教材中的一部分。设计一个预先评估方案，它要适于判断学生就本章内容的知识、理解和技能方面的准备状况。请同行帮忙审读本章内容和你的评估方案，考察你的评估方案能否与本章的教学目标相匹配。

2. 在你最近教过的课、最近学过的课或者最近观摩的课中选择任意一课。记录下你理解的教学目标，然后为该课设计一项教学活动，实现教学目标。接下来，至少设计两个版本的活动——一个挑战学习程度高的学生，一个挑战在阅读、写作和抽象思维方面有困难的学生。记住：（1）不同版本的活动的学习目标是相同的；（2）活动不必完全不同；（3）不同版本的活动需要设计复杂程度不同的活动，而不是设计不同数量的任务。

3. 回忆一位你遇到过的教师，这位教师曾经成功地扩展了你在某一个方面的兴趣，或者帮助你在某个方面产生了新的兴趣。给这位教师写一封信，在信中解释他为培养你的兴趣都做过什么，随着时间的推移，他所做的一切对你有何意义。

4. 访谈一位由于性别、文化、经济地位或特殊人生经历而对学校有不同观点的人。找到这个人与你不同的体验学校的方式。记录对话中对教师有价值的真知灼见。如果可能，和其他完成这一任务的同伴分享你的发现。

5. 在本章的三个表格中至少增加一个差异化教学的策略及其示例。

目标 5：分析和理解开展有效的差异化教学的一般原则

差异化教学的核心原则

学习活动 6.5

差异化教学没有一定之规。准确地说，教师如何设计教学步骤和环节来满足学生的不同需要依教师个人的情况而定，可能受教师的个性、学生的年龄、教师专业发展的平台、学科内容、该学科的教学时间长短等多种因素的影响。

这里，我们给出一些指导有效差异化教学的一般原则。这些原则来源于教师相信学生能够取得成功的坚定信念，来源于教师有关学生和学习的专业知识，来源于教师在课堂教学中积累的经验。以下是差异化教学的十个核心原则。它们说明了最有效的差异化教学的重要标志。

积极主动

1. 差异化的核心是积极主动而不是消极被动。教师带着一些已经设计好的不同学习方法走进课堂，而不是带着一个"一刀切"式的课时计划，发现不能适应教学再现场调整。现场调整对任何一节课来说都非常重要。然而，仓促修改的教案就很难设计出丰富的学习活动，因为教师需要满足落后的学生、领先的学生以及不能流利地说英语的学生的不同需要。

清晰地把握课程内容

2. 教师清楚课程中任何一个部分所包含的基本知识、理解和技能。这不但是在任何课堂中实现有效学习所必需的，也是对差异化教学格外重要的一个方面。正是这些内容要点，要作为指导学习困难学生的教学重点；正是这些内容要点，通常才能够挑战高级的学习者，并且为所有学习者提供共同分享和讨论的机会，即使他们学习内容要点的方法有时会不一样。

学习任务体现对学生的尊重

3. 教师为所有学生提供"尊重学生的学习任务"[21]。因为学生的学习任务多种多样，教师的工作是为学生提供同样有趣、同等友好和同样有力的学习机会。教师的目标是让每个学生发现自己的学习任务和其他学生的学习任务具有同样的吸引力。这一原则也强化了这样一种教育信念，即所有的学生都应该在某一个具体活动或学习成果中，通过核心知识、理解和技能发展高水平的思维。

持续评价

4. 以评估结果为基础，教师不断地评估学生的理解并调整教学计划。在高校的差异化课堂教学中，相比其他教学方式，教师不是给学生更多的测验或作业。相反，在具有包容性的课堂教学中，教师把学生所做的一切看成是了解学生进步的信息来源。因此，讨论、家庭作业、活动、小组讨论和学生的作品都成为反映学生成长的指标。在这些指标中教师寻找线索，反思自己的教学，并以反思为基础改进教学计划。

共同体

5. 教师努力营造一种和谐的感觉。在这样的氛围里,学生理解和珍惜共同体中每个成员做的贡献。学生感觉内心安全,被团体所接纳,并且感受到了长期的鼓励。更重要的是,共同体的氛围支持学生寻找获得成长的激励因素。

灵活,适应性强

6. 灵活是差异化教学的特点。教师总是要问:还有其他方法做这件事吗?我们还有其他办法帮助学生有效地学习吗?教师教学要灵活地利用时间、空间和教材。有效的差异化教学的中心目标还包括灵活分组。也就是说,在每一个学习周期中,教师都要制订独立学习、小组学习和班级学习的教学计划。除此之外,教师还要保证每个学生都有在不同小组中学习的机会。有的小组是以学生的准备程度为基础的分组,有的小组以兴趣为基础,有的小组以学习风格为基础。有的分组方式属于同质分组(学生有相近的准备程度或相似的兴趣),有的分组方式属于异质分组(学生的准备程度不同或者学生的目标一致但天分差异较大)。有时教师给学生分组,有时学生可自行选择小组,有时是随机分组。灵活分组的目标就是使学生获得平衡的机会,一方面能够体验指向自身需要的教学活动,另一方面又能够同时与不同的伙伴一起体验不同的学习环境。

常规

7. 差异化教学有清楚的操作常规。学生知道在课堂上怎样安静而有效地移动。他们知道如何恰当地获得和归还教学材料。当教师给学生分配具体的任务或是指定教室区域时,学生知道该怎么做。当教师忙不过来时,他们知道如何寻求帮助。学生知道怎样提交作业。可以肯定地说,在差异化教学的教室里,多个教学任务同时顺利地进行,教师像教学生数学和艺术一样认真地把课堂常规教给了学生。

责任

8. 教师和学生分担创设教学环境、开展教学和学习活动的责任。当教师明白学生也是教师,教师也是学习者时,教师的作用会得到改进和提高。以学生为中心的课堂教学中,教师关心的是:我现在应该承担什么任务、扮演什么角色,才能让我的学生学会在班级中学习?在扮演教师角色的同时,教师不仅要主动接受学生的帮助,还要不断地询问,对于从各个方面提高课堂教学的效果,学生有哪些建议。更进一步,教师要想有效地开展差异化教学,就必须与学生一道构想和创设尊重个体差异的课堂教学环境。在这方面,教室中的所有成员应有共同的思想和实践。

帮助学生拓展自身潜力

9. 教师要"教人向上"。我们似乎低估了几乎所有学生的潜力。如果差异化教学的目标是让每个学习者最大限度地发挥自身能力,教师就必须不断地鼓励每一个学生拓展自己的潜力。因此,通常情况下,在一个差异化教学的教室里,教师总是寻找可以推动学生的方法,使学生在现有水平上更进一步,避免学生"逐步下滑"。对高水平的学生开展差异化教学对教师而言是一个特别的挑战。高水平的学生不习惯拓展,因为达到标准在学校就已经被认定是成功了。只有学校提升了学生的能力,才能说学校为学生提供了好的教育。

关注成长

10. 这里关注的是成长。成长至少包含两层意思：第一，每个学生都要为自己在重要的知识、理解和技能方面的进步和成长负责，教师则负责指导和支持学生成长。学生学科学习的起点并不是由教师或学生单方面掌控的，但它是师生双方共同承担关于成长的责任的开始。第二，关注成长意味着成长（或缺乏成长）有必要成为评价的组成部分。

练 习

检验有效的差异化教学原则

1. 把一张纸分成两栏。左边一栏标注"主动的差异化教学"，右边一栏标注"被动的差异化教学"。现在，检验目标 4 部分的三个表格。从这三个表格中找出所有主动的或预先计划的差异化教学的例子，列在左侧栏中。从这三个表格中找出所有被动的或现场调整的差异化教学的例子，列在右侧栏中。请读者把自己在学习活动 6.4 部分列出的自己的案例也添加进去。最后。尽可能地列出在多样化的课堂中，主动的差异化教学比被动的差异化教学更加有效的原因。

2. 本章的前半部分强调，差异化教学来源于教师的观念，即教师如何看待教学对象、教学地点、教学内容以及如何教学。写一个简单的总结，讨论有效的差异化教学的十个核心原则与教师观念的四个要素之间有何联系。如果你愿意，可以用绘图和添加标注的方法呈现上述要素之间的联系。

目标 6：迈出差异化教学的第一步

走向差异化教学

学习活动 6.6

新教师和他们的学生一样，多种多样。有的很年轻，有的较年长；有的有领导团队的丰富经验，有的则没有经验。由于各种原因，新教师的专业发展并不遵循统一的时间表，也不是通过单一路径来进行的。

但是，通常情况下，新教师发展的是"粗放"的教学技能。而差异化教学是"精细"的教学技能。[22] 创建一个关注学生多种需求的差异化课堂，对刚刚开始教学生涯的人似乎遥不可及。当然，在这种情况下，随着时间的发展，就像人类其他的精细技能一样，教师的"精细"的教学技能会慢慢形成和发展。通常情况下，从教之初的一两年时间里，新教师不能充分地开展差异化教学。然而，在这里，我们提供一些基本方法，帮助教师开展差异化教学。其中有些方法可以为初入教师行当的新教师所掌握。追求卓越的教学是要循序渐进的——就像教师要求学生不断进步一样，教师自己通过年复一年的努力才能实现卓越的教学。

初级阶段

以下是发展差异化教学的基本步骤，体现了早期阶段的差异化教学理念。在教师由新手型教师向专家型教师成长的过程中，随着教师专业知识、理解和技能的增长以下基本方法可以逐年精细化。

研究学生

- 研究学生。成为研究学生的学习者。只要条件允许，随时记录下你所观察到的一切。尽量去理解学生的态度、行为和成绩是如何随着教室环境的变化而变化的。特别要试着理解课堂结构、课堂行为和课堂成功之间的联系。研究学生的文化，这样教师就可以在学生不同的文化优势和兴趣的基础上构建课堂教学环境。如果可能，教师应该与学生分享对教学的想法，邀请学生帮助教师改进课堂。早期对学生的关注最终将能够成为差异化教学的根基。

什么最重要？

- 要努力把课程研究透。教师要不断地问自己：这一课或这一单元的要点是什么？我应该用什么方式把要点呈现给学生，帮助他们真正理解学习的要点是什么以及为什么这是要点？我用什么方法才能吸引年轻的学生，与他们分享重要的知识、理解和技能？只有明确了解课程的本质、意义和吸引力才能帮助教师最终在关注课程灵活性的同时，找到多种吸引学生学习的方式。

强化常规和反思

- 制定和应用管理常规。一开始，管理常规也许和不浪费时间点名一样简单，或者和发试卷时保持学生注意力一样容易。在计划教学时教师应该想一想，自己希望的教学步骤是什么样的？然后通过计划使教学按照预期的步骤进行。执行计划之后，教师要花时间反思在实际教学中哪些计划是有效的，教师怎样做才能使下次的教学更好。每一次成功的教学尝试不仅会增强教师设计复杂教学常规的能力，而且更加明确了教师作为学习者和自我引导者的作用。

在分数之外思考问题

- 评分只是评价的一部分。教师要不断提醒自己，记分册对学生和教师而言并不是特别重要，更有价值的是教师通过考试了解学生的理解程度，给予学生反馈，并且根据学生的学习情况安排教学。教师要主动通过各种渠道收集学生信息。单元小测验、日志、课堂或小组讨论、学生的特殊教育计划、观察学生的学习以及无数其他数据来源可以帮助教师把自己的教学同学生的需要相匹配。

关注学生

- 留意以学生为中心的教学目标。我们所理解的最好的学习是，学生主动学习而不是要学生学习。[23]教师要反复问自己，应该做些什么，才能把关注的焦点集中在"学生是学习者"，而不是"教师让学生学"上。在每一节课上，也许教师可以给学生一点时间，让他们两两分组回答一些关键的问题，或是使用学习日志，让学生自己反思对学科知识的理解，就所学内容提出问题。无论教师做什么，都要让学生站到课堂教学的舞台中央，成为积极主动的学习者。对学生的关注最终会把教师引向差异化教学的道路。

找到多种教学方法

- 灵活地教学。在从教初期，确立自己在课堂教学中的领导地位是非常重要的。即便在这一发展阶段，教师也可以获得提高教学灵活性的技巧。教师可以给学

生两种不同的选择来完成任务，要求学生在索引卡上给教师提出建议，与学生协商完成某个学习项目的截止时间，委派学生承担一到两项值日工作，在学生完成指定的任务之后，给学生两个后续活动的选择、两种检验课堂展示的方法。总之，教师在一开始就朝着灵活的教学努力，不用过早养成"只用一种教学方法"的习惯。

求助于同伴和专家

● 邀请其他专业人员担当教学的合作伙伴。在学校里，为母语不是英语的学生教授英语的教师、天才教育或特殊教育的专家、阅读专家、心理学家、咨询师、媒体专家或其他方面的专家都拥有丰富的理解和技能，可以与你一起分享经验。教师要养成习惯，随时向这些同事咨询处理教室特殊情况的办法。更好的办法是邀请他们观察课堂或是共同开展教学。通常教师团队进行的教学活动比教师单打独斗要好得多。如果是团队行动，大部分的教学可能会变得更有效。在当前课堂教学遭遇大量挑战、需要应对学生多种不同需要的情况下，团队合作尤为重要。

● 与志同道合的同事一起工作。很多教师都在职业生涯中寻求提高自己开展差异化教学的能力。当然也有一些教师志不在此。教师最好能够通过平时的接触和观察，找到愿意为了学生的学习而投入心思和精力的教师一起共事。与这样的教师发展专业友谊，大家一起工作，分享成功和失败，共同庆祝你的成长。

把教学实践与教学信念联系起来

● 反思自己关于学生、学习环境、学习内容和教学方式的教学理念，考察教师的教学理念和实践是否匹配。起初，教师的教学实践和教学理念之间或许略有偏差，但是如果教师养成了不断反思的习惯，教学就会向着教师理想中的状态发展。

在许多体育运动中，教练员都鼓励运动员以旁观者的视角审视自己的某一个动作。这是发生在头脑中的演练，也是运动员走向成功的训练途径。教学中运用类似练习方法也同样是有帮助的。在日复一日的教学中，教师想象回收试卷、学生分组或是完成课时计划的场景也是十分有用的。经过长时间积累之后，这类反思活动就会在教师心中形成一种做出决策的思维指南。作为一名新教师，可以先从简单地预想课堂教学过程开始。即便如此，教师仍然可以借助许多经验、价值观和大量的知识来指导自己在头脑中演练教学的过程和步骤。

练习

想想自己怎样进行差异化教学

1. 回到学习活动6.3的练习中的第三题，在那个题目中，我们请读者列出自己关于教学对象、教学地点、教学内容以及如何教学的重要信念。请针对上述重要信念的每一个方面，列出2~3项详细的行动或步骤，以便读者能够在开始全职教学工作之后尝试在课堂教学中采取上述行动或步骤。

2. 以下是三个场景中三个学生对各自学校经历的不同观点。阅读以下场景，根据你的阅读和判断分别为三个学生的教师提出建议。可以用建议表、书信、便条或是口头汇报的形式以学生的口吻表达你的建议。

● 我叫蒂亚。课堂对我来说真是漫长得烦人。我总能快速完成学习任务，甚至还没开始提问我就知道答案。检查完学习任务之后我就想学点别的我想学的东西，不过我们老师似乎不高兴。所以我就得干坐着等。其实我有很多问题想问，但是我又不想说太多，免得我的朋友们没有机会。而且，当我问问题时，我有这样的感觉：同学们都在飞速地思考着。我不知道这是因为我的问题有错误还是因为同学们不理解。有时我希望教师在课上和我交流，但是好像她把时间都花在学习有困难的学生身上了。我在班上总是得"A"，我想也应该满意了，但不知怎么回事，总是感觉不对。

● 我叫卡洛斯。我多么希望自己能理解老师究竟想让我们做什么呀！我试过，我真的试过。有时候我坚持得太辛苦，就会开上几分钟小差，不过大多数时候我真的在认真听课。对我来说最困难的就是写下老师所说的所有事情。他讲得很快，有的词我有时候还不知道该怎样拼写。有时候老师讲的故事让我们哄堂大笑，但是我还是没办法全写下来。准备考试的时候，我的脑子好像很快就塞满了，我要是再想往里面装点什么，脑子就变成了一锅粥。在班上，同样是听从老师的指导，我也不知道为什么别人可以比我做得好。但是在学校里好像我的情况就是这样。我觉得自己在学校的表现真是不好。

● 我叫山姆。要是让我安静地坐上一分钟，那简直就是要了我的命。可是我要是在课堂上来回走动或是趴在课桌上，老师又会暴跳如雷，但是我真的不能像她要求的那样安静地坐着。每次只要我想试着静静地待上一会儿，满脑子想的就全是"安静待着"，完全顾不上听老师讲课，结果我就会比其他同学落后更多，这让我感觉更加糟糕，我就更需要活动来排遣糟糕的感觉。我一活动老师就抓狂，她让我安静待着。这时我就手足无措、抓狂，然后我就更需要活动。我喜欢体育课，因为课上可以运动，也能跟别人讲话。我真希望我一天能有两节体育课。我真希望知道为什么我们非得学会安静坐着，好像好多事情都需要安静地坐着才能学会。也许我在学校表现不好的原因就是我没办法安静地坐下来。

3. 第一题列出的关于差异化教学的行动和步骤当中，哪一条对第二题列出的三个学生有所帮助？假设这三个学生是在有五年教龄的教师的班上，那么教师还可以采取哪些措施使自己的教学更为有效？

掌握程度测验

用上文蒂亚、卡洛斯和山姆的第一人称描述作为本次掌握程度测验的基础。

首先，反思上述三个场景中所描述的学生观点，列出每个学生的具体学习需要。

其次，针对一个"典型"的学生设计一节课（或是采用你已经设计好的课时计划）。确保课时计划清楚地描述了学习目标。然后解释如何开展差异化教学以保证三个学生得到了适宜的挑战性学习任务（换句话说，针对学生的准备状况开展差异化教学）。请记录自己可以采取的方法，使得三个学生都对课堂感兴趣，并

且能够以适合他们的方式学习（换句话说，根据学生的兴趣和学习风格开展差异化教学）。要注意，既要在教师讲解指导、提供案例或信息部分开展差异化教学，也要在学生完成学习任务部分开展差异化教学。对于调整教学的建议，请读者解释说明调整方案的依据：是针对学生的准备程度、学习兴趣还是学习风格来做出调整。你还应该解释，为什么你相信这样的调整能够对学生有所帮助。

最后，撰写一份简短的总结报告，总结自己有关学生、学习环境、学习内容和教学方式的观念是如何反映在自己的差异化教学方案当中的。

观察表

思考差异化教学

观察表的目标是帮助你总结课堂教学如何适应具体学习者的需要，并考察教师可以采用哪些方式，最终通过差异化教学使课堂教学更加适应每个学生的需要。观察前，请教师指出一到两个在课堂上学习困难的学生，或一到两个有行为问题的学生以及一到两个学习超前的学生。开始上课后，用几分钟时间找到这些学生，简单地观察他们，然后从中选出三个学生作为后续课堂观察的重点。

说明：在使用这个观察表时，不要使用学校、教师、管理者和学生的真实名称和姓名。

观察者姓名：_____

日期：_____

年级：_____

科目：_____

班级规模：_____

背景信息：简要描述该校学生的社会、经济和民族背景。

_____

需要记录：首先，简要描述每个学生作为学习者的特征。其次，在下表相应的栏目中记录三名学生的课堂表现。表明这三个人积极参与课堂学习的证据是什么？表明学生理解了学习内容、尚存困惑或者是厌倦了学习内容的依据是什么？他们表现出了哪些类型的行为？他们做出这些行为的原因是什么？哪些做法对他们有效，哪些无效？课堂对他们来说有趣吗？请在表格中记录教师为了帮助这三名学生取得成功而采取了哪些教学活动。教师是否尽量为学生设计富有安全感和吸引力的教学环境？学生有机会选择学习活动吗？教师的提问是否针对学习者的具体需要？学生有机会同教师碰面进一步澄清学习内容或是扩展学习吗？记录下所有你认为可能影响这三名学生学习的因素，总结教师的措施是否积极地满足了学生的不同需要。

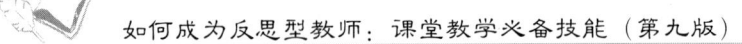

反思你的观察：

1. 你认为班级的教学内容和教学活动在多大程度上适合学生的准备情况？你得出结论的依据是什么？

2. 对于有效地针对学生的准备情况开展教学有什么好的建议？

3. 教师采用了什么措施把学习内容和教学活动同学生的兴趣相联系？

4. 在你的简单观察中，有没有其他方法帮助教师把单元教学的某一个方面与学生的兴趣结合起来？

5. 教师使用了哪些方法来满足学生不同的学习偏好？

6. 在教师讲解和学生练习环节，你认为有没有其他手段在课堂教学中让学生尝试多种方法？

7. 你认为课堂教学环境在哪些方面鼓励和支持学生的学习？

8. 你能想到其他方法，使学习环境更能鼓励和支持学生吗？

参考文献

著作

Azwell, T. and E. Schmar. (1995) *Report Card on Report Cards: Alternatives to Consider*. Portsmouth, N.H.: Heinemann.

Craig, S. (2008) *Reaching and Teaching Children Who Hurt: Strategies for Your Classroom*. Baltimore: Paul H. Brookes Publishing Co.

Delpit, Lisa. (1995) *Other People's Children: Cultural Conflict in the Classroom*. New York: The New Press.

Dweck, C. (2006) *Mindset: The New Psychology of Success*. New York: Random House.

Gartin, Barbara, Nikki Murdick, Marcia Imbeau, and Darlene Perner. (2002) *How to Use Differentiated Instruction with Developmental Disabilities in the General Education Classroom*. Arlington, Va.: Council for Exceptional Children.

Greene, R. (2008) *Lost at School: Why Our Kids with Behavioral Challenges are Falling through the Cracks and How We Can Help Them*. New York: Scribner.

King-Shaver, Barbara, and Alyce Hunter. (2003) *Differentiated Instruction in the English Classroom: Content, Process, Product, and Assessment*. Portsmouth, N.H.: Heinemann.

Strachota, Bob. (1996) *On Their Side: Helping Children Take Charge of Their Learning*. Greenfield, Mass.: Northeast Foundation for Children.

Tomlinson, Carol Ann. (1999) *The Differentiated Classroom: Responding to the Needs of All Learners*. Alexandria, Va.: Association for Supervision and Curriculum Development.

Tomlinson, Carol Ann. (2003) *Fulfilling the Promise of the Differentiated Classroom: Strategies and Tools for Responsive Teaching*. Alexandria, Va.: Association for Supervision and Curriculum Development.

Tomlinson, Carol Ann. (2001) *How to Differentiate Instruction in Mixed Ability Classrooms,* 2nd ed. Alexandria, Va.: Association for Supervision and Curriculum Development.

Winebrenner, Susan. (1992) *Teaching Gifted Kids in the Regular Classroom: Strategies Every Teacher Can Use to Meet the Needs of the Gifted and Talented*. Minneapolis: Free Spirit Publishing.

Winebrenner, Susan. (1996) *Teaching Kids with Learning Difficulties in the Regular Classroom*. Minneapolis: Free Spirit Publishing.

论文

Brimijoin, K., et. al. (2003) Using data to differentiate instruction. *Educational Leadership,* 60(5), 70–3.

Kohn, A. (1998) Hooked on learning: The role of motivation in the classroom. In Kohn, *Punished by Rewards: The Trouble with Gold Stars, Incentive Plans, A's, and Other Bribes*, Houghton Mifflin, New York.

McTighe, J. and O'Conner, K. (2005) Seven practices for effective learning. *Educational Leadership,* 63(3), 10–17.

Moon, T. R. (2005) The role of assessment in differentiation. *Theory into Practice,* 44, 226–33.

Sternberg, R. (1997) What does it mean to be smart? *Educational Leadership,* 54(6), 20–24.

Tomlinson, C. A. (1999) Mapping a route toward differentiated instruction. *Educational Leadership,* 57(1), 12–16.

Tomlinson, C. A. (2000) Reconcilable differences? Standard-based teaching and differentiation. *Educational Leadership,* 58(1), 6–11.

Tomlinson, C. A. (2002) Invitations to learn. *Educational Leadership,* 60(1), 6–10.

Tomlinson, C. A., et. al. (2003) Differentiating instruction in response to student readiness, interest, and learning profile in academically diverse classrooms: A review of literature. *Journal for the Education of the Gifted,* 27, 119–45.

Tomlinson, C. A., et. al. (2005) Reach them to teach them. *Educational Leadership,* 62(7), 8–15.

Tomlinson, C. A., et. al. (2006) Teaching beyond the book. *Educational Leadership,* 64(1), 16–21.

Sternberg, R. J. (2006) Recognizing neglected strengths. *Educational Leadership,* 64 (1), 30–5.

Tomlinson, C. A. (2007) Learning to kove assessment. *Educational Leadership,* 65(4), 8–13.

Tomlinson, C. A. (2008) The goals of differentiation. *Educational Leadership,* 66(3), 26–30.

网址

For exceptional learners
The Council for Exceptional Children: http://www.cec.sped.org

The National Association for Gifted Children: http://www.nagc.org

For materials helpful to teachers and students with particular learning styles or needs
Inspiration Software: http://www.inspiration.com
Multiple on-line personality and learning style surveys: http://www.ldrc.ca/projects/miinventory/miinventory.php

For professional development on curriculum development and differentiation
Association for Supervision and Curriculum Development: http://www.ascd.org/
Best Practices Institute: http://curry.edschool.virginia.edu/about-bpi-institutes-164
Summer Institute on Academic Diversity: http://curry.edschool.virginia.edu/about-siad-institutes-165
Fall Symposium on Academic Diversity: http://curry.edschool.virginia.edu/about-fall-symposium-institutes-350

For examples of differentiated lessons or ideas
The idea of differentiating instruction: http://www.differentiationcentral.com/
Getting started with differentiation: http://www.

middleweb.com/MWLISTCONT/MSLamyandrick.html
The Internet TESL (Teachers of English as a Second Language) Journal: http://iteslj.org
For differentiation strategies
Differentiation strategies and applications: http://www.differentiationcentral.com/

Montgomery County Public Schools:
http://www.mcps.k12.md.us/curriculum/enriched/giftedprograms/mathstations.shtm
http://www.mcps.k12.md.us/curriculum/enriched/giftedprograms/tieredinstruct.shtm

For these links and additional resources, please visit the Premium Website at **www.cengage.com/login**.

注　释

[1] Dorothy Canfield Fisher, *Understood Betsy* (New York: Henry Holt and Company, 1917, 1999), pp. 89–94.

[2] Tim O'Brien and Dennis Guiney, *Differentiation in Teaching and Learning: Principles and Practice* (London: Continuum, 2001).

[3] Ochan Kusuma-Powell and William Powell, eds. *Count Me In!* (Washington, D.C.: Overseas School Advisory Council, 2000).

[4] O'Brien and Guiney, *op. cit.*

[5] Kusuma-Powell and Powell, *op. cit.*

[6] Carol Ann Tomlinson, *How to Differentiate Instruction in Mixed Ability Classrooms*, 2nd ed. (Alexandria, Va.: Association for Supervision and Curriculum Development, 2001).

[7] Y. Lou, P. Abrami, J. Spence, C. Poulsen, B. Chambers, and S. d'Apollonia, "Within-Class Grouping: A Meta-Analysis." *Review of Educational Research* 66 (1996): 423–458.

[8] Lev Vygotsky, *Mind in Society* (Cambridge, Mass.: Harvard University Press, 1978).

[9] Pierce Howard, *An Owner's Manual for the Brain* (Austin, Tex.: Leornian Press, 1994); Eric Jensen, *Teaching with the Brain in Mind* (Alexandria, Va: Association for Supervision and Curriculum Development, 1998).

[10] Michael Gurian, *Boys and Girls Learn Differently: A Guide for Teachers and Parents* (San Francisco: Jossey-Bass, 2001).

[11] Lisa Delpit, *Other People's Children: Cultural Conflict in the Classroom* (New York: The New Press, 1995); Shirley Brice Heath, *Ways with Words: Language, Life and Work in Communities and Classrooms* (Cambridge, England: Cambridge University Press, 1983); Thomas Lasley and Thomas Matczynski, *Strategies for Teaching in a Diverse Society: Instructional Models* (Belmont, Calif.: Wadsworth, 1997).

[12] Teresa Amabile, *The Social Psychology of Creativity* (New York: Springer-Verlag, 1983); Teresa Amabile, *Creativity in Context* (Boulder, Colo.: Westview, 1996); Mihaly Csikszentmihalyi, Kevin Rathunde, and Samuel Whalen, *Talented Teenagers: The Roots of Success and Failure* (New York: Cambridge University Press, 1993); Paul Torrance, "Insights About Creativity: Questioned, Rejected, Ridiculed, Ignored," *Educational Psychology Review* 7 (1995): 313–322.

[13] Robert Sternberg, "What Does It Mean to Be Smart?" *Educational Leadership* 55 (1997): 20–24; M. Sullivan, "A Meta-Analysis of Experimental Research Studies Based on the Dunn and Dunn Learning Styles Model and Its Relationship to Academic Achievement and Performance." (Unpublished doctoral dissertation, St. John's University, Jamaica, N.Y., 1993).

[14] F. Archambault, K. Westberg, S. Brown, B. Hallmark, C. Emmons, and W. Zhang, *Regular Classroom Practices with Gifted Students: Results of a National Survey of Classroom Teachers* (Research Monograph 93102) (Storrs: University of Connecticut, National Research Center on the Gifted and Talented, 1993); T. Fletcher, C. Bos, and L. Johnson, "Accommodating English Language Learners with Language and Learning Disabilities in Bilingual Education Classrooms," *Learning Disabilities Research & Practice* 14 (1999): 80–91; L. Fuchs and D. Fuchs, "General Educators' Instructional Adaptation for Students with Learning Disabilities," *Learning Disability Quarterly* 21 (1998): 23–33.

[15] J. Siegel and M. Shaughnessy, "Educating for Understanding: A Conversation with Howard Gardner," *Phi Delta Kappan* 75, no. 7 (1994): 563–566.

[16] L. J. Kiernan, *A Visit to a Differentiated Classroom* (Alexandria, Va.: Association for Supervision and Curriculum Development, 2001), videocassette.

[17] *Ibid.*; Carol Ann Tomlinson, *The Differentiated Classroom: Responding to the Needs of All Learners* (Alexandria, Va.: Association for Supervision and Curriculum Development, 1999).

[18] Rita Dunn, *How to Implement and Supervise a Learning Styles Program* (Alexandria, Va.: Association for Supervision and Curriculum Development, 1996).

[19] Robert Sternberg, *The Triarchic Mind: A New Theory of Intelligence* (New York: Viking, 1988); Robert Sternberg, "What Does It Mean to Be Smart?" *Educational Leadership* 54, no. 6 (1997): 20–24.

[20] Howard Gardner, *Multiple Intelligences: The Theory in Practice* (New York: Basic Books, 1993); Howard Gardner, "Reflections on Multiple Intelligences: Myths and Messages," *Phi Delta Kappan* 78, no. 5 (1997): 200–207.

[21] Tomlinson, *op. cit., The Differentiated Classroom.*

[22] C. Tomlinson, C. Callahan, E. Tomchin, N. Eiss, M. Imbeau, and M. Landrum, "Becoming Architects of Communities of Learning: Addressing Academic Diversity in Contemporary Classrooms," *Exceptional Children* 63 (1997): 269–282.

[23] National Research Council, *How People Learn: Brain, Mind, Experience, and School* (Washington, D.C.: National Academy Press, 1999).

第7章

多元文化教学

贾森·G. 伊里萨里

郑丹丹 译

目标 ▶▶▶

1. 促进对多元文化教学方式理论基础的理解
2. 批判地审视文化在多元文化教学方式中的作用，特别注意其多维度、多变化的本质
3. 反思个体自身的身份认同及其与所教学生之间的差异
4. 确认促进多元文化教学的策略
5. 创造机会展示与多元文化教学方式相关的个人和专业发展

在美国，过去 20 年被烙上了前所未有的人口增长的印迹。现在有色人种学生大约占公立学校所有学生的 40%，这一数字在未来还会有增长。[1]总体而言，学校对于新移民和本土具有悠久历史的有色人种学生，已经慢慢地采取措施满足他们的学业需求和个人需求。当前社会早已经发生了巨大的变革，这一点已经被电子媒介和全球化的出现证实，但相对而言，在学校里教什么和怎么教的问题几乎没有什么变化。因此，很多学生，特别是来自边缘群体的有色人种学生，仍然在学校得不到充分的关注。

下面的一段摘录令人心酸地描述了很多有色人种的孩子究竟在怎样的环境里接受教育。这份摘录来自一位中学生卡门的文章，该生是一位 11 年级的美国拉丁裔学生，参与了一个旨在检视拉丁裔美国人教育经历的研究项目。有一次课堂作业是给未来教师写一封信，在信里她是这样写的：

……想象一下每天你来到学校，如果发现在你应该所属的群体里学不到任何东西，会是什么样的感觉。在课程内容里，拉丁裔美国人、非裔美国人以及其他学生都是看不见的，尽管我们对于这个国家的发展做出了很多贡献。这个研究项目里有一个部分是请我们检视（我们的）学校里的英语课程，（聚焦于）9~12 年级要求学生阅读的所有文章。在这所学校里有 50% 的学生是拉丁裔美国人，但你知道在这些文章里有多少是以拉丁裔美国人为主角或者是拉丁裔美国人所写的吗？一篇！而且这篇文章直到 12 年级才出现。而我所在的学校里几乎有一半的拉丁裔学生根本就不会读到这个年级。如果学生能够与所学的内容发生关联，如果教师能够更努力地把学生与学习内容结合在一起，那么学生

或许会学得更好。[2]

很不幸,卡门的经历并非个案。很多学生所接触的课程内容和教学法与他们的经验以及物质生活条件完全没有关联,于是他们在课堂上感到非常困惑。因此,这些学习机会上的差异导致了有色人种学生和白人学生之间在学业成就上的差异。一些学者正在教育中大力倡导多元文化教学方式,这种教学方式有可能改变某些学生的经验和学习成果,而这些学生一直以来在学校里都得不到应有的教育。[3]

目标1：促进对多元文化教学方式理论基础的理解

什么是多元文化教学方式？

多元文化教学方式是这样一种教学方式,它建立在"多元文化知识、以往经验、不同种族学生的不同参照系和表现风格的基础上,使得学习环境与学生更相关、更有效"[4]。这种教学方式还被认为是与文化相关[5]、体现文化平等[6]和有助于文化相容[7]。针对学生的不同背景,它肯定学生的身份,关注学生进入学校前的文化背景及学生进入学校的方式,它是一种根据经验、利用经验进行教学的方式。简言之,正如格洛丽亚·拉得森-比林斯（Gloria Ladson-Billings）所指出的,这就是一种"好的教学"[8]。

詹妮瓦·盖伊（Geneva Gay）列出了一系列多元文化教学的特征。[9]尽管她所提出的各个维度之间是相互关联的,但如果把每个维度拿出来单独分析的话,每个维度都代表了这一教学方式的一个核心要素,包括：

多元文化教学方式具有认可性质。它重视学生的文化传统,并认为将其纳入课程是有价值且值得的。针对进入课堂的学生所具有的各种不同类型的学习风格采取各种教学策略,这样一来就肯定了学生的多样性,即便学生有相似的文化身份也是如此。多元文化教学方式鼓励学生同等珍视自己的个人文化身份与历史。

多元文化教学方式具有综合性质。这一教学方式是整体性的教学方式,它所培养的内容涉及学生身份认同的各个方面。它并不是将学业成就放在维系文化身份强烈认同的重要位置上,而是在支持学业方面的成就之外,鼓励学生仍然与自己所处的各类文化共同体保持联系。其他一些教学方式是将学生（特别是贫困学生和有色人种学生）的文化看作学校改革想要努力解决的"问题",与此相反,采取多元文化教学方式的教师认同、重视并联系那些反映学生所处共同体的"丰富知识"[10],并利用这些信息网络来支持学生的学业和个人成长。

多元文化教学方式具有多维性。这一教学方式渗透到教学的各个方面,从课程内容和课堂气氛一直到师生关系和评价。多元文化教学方式并不局限于课程或学习内容领域的某个具体方面,这一教学方式的影响范围深远,既鼓励学习内容领域和学科之间的合作,又超越了学校有形的建筑,将学生所处的共同体整合进来,将正式课程之外的资源也利用起来,从而赢得对于课程内容更准确、更坚定的理解。

多元文化教学方式具有赋权性质。如果课堂上学生的传统和经验被轻视或忽视，学生就会与学校产生隔阂，对自己和自己所属的文化共同体产生消极情绪。而采用多元文化教学方式的目的就是防止、干扰和消除这样的内在消极情绪，因为这样的消极情绪无论是对于个人还是对于学业成就都是有害的。要鼓励学生对自己的学习负责，并将教育视为一个过程，通过这个过程积累必要的知识和技能，从而成为民主社会更具水平、更积极的参与者。

多元文化教学方式具有革新性质。对于很多有色人种学生而言，上学是一种"负面经历"[11]，也就是说学生被迫放弃或压制自己身份中的某些特点，以便获取学业成功的机会。主张社会同化的教学方式往往鼓励学生放弃他们的文化身份，而采用新的文化身份，远离这样的教学方式就是一种革新。多元文化教学方式要求在教学方法上有所变革（从要求学生剥离某些身份认同转向肯定这些身份认同），从而促使课堂中的所有参与者都坚定地参与变革。

多元文化教学方式具有解放性质。很多学生在学校教育中忍受着各种状况，其中最好的状况就是遭遇无视，最差的状况就是贬低他们的历史，认为他们的历史不值得一提，似乎他们的文化就是很多社会弊病的肇因，需要被一种"更好的"文化所取代。因此很多学生认为学校教育是压抑的、疏离的。重视学生的经历以及他们所处文化共同体的历史，改革课程内容和教学实践以便能够更紧密地联系学生的身份认同，这样做实现了对于传统教学方式的抛弃。如此一来学校从压抑的环境变成了具有解放性质的环境，在这样的环境下学生和教师就能够建立起相互补充的关系，从而支持学生学业成长。

这种教学方式的核心深深根植于基本的学习理论。几乎所有的学者都赞同，当教师依靠自己所知并努力拓展自己所知时，学生的学习效果才是最好的。将学生和他们的文化身份以及文化历史放在学习过程的核心地位，这种做法与皮亚杰、杜威、埃里克森以及其他学者所倡导的学习理论的重要原则实现了完美契合。[12]

因此，本章的研究重点将落在有色人种学生身上，如果各种学业指标表明有色人种学生在学校里至今为止没有得到应有的对待，比如从毕业率、学业成就标准化测验的成绩、高校入学率和完成率等指标得出这一结论，那么本章的研究就是有价值的。然而，多元文化教学方式并不只是针对种族的和（或）语言上的少数民族学生，白人学生也可以而且也确实能够从多元文化教学方式中获益。事实上，教师自己往往就来自白人中产阶级，而白人学生本身就可以和这些教师分享他们文化身份认同的方方面面，而且大多数学校的课程也是以欧洲为中心的，因此这样一种建立在白人学生的文化和文化知识基础上的教学方式会让很多白人学生占有明显优势。

掌握程度测验

目标1　促进对多元文化教学方式理论基础的理解
多元文化教学方式的特征
用你自己的话列举多元文化教学方式的核心特征，你对詹妮瓦·盖伊所提出的若干特征是否还有所补充？

目标2 批判地审视文化在多元文化教学方式中的作用，特别注意其多维度、多变化的本质

文化：近距离审视多元文化教学方式中的文化

多元文化教学方式帮助教师思考文化问题以及文化在教学过程中的重要作用。为了真正理解如何进行多元文化性质的教学，我们必须更为批判地思考文化究竟是什么。很多有关多元文化教学方式的研究都是关注非裔美国学生或拉丁裔美国学生等单一共同体的研究，这些研究已经为教师树立了一种模式，就是努力将自己的课堂转变为多元文化的环境，以便支持所有学生的发展，然而该领域近来的研究又鼓励教师更灵活地思考文化问题以及如何在课堂内外清晰展现文化的问题，当然本书后面还会对这类文献进行更为细致的分析。这类文献强调在文化共同体内部以及文化共同体之间存在的多样性。我们无法将所有人或所有文化简化为一系列包含预期特点的检查清单，比如亚裔美国学生如何算是表现或学习最好，因为文化共同体并不是单调的实物。

诺玛·冈萨雷斯（Norma González）挑战了一种常见观念：“某个共同体里的所有成员对于他们的文化都共享同一种标准的、有界限的和整体的观念”[13]。相反，诺玛·冈萨雷斯提出了文化与文化实践是知识的混合产物的观点。也就是说，非裔美国人或许共享一些共同性，但他们这个群体在很多方面也各有不同。同样地，克里斯·古蒂雷斯（Kris Gutierrez）和芭芭拉·罗格夫（Barbara Rogoff）依据文化历史的方法认为，即使个体共享同一种种族身份，他们之间也会有不同的历史和经历，从而导致他们理解和表达他们自己身份的方式会各不相同。[14]多元文化教学方式所采用的文化历史的方法将个人经历而不是一般的共同体特征放在最重要的位置。

多元文化教学方式不认为某个特定共同体的成员应该共享一系列的文化特征与实践，也避免将学生的身份狭隘地套入这样的文化特征与实践中，而是针对学生的不同来源或地点进行了更为微妙的处理，因为学生的不同来源或地点导致他们有不同的身份认同。例如，或许有人预期拉丁文化有很多传统的方面，比如，认为使用西班牙语是拉丁裔美国人或拉丁裔美国学生实现身份认同的一个重要来源，但有一群拉丁裔美国学生曾经告诉一位研究者，他们发现自己的非裔美国教师正在尝试与文化相关联的教学方式（将他们与教学的内容和技能联系起来）。这位教师依赖的是"城市"文化中他们也比较熟悉的一些方面，比如美国黑人英语和嘻哈音乐。[15]学生都拥有复杂的身份，这类复杂的身份往往超越了种族隶属的藩篱，因为他们在学校和共同体中需要与各种不同背景的同伴交往，也需要参与诸如城市学生文化这样一些亚文化共同体，像城市学生文化往往就是很多不同背景的学生实现身份认同的一个来源。很明显，上面提到的这群学生很热忱地将这位教师的教学视为多元文化教学，虽然这位教师本身是非裔美国人，没必要与他们共享同一种种族身份。

如果要对多元文化教学中的文化重新进行概念界定，就需要教师承认并重视人种或种族在课堂中的作用，但是它也鼓励教师考虑学生（成人也是如此）的身份认

同的其他来源，以及他们用各种方式表达个人身份时的多样性。学生对流行文化做出了贡献，反过来他们也受到流行文化的深刻影响，比如音乐、电视、电影、运动、语言实践以及其他各种流行文化模式对于他们生活的影响就是佐证。[16]在已经知道了文化的复杂本质以及个人历史的重要性前提下，杰弗里·邓肯-安德雷德（Jeffrey Duncan-Andrade）认为，太多"压抑的环境需要针对具体情境的解决方法"。[17]他建议教师参与他所说的"年轻一代流行性文化教学与课程"[18]。邓肯-安德雷德所提出的针对具体情境的方法强调了一种微妙的方法，这种方法使得多元文化教学方式更适合学生，对学生的影响更深远。尽管强调学生文化与文化身份是至关重要的，但学生也需要了解"权力代码"、表达自我的规范和守则，而不仅仅局限于口头的和书面的交流与社会互动模式。这些代码往往通过语言和读写能力得以维系，他们对于偏见和不平等的永恒体系有敏锐而又显著的影响。[19]增加了文化元素的教学方式重视学生的文化身份，将学生与这些有价值的信息网络联系起来，将教育活动设计成实现共同体赋权的工具。[20]

　　总而言之，很多学校在人种（种族）和阶级区分基础上已经出现了高度分离，从而导致学校内部人种（种族）化共同体的出现。但即使如此，教师也不可能将所有学生视为单一实体来对待学校内的各个文化共同体。相反，如果教师真正想要实现多元文化教学，以满足学生的学业需求与个人需求，那么他们必须考虑共同体内部以及共同体之间存在的多样性。此外，教师应该努力处理好身份认同中对于学生而言最重要的那几个方面。尽管这几个方面肯定会受到人种（种族）因素的深刻影响，但学生的身份很明显更为复杂，因为他们会参与到各种文化共同体中去。由于学生在个人关系、媒体接触、参与在线数字信息沟通中都需要越过文化差异，依据这些经验，学生确立了跨文化的知识基础，并在此基础上创造和确立了独一无二的混合式的身份。采用多元文化教学方式的教师努力熟悉这些影响，并利用这一认识与学生开展合作。

案例1

"一半属于这边，一半属于那边？"这样的孩子意味着什么：关于埃米利奥·杰克逊的案例

　　埃米利奥·杰克逊是一个聪明的小男孩，他10岁了，目前在斯普林菲尔德小学读4年级。他热爱阅读，喜欢与朋友一起玩耍和骑自行车。他和妈妈以及两个弟弟妹妹生活在一个以拉丁裔和非裔美国人为主的工人阶层社区。他的学区被州教育部划为城市学区，但它却位于一个只有9 000名居民的社区，这个社区让人感觉更像是一个小城镇而不是城市。然而这个学区之所以被贴上"城市"的标签，部分是因为这个学区里大约55%的学生是有色人种，将近1/3的学生有资格享受免费或补助午餐。因此这个社区在某些方面具有"城市条件"。

　　埃米利奥的妈妈出生于美国东北部，她的父母是波多黎各移民，她曾经在目前他们所居住的这个社区里的学校上学。埃米利奥的爸爸是有德国、法国和爱尔兰血统的美国人。尽管他并没有和埃米利奥住在一起，但他经常来看埃米利奥，并与这个家庭保持紧密的联系。埃米利奥遗传了妈妈的咖啡色皮肤和爸爸的明亮眼睛，他的弟弟妹妹也都独特地结合了父母亲各自的生理特征。他住在这个城镇非裔美国人为主的地方，和他最亲近的伙伴大多数是黑人。让他祖父母气馁的是，埃米利奥不会说流利的西班牙语,尽管他懂西班牙语,有时候和祖父母说话的时候还会在西班牙语和英语之间转换。很多时候他说话用的是美国黑人英语[21],在他周围的年轻人用得最多的就是这种语言。如果问埃米利奥的话,他会说自己一半是拉丁人一半是白人。

埃米利奥在学校里极其害羞,很少举手回答问题或分享信息。尽管他喜欢学习,但在教师和家长的评价里,到目前为止埃米利奥仍然学业成绩不良。教师一直认为埃米利奥没有充分发挥自己的学习潜力,在全州范围的阅读和数学测验中他只是努力达到及格分数。他们还说他是一个友善的孩子,看起来经常处于和学校隔离的状况,在大多数课上都是选择安静地坐着。因为学校里很多学生在全州范围的测验中表现不佳,因此去年学校引入了新的数学和阅读课程。教师的教学被严格限制在死板的范围以及相应的时间表里,而且他们的学习进展还要随时受到管理者的监督。每个季度学生都要进行测验,以便衡量他们在学习上的所有进步。这种情况下教师感觉都要窒息了,却又无法摆脱这种被严格限定的教育项目。

埃米利奥的父母亲都是高中毕业后还接受过一些高等教育,他们会检查他的家庭作业,这些家庭作业往往包括每晚都必须完成的数学或阅读理解作业,他们还跟他特别强调在学校表现良好的重要性。然而,和其他学生一样,埃米利奥经常告诉父母亲:"学校太无趣了。"由于埃米利奥对所学习的内容或者教师上课的方式不感兴趣,因此他也很难有上学和尽自己最大努力完成作业的欲望。教师和父母都希望埃米利奥能够做到最好,同时也很担心如果他再不对学习投入更多兴趣、在课堂上更加努力的话,就会落后于其他学生,并且很难顺利地从初中升入高中。教师已经阅读过一些多元文化教学方式方面的资料,也有兴趣学习更多这方面的知识,并将这种教学方式运用到自己的课堂上,然而她也很迷惑究竟该如何处理埃米利奥这种多种族(多民族)的身份。

上面这个案例描述了在美国学校里普遍存在的一种情况。如果学区里的学校在学业成就标准化测验中没能达到州所规定的标准,那么在这些学区里教师往往被迫实施严格限定的课程,极少有空间留给教师进行创新和展示自己的教学艺术。教师在了解了多元文化教学方式在支持学生学业和个人成长方面的好处之后,有变革的意愿,但又不确定究竟该做些什么。

练习

请把自己当作上面这个案例里的教师,然后和另外一个同学合作解决以下问题:

1. 在这个案例里,对于埃米利奥而言,多元文化教学方式是什么样子的?

2. "问题"究竟出在哪里?也就是说,埃米利奥和他的父母亲是否该为埃米利奥与学校有隔阂负起全部责任?学校特别是教师在督促学生参与教学中起到什么样的作用?

3. 在这个案例中,埃米利奥可能是从哪些地方或者来源来确认自己的身份

的？这些又会如何使你对多元文化教学方式的界定复杂化？对你的实践有何启示？

4. 在采用严格限定的课程的情况下，教师是否有可能实施多元文化教学方式？请论证你自己的回答。

5. 作为一个深肤色的拉丁裔美国人，埃米利奥积极参与的是非裔美国人的文化实践，那么埃米利奥可以宣称自己是黑人或者是非裔美国人吗？究竟是什么才能让人说自己是黑人？

6. 是不是真的有人一半的特征是属于某方面的（比如一半属于拉丁人）？难道教师应该努力半天将埃米利奥当作拉丁孩子，半天将他当作白人学生？如果用百分比的方式界定身份，会不会对多元文化教学方式造成什么问题？

7. 作为埃米利奥的老师，你究竟该做些什么才能让他的学习经历更有吸引力、更体现多元文化？

掌握程度测验

目标2 批判地审视文化在多元文化教学方式中的作用，特别注意其多维度、多变化的本质

文化身份盒

在教师能确认学生的文化身份之前，他们必须意识到并确认自己的文化。对于隶属主导共同体的教师而言，在一般情况下他们的文化已经是社会的显著代表，因此他们就不会花很多时间思考自己和别人之间有什么区别，以及这些区别究竟有多显著。

在本部分内容的学习基础上，大家应该反思究竟如何界定自己的文化，你又是如何表现自己的文化身份的。找到或者创造一些条目来指代这些身份。比如你可以用一面小旗帜代表自己的祖先传统，或者用一种与自己的某种文化身份相关的食物或音乐光盘来指代，这种指代其实有着无限的可能。本案例里所指的文化不必单一地指向你所属的人种或种族身份，你也可以选择任何其他元素，只要这些元素与你所界定的自我文化身份相关。你不必与我们分享让自己感觉不舒服的信息。一如既往地，我们也鼓励你在这样做的时候富有创造性。你的盒子应当至少包括十个条目，而且这些条目应当能够用于反思你的文化身份的各个方面。

至少和班上的一位同学分享你的这个盒子。确认你们指代自己文化身份的方式存在哪些相似和（或）不同。利用以下问题来指导你的反思：

- 对你而言完成这样一个文化身份盒的过程是什么样子的？
- 通过这个过程你有没有对自己有所了解？
- 如果再做一次，你会对这个盒子的哪些方面做出调整？为什么？
- 在做过这个练习之后，你对于自己作为文化个体（cultural being）有何想法？
- 你觉得你现在的或将来的学生在他们的文化身份盒里会放进哪些东西？这些东西跟你自己放的有何相似或不同之处？

目标3：反思个体自身的身份认同及其与所教学生之间的差异

"我不属于什么种族，我就是标准"：探究多元文化教学方式中教师身份的作用

到目前为止，本章已经探讨了多元文化教学方式的理论基础，文化在教学过程中的作用，以及学生个体会通过多种途径形成自己复杂、融合的身份这样一个事实。在接下来这部分内容里，我们要探讨教师在创设课堂和学校氛围中的核心作用以及采用多元文化教学方式满足学生需求的具体教学法实践。当然，多元文化教学方式中的很大一部分是关于教师需要知道什么的问题。也就是说，教师要实施多元文化教学、变革课程与教学实践，就需要熟悉各种共同体的历史，了解这些共同体所著的文献和描写这些共同体的文献，并且熟练地运用这些"新的"内容来变革课程，但是多元文化教学方式也包含了教师是谁、教师应该做怎样的人等内容。本部分内容想要解决的是以下问题：在教学过程中教师的作用是什么？教师个人成长与专业发展之间有何交叉？教师如何做到多元文化教学？

正如前面所述，当前学校越来越多样化。在美国的学校里，5 000万学生中大约有40%是有色人种，估计到2020年，现在被称为"少数民族"的群体将成为在校学生的主要组成部分。五个人里大约有一个人在家里说的不是英语[22]，在公立学校里英语学习者将成为增长速度最快的共同体。尽管按照人口统计数据，美国学校从幼儿园到12年级学生中，人种（种族）和语言构成已经发生了显著变化，但教职人员的统计数据相对而言仍然没有什么变化。当前教师中大约有85%是白人，他们绝大多数只懂得英语一种语言——白人本身不是问题，有很多高水平的白人教师也能够跨越种族差异从事教学工作。[23]然而，尽管1954年最高法院已经规定立法隔离是违反宪法的，但与当时相比，现在在社区之间往往还是相互隔离，学校也是相互隔离，师范生（和其他人）都没有什么机会跨越人种（种族）、语言和社会经济差异的限制建立真诚可靠的人际关系。因此大多数教师进入课堂之前很少真正有效地接触过有色人种。研究表明，很多白人师范生进入教师教育项目接受的是刻板的教育，对贫穷和少数民族学生的期望很低[24]，而且相对而言，大多数教师教育项目很少帮助师范生形成对于贫困社区和有色人种社区积极和准确的理解。[25]

很多教师认为，他们不需要承认课堂中存在差异，或者认为承认差异会被看成是有歧视的。他们坚定地做着无视肤色与文化的祷告："我没有看到肤色差异，我看到的都是孩子。"从某种程度上看，将所有学生都看成是相同的似乎具有实际意义，所有的学生当然都应该得到有品质的教育，无论他们属于什么人种、阶级或有其他身份特征。但是，无视学生之间的文化差异，就意味着没有肯定学生显著的身份特征，这种无视肤色问题的观点是与多元文化教学方式截然相对的，它导致了有色人种学生以及其他以往就被学校课程忽视的那些学生继续受到隔离。此外，这种观点对于针对学生的个体差异和文化差异开展差异化教学也是不利的。（有关差异化教学的具体内容请参见第6章。）

大多数教师的人生故事和阅历与有色人种学生有很大差异。缺少有关文化差异的知识，或者完全忽视文化差异会导致课堂中的文化断裂，从而影响学生的学习。[26]此外，很多师范生在遇到与自己不一致的世界观时，都会采取抗拒的态度。[27]例如，阿贾·拉杜克（Aja LaDuke）的研究表明，学生倾向于将不同学区之间资源的差异简单地归结为阶级问题，而不愿意探求这个问题与人种、种族之间的内在联系。如果想要严肃对待并弥补这些潜在的认识鸿沟，并提高教育质量，那么教师就需要具备多元文化教学的能力。[28]如果想要提高有色人种学生的学业成绩，就要求教师具备必要的技能以便成功应对不同背景的学生。后面的目标4为教师提供了一些建议，帮助教师成为能够开展多元文化教学的教育者。

掌握程度测验

目标3　反思个体自身的身份认同及其与所教学生之间的差异

身份圆饼图

对我们来说，有些身份特征比其他身份特征更为重要。对教师而言，了解学生究竟看重什么是很重要的。在本项活动中，请运用以下身份分类，设计一个圆饼图来表现你的身份特点。

人种/种族

语言

阶级

性别

宗教信仰

其他你所选择的身份类别（教师、朋友、运动员等）

每个分类应当根据各自的百分比在"身份圆饼"中占据一个位置，所有类别加在一起应当是100%。和同伴分享你的圆饼图，并说明你设计出这样的图表背后的原因。撰写一份简短的反思，总结你完成此项活动后所获得的新想法。

目标4：确认促进多元文化教学的策略

要成为能够实施多元文化教学的教育者，我需要知道什么？

教师想要更好地掌握多元文化教学，需要了解的东西有很多，而且实在是太多了，在这里我们很难充分展开讨论。在以下内容中，我们介绍几个宽泛的概念（包括学校教育的社会政治环境、从事多元文化教学的教师的未来实践、多元文化教学方式中语言的作用），这些概念将有助于教师的教学工作。

美国学校教育中的社会政治环境

从历史来看，很多学生群体在学校里一直得不到应有的教育。对于非裔、拉丁裔美国学生以及来自其他较低社会经济阶层的学生而言，他们的学业成就模式一直以来都保持不变。一些学者已经提出，这样的结果并不是偶然的，而是学校复制社会里人种和阶级分层而产生的副产品。[29]乔纳森·科泽尔（Jonathan Kozol）的开创性著作《野蛮的不平等》（*Savage Inequalities*）中记录了生均资助与毕业率之间的联系。[30]他的著作和其他学者的一样，认为学校很大一部分资助来源于财产税，因此富裕群体对学校的资助往往要比那些较低收入群体对学校的资助高。[31]他发现生均资助和毕业率之间有直接的联系，具有较高社会政治地位阶层所在的区域与较为贫困的区域相比，拥有特别高的高中学业完成率和高校入学率。假定学校的资助特别是生均花费与毕业率之间存在联系，而这些联系似乎也有其价值。虽然像艾瑞克·哈努舍克（Eric Hanushek）[32]这样的一些学者认为，生均花费与学业成就之间的直接联系很微弱，但大多数教育者仍然相信这两者之间有紧密的联系。

　　大多数教师对自己的工作以及基础教育阶段学校教育的思考方式或许需要有所变化。总体来看，对大多数教师而言，学校为他们提供了很好的教育，帮助他们做好准备争取接受高等教育，他们然后又接受聘用成为学校里的教师。但对于教师所教的很多学生而言，学校却并没有提供很好的教育。承认并应对学生所处的社会政治环境（包括他们特定的历史传统和求学经历），这是多元文化教学方式的核心。要做到这一点，教师就必须熟悉这些历史传统以及当前仍然存在的支持某些学生却排斥了另外一些学生的政策和实践。

　　教师还必须将学校从压抑人的场所转变为有助于学习和解放的地方。仅仅确认了这个教育系统缺乏同情心这一现状是不够的，教师还必须与学生合作来改变这种现状。多元文化教学方式扎根于批判教学法，这种教学法将教育作为解放的工具。也就是说，教师要教学生"学会认字，这样他们就能认识这个世界"[33]。批判教学法帮助我们思考教学中权力的作用。学生受到鼓励去学习有价值的识字、计算、分析技能，并利用这些技能去改善自己的生活和其他受压迫人群的生活。[34]简言之，多元文化教学方式也是与权力相关的，例如，学生受到鼓励去批判地分析自己的经历，探究为何自己被包含或者排斥在课程之外，这就是对于权力的反思。学生被督促着去审视自己所属共同体中的问题，比如民选官员是否具有代表性的问题，又或者是将日渐破败的街区改造为良好的中产阶级居住区的问题（也就是用更富裕的人群取代贫穷阶层和工人阶层，以调整街区内部构成，从而提高区域内财产价值这样一个过程），学生还被督促着获取和提高自己的技能，能够更具批判性地实践民主。这种类型的教育（针对学生在学校中所经历的社会文化和社会政治现实）对于教师和学生而言都是具有解放性质的。多元文化教学针对学生的整体性的教学方式承认权力关系影响师生关系，强调自我反思的重要性，认为内在精神的健康是多元文化教学方式的前提，还要求对教师自己的文化和所教学生的文化进行反思。

　　因为很多教师和（或）他们的先祖已经经历了被美国文化同化的过程，已经为了使自己变得更"美国"而剥除了自己的部分身份特征，他们往往也会以同化的观念开展教育工作，要求学生也剥离自己的一些身份特征，比如语言，以获取学业上的成功。因此，很多不能或不想顺应主流标准的学生就会辍学或被赶出学校。要成为实施多元文化教学的教育者，教师就需要摆脱标准化测验成绩的束缚，对严格限定的课程和不重视学生身份与学习风格的教学方法提出挑战。教师必须抛弃负面的观点，即学生的失败归结于学生的能力和文化特征。教师必须与学生和社区团结起来，从而实现高质量的、有意义的教育。

未来的实践

为帮助那些在公立学校一直无法得到应有教育的学生，有一种可能的方式就是学生参与式行动研究（Youth Participatory Action Research）。学生参与式行动研究通过确认学生关注的问题，然后研究、设计、实施矫正措施来解决这个问题，从而帮助学生掌握相应的学业技能。在学生参与式行动研究中，需要帮助学生将学习经历与自己的历史传统、文化身份以及所处的社会政治环境联系起来。这种研究"被认为是被多代群体所采用的具有批判学术性质的活动，通过社会理论质问社会不公状况，并由此采取相应的社会行动"[35]。这种研究深深地扎根于对社会公正和教育公平的追求中。肖恩·金莱特（Shawn Ginwright）认为："因为强调民主化知识、培育对日常生活的批判性探究、开展解放性实践，所以学生参与式行动研究既是艺术，也是一种用于帮助学生参与解决民主问题的方式。"[36]学生参与式行动研究由于是由教师和学生共同建构的学习经历，因此代表着多元文化的教学方式。正因为如此，很多研究学生参与式行动的学者已经发现，这类研究不但对学生的学业发展有影响，而且还导致了社会变革。[37]

在学生参与式行动研究里，学生不再被看成是需要解决的问题，而是从单纯的知识消费者转化为知识的创造者。多元文化教学方式既可以促进学生的学业和人际交往技能发展，也可以促进学生作为平等的伙伴参与追求社会公平和教育平等。参与式行动研究已经证明了，多元文化教学方式在以上这两个方面都有潜力。

探究多元文化教学方式中语言的作用

与文化相关的教学方法有几个构成要素，包括了文化意识与认同、对权力关系的审视以及课程改革。多元文化教学方式中有一个方面是文化意识与认同的基础，那就是课堂中所使用的语言。尽管说标准的英语并不能保证学生一定能够进入高等教育、从事高社会地位的职业以及与民选官员进行有效沟通来改变体制。但如果没有掌握标准英语则一定是有妨碍的。然而，对于学生本族语言和方言的重视程度不但影响着学生是否愿意采用一种新的语言或语言形式，而且还影响着学生的学业成绩。[38]由立法委员、法庭、立法团所制定的语言政策直接影响着全国范围内学生在课堂上所能获得的教育的质量。本部分将研究在多元文化的课堂上支持语言多样化（特别是黑人英语和西班牙语）的重要性。

1996年，在加利福尼亚州的奥克兰，有一项运动专门要求将黑人英语当作一种正当的语言在教学中使用，以此作为桥梁帮助学生逐步学会标准英语，这种黑人英语是非裔美国人所使用的语言，它有自身独特的语言模式和会话守则。后来有关这个问题的辩论已经超越了加利福尼亚州，成为一个全国性话题。德尔皮特（Delpit）和佩里（Perry）[39]在反思这场辩论的时候，强调语言与共同体身份有错综复杂的联系，采用多元文化教学方式的教师既有责任支持学生学会标准英语，同时也要认同并重视学生在家里所使用的语言。在德尔皮特的反思中提道，孩子的本族语言是"他的妈妈在照顾自己、给自己换尿布、跟自己躲猫猫的时候所讲的语言，这种语言让他们第一次接触到什么是爱、养育和欢乐"[40]。不断地纠正他们的话语，不支持他们将自己的话语作为与人沟通的重要途径，这样做会影响孩子的自尊，从而影响他们在校学习的动力。

德尔皮特和佩里还揭示了一个事实，那就是主流教师和主流共同体的成员对非裔美国人的人际沟通模式总是持否定态度。在德尔皮特的研究中，她让非裔美国人和白人都对非裔美国学生按照本族人际沟通模式所撰写的故事进行评价。[41]她发现大多的白人参与者往往认为这些故事结构很差，对作者的写作潜力也持消极的态度。熟悉黑人英语的参与者对这些故事的评价则比较高，对作者的写作潜力也持积极的态度。如果教师没有接触过不同语言形式，也没被教育过要重视不同的语言形式，那么他们就很难实现多元文化教学。

朱迪斯·贝克（Judith Baker）是一所高中的英语教师，她总结说在学生取得学业成功之前，需要学习三种形式的英语。[42]她说"家庭"英语是从家庭成员和伙伴中学来的语言，如果在他们的家庭里英语是第二语言的话，那么这种语言往往是本族语言和英语的混合。正式英语是学校里学会的语言，是通过高等教育或职业训练而获得的语言。她试图让学生认识到这些语言之间的区别，以便能够让他们掌握这三种语言的话语机制。和其他采用多元文化教学方式的教师一样，她的工作核心就是尊重家庭语言。[43]

珀塞尔-盖茨（Purcell-Gates）在揭示权力、语言和读写能力之间关系的时候说道：

> 学生带着各自不同的经历来到学校，这些经历是受到文化驱动的。为此我将读写能力看作一种文化实践，它之所以是一种文化实践，是因为读和写都交织在人们的日常生活中，而这些日常活动、态度和信念有助于确认和区分各种文化共同体。[44]

珀塞尔-盖茨督促教师不要将来自少数民族的学生看成是能力不足的人，而只是看作存在差异的人。她认为，让学生在多元文化教学方式下接触他们应该学习的东西，并承认权力关系在这一过程中的作用，是教师的职责。

琳达·克里斯滕森（Linda Christensen）相信语言实践特别是读写实践属于政治活动，这些活动有可能将人们从受压迫状态解放出来。[45]她认为，白人学生和很多有色人种学生之间的学业差异就是一个例子，这个例子说明了读写实践往往否定某些共同体并将它们降到次等地位。在克里斯滕森的观念里，读和写有可能会成为一种变革行为，这种行为将帮助人们"起义"并解放自己。她敏锐地意识到，语言的运用往往是社会阶层和文化背景的反映，因此她建议不但要让学生学会运用标准英语，同时也要促使学生思考究竟是谁制定了运用标准英语的规则，又是谁能够从中受益。

拉得森-比林斯也证明了，学生所用语言的社会地位决定了教师会做出怎样的判断，从而给予学生相应的教育。[46]在她的研究中，她曾提到有个说黑人英语的非裔美国人被她的教师"允许失败"，她还记录了一些例证，表明教师是按照较低标准对待这些学生的。在班级里，教师按照较高标准要求说标准英语的白人学生，鼓励这些学生完成所布置的作业，但对那个非裔美国学生，教师则不允许她和同学分享她的经验，也不鼓励这个学生像班级里其他同学那样完成作业。她总结说，采用多元文化教学方式的教育者需要认同课堂上所存在的语言多样化状况,但同时仍然要以高学业标准来要求学生和支持学生。

人们对于支持课堂上的语言多样性已经给予了很多关注。有数据明确显示,支持英语学习者发展本族语言是很重要的。[47]如果在"主流"课堂上有拉丁裔美国学生,那么在教学中不但需要利用语言运用方面的研究成果,也需要引入西班牙语(无论是正规的还是非正规的形式)运用状况研究的成果。例如,特鲁巴(Trueba)在试图解释为什么墨西哥裔美国学生学业成绩较低的时候,发现在支持学生的语言和文化与学校进行适当调整之间存在联系。[48]他在南加利福尼亚的两个学业表现较差的学区里展开了研究,研究重点是在教授英语的时候采用适当的多元文化方法论。他发现大多数教师都是白人,只会说英语,对于学生的潜力都是抱消极的态度,认为学生不会取得成功。在将整个班级重新组合成小的共同体,选取与课程相关的且学生认为重要的问题作为写作的任务后,学生掌握了基本的读写技能,在学校和共同体里的表现也有了积极的改变。

埃尔南德斯(Hernandez)在指导教师的时候,要求在学生语言各异的课堂中,更多地采取多元文化的教学方式。她将这种教学方式描述为"敏锐感知文化差异,妥善应对心理的、经济的和社会的现实,体现了优质的教育实践"[49]。她的观点就是教师必须明白:

- 孩子是在所处共同体中掌握语言和文化的。
- 当孩子来到学校的时候,他们已经对语言以及如何运用语言有了一些理解。
- 参与有社会意义的活动能够帮助发展高水平的认知和沟通技能。
- 语言发展和学业进步是相互作用的两个过程,包括了语言的、社会文化的、认知知识的和经验的相互作用。
- 具有社会文化和语言方面意义的环境能够促进学习。

她对多元文化教学方式进行了详细的描述,认为对于所有面临语言多样化的课堂的教育者而言,这种教学方式是很有价值的资源。正如我们所见,多元文化教学法是基于情境的,也就是说,由于课堂中学生的文化不同,它的表现也会有所不同。尽管内在的目的和主题是一样的,但教师在面对多样化的学生群体的时候,所表现的多元文化教学法也会不同。史密斯认为,"教学首先是一种语言活动,语言是教学的核心"[50]。然而语言的作用很少在谈论多元文化教学方式的时候被提及。在美国,有些州正在取消双语教学,并对没有执行这些规定的教师采取了严厉惩罚,在这些州要承认课堂上的语言多样化就更加困难了。采用多元文化教学方式的教师认识到了语言在创设人际关系、在课堂上实施多元文化教学方面的重要作用,他们已经学会了不同的语言以便能够为自己的学生提供支持,并提高他们的学业成绩。

创设多元文化课堂

教师一般都会做的一件事情就是把学生的作品张贴在墙上展示,以示他们完成了任务。除了空间上的物理展示之外,很重要的是还要考虑课堂上的社会动力,课堂是由学生、教师、职工以及其他人员组成的,要将课堂当作社会建构的共同体。我所说的社会建构指课堂是由共同体中的成员创造和维持的。课堂文化包括了行为准则、课程内容、评价活动等,很多时候课堂文化是由教师或其他成

人来制定形成的。学生在很大程度上没能参与重要的决策过程，被看作对课堂文化没有什么贡献或者他们可能的贡献也是没有价值的。相反，采用多元文化教学方式的教师会让学生参与影响整个共同体的决策过程。实施了多元文化教学方式的课堂文化是由共同体中各个成员共同协商、共同构建的。采用这样的教学方式更有可能创设一种有助于学习的氛围。此外，学生也更有可能遵守那些自己参与制定的守则，更有可能投入那些自己影响和（或）选择的学习内容中去。

在很多学区，教师被迫严格遵循州所规定的课程框架，他们对学生强调，通过州标准化测验是很重要的。采用多元文化教学方式的教师会找到办法来遵从这些框架，但这些办法往往并不包含或属于多元文化教学方式。学生参与设计和（或）影响课程的过程是被有意识地添加的。如果在整个求学经历中，你都没有学习过与自己的文化传统或历史有关的东西，或者从来没有阅读过这样一本书——书里的主角或者书的作者是与你自己的文化背景相同的，设想一下，那会是什么样子。在美国的学校里，尤其是那些越来越重视提高学生标准化测验成绩的学校里，很多学生的情况就是如此。很讽刺的是，已有数据表明，这种技能操练式的教学方式很难促进有意义的学习，事实上只会疏远学生，使学生边缘化。[51]

如果教师想要创设多元文化学习共同体，那么另外一条实用策略就是弱化教师与学生之间一分为二的区隔。当然，有时候清楚指明他们之间的区别是有意义的，但并不是说就一定要以教师为中心，由教师给学生灌输信息。相反地，采用多元文化教学的教师允许自己接受学生和其他人的教育。他们表现出对终身学习的认同，并将这种认同慢慢渗透给学生。在多元文化教学的课堂里，教师也是学习者，学生也是教师。课堂上整个共同体更加融合，因为所有的成员都在相互影响各自的个人和专业发展。

在关于这个过程的研究成果中，我们可以看到有很多很好的例子，其中玛丽·考伊（Mary Cowhey）的研究成果就是一个。她是一名小学教师，出版了一本书，书中记录了她是如何在小学生中采用多元文化教学方式的。[52]考伊女士的课堂被学生称为和平的课堂，学生积极参与设计结构严密的学习单元，这些学习单元既有关于水处理的，也有关于"中间通道"（Middle Passage）时期奴隶们的经历。原先的教学总是对这些问题加以"简化"，做肤浅的处理，以便一二年级的学生能够理解，但现在这些学习单元却改变了这一切，他们的做法与原先的做法相反，是将资料与学生的生活、真实的世界联系在一起。例如，在关于分数的学习单元里，学生既要学习数学概念，又要烤饼，并将这些饼在感恩节的时候送到当地的一个社区储藏室去，目的是使学生在学习数学的同时了解贫困工人的贫穷问题和他们的生活。在他们与储藏室工作人员和领取者的接触中，学生对于贫穷问题的一些根本原因会有所了解，同时又能够学会州规定课程里的分数知识以及其他知识。在考伊女士的班级里，学生也会自己制定守则来管理所有学生和成人的行为，这些守则构成了一种责任体系，目的是监督和处理学生认为与班级发展目标不符的那些行为。很多关于多元文化教学方式方面的研究都关注的是中学阶段[53]，但考伊女士的研究则强调了，在低年级同样也可以实施多元文化教学。

掌握程度测验

目标 4　确认促进多元文化教学的策略

设计一堂多元文化课

假定你是一所文化和语言都呈多样化特征的小学里的 4 年级教师，在你的班级里有 22 名学生，其中有非裔美国人、拉丁裔美国人和亚裔美国人。有几个学生会说两种以上的语言，有一个拉丁裔学生是最近才移民到美国的。你正准备一节课，内容是让学生掌握以下州所规定的标准：描述在当地和州历史上重大事件的重要性以及这些事件与美国历史之间的联系。在采取多元文化教学方式上这样一堂课时，确认你应当考虑的相关变量，并简单介绍你的思路。

设计、实施和修改一堂课

给某个班级的学生设计并实施一个教案，该教案应是采用了多元文化教学方式的。在完成教学后，反思教学过程。思考哪些是起作用的，哪些没有起作用的，上完课之后你自己又有哪些新的想法。修改教案初稿，将你的反思融入其中。将教案初稿、修改后的教案以及 1~2 页的教学反思上交。

目标 5：创造机会展示与多元文化教学方式相关的个人和专业发展

作为采用多元文化教学方式的教育者，我应该是（成为）怎样的人？

创设多元文化课堂是实施多元文化教学的一个方面。早在目标 3 里我们就已经强调了，实施多元文化教学的另外一个重要方面就是教师对自己身份以及这些身份如何影响教学的反思，教师和学生的身份与课程中的基本问题以及教学中存在的显性的和隐性的问题都有关系。[54]在承认和厘清自己的身份之前，是很难承认他人的身份的。

正如前面所述，身份是复杂的，有多种多样的来源。某些身份会将个体置于主流共同体之中，在这个群体里其他人或者有权力的人也具有同样的身份特征。其他一些身份则会使个体受到压迫和边缘化。某些个体倾向于对自己想要或正在追求的身份投入热情，却很少关注主流的身份。因此，根据某些身份我们会将这些学生归于"另外一群人"。这个过程导致很多拥有主流身份的个体将自己当作标准，认为其他人是偏离了标准。例如，我曾经听教师说过这样的话："我不属于什么种族，我就是标准。"这种定位是有问题的，因为它将某个人的特定主流身份当作标准，认为其他身份都偏离了这个标准。此外，用这样的视角去看待学生会带有离间性质。例如，即使教师自身对种族身份没有什么强烈的感觉，但他们应当承认学生有可能会产生强烈的种族身份感觉。

成为一名实现多元文化教学的教师的过程也是教师认真内省、厘清自己各种身份以及这些身份可能会对自己的世界观和教学实践造成什么影响的过程。例如，如果你认为学生应该抛弃自己的种族身份而追求统一的民族身份，这当然会影响你教什么以及如何教。教师需要了解自己以及自己与他人之间的关系，这是很重要的。这种了解有助于教学。当然，也并不是说教师就能够或者应该改变自己的身份，以

便与自己的学生相匹配。但是，他们应该意识到自己的身份以及这些身份与学生所具有的身份之间有什么联系。

这一内省过程不一定要单独进行，它可以而且也应该包含一种有意义的融合，或者是在教师工作的共同体里，或者是与那些教师期望更为熟悉的人一起。这种努力超越了学校有形的建筑，它是教师借以实现与文化联系的过程。[55]采用多元文化教学方式的教师不会被动地等待学生将其文化带入课堂，相反，他们会主动出击，进入创造和表达文化的共同体中去，从而更加熟悉这些共同体里的"知识基础"[56]。这种与各种共同体的联系成为教师的日常生活方式，他们作为学习者和积极的参与者进入这些共同体的生活，并利用由此而获得的知识来促进课堂教学工作。跨越文化之间的藩篱会很困难，但是与学生保持联系所带来的好处以及实现多元文化教学的可能性具有深远意义。

案例 2

S 小姐穿越中心大道

S 小姐是一位已从教一年的 23 岁教师，她所在的学区大约 85% 是非裔美国人、拉丁裔美国人和亚裔美国人。她成长于主流的白人社区，上的是私立的基督教学校，很少有机会与有色人种接触。后来她进入了东北部一座城市里的一所中等规模的私立文理学院。尽管学院所处的社区存在人种（种族）和语言上的多样性，但学院本身却和她以前上的学校很像。她很少碰到有色人种学生，她估计这些学生自己形成了小团体，而且在试图和这些学生接触的时候从未感觉舒适。她最亲密的圈子里的朋友也和她很相似，和她有相同的身份。

作为 20 世纪 90 年代出生的人，S 小姐受到的是流行音乐和有各种角色的流行电视的影响。在她大学第一年的一门课里，她有机会做一个地方日托机构的志愿者，这一经历激发了她从教的兴趣。在大学三年级的时候她学习了一门多元文化教育的课程，学这门课的时候她有了强烈的渴望，想要教那些不如自己幸运的学生。在大学本科教育阶段，她致力于成为一名教师，在最需要她的地方教授背景各异的学生。她的功课和实习成绩都很优异，在毕业的时候，她很快就被一个城市学区聘用了，这个地方离她父母家只有 20 分钟的车程。为了省钱，工作的时候她都是住在那里的，她的目的就是最终能够买一幢属于自己的房子。

S 小姐非常关心她的学生，但她也需要努力督促自己那些 5 年级的学生每天完成家庭作业，并在季度考试中取得进步，这些考试是她的领导为了迎接州测验而准备的。她认为学生在课堂上的努力必须和学生的家庭或所处共同体存在的问题相联系，比如贫穷问题。每天她去上班穿过中心大道的时候，都会对一路上擦肩而过的人产生兴趣，她注意到了很多被废弃的大楼和空空的店面。她还会欣赏当地教堂的建筑，闻闻面包房飘出来的香味，看看色彩鲜艳的海报，这些海报预告了本社区将要发生的事件。尽管她很欣赏学校所在城市具有的多样性，但她却总找不到时间好好探访这个地方。此外，她也很焦虑别人究竟在多大程度上能够接受自己。

> **练习**
>
> 1. 对上述案例里的 S 小姐，你能提供什么建议来帮助她改善学生的经历和学业成绩？
> 2. 在改革她的课堂时，多元文化教学方式能起什么作用？
> 3. S 小姐真正能从学生和学生所在社区了解多少东西？
> 4. S 小姐的焦虑有没有意义？在要求你跨越差异的界线获取新的体验时，你是否也曾这样焦虑过？
> 5. S 小姐在这样的环境下如何成为更有效的教师？她还需要知道些什么？

反思多元文化教学所需要的教师专业发展

教师如果想要更多地展现多元文化特色，可以做无穷无尽的事情。因为文化是不固定的、动态的和不断变化的，因此针对某个特定的学生共同体提出一系列策略是无效的。相反，下面我们要探讨的是几个观点，这些观点也是教师在实现多元文化教学时需要考虑的。这些策略可以在很多场合下使用，帮助改进教师的工作。

- 成为某个共同体的一员。本章特别强调在成为多元文化教学的教师过程中，专业和个人成长之间的交叉。教师想要更加了解自己的学生、与学生所属共同体建立联系，那么最重要的一条建议就是住到他们所教的那个社区里去。尽管住到这个社区里去有好处也有不足，但却真实反映了对于这个社区的高度投入。此外，教师也有机会在学校之外的各种场合见到学生，从而更多地了解学生和他们所属的社区。而且住在社区里也就更能沉浸到采用多元文化教学方式的教师所需要面对的文化中。

- 绘制有价值事物的地图。如果教师住在所教学区之外，他们也可以与学校所在的社区建立并维持有意义的联系。了解学生所在社区各类有价值事物的一个方法就是绘制有价值事物的地图。绘制有价值事物的地图包括列出社区的组织、资源以及其他重要的社会网络，将它们作为教育学生时用得上的资源。这些地方也能显著促进教师个人和专业发展。

- 学生主导的游历。如果想将学生当作教师并让他们处于公正的权力关系中，有一个办法就是让他们带着你游历他们所在的社区。问问学生在社区里哪些是重要的，哪些是想让教师了解的。组织学生一起进行探讨，分析哪些东西被纳入了游历过程中，哪些又被忽略了，原因是什么。

- 沉浸其中的经历。教师要抓住每一个机会沉浸到工作所在的社区里去。学生很喜欢在不同场合下与教师互动。例如，有很多理由可以解释为什么很多郊区的学生在校成绩优秀，能够升入高校接受高等教育，比如父母亲的受教育程度、社会经济地位等。此外我认为还有一个可能的原因，那就是教师要么住在学校所在的郊区，要么住在类似的社区，很熟悉这些社区的社会文化。有色人种学生的教师很少会住在他们所在的社区或者类似的社区里。特别是对那些不熟悉学校所在社区情况的教师而言，抓住每个可能的机会沉浸到社区里去是很重要的。

结语：指向多元文化教学的扎根理论

有太多的学生在学校里饱受折磨，教师轻视或者完全忽视他们的文化身份，从而导致学生疏远学校。对于以往没能在学校得到应有教育的学生，教师和其他学校人员也在寻找改善他们教育经历和学业成绩的方法，但他们往往忽视了广义的文化在教学中所起的作用。与此相反，本章认为多元文化教学是改革运动的组成部分，这种教学方式有可能促使学生积极参与并取得学业成就。通过对多元文化教学更深入的了解，教师就能获得必要的技能来改革课程和教学实践，这样一来他们就更能应对学生的文化和教育需求。

本章试图摆脱的是对多元文化教学和教师专业发展的过度描述。我们鼓励教师发展针对特定场合或接地气的方法实施多元文化教学，这样的教学方式是源自所处特定教学情境的。在前面的论述中，已经强调了多元文化教学的一些核心内容，对于想要实施多元文化教学的教师，我们还想提出以下建议：

1. 关注学生已经知道、经历或重视什么。
2. 了解自己的学生是如何从多种来源建构起自己复杂的身份的，并对他们的这些身份做出相应的反应。
3. 重视学生的家庭语言。让学生了解和学习他们感兴趣的问题，并（或）改革学校教育以服务那些未能享受应有教育的学生。
4. 认识到自己的文化和它对于你如何看待想要改善的经验和价值观所产生的影响。
5. 将你想要实现的个人和专业发展与学生所处社区文化联系起来。

尽管以上意见并不全面，但却是教师实现多元文化教学的跳板。采用扎根理论方式使得教师能够应对学生建构和确立自身文化身份的复杂性和独特性。在同一幢教学楼的两个教室里，即使面对来自同一社区的学生，实施了多元文化教学的班级所呈现的教学面貌也是不同的。正如每个个体都不同一样，这些不同个体所组合而成的社区同样具有多样性。因此，教师需要以开放的姿态面对学生展示各自身份的各种方式。实施多元文化教学有可能改变学生的教育经历，改善他们的学业成绩，弥补他们未能受到应有教育的缺憾。

> **掌握程度测验**
>
> **目标5　创造机会展示与多元文化教学方式相关的个人和专业发展**
>
> 你要先选择一个目前工作所面对的或接触比较多的文化群体。这个活动的目的就是让你了解与自己不同的文化，因此你需要选择的是一个自己并不隶属的群体。通过以下各种方式来获得原始资料，以便更多地了解这个群体：阅读这个群体成员所写的历史和学术著作；阅读文献、诗歌、当地出版物或报纸文章；该群体成员所创设的网站；在当地餐馆享用午餐或晚餐；参加艺术展览、音乐会或剧场表演；参与该社区的一项政治或文化活动，或者参加一次当地学校的家长会。根据你受该文化浸润的经历，撰写总结报告，汇报你这次的文化探索及收获。

观察表

多元文化教学

正如你在本章所看到的，多元文化教学是多方面的，涵盖了教学过程的各个维度，即教什么、如何教、教谁、谁来教。本项活动的目的是让你有机会批判反思多元文化教学的课堂实践。

说明： 在某个教室观察一天，利用以下问题来指导你的反思。

对这所学校、学校所处的社区和你观察的班级进行简要描述。

_____

_____

观察学校的墙壁、告示栏和媒体中心，看上面代表的是哪些人？没有得到体现的又是哪些人？在学校所看到的这些有形实体反映了该校、该社区、该国的哪些人口统计特征？

_____

_____

检查班级所用的测验，测验内容是否反映了这个班里学生的文化背景？有色人种、女性、学生、工人阶层是如何在测验中得到体现的？

_____

_____

审视师生关系，看是否建立在相互尊重的基础上？如果有的话，师生关系中的哪些方面体现了多元文化教学方式？教师是如何将教学内容与学生先前的知识和经历联系起来的？

_____

_____

在教学过程中学生的哪些身份特征得到了承认？又有哪些身份特征受到了压制？

_____

_____

如果有的话，你会做什么样的改变来促进课堂更好地体现多元文化教学？

_____

_____

参考文献

著作

Racial/Ethnic Identity Development

Flores-Gonzalez, N. (2002). *School kids/street kids: Identity development in Latino students*. New York: Teachers College Press.

Tatum, B. D. (1997). *Why are all the Black kids sitting together in the cafeteria? And other conversation about race*. New York: Basic Books.

Teacher Education and Curriculum Reform

Howard, G. R. (1999). *We can't teach what we don't know: White teachers, multiracial schools*. New York: Teachers College Press.

Freire, P. (1998). *Teachers as cultural workers*. Boulder, CO: Westview Press.

Sleeter, C. (2005). *Un-standardizing curriculum: Multicultural teaching in the standards based classroom*. New York: Teachers College Press.

Gay, G. (2003). *Becoming multicultural educators: Personal journey toward professional agency*. San Francisco, CA: Jossey-Bass.

Critical Literacy

Christensen, L. (2000). *Reading, writing and rising up*. Portland, OR: Rethinking Schools.

Finn, P. J. (1999). *Literacy with an attitude: Educating working-class children in their own self-interest*. Albany: State University of New York Press.

Vasquez, V. M. (2004). *Negotiating critical literacies with young children*. Mahwah, NJ: Erlbaum.

Cowhey, M. (2006). *Black ants and Buddhists: Thinking critically and teaching differently in the primary grades*. Portland, ME: Stenhouse.

Culturally Responsive Pedagogy

Gay, G. (2000). *Culturally responsive teaching*. New York: Teachers College Press.

Ladson-Billings, G. (1994). *The dreamkeepers: Successful teachers of African American children*. San Francisco: Jossey-Bass.

Bilingual Education

Garcia, E. E. (2005). *Teaching and learning in two languages: Bilingualism and schooling in the United States*. New York: Teachers College Press.

Pérez, B., & Torres-Guzmán, M. E. (1992). *Learning in two worlds: An integrated Spanish/English biliteracy approach*. New York: Longman.

Multicultural Education

Nieto, S., & Bode, P. (2008). *Affirming diversity: The sociopolitical context of multicultural education*. Boston: Pearson.

Lee, E., Menkart, D., & Okazawa-Rey, M. (Eds.). (1998). *Beyond heroes and holidays: A practical guide to K-12 anti-racist, multicultural education and staff development*. Washington, D.C.: Network of Educators on the Americas.

Schniedewind, N., & Davidson, E. (1983). *Open minds to equality: A sourcebook of learning activities to promote race, class and age equity*. Old Tappan, NJ: Prentice-Hall.

Multicultural education: Issues and perspectives (pp. 195–214). Boston: Allyn & Bacon.

Narratives

Rodriguez, L. J. (1993). *Always running: La vida loca, Gang days in L.A*. Willimantic, CT: Curbstone Press.

McCall, N. (1994). *Makes me wanna holler: A young Black man in America*. New York: Random House.

Thomas, P. (1997). *Down these mean streets*. New York: Vintage.

Malcolm X. (1965). *The autobiography of Malcolm X*. New York: Grove.

网址

Rethinking Schools: http://www.rethinkingschools.org
Rethinking Schools is an organization focused on issues pertinent to urban schools, with particular emphasis on equity across racial lines. This organization is committed to the idea of free, public, and equal education for all.

EdChange: http://www.edchange.org
EdChange is dedicated to diversity and equity in ourselves, our schools and our society. We act to shape schools and communities in which all people, regardless of race, gender, sexual orientation, class, (dis)ability, language, or religion, have equitable opportunities to achieve to their fullest.*

National Association for Multicultural Education (NAME): http://www.nameorg.org
The official website of the National Association for Multicultural Education (NAME), an organization that would bring together individuals and groups with an interest in multicultural education from all levels of education, different academic disciplines, and from diverse educational institutions and occupations.*

Native Village: http://www.nativevillage.org
The Native Village web site was created for youth, educators, families, and friends who wish to celebrate the rich, diverse cultures of the Americas' First Peoples.*

New Horizons: http://www.newhorizons.org/strategies/multicultural/front_multicultural.htm
A collection of articles and readings, by scholars and K-12 students, focused on issues of multicultural education.

Gay, Lesbian, Straight Education Network: http://www.glsen.org
The Gay, Lesbian and Straight Education Network, or GLSEN, is working to ensure safe and effective schools for all students.*

Pew Hispanic Center: http://pewhispanic.org/
The Pew Hispanic Center's mission is to improve understanding of the diverse Hispanic population in the United States and to chronicle Latinos' growing impact on the nation.*

American Indian Movement: http://www.aimovement.org/
A movement dedicated to helping the Native People

regain human rights and achieve restitutions and restorations.*

National Women's History Project: http://www.nwhp.org/
An educational nonprofit organization whose mission is to recognize and celebrate the diverse and historic accomplishments of women by providing information and educational materials and programs.*

Teaching Tolerance: http://www.tolerance.org/
A principal online destination for people interested in dismantling bigotry and creating, in hate's stead, communities that value diversity.*

Understanding Prejudice: http://www.understandingprejudice.org/
A web site for students, teachers, and others interested in the causes and consequences of prejudice.*

Asian American Curriculum Project: http://www.asianamericanbooks.com/index.shtml
The Asian American Curriculum Project, Inc., an award-winning organization, has grown to offer the most complete collection of Asian American books.

Patchwork of African American Life: http://www.kn.pacbell.com/wired/BHM/index.html
A link to six web sites dedicated to African American history.

White Antiracist Community Action Network: http://www.euroamerican.org/
A multiracial organization that looks at whiteness and White American culture.*

*Source: http://www.nameorg.org/links.html

For these links and additional resources, please visit the Premium Website at **www.cengage.com/login**.

注　释

[1] R. Fry and F. Gonzales, "One-in-Five and Growing Fast: A Profile of Hispanic Public School Students," (Washington, D.C.: Pew Hispanic Center, 2008).

[2] This excerpt is taken from a student's assignment submitted as part of a class on action research in which students examined Latino education. Carmen (a pseudonym) was a junior in high school when she completed this assignment.

[3] G. Ladson-Billings, "Toward a Theory of Culturally Relevant Pedagogy," *American Educational Research Journal* 32, no. 3 (1995): 465–491; C. D. Lee, "Culturally Responsive Pedagogy and Performance-Based Assessment," *The Journal of Negro Education* 67, no. 3 (Summer 1998): 268–279; T. C. Howard, "Powerful Pedagogy for African American Students: A Case of Four Teachers," *Urban Education* 36, no. 2 (2001): 179–202; A. M. Villegas and T. Lucas, "Preparing Culturally Responsive Teachers: Rethinking the Curriculum," *Journal of Teacher Education* 53, no. 1 (2002): 20–32; L. I. Bartolomé, "Beyond the Methods Fetish: Toward a Humanizing Pedagogy," in *The Critical Pedagogy Reader*, eds. A. Darder, M. Baltodano, and R. D. Torres (New York: Routledge, 2003).

[4] G. Gay, *Culturally Responsive Teaching: Theory, Research, and Practice* (New York: Teachers College Press, 2000): p. 29.

[5] G. Ladson-Billings, "Like Lightning in a Bottle: Attempting to Capture the Pedagogical Excellence of Successful Teachers of Black Students," *International Journal of Qualitative Studies in Education* 3, (1990): 335–344.

[6] K. H. Au and A. J. Kawakami, "Cultural Congruence in Instruction," in *Teaching Diverse Populations: Formulating a Knowledge Base*, eds. E. R. Hollins, J. E. King, and W. Hayman (Albany, NY: State University of New York Press, 1994).

[7] E. Jacob and C. Jordan, eds., "Explaining the School Performance of Minority Students." [theme issue], *Anthropology and Education Quarterly* 18, no. 4 (1987).

[8] G. Ladson-Billings, "But That's Just Good Teaching! The Case for Culturally Relevant Pedagogy," *Theory Into Practice* 34, (Summer 1995): 159–165.

[9] G. Gay, *Culturally Responsive Teaching: Theory, Research, and Practice* (New York: Teachers College Press, 2000).

[10] L. Moll, "Funds of Knowledge for Teaching: Using a Qualitative Approach to Connect Homes and Classrooms," *Theory Into Practice* 31, no. 2 (1992): 132–41.

[11] A. Valenzuela, *Subtractive Schooling: US-Mexican Youth and the Politics of Caring* (Albany: State University of New York Press, 1999).

[12] J. Piaget, *The Origins of Intelligence in Children* (International Universities Press, 1974); J. Dewey, *Experience and Education*, (New York: Macmillan, 1959); E. Erikson, *Identity: Youth and Crisis* (New York: W.W. Norton Company, 1968).

[13] N. González, "Beyond Culture: The Hybridity of Funds of Knowledge," in *Funds of Knowledge*, ed. N. González, L. C. Moll, and C. Amanti (Mahwah, NJ: Lawrence Erlbaum Associates, Inc., 2005): p. 35.

[14] K. Gutiérrez and B. Rogoff, "Cultural Ways of Learning: Individual Traits or Repertoires of Practice," *Educational Researcher* 32, no. 5 (2003): 19–25.

[15] J. G. Irizarry, "Ethnic and Urban Intersections in the Classroom: Latino Students, Hybrid Identities, and Culturally Responsive Pedagogy," *Multicultural Perspectives* 9, no. 3 (2007): 1–7.

[16] J. M. R. Duncan-Andrade, "Your Best Friend or Your Worst Enemy: Popular Culture, Pedagogy and Curriculum in Urban Classrooms," *Review of Education Pedagogy & Cultural Studies* 26, no. 4 (2004): 313–337.

[17] J. M. R. Duncan-Andrade, "Your Best Friend or Your Worst Enemy: Popular Culture, Pedagogy and Curriculum in Urban Classrooms," *Review of*

[18] J. M. R. Duncan-Andrade, "Your Best Friend or Your Worst Enemy: Popular Culture, Pedagogy and Curriculum in Urban Classrooms," *Review of Education Pedagogy & Cultural Studies* 26, no. 4 (2004): 331.

[19] L. Delpit, *Other People's Children: Cultural Conflict in the Classroom* (New York: New York Press, 1995).

[20] A. DeJesús, "Theoretical Perspectives on the Underachievement of Latino/a Students in U.S. Schools: Toward a Framework for Culturally Additive Schooling," in *Latino/a Education: An Agenda for Community Action Research*, eds. P. Pedraza and M. Rivera (Mahwah, NJ: Lawrence Erlbaum Associates, 2005).

[21] G. Smitherman, *Talkin and Testifyin: The Language of Black America* (Detroit: Wayne State University Press, 1977); H. S. Alim and J. Baugh, *Talking Black Talk: Language, Education, and Social Change* (New York: Teachers College Press, 2006).

[22] U.S. Census Bureau, "School Enrollment: 2000," (Washington, D.C.: 2004).

[23] G. Ladson-Billings, *The Dreamkeepers: Successful Teachers of African American Children* (San Francisco: Jossey Bass, 1994); J. G. Irizarry and R. Antrop-González, "RicanStructing the Discourse and Promoting School Success: Extending a Theory of CRP to DiaspoRicans," *Centro Journal of the Center for Puerto Rican Studies* 20, no. 2 (2007): 36–59; J. Raible and J. G. Irizarry, "Transracialized Selves and the Emergence of Post-White Teacher Identities," *Race, Ethnicity and Education* 10, no. 2 (2007): 177–198.

[24] C. E. Sleeter, "Preparing Teachers for Culturally Diverse Schools: Research and the Overwhelming Presence of Whiteness," *Journal of Teacher Education* 52, no. 2 (2001): 94–106.

[25] M. J. Vavrus, *Transforming the Multicultural Education of Teachers* (New York: Teachers College Press, 2002).

[26] L. Delpit, *Other People's Children: Cultural Conflict in the Classroom* (New York: New York Press, 1995); R. Hernández-Sheets, "Urban Classroom Conflict: Student-teacher Perception: Ethnic Integrity, Solidarity, and Resistance," *Urban Review* 28, no. 2 (1996): 165–183; G. R. Howard, *We Can't Teach What We Don't Know: White Teachers, Multiracial Schools* (New York: Teachers College Press, 1999).

[27] A. E. LaDuke, "Resistance and Renegotiation: Preservice Teacher Interactions with and Reactions to Multicultural Course Content, *Multicultural Education* (forthcoming, 2009).

[28] A. E. LaDuke, "Resistance and Renegotiation: Preservice Teacher Interactions with and Reactions to Multicultural Course Content, *Multicultural Education* (forthcoming, 2009).

[29] S. Bowles and H. Gintis, *Schooling in Capitalist America* (London: Routledge, 1976); J. MacLeod, *Ain't No Makin' It: Aspirations and Attainment in a Low Income Neighborhood* (Boulder, CO: Westview Press, 1987); P. Noguera, *City Schools and the American Dream: Reclaiming the Promise of Public Education* (New York: Teachers College Press, 2003).

[30] J. Kozol, *Savage Inequalities* (New York: Basic Books, 1992).

[31] G. Ladson-Billings, "From the Achievement Gap to the Education Debt: Understanding Achievement in US Schools," *Educational Researcher* 35, no. 7 (2006): 3–12; L. Darling-Hammond, "New Standards and Old Inequalities: School Reform and the Education of African American Students," *The Journal of Negro Education* 69, no. 4 (2000): 263–287; C. Jencks and P. Peterson, eds. *The Urban Underclass* (Washington, D.C.: Brookings, 1991).

[32] Eric A. Hanushek, "School Resources and Student Performance," in Gary Burtless, ed., *Does Money Matter? The Effect of School Resources on Student Achievement and Adult Success* (Washington, D.C.: Brookings Institution Press, 1996), pp. 74–92.

[33] P. Freire, *Pedagogy of the Oppressed* (New York: Seabury, 1970/2000).

[34] J. M. R. Duncan-Andrade and E. Morrell, *The Art of Critical Pedagogy: Possibilities for Moving From Theory to Practice in Urban Schools* (New York: Peter Lang, 2008).

[35] M. Fine, "An Epilogue, of Sorts," in *Revolutionizing Education: Youth Participatory Action Research in Motion*, eds. J. Cammarota and M. Fine (New York: Routledge, 2008).

[36] S. Ginwright, "Collective Radical Imagination: Youth Participatory Action Research and the Art of Emancipatory Knowledge," in *Revolutionizing Education: Youth Participatory Action Research in Motion*, eds. J. Cammarota and M. Fine (New York: Routledge, 2008).

[37] E. Morrell, *Critical Literacy and Urban Youth: Pedagogies of Access, Dissent, and Liberation* (New York: Routledge, 2008); J. Cammarota and M. Fine, eds., *Revolutionizing Education: Youth Participatory Action Research in Motion* (New York: Routledge, 2008); T. Brown, T. Bridges, and S. Clark, "Flipping the Script: Youth Teaching Teachers," (Paper presented at the annual meeting of the American Educational Research Association, New York, March 2008); M. Rivera and P. Pedraza, "The Spirit of Transformation: An Education Reform Movement in a New York City Latino/a Community," in *Puerto Rican Students in U.S. Schools,* ed. S. Nieto (Mahwah, NJ: Lawrence Erlbaum Associates, Inc., 2000).

[38] T. D. Snyder and C. E. Freeman, "Look for Near-Record Elementary School Enrollments This Year, with Greater Numbers of Language Minority and Computer-Savvy Students," *Trends in Education* 83, no. 1 (2003): 50–52.

[39] L. Delpit and T. Perry, eds., *The Real Ebonics Debate: Power, Language and the Education of African-American Children* (Boston: Beacon Press, 1998).

[40] L. Delpit and T. Perry, eds., *The Real Ebonics Debate: Power, Language and the Education of African-American Children* (Boston: Beacon Press, 1998): p. 17.

[41] L. Delpit and T. Perry, eds., *The Real Ebonics Debate: Power, Language and the Education of African-American Children* (Boston: Beacon Press, 1998).

[42] J. Baker, "Trilingualism," in *The Skin That We Speak: Thoughts on Language and Culture in the Classroom*, eds. L. Delpit and J. K. Dowdy (New York: New York Press, 2002).

[43] J. Baker, "Trilingualism," in *The Skin That We Speak: Thoughts on Language and Culture in the Classroom*, eds. L. Delpit and J. K. Dowdy (New York: New York Press, 2002).

[44] V. Purcell-Gates, "'As Soon As She Opened Her Mouth!': Issues of Language, Literacy, and Power," in *The Skin That We Speak: Thoughts on Language and Culture in the Classroom*, eds. L. Delpit and J. K. Dowdy (New York: New York Press, 2002): p. 128.

[45] L. Christensen, *Reading, Writing, and Rising Up: Teaching about Social Justice and the Power of the Written Word* (Milwaukee, WI: Rethinking Schools, 2000).

[46] G. Ladson-Billings, "'I Ain't Writin' Nuttin': Permissions to Fail and Demands to Succeed in Urban Classrooms" in *The Skin That We Speak: Thoughts on Language and Culture in the Classroom*, eds. L. Delpit and J. K. Dowdy (New York: New York Press, 2002).

[47] P. Gandara and F. Contreras, *The Latino Education Crisis: The Consequences of Failed Social Policies* (Cambridge, MA: Harvard University Press, 2009); J. Crawford, *Educating English Learners: Language Diversity in the Classroom* (Bilingual Education Services, 2004): M. E. Brisk, *Bilingual Education: From Compensatory to Quality Schooling* (New York: Routledge, 2006); M. Torres-Guzmán, J. Abbate, and L. Minaya-Rowe, "Defining and Documenting Success for Bilingual Learners: A Collective Case Study," *Bilingual Research Journal* 26, no. 1 (Spring 2002): 1–21.

[48] H. T. Trueba, "From Failure to Success: The Role of Culture and Cultural Conflict in the Academic Achievement of Chicano Students," in *Chicano School Failure and Success: Research and Policy Agendas for the 1990s*, ed. R. R. Valencia (London: Falmer Press, 1991).

[49] H. Hernandez, *Teaching in Multilingual Classrooms: A Teacher's Guide to Context, Process, and Content* (Upper Saddle River, NJ: Merrill, 1997): p. 99.

[50] B. O. Smith, "On the Anatomy of Teaching," in *Contemporary Thought on Teaching*, ed. R. T. Hyman (Englewood Cliffs, NJ: Prentice Hall, 1971).

[51] D. C. Berliner, "An Analysis of Some Unintended and Negative Consequences of High-Stakes Testing" (East Lansing, MI: Great Lakes Center, 2002); A. Valenzuela, *Leaving Children Behind: How "Texas-style" Accountability Fails Latino Youth* (New York: State University of New York Press, 2005).

[52] M. Cowhey, *Black Ants and Buddhists: Thinking Critically and Teaching Differently in the Primary Grades* (Portland, ME: Stenhouse, 2006).

[53] T. C. Howard, "Telling Their Side of the Story: African-American Students' Perceptions of Culturally Relevant Teaching," *The Urban Review* 33, no. 2 (2001): 131–149; E. B. Moje and K. Hinchman, "Culturally Responsive Practices for Youth Literacy Learning," in *Adolescent Literacy Research and Practice* (Guilford Press, 2004).

[54] P. Freire, *Teachers as Cultural Workers: Letters to Those Who Dare Teach* (Boulder, CO: Westview Press, 1998): p. 69.

[55] J. G. Irizarry, "Ethnic and Urban Intersections in the Classroom: Latino Students, Hybrid Identities, and Culturally Responsive Pedagogy," *Multicultural Perspectives* 9, no. 3 (2007): 1–7.

[56] L. Moll, "Funds of Knowledge for Teaching: Using a Qualitative Approach to Connect Homes and Classrooms," *Theory Into Practice* 31, no. 2 (1992): 132–41.

第8章

班级管理

卡萝尔·温斯坦　威尔福德·A. 韦伯
郑丹丹　译

目标 ▶▶▶

1. 界定什么是班级管理,解释班级管理与纪律之间的关系,描述"多元文化的班级管理"概念

2. 比较领导型教师、权威型教师和民主型教师之间的不同特点

3. 确认班级管理的常见任务,解释每个任务对于创设良好运作的学习环境所起的作用

原　理

新教师总是把班级管理看成最大的挑战。他们对那些在教室后面不停地说话或者交头接耳的学生很无奈,这些学生总是上学迟到,喜欢恐吓和骚扰同学,态度散漫,爱搞破坏,喜欢公然挑衅。这些管理问题带来了压力、焦虑和教学时间的浪费,导致教师怒火中烧,偏离教学。

新教师还认为他们所受的师范教育存在不足,没能使他们准备好应对班级管理所带来的挑战。他们希望在像与家长沟通、应对不良行为等方面能有更多准备。他们想看到"解决班级管理问题的真实案例"[1],反对过于理论化的课程。有一位新教师是这样说的:

> 我对自己所受的教师教育深感困惑,甚至还很反对:当我真正面对一群有着特定需求、希望和个性的三年级学生的时候,我发现我曾经学过的所有学习理论和发展阶段都没什么用。……即使我的教师教育课程偶尔确实涉及了管理问题,但它也与真实的课堂情境相去甚远,几乎没有什么价值。[2]

这样的抱怨是真实的:无数研究表明,师范教育往往忽略了班级管理方面的学习。[3]例如,纽约最近对26个师范教育项目进行了研究,发现只有11个项目(42%)要求开设班级管理的课程,但实际上这个数字比同类研究所得到的百分比数值要高。[4]除了一些师范教育项目要求单独开设班级管理的课程,在心理学、儿童发展或学生主讲的论坛中也会选取班级管理作为管理内容的一部分。但即使解决了学习班级管理的问题,通过这样的途径学到的方法往往也与真实的班级管理存在

脱节。

本章首先界定什么是班级管理，并将班级管理与纪律做一区分。接着探讨班级管理的三种类型，这种分类借鉴了有效家庭教育方面的文献资料。然后审视当前教师面临的六项常见管理任务，并就如何创设尊重的、有秩序的学习环境为读者提供具有研究基础的建议。本章的基本观念是：只要教师采用了良好的预防性管理策略，大多数的无序问题都是可以避免的（或者至少可以最少化）。

目标1：界定什么是班级管理，解释班级管理与纪律之间的关系，描述"多元文化的班级管理"概念

什么是班级管理？为什么班级管理会成为一个问题？

学习活动 8.1

关注学生行为这个话题并不新。在殖民时代，往往需要挑选"足够壮、足够强的"教师，因为他们面对的是"喜欢殴打同学"的十几岁的男孩。[5]学生"搞叛乱"也很常见，"他们会把教师赶出去并锁在学校外面"[6]。独立战争后，混乱的局面仍然常见。有位观察家曾经说"美国孩子身上没有遵从教师坚定意愿的性格，就像他们的父亲也没有遵从国王委任官员的性格一样"[7]。

我们对于以上所述无序行为的看法与以往相比发生了较大的改变。我们并不孤立地关注纪律问题，纪律问题往往是在个体表现出不良行为之后出现的，而我们强调的是预防不良行为的出现。纪律仍然是很重要的，因为有时预防措施也会无效，但现在教育者所探讨的班级管理概念已经更为宽泛了（纪律只是其中一部分）。班级管理指的是教师为创设尊重、关心、有序和高产的课堂环境而采取的行为。班级管理能够支持和促进学业和社会情感的双重学习，换句话说，有效的班级管理不但为促进学业成就提供了良好的课堂环境，也致力于强化学生的社会技能（包括移情、沟通技能、愤怒情绪控制、冲突解决）和自主能力。

为了进一步明确有效班级管理的重要性，你可以想象一下，下述场景应该是很普遍的：28名学生被放在一个相对狭小的空间里，他们来自不同的种族（人种），学业成绩存在显著差异。四名学生在学习英语；三名学生已经被诊断为有学习障碍；一名孤独症学生需要全天候照顾；一名学生刚刚无家可归，因为父母失业而无法赎回他们已经抵押掉的房子。对高风险标准化测验的恐惧笼罩着整个班级，教师很难腾出时间开展那些吸引人的、与学生生活相关的教学活动。事实上，很多学生对学科内容完全不感兴趣，他们经常偏离学习。为了帮助教师应对这种状况，学校刚刚开设了名为"改善学生行为的十个绝对有效方法"的教师工作坊。

以上场景表明了当前教师所面临的一些挑战，突出了新教师（甚至有经验的教师）所面对的与班级管理相关的困难。第一，课堂是群体性的、复杂的环境。很难想到还有什么地方（除了监狱）会把这么多人这么长时间紧密地聚合在一起。在这个环境下，教师必须考虑不同学业水平、不同兴趣、对学习内容持不同态度的学生的需求。同时教师还必须帮助学生准备好迎接标准化测验（更甚于同他们的生活和

兴趣相联系)。

第二，课堂比以往更多地体现出文化多样性，学生有不同的人种、民族、语言和社会阶级背景。尽管教师有时候想要做到"无视肤色"，但忽视学生的背景意味着忽视了学生身份中一个基本的组成部分。而且对于良好行为的界定和期望也受到文化的影响，如果我们不承认学生存在不同的假设、价值观和沟通模式，冲突将不可避免。例如，詹妮瓦·盖伊[8]指出，非裔美国人往往喜欢使用"感性的词汇"，他们在口语交际中"注入了很多的力量、热情和激情"。如果欧裔美国人认为这样的话语很粗鲁或粗俗，那么这种理解就会导致文化冲突，并最终导致不必要的纪律约束的介入和学生的不满。

为了避免这样的冲突，教师必须成为多元文化班级管理者。[9]这也就意味着教师需要丰富的知识、技能和性情来应对来自不同背景的学生。多元文化班级管理认识到，我们都是具有文化特质的人，对于人类的行为有自己的信念、价值观和假设。我们必须有意识地关注文化偏好，反思文化偏好如何影响我们与学生之间的交往。教师应掌握来自不同背景学生的准则和价值观。例如，白人中产阶级的一种世界观就是强调个人成就、独立、竞争和效率。这种世界观与强调集体主义的文化（比如亚洲文化、拉丁文化和美洲印第安人文化）中的世界观是完全相反的，后者避免展示个人成就，而是强调合作、和谐、为集体的利益服务。各类世界观之间并没有优劣之分，但他们之间确实存在差异。如果不能承认和尊重这些差异，就会导致错误的理解和错误的沟通。

第三个挑战来自这样一个事实，那就是全国有差不多一半的残障学生目前在普通教育体系中和其他没有残障的同学一起接受教育。[10]成功的全纳教育不仅仅是把残障学生和正常学生放到同一个教室里，还需要教师创设一种彼此接受的氛围，促进互动，在必要的时候修改教学设计和行为准则。全纳教育还要求普通教育里的教师与特殊教育机构的工作人员协作，因为他们可以提供对课堂的支持（比如特殊教育教师和辅助人员）。这些额外的责任给承担普通教育的教师带来了巨大的压力，他们经常感觉自己缺少必要的专业准备来帮助有特殊需要的学生。

第四，很多学生是在容易造成生理、情感或心理问题的环境下成长起来的。像离婚、家庭不稳定、滥用药物、虐待和不受关注等家庭和社会因素会对学生的学业成绩和行为产生负面影响。此外，2008—2009年的经济危机使得贫穷和无家可归的情况恶化，并给各个家庭带来了沉重的压力。学生不但在家里需要面对这些问题，来学校的时候，这些问题也会如影随形。教师比以往更需要为那些深受压力、没有安全感的学生创设一个温暖的、支持性的和稳定的环境。

第五，正如前面所提到的，新教师常常说他们所受的师范教育没能使他们做好准备迎接当代课堂的挑战。假设教师真的缺少这方面的准备，那么很多教师都不得不依靠在职的专业发展工作坊，这些工作坊侧重于提供一系列班级管理方面的菜单式方法，列出了教师应该做什么或者不应该做什么（例如，一般都是私下惩戒学生，在训诫学生的时候不提高音量，总是保持公正，从不偏心）。

尽管以上建议看起来很合情理，但在面对复杂挑战的时候还是过于简单，无法起到什么作用。像这类"菜单"都不是从指导教师思考和行动的概念严谨的原则中得来的。因此，如果某个方法不能达到其目的，又或者某个方法在特定的环境下无法实施，那么教师就没有其他选择。此外，菜单式方法往往是绝对的，但课堂教学活动往往存在微妙差异。例如，我们总在争论公平的重要性，但在一个混乱的课堂里，却很难清晰地说明什么是公平。一方面，公平表明所有的人都必须接受相同的规则；另一方面，公平也表明人们需要得到不同的、个性化的对待，从这个角度看，相同的对待就是不公平的。那么教师究竟该怎么做呢？

很幸运的是，现在的教师不必依赖一系列菜单式方法。最近30年的研究已经为我们提供了大量有关有效班级管理的信息，以及一系列能够帮助我们全面考虑复杂的课堂环境、指导我们行动的原则。本章对这样的知识进程进行了反思，为创设关心、支持、有序的课堂环境提供了具有研究基础的建议。

掌握程度测验

目标1 界定什么是班级管理，解释班级管理与纪律之间的关系，描述"多元文化的班级管理"概念

回答以下问题，回答完毕之后，参照本书后附的答案检查你的回答：
1. 用你自己的话来界定班级管理这个概念。
2. 班级管理和纪律之间有何差异？哪个概念更为宽泛？
3. 多元文化的班级管理是什么意思？
4. 白人中产阶级文化和更强调集体主义的文化（比如美洲印第安人）在价值观上有何差异？

目标2：比较领导型教师、权威型教师和民主型教师之间的不同特点

班级管理的三种类型

学习活动8.2

A先生一直进行着严谨的工作，他是一位严肃的教师，强调高期望和连贯性。他坚持认为，只要学生进了这扇门，就应该精确掌握被要求了解的知识，他随时准备当学生"乱成一锅粥"的时候惩罚学生。他知道学生经常抱怨自己是一个"很不友善的老师"，但他认为就是这严厉的名声才使一切尽在掌握。他说："我希望学生尊重我和我的规范，这样我们就能拥有良好运作的课堂。在这里我并不是他们的朋友，我是为了教育他们。"A先生极少对学生表露情感。他经常当着学生的面训诫学生，经常留堂，如果学生不合作他还会非常恼火。

相反，B女士希望学生喜欢学校生活。她很少对学生提出学业或行为上的要求，她坚信赋予学生自主权的重要性。在她与学生的互动中，她努力让自己成为良好的倾听者，强调和表现出温情与感情。她知道学生有时候需要依靠她，但她相信学生最终会对自己的学习和行为负责的。她说："我不希望学生仅仅因为害怕惩罚而顺从，我讨厌用爆米花派对和积分奖励表来要求学生做我想要他们做的事情。相反，我希望他们养成自律感和个人责任感。"B女士想要创设一种舒适的氛围，在这样的氛围下学生感觉可以自由地向她寻求帮助，也乐于承认自己有不知道的

时候。

C女士却有另外一种班级管理的形式。和A先生一样，她相信无论是在学业上还是在行为上都应对学生有高期望，但她认为创设温暖、支持的课堂环境和即时感知学生的需求也是很重要的。她会坚定地执行课堂守则，但也会花时间证明各种课堂守则的合理性。她认为学生如果违反了课堂守则，就必须承担相应的后果，但她会尽力采用公平却不羞辱学生的惩罚方式。正如她所说的："学生必须明白，他们的行为会导致相应的后果，但是不能跟学生陷入权力争斗中去，要允许学生'挽回面子'，这一点很重要。"

借鉴家庭教育文献中的术语[11]，我们将A先生称为权威型教师，将B女士称为民主型教师，将C教师称为领导型教师[12]。权威型教师通过控制性的策略来建立和维持秩序。这类教师会采用武力、压力、竞争、惩罚和威胁来控制学生的行为，他们在高要求方面处于较高水平，但在应对学生需求方面却处于较低水平，从不努力促进学生的自主性。

民主型的教师倡导学生的自由，尽可能少地干涉学生。这类教师给予学生很多的感情和温情，即使需要领导学生的话，也尽可能少地实施领导权，对学生也很少提要求。换句话说，在高要求方面处于较低水平，但在应对学生需求方面却处于较高水平。

领导型教师结合了以上两种类型的优点，在高要求和应对学生需求方面都处于较高水平。这类教师逐步提高适宜的要求，但同时也关注到学生的需求和兴趣。他们与学生共同承担责任，学生被当作有责任的、值得尊重的、有能力决策的对象。这类教师身上展现出领导能力，但同时又会促进学生的自主性。领导型教师被称为"温和的要求者"[13]，他们既坚持要求学生努力学习，同时又对学生倾注热情和尊重，既采用课堂规范，又相互尊重。本章倡导的正是领导型的班级管理方式。

已有研究证明了这样一个事实，那就是如果教师既严格要求又尊重学生，那么学生的相应表现也会很好。例如，西奥·乌贝尔斯（Theo Wubbels）和他的同事已经证明高中学生喜欢那些既有坚定的权威形象同时又关心和尊重学生的教师。[14] 很明显，学生不喜欢那些"让学生围着自己转"的教师。同时学生也一致认为，他们需要的是"不会贬损学生"和努力建立积极师生关系的教师，这一点也很重要。

掌握程度测验

目标2 比较领导型教师、权威型教师和民主型教师之间的不同特点

以下各个条目反映了领导型、权威型和（或）民主型三种不同的班级管理类型，你的任务就是分辨每个条目代表了哪种班级管理类型，并用相应的字母表示：

AN：权威型班级管理方式
P：民主型班级管理方式
AV：领导型班级管理方式
参照本书后附答案检查你的回答。

1. 这类教师相信，维持课堂秩序需要采用强迫的、外部的策略来控制学生的行为。

2. 这类教师相信，教师不应当限制学生，因为这会阻碍学生发展自律能力。

3. 这类教师在处理问题行为的时候，会努力寻找一种将消极影响降至最小的处理方式。

4. 这类教师相信，有效的管理需要教师对学生的行为和学业有较高的期望，但同时又需要教师态度温和、支持学生。

5. 这类教师相信，处理学生的问题行为要保持一致性。

6. 这类教师相信，当自己被学生看作严格的和不友善的教师时将更容易管理课堂。

7. 这类教师相信，教师需要帮助学生理解、接受和遵从已确立的守则和规范。

8. 这类教师努力宽恕学生的各种行为。

9. 这类教师相信，教师的核心作用就是建立和维持积极的师生关系。

10. 这类教师承认尊重学生并帮助学生发展自我负责能力和自我价值感的重要性。

目标3：确认班级管理的常见任务，解释每个任务对于创设良好运作的学习环境所起的作用

班级管理的任务

学习活动8.3

班级管理是一个具有多面性的概念，它包含了一系列明确的任务，从设计恰当的物理环境、创设关心与尊重的氛围一直到执行学生行为准则、处理违反课堂规范的行为。本章以下部分主要阐述了其中六项任务。

设计物理环境

课堂物理环境会影响教师和学生的感觉、思考和行为方式。这些影响可以是直接的，也可以是间接的。[15]例如，设想一下一位小学教师将很有诱惑力的科学仪器（比如显微镜）放在墙上很高的架子上，因为架子实在太高，学生都碰不到这些仪器——这是直接的影响。此外，架子这么高还传递着另外一个信息，那就是不允许学生使用这些仪器——间接或象征性的影响。以下信息或许是准确的：这位教师小心地将仪器放在高高的架子上，是为了将学生不经过允许就擅自使用仪器的可能性降到最低。另一方面，以下信息或许并不准确：这位教师是想要学生使用这些仪器的，但是没有想到放这么高学生不容易拿到。在你考虑设计自己的教室时，注意物理环境所带来的直接和间接或象征性的影响。

尽管教师无法掌控教室的"固定特征"（比如插座、公告栏或门），但是他们往往可以决定椅子、课桌、讲台、电脑和打印机、与教学内容相关的物品和设备的摆放。在学年开始前就应该精心设计教室物理环境，而且这样的设计应该有助于你后面的教学形式。例如，如果你计划将重点放在小组合作学习上，那么把学生课桌以

小组形式摆放就很有利。另外，如果你计划将重点放在教师主导、全班教学上，那么把学生的课桌整齐地面朝教师摆放就很合适。还有一种就是马蹄形课桌摆放形式（或许在马蹄形中间还要再放一排课桌），这种课桌摆放形式使得学生在全班讨论的时候有机会面对面互动，和两边相邻的同学也容易开展合作。而且这种摆放形式也适用于教师上课和全班教学。

记住课堂物理环境的设计还会影响课堂的氛围。很多时候教室乏味、没有吸引力（特别是中学阶段），增加一些暖色、植物和吸引人的公告栏展示，会使教室更受学生欢迎，给学生带来审美上的愉悦。而且这些设计也传递着一种信息，那就是你充分考虑到了学生，想要使教学空间有吸引力、让人舒适。

以下是设计教室空间的一些建议：

- 确保学生可以方便地拿到课堂常用的物品。
- 整理好架子和储物柜，明确什么物品该放在什么地方。使用标签可以让学生在需要的时候容易找到想要的物品，并在用完后能够放回原位。
- 教室里要设计好通道，以免拥堵和分心。
- 设计课桌的摆放形式，使学生可以清楚地看到教学中的书面呈现，而不必将椅子转过来看黑板。
- 思考你想要学生之间有多大程度上的互动，然后设计恰当的课桌摆放形式。例如，如果你不想进行小组合作学习，那么就不要将学生的课桌摆放设计成四人小组的形式。如果你想要学生合作与协作的话，就不要采用秧田式的安排。
- 决定哪些地方存放你个人的教学辅助物品。
- 想一想怎么将课堂空间个性化（例如，张贴反映学生文化背景的东西）。教室应当反映学生的兴趣、活动、成就，也要反映你自己的兴趣、目标和价值观。
- 考虑一下是否需要为有特殊需要的学生改变教室环境。例如，如果你有学生是用轮椅的，那么就要考虑通道是否够宽，以便学生可以在教室里自由移动。
- 如果你还有辅助人员或协作人员，就要考虑教室里这些成年人的空间需求。例如，他们是否需要办公桌？是否需要座位？是否需要储存物品的地方？

练习

1. 想一想你所教的年级或学科。如果想要设计一个更加吸引人的空间，你想在自己的教室里摆放哪些陈设（植物、动物、设施、地毯等）？

2. 反思你自己的文化背景、兴趣和价值观。为使自己的教室更具个性，你会用哪些东西来体现自己的文化背景、兴趣和价值观？（很显然，易碎的或贵重的东西不适合放置在教室里！）

3. 画一幅你认为理想的课堂设计图，展示教室陈设的摆放。撰写简要说明，解释你的设计意图。

建立积极的师生关系

常识告诉我们，学生更喜欢与关心和尊重学生的教师合作，而且已经有研究证明了这一点。[16]确实，通过对百余项研究的回顾，我们发现积极的师生关系是有效班级管理的关键，这样的师生关系也确实可以将问题行为降低31%。[17]如果学生感觉自己受到了支持和关心，他们会更愿意承认对方的权威，并约束自己的行为遵守课堂规范。正如一项研究里一位教师所说的："如果你和学生关系良好，他们就会更加信任你，更加尊重你，然后就会对你更好。"[18]对于非裔学生和拉丁裔学生来说，关心和尊重学生的老师尤为重要，他们常常觉得他们的老师（一般是欧裔美国人）对他们有成见，不尊重他们的文化背景或不理解他们的想法。[19]

就像母爱和苹果派一样，关心和尊重也很容易得到大家的赞同。但是，你究竟在多大程度上向学生表明了你想建立积极的师生关系？以下建议可以解决这个问题：

欢迎学生。站在教室门口，当学生进入教室的时候朝他们微笑，这是一个很简单的方法，可以向学生表明你很高兴见到他们。这也给你提供了一个机会，可以向每个学生（叫出名字）问好，询问他们的近况，品评他们的新发型。就这么几分钟，你就可以主动出击，和学生建立联系。你还可以利用这个时间观察是否有学生看起来不太寻常，是否很郁闷或很生气。在上课之前很简单的询问（比如"你好吗？你看起来有点情绪低落"）可以预防问题，向学生表明你很关心他们的情绪和健康。接着你还可以邀请学生在大家都方便的时候私下聊聊。

了解学生的生活。另外一个现实的关心和尊重学生的方法就是了解学生的生活。你或许可以让学生完成一份调查问卷，了解学生喜欢的学习科目、爱好、宠物或课余兼职，以及其他一切他们想让你知道的事情。参加学生的音乐会、表演、体育运动，这会让你能够在不同的环境下见到学生，表明你对于了解他们个人生活是很有兴趣的。课前课后非正式的聊天也能使你获得很重要的信息，了解学生在学校之外的生活如何。

以下案例[20]展示了一位小学教师和一位中学教师是如何了解他们学生的生活的：

> "我注意到只要你乱涂乱画的时候，画出来的东西都和马有关，当我还是个小女孩的时候，我也很喜欢马。带些你画的画来吧，因为我很喜欢看它们，而且它们对你的作文主题也会有帮助的。"德文高兴地涨红了脸，而且很惊奇老师真的注意到她有多么喜欢马。……她按捺不住想要把自己的画带到学校里来了。另外她还发现自己真的很期盼下一次的作文作业——关于一匹马的故事。
>
> 读完校报里所有的新闻后，杰克逊女士开始通读学生的文章。这是她了解学生兴趣的众多方法之一，尤其是对于太安静以至于几乎被忽视的学生的兴趣。当她询问学生参加田径运动会的次数、参与辩论的情况或者在宠物医院当志愿者的事情时，她不止一次地感觉到诧异。

另外一个建议来自乔贝斯·艾伦（JoBeth Allen）[21]，他是佐治亚州一个通过摄影来了解学生家庭的教师研究小组的成员。该研究小组有一点拨款资助，因此每个班级的教师带了三台照相机，要求学生拍下他们自认为在家里和社区里重要的事物。学生把带有旋转基座的照相机带回家，和家人一起撰写关于这些照片的个人故事、回忆、诗歌和信件。

提高文化素养。本章前面已经谈到，为有效培养来自不同文化背景的学生，非常重要的是掌握相关的知识、技能和性情（"多元文化的班级管理"）。特别是获取文化内容知识或文化素养对于建立积极的师生关系是必要的。（本书第7章已经深入阐述了多元文化教学方式。）正如我们前面提到的，不同的文化有不同的价值观和信念，还有不同的沟通方式、礼仪规范、社会忌讳。很明显，这些文化特征并不体现在所有群体成员身上，当然也不会以相同的方式或相同的程度体现；虽然如此，获取核心文化特征方面的知识还是能为教师提供有价值的信息。

教师可以通过询问以下问题来获取文化素养[22]：

- 家庭背景和家庭结构。学生来自哪里？学生在这个国家已经居住多长时间了？他的家庭属于怎样的阶层等级？学生在家里要承担哪些责任？学习英语是被优先考虑的吗？
- 教育。学生以前接受过多少学校教育？他们比较熟悉哪些教学策略？在他们以前就读的学校里，是否强调大班额的教学、识记和背诵？如何看待课堂常规？希望学生主动还是被动？独立还是依赖？同伴主导还是教师主导？合作还是竞争？
- 人际关系风格。文化准则强调的是为群体利益服务还是为个人成就服务？在男性和女性关系上是怎样的准则？什么要素构成了舒适的个人空间？学生遵从还是质疑权威人物？强调还是隐藏情感和情绪的表达？
- 纪律。成人的行为方式是民主型的、领导型的还是权威型的？通常采用哪些形式的表扬、奖赏、批评和惩罚？这些形式是公开的还是私下的？是给群体的还是个人的？
- 时间与空间。学生有什么样的时间观念？倾向于严守时间还是认为时间是可以灵活调整的？将完成任务的速度看得多重要？
- 宗教信仰。学校里哪些主题涉及宗教禁忌是不可以探讨的？
- 食物。吃什么食物？不吃哪些食物？
- 健康与保健。如何治疗疾病？谁来治疗？哪些被认为是疾病来源？对于情感和心理问题，基于哪些标准才会寻求专业帮助？
- 历史、传统与节日。什么样的人和事会被看作本群体的骄傲？在美国的群体会在多大程度上承认原籍国的历史和传统？在学校里举行哪些节日庆祝被认为是合适的？

沟通高期望。展现你的关心还有一个重要的部分就是推动学生达到最好的学业水平、有恰当的行为。在对市中心初中生进行什么是"好"教师的访谈中，这一点已经得到很好的证明。[23]学生不断地提到"严格的"教师的重要性，这些教师会推动学生完成学业，拒绝让学生失败。有一个学生是这样说的：

> 我喜欢那些不允许找借口的教师。现在是轮到我接受教育，我需要在自己疲惫、感觉不想做该做的事情的时候，有人督促我。

对于这些初中生而言，好教师会跟他们"不断地唠叨"，要他们完成家庭作业，提醒他们应该完成的任务，给予奖励，找家长。他们不断督促学生把学习管好，同时他们也提供必要的支持帮助学生取得学业成功。他们提供多样的、反复的解释直到每个学生都能够理解，他们采取丰富多样的教学活动，愿意帮助那些有困难的学生。富兰克林女士是一位非裔六年级教师，她就是这种类型教师的典型代表。[24] 如果学生学习不好，富兰克林女士不允许学生找任何借口。在她的分等级政策里，如果学生的学业等级低于 C 的话，他们就必须重做。有趣的是，学生不但不讨厌，反而很欣赏如此严格的等级政策。正如一个学生所说的："我的老师不允许学生勉强接受 D 或 E，她不允许学生带着这样的成绩离开。她真正给予我们教育，其他教师都不关心你做的事情。"

发展良好的沟通技能。为培养积极的师生关系，教师必须成为良好的倾听者。正如一位高中化学教师所说的：

> 当学生有问题的时候，他们是不是会去找学校里的某些教师？这都关乎倾听问题。如果你是高中教师，你就必须很认真地倾听那些对你而言或许不是问题的问题，因为对学生来说，那就是问题。这也是获取学生信任的一个方法。如果三个星期前你说："哦，长大了你就会忘记她的。"那么学生不会再找你，并告诉你说他要自杀。[25]

良好的倾听始于关注学生和承认学生的感受。身体朝向学生、前倾、目光接触、点头，你的无声姿态表明了你正在密切关注学生所说的话。你还可以使用"嗯哼""我明白"这样一些口头暗示来表现，还可以采用像"请继续""能不能再多告诉我一些"这样的帮助打开话匣子的言语来让学生多说一些。[26]

除了关注学生，你还可以采取积极的倾听方式。这就是一个你仔细倾听学生然后用你自己的话反思或"反馈"信息的过程。这种方式使学生能够核实你的理解是否准确或者需要修正。积极的倾听者创设了这样一种情境，即承认学生的感受，学生也感觉自己是被理解的、被重视的。请思考以下案例：

> 学生：我讨厌这个愚蠢的作业。
> 教师：你觉得这个作业没有任何价值？
> 学生：不是说它没有价值，只是说它太无趣了。
> 教师：所以说你对这个作业不感兴趣？
> 学生：我是真的不明白究竟要我们做什么。
> 教师：这个作业很无趣、很让人费解？
> 学生：我想是这样的。
> 教师：或许我们可以在午餐时碰个面，我再和你仔细检查一下这个作业。
> 学生：我爸爸看到这次测验的成绩，他会杀了我的。
> 教师：你爸爸真的会气疯？
> 学生：是的，如果我带回家的成绩低于 A，他就会大发脾气。
> 教师：听起来你有得到全 A 的巨大压力。
> 学生：那是当然。我爸爸感觉得了 B 就是失败，这对我来说真的太难了。
> 教师：你觉得像这样一门比较难的课程里得了一个 B 已经是很好的成绩了，但你爸爸认为你可以做得更好。

> **练习**
>
> 1. 假设你想了解学生学校之外的生活,那么想一想在学年初的问卷调查里可能会提出哪五个问题。
> 2. 在以下对话中,学生已经告诉教师他们目前面临的问题,教师所做的回应没有体现出同情和关注。请采用积极倾听的方式为每个案例提供一份新的教师回应。
>   a. 学生:约舒亚在散布我的谣言。他告诉每个人我在和斯蒂文谈恋爱!
>   教师:哦,不要理他。
>   b. 学生:我讨厌数学课,好愚蠢的课。
>   教师:数学课并不愚蠢,如果你想上大学的话,你就应该学好数学。

培育共同体氛围

除了建立积极的师生关系,教师还需要思考通过什么样的方式创设支持、尊重学生关系的氛围和共同体氛围,这可不是一蹴而就的事情。建立共同体需要时间和努力,特别是在初中和高中,在这些阶段或许只要40分钟或者50分钟。正如玛拉·萨朋-谢文(Mara Sapon-Shevin)[27]指出的:

> 共同体不会突然出现。不管是有经验的教师还是具有良好愿望的新教师,没有一位教师可以在进入一个新的班级就宣称:"我们是一个共同体。"共同体的形成需要时间的积累、共同经验的分享、为学生提供各种机会了解自己和他人、以积极和支持的方式互动。

以下建议可以帮助建立共同体归属感:

给学生提供机会相互了解。不要想当然地认为学生之间已经相互了解,不需要再做进一步了解了。对学生而言,发现相互之间的相同点和不同点是很重要的,特别对于存在人种和种族多样化的学生群体而言。例如,在学年开始的时候,可以做一个"找找这是谁"的增进相互熟悉的活动。给学生提供一系列简短的描述(比如"这个人课后会到快餐店打工","这个人会拉小提琴","这个人最喜欢的颜色是黄色"),学生在班级里找出与每个描述相符合的人来。如果找到了,那么被找出来的这个人将自己的名字写在相应描述的旁边,但即使有不止一种描述与自己相符,学生也只能写一次自己的名字。

随着学年的推进,当你想要学生放松一点,更舒适地互动时,你还需要继续组织类似的活动。以下列出了其他一些帮助相互了解的活动:

- 猜猜这是谁?学生写一个简短的无记名自传(家庭背景、爱好、课外活动等)。将这些自传收上来并一一读出来,请学生写出自认为谁是该自传的作者。(你自己也可以参与。)在读完所有的自传后,再读一遍,让作者自己站出来承认,最后请学生看看他们正确猜出了几个。[28]
- 两真一假(或两个事实一个虚构)。学生写下三个关于自己的描述,两个是真的,一个是假的。这个活动可以在整个班级里做,也可以在小组里做。无论在哪种情况下做,由于这个活动允许学生任意挑选对自己的描述,因此基本不存在尴尬的情况。而且这个活动还提供给学生机会,让他们发现共同的兴趣和经历,验证原先的假设和刻板印象。[29]

● 我那些不为人所知的情况。这个活动是前面一个活动的变式。学生写下自认为别人不知道却与自己有关的描述，然后把纸条折叠好上交，全部纸条都放在一个盒子里摇一摇。学生轮流抽一张纸条，大声读出来，同学们来猜这是谁写的。[30]

● 生命线。每个学生在一张纸上画一条线，然后在线上画6~10个点，用来代表愿意与大家分享的、在自己生命中重要的事件（比如兄弟姐妹的出生、家里亲人的去世、在学校表演中表现出众的时间、来这所学校的时间），然后学生两两配对，分享各自的生命故事。每对学生还可以指着生命线上的各个点，在全班同学面前相互进行介绍。[31]

● 鼓舞你的那些事物。学生将鼓舞自己的人或事的照片带来，附上说明，然后将其张贴在公告栏上。[32]

● 你身上什么地方让你感到最自豪？学生在脚印形状的纸上写下自己对于这个问题的回答，然后将这些脚印形状的纸贴在公告栏上，形成一条名为"成功"的道路。[33]

采用小组形式与合作学习。通过为学生提供两两配对和小组形式的合作机会，教师可以激发学生的共同体归属感，在这样的形式下，每个人都是别人的资源。研究表明合作学习有助于不同学业成就、性别、文化和语言背景、人种的学生之间的互动和友谊，还可以促进对残疾学生的包容，增进对班级的积极态度，促进移情。[34]

重要的是要看到，仅仅将学生分组然后告诉他们要合作，是不可能产生这些积极的结果的。戴维（David）和罗杰·约翰逊（Roger Johnson）[35]是合作学习研究方面的专家，他们提醒教师不要想当然地认为学生知道如何有效地互动。相反，必须教给学生倾听、解释、鼓励和分享等社会技能。如果没有这方面的培训，学生可能会相互贬损而不是相互鼓励；垄断讨论而不是确保每个成员都有机会参与；退缩或社会化而不是提供有建设性的建议。（合作学习方面的深入探讨请参见本书第9章。）

召开集会，鼓励开放的沟通和群体问题解决。集会的形式有很多种，但是都应当鼓励学生相互之间的沟通和增进学生的共同体归属感。例如，小学的晨会由四个连续的部分构成[36]：（1）问候，学生彼此喊出名字问候对方；（2）共享，一部分学生在全班分享一些有趣的新闻，其他学生以积极的方式提问和评价；（3）团队活动，整个班级做一个简短的活动以增进班级凝聚力；（4）新闻与布告，学生了解这一天的学习安排，讨论每天的通知。初中的晨会常被称为有活力和受尊重的圈子，包括同样的四个部分。

内尔森（Nelsen）、洛特（Lott）和格伦（Glenn）[37]提出了另外一种集会形式，用于增进学生的社会技能（比如倾听、轮换、欣赏不同的观点）和解决课堂问题。在充分探讨课堂正面纪律的时候规定好议程，开始是学生表达赞美和欣赏，然后是全班确定以往解决问题的办法，讨论解决已经明确了的新问题的办法。最后学生为将来的班级活动制订计划。

还有一种集会形式是托马斯·戈登（Thomas Gordon）的"必定成功"的冲突解决方式。[38]这种形式包括六个步骤：（1）界定问题；（2）通过头脑风暴提出可能的解决办法（未经评价）；（3）评价解决问题的各种办法；（4）选取一个解决问题的办法；（5）决定如何实施这个解决办法（比如谁什么时候做什么）；（6）获取反馈，评价该解决办法。这个策略的基本前提假设就是只要给予学生机会、技能和必要的指导，他们就能够对自己的课堂行为进行负责任的决策。

注意欺凌和同伴骚扰。每天学生都可能会受到同学的戏弄、嘲笑、辱骂、排斥甚至身体上的伤害。为遏制欺凌和同伴骚扰，你需要小心不做出与人种和种族、体形、残疾、性指向、落伍的打扮、用非英语语言、社会经济地位相关的伤害性言论。你还需要明确，不尊重他人的言论是完全不能接受的。这就意味着当你听到学生说出伤害性的话语（比如"这个班级绝不接受这样的语言"）时，就要加以干涉。很多时候，教师忽视了他们所听到的不尊重人的话语，但如果你保持沉默，那么学生很可能会认为你不关心这些，甚至认为你容忍这种贬低语言的行为。此外，你也给学生展现了一个坏榜样，事实上他们在看到欺凌行为的时候需要有站出来的勇气和技能。

随着电子邮件、手机短信、即时通信、博客、社交网址如脸谱（Facebook）的出现，欺凌问题也开始在虚拟空间蔓延，受害者甚至躲在家里也不能幸免。网络上的欺凌比网络外的欺凌更加让人感觉耻辱。只需要敲几个键，谣言、恶意的评论、让人难堪的照片就会广泛传播。此外，年轻人在网络上会说当面并不会说的话，主要就是因为他们感觉网络上是匿名的，与受害者之间有安全距离。正如一个学生所说的："在网络上你不会真正看到他们，或者他们也看不到你，你不必直视他们的眼睛，看到他们受伤害。"[39]

学校需要采取明确的政策解决这种新的骚扰方式，教师需要确保让学生明白，网络上的侮辱会导致严重的后果。此外，不但要教学生勇敢反对网络上的侮辱，而且在成为受害者的时候要知道该怎么做（比如：不要删除这些信息；让值得信任的成人看这些信息；不要对这些信息做出反应；如果存在人身威胁的话，要将这些信息交给警察）。

> **练习**
>
> 1. 想一想你在小学或中学的学校生活，教师通过什么方式来培育积极的师生关系、创设具有凝聚力的共同体？
> 2. 当你还是小学生或中学生的时候，你是否曾经看到过和（或）亲身经历过侮辱事件？你的老师有没有介入，如果有的话，他们的介入是否有效？为什么有效或者为什么无效？

教授行为规范

关于在学年初进行有效班级管理方面的研究已经确认建立和教授行为规范的重要性。[40]规范是关于群体成员应该有怎样行为方面的共识。它可以帮助学生明白，别人对自己有什么期望，他们又应该对别人有什么期望。

为使课堂教学顺利开展，课堂上必须有两套不同的标准。一般行为规范（常被称为守则）描述的是学生任何时候都应该怎样，例子有"要尊重""要有备而来""当别人说话的时候要注意倾听"。守则应当是现实的、合理的、良好界定的、有数量控制的、能清晰理解的。如果没有建立行为规范，任何群体都是无法成功实现合作的。

一些教师相信，学生要在制定守则时发挥核心作用，因为他们更有可能遵守那些自己参与制定的守则。还有一些教师相信，教师自己就可以制定守则，因为只有教师才知道学生怎样的行为是被接受的，哪些是不被接受的。作为新教师，直接公布自己已经制定好的守则会比较舒服，又或者你会决定留出一定数量的守则，等到有需要的时候和学生一起添加。无论哪种情况，教师都要和学生探讨自己已经制定好的守则的合理性，向学生征求实例。例如，一位四年级教师给学生的只有一条基本的、不可讨价还价的守则："要彬彬有礼。"但是她花了很多时间让学生举出实例说明这条守则究竟说的是什么（比如，当其他人说话的时候要注意倾听，自己弄乱的一定要自己收拾，不要说别人"愚蠢"，在群体中学习的时候要控制音量）。她还会解释这条守则也适用于自己，告诉学生这条守则将使课堂变成一个美好的地方。

一旦告知学生课堂守则或者与学生制定了课堂守则，一些教师就会将守则张贴在公告栏里，或者分发书面守则给学生，或者将守则的复印件发给家长（或许还要求家长签字交回）。无论你打算怎么做，重要的一点就是花必要的时间来确保学生真正了解教师的期望。埃德·埃默（Ed Emmer）、卡罗琳·埃弗森（Carolyn Evertson）等[41]所做的里程碑式研究发现，有效的班级管理一般都需要在开学头几天里花一定的时间来教学生行为要求。然后在接下来的三周里不断回顾和改进守则。在中学阶段，这个过程可能会缩短，但即使如此，还是有必要确保学生都已经了解你对他们的行为期望。

除了一般行为规范外，教师还需要确立适用于特定场合的规范。这些规范往往被称为常规或程序。他们帮助学生了解自己在一般性的日常活动中做些什么。例如，当学生来到教室或离开教室的时候希望他们有什么样的行为表现？学生该如何上交作业？学生必须上厕所的时候该怎么做？有了明晰的常规，就不会因为困惑和中途打岔而浪费宝贵的教学时间。

以下这些场合需要常规：

- 管理性任务
  考勤
  记录午餐点餐
  分发学校的通知
- 学生的动作
  进入和离开教室
  去厕所
  去医务室
  消防演习
  削铅笔
- 整理班务
  擦黑板或白板
  给植物浇水
  整理公共储藏区
- 与教学活动相关的任务
  收发作业
  为缺席的学生记录好家庭作业
  收课堂作业

分发和收回学习材料

为做作业准备好纸张（例如，标题、页边、钢笔或铅笔）

完成作业后应该做什么

● 互动（什么时候什么样的对话是允许的）

在全班教学时教师和学生之间的对话（例如，学生是否必须举手）

在独立完成作业时学生之间的对话

在合作学习活动中学生之间的对话

在活动转换时学生之间的对话

如果想要课堂平稳有效地开展，那么教师必须明确地教学生像以上这样的日常活动程序。有效的班级管理会解释和展示活动程序，允许学生实践这些程序，对学生的表现提供反馈，然后在必要的时候再教学生这些程序。在比较低的年龄阶段更需要强调常规，因为学生还不太了解学校常规。然而即使是在中学阶段，明晰常规也是很重要的，因为学生会遇到不同的教师，而不同教师的常规肯定会有所变化。例如，一位教师或许指示学生把作业交到教师办公桌上的盒子里，而另外一位教师或许要求学生把家庭作业交到最右前方学生的课桌上。学生必须完全弄清楚这些教师的期望，这样对学生而言才公平。

练习

1. 设计一套班级规章（3~5条即可）。你会自己设计规章然后告诉学生，还是与学生共同讨论一起设计？为什么？

2. 请回想一下你在小学和高中阶段教师收家庭作业的不同方式。哪一种最有效？哪一种最无效？你打算如何制定收家庭作业的程序？

与家长合作

与学生家长建立良好的合作关系会带来很多的好处。第一，了解学生校外生活有助于教师审视学生校内行为，这又有助于教师更敏锐、更有效地教育学生。第二，如果学生家长明白你对学生有什么期望和你希望学生在课堂上有怎样的表现，那么他们就可以提供有用的支持和帮助。第三，学生家长可以帮助进行行为管理。在下面案例里，一位小学教师和一位中学教师讲述了他们是如何与学生家长一起帮助学生改变问题行为的。

我的班里有一个很会捣乱的男孩子，他不好好学习，总是"忘记"做家庭作业，喜欢干扰别人，还在教室里四处游荡。只要你想得到的，他都做过。我们三个（他妈妈、他和我）坐在一起讨论了哪些是他能做的事情，然后我们决定尝试一种家庭奖励方法。我们达成了共识，我每天给他家里一张纸条，上面记录他在学校的行为表现，如果每周至少有三张纸条是好的记录，他妈妈就允许他借一个光盘玩游戏。在这种方式下，这个孩子能否借光盘玩游戏直接取决于他自己的行为表现。这种奖励方法的确取得了成效。[42]

在我的美国历史Ⅱ的课堂上，有个孩子根本不做作业。他已经到了毕业班了，我想他已经想好什么都不做了，而他的父母也不知道该怎么办。于是我们一起坐下来制订了一份计划，每个星期五上午十点半，他们给我打电话，如果我告诉他们，他们儿子表现良好，那么他就可以拿到汽车钥匙，并和朋友出去玩。……如果我告诉他们，他们儿子表现不好，那么他就没有周末了。我们告诉他："我们真的很关心你，如果说这是为了让你顺利毕业而必须做的，那么我们就会去做。"这个孩子挑战了一次这份计划，结果那一次他的周末就没有了。自那以后，他真的开始表现良好，并在学年末得到了一个B。这些成绩加在一起，他又得到了一个额外的奖励。现在他的父母愿意给他各种奖励，因为他开始学会负责了。[43]

美国社会所发生的变革使得与家长之间的沟通和合作变得更为困难。现在很少有全职妈妈了，大约一半的家庭会离婚[44]，大约一半的孩子部分童年是在单亲家庭[45]度过的，缺乏那些双亲家庭长大的孩子所能得到的人力或经济资源。有时候，在孩子的生活中影响重大的人根本就不是父母，而是祖父母、阿姨、叔叔、兄弟、姐妹或邻居。在巨大的移民潮中，很多学生的家庭里说的不是英语，他们的家人对美国学校也不熟悉。

不管面临怎样的挑战，都是教师的态度和实践决定了家长是否能够卓有成效地参与孩子的学校教育，而不是家长的受教育程度、婚姻状况或工作地点。[46]换句话说，如果想要家长卓有成效地参与孩子的学校教育，教师自己就要主动出击，与家长沟通孩子的进步状况和学校的教育情况，并邀请家长积极参与。本章以下几个部分提供了一些建议，以帮助增强与家长的沟通。（注意这里所说的"家长"实际上指的是家里各类照顾学生的人。）

明确沟通的目的。与家长沟通的第一步是确定沟通的目标。这类目标包括介绍你自己，建立积极的关系，告知家长自己的联系方式，为他们提供课堂准则方面的信息，告诉他们学生的问题行为，要求家长协助处理这些问题行为，让家长能够及时了解学生的变化，如果有管理者必须介入行为问题时向家长做出解释。记住，如果能在问题出现之前建立起与家长的沟通，那就太好了。

决定沟通的时间和方式。明确了沟通的目的之后，接下来的一步就是选择联系的时间和沟通的方式。教师先列出一系列的备选方式，包括电话联系、家长会、家访、家长开放日和返校之夜、私人便条和信件、通知、班讯、班级网页、个人电子邮件信息、群电子信息等等。如果你的目的是把自己介绍给家长，建立积极的联系，那么开学初自我介绍的一封信或一通电话就能达到目的。如果你的目的是提供一系列的规范以及相应的结果，那么上学第一天让学生带回家一份班讯，并在班级网页上进行公告就是很好的选择。如果你的目的是让家长知道学生的问题行为，争取家长的支持，那么家长会就是个有效的途径。在选择沟通方式的时候，主要考虑的是时间耗费问题。要教120名学生的中学教师哪怕每周只花5分钟与每个学生的家长沟通，加起来每周就需要10个小时！很明显，你需要选择一种不但有效而且能明智利用时间的沟通方式。

为家长会做好准备。如果大家都做好准备的话，家长会就很有可能获得成功。[47]家长和学生都应当了解家长会的目的和流程安排。给学生提供机会填写一个关于自己和班级的"成绩单"，然后再在会上分享。这种"成绩单"可以是一个简单的等级表，了解学生对班级的态度，然后让他们评价自己的学业和行为表现，包括已经取得的成功和需要改进的地方。自我评价还可以包括即将到来的评分阶段的（包括学业的和行为的）目标。

在为家长会做准备的时候,要先确认会议要点和想问家长的问题,努力设想家长可能会问的问题,思考怎样才能最好地回答这些问题并将上述内容写下来。如果家长会的目的是关注学生的问题行为或比较差的学业成绩,那么先准备好清晰的数据就特别重要。[48]创设干净、友好的物理环境使身处其中的人倍感舒适,是个很不错的主意,(如果你教的是小学,要为家长准备好大人用的椅子!)

开家长会。像家长会这么重要的事情只有10分钟或15分钟是不够的,但无论如何,这是你唯一一个与学生家长面对面交流的机会,因此你会希望尽可能好好利用这些时间。家长会应当包括进行汇报、获取和提供与学生相关的信息、总结这样一系列步骤。以下是对于开家长会的一些建议:

- 在会议开始时,以友好的方式介绍自己,提一提学生的一些积极的行为。
- 在说明需要改善的行为之前,先关注学生的恰当行为。
- 确保有数据的支持来说明问题。
- 关注学生的行为,而不是学生的特点或个性。例如,"西蒙五天里有三天没有交家庭作业",而不是"西蒙很懒惰,不做家庭作业"。
- 请家长帮助你分析学生为什么会有这些问题行为,从而与家长建立合作关系,并共同制定一系列措施。
- 认识到家长是重要的资源,寻求和鼓励家长的支持。
- 确定一系列后续行动。
- 以积极的话语结束家长会。
- 在家长会过程中,运用良好的沟通技能——积极的倾听、释义、移情、认同。
- 执行家长会决定的行动。
- 强调你们都有共同的目的这一事实,即帮助学生尽可能地获取成功。

与不同的家长沟通。非常重要的一点就是教师不能认为未受教育的家长、贫穷的家长或英语水平有限的家长不可能有什么贡献。在家长会中,要鼓励母语不是英语的家长来帮助你了解学生的教育和文化背景。避免使用生涩术语,对移民家长可能不明白的教育术语进行解释(比如,综合档案、年级当量、学生中心)。注意沟通方式上的文化差异。例如,不同文化对于会议由谁先开头、是否可以中途打断、问题和回答之间间隔多长时间有不同的准则。

此外,你还需要明白,不同文化对于什么是良好的行为有不同的认定。欧裔美国教师或许希望学生积极参与课题讨论,说出自己的观点并提出问题。但是一些拉丁裔和亚裔学生的家长或许有不同的期望,他们希望自己的孩子安静、顺从,而不要反驳教师或者提出质疑。在家长会上,拉丁裔移民家长会更关注孩子的社会和道德发展甚于学业成绩,会问:"我的儿子(女儿)行为表现如何?"[49]

练习

1. 在开学前,你要发一封信给每个学生的家长。这封信的目的是介绍你自己,说明学生要学习的一些事情,让每位家长都放心这将是个很美好的学年。请选取一个年级或学科,写这样一封信。

2. 思考以下场景:约舒亚频繁地"忘记"自己的家庭作业。他已经得了很多个0分,经常需要放学后留校补上家庭作业。你已经将他的行为表现通知他的

> 家长，并寻求他们的帮助，但是他的妈妈说她无法提供帮助。她告诉你，因为要打两份工，她已经累得够呛了。她说："这是学校的问题，你来解决吧！"如果有可能，与两位有经验的教师谈一谈你在这样的情况下准备怎么做，然后系统规划自己准备采取的一系列行动。

处理不恰当行为

尽管教师已经尽最大努力来预防不恰当的行为，但一些问题还是会不可避免地出现。以有助于积极的师生关系的方式处理这些行为，尽可能少地干扰正常教学秩序非常重要。另外，同样重要的是确保纪律干预的严重程度和问题行为的严重程度相匹配。以下提供了一些有效处理较轻、较重和惯性的违反常规的行为方面的建议。

处理较轻的问题行为。当问题比较轻微的时候，最好采取最不引人注意的策略进行处理，用这种方式就不会制造出比问题行为本身更大的干扰。

非言语的策略，比如像不赞同的一瞥（教师的目光）、目光接触、采用手势都是很有效的。教师还可以采取缩短物理距离的方式，靠近出现或即将出现问题行为的学生。很多时候教师本身的物理存在就足以让学生回到学习上来。缩短物理距离（教师的存在）就是让学生知道，教师已经关注到他们的行为了。

如果非言语策略无法或者不能有效地解决问题，那么可以尝试比较温和的、委婉的语言策略，只指出学生应该要有恰当行为，但至于要有怎样的恰当行为，则将责任交给有问题行为的学生自己。有时候只要叫一下学生的名字就足够了。你也可以将学生的名字嵌入当前的教学活动，或者让学生以某种方式参与教学。

委婉的表达也是一种委婉的言语策略，在激发恰当行为方面非常有效。[50] 在这里，教师描述：（1）学生的行为（不带评价形式的语言）；（2）该行为的影响；（3）教师对该行为的感受。例如："如果在我指导大家的时候你说话，你就会不知道该做什么，其他人也会受到干扰。于是我必须重复一遍，我发现那么做太让人沮丧了。"以下是委婉表达的例子：

> 如果你把背包放在通道中间，其他人就会被绊倒，有人恐怕还会因此而受伤。
>
> 活动结束后，你们把教室弄得一团糟，我必须在回家前把教室打扫干净，这实在很让我恼火。

注意，完整包括以上所述的三个部分进行委婉表达是最理想的，但如果改变了这三个部分的顺序，或者有一个部分缺失，也同样有效。例如："你们大喊大叫而不是举手，这样让我很难受！"

最后，有时候由教师直接告诉学生该做什么也是需要的和恰当的。事实上，要求和指令（比如"坐下来学习""拿起铅笔开始做作业"）对于习惯于服从权威的非裔美国学生而言是特别恰当的。作为非裔美国人以及《其他人的孩子：教室里的文化冲突》(*Other People's Children：Cultural Conflict in the Classroom*)[51] 的作者，莉萨·德尔皮特观察到，以问题形式组织指令（例如，请打开课本翻到 46 页好吗？）是主流的、中产阶级的（和女性的）说话方式。

处理较重的问题行为。有的时候非言语策略或言语策略（委婉表达和指令）无法激发恰当的行为,还有的时候,问题行为太严重了而无法采用这些不引人注意的方式处理。在这种情况下,你或许需要运用惩罚或行为后果。以下是一些可能用到的惩罚措施:

- 和学生进行强制的私人会谈,讨论其行为以及接下来该怎么做。
- 取消某项权利(比如,选择自己的位置、自由支配时间、嚼口香糖或参加班级聚会)。
- 将该学生与其他学生隔离(放在教室一个单独的或隔离出来的地方)。
- 联系家长。
- 放学后留校。
- 将学生带离教室(比如,在接下来的上课时间里让学生坐到另外一位教师的教室里去)。
- 将学生带到办公室。

注意,最后两个行为后果应当放在最后使用。正如一位高中教师所说的:"一些学生很想出去,他们触怒教师就是为了能够离开教室。我知道教师很想把学生扔出教室,但有什么用呢?如果让学生待在办公室,那么他们就无法学习。"[52]

只要有可能,就应该采用与问题行为有逻辑联系的行为后果,而不是随意的或通用的惩罚。例如,思考以下情境:

- 学生很粗心,打破了一根试管,那么有逻辑联系的后果就是学生支付重新买试管的钱,而惩罚就是让学生写一百遍"我会更加小心"。
- 学生把铅笔刀搞得一团糟,那么有逻辑联系的后果就是把它清理干净,而惩罚就是让学生放学后留校。
- 学生一直和旁边的同学窃窃私语,那么有逻辑联系的后果就是孤立该学生,而惩罚就是让学生加做一份家庭作业。

注意,为使有逻辑联系的行为后果发挥更有效的作用,学生必须看到不恰当行为与后果之间的联系,否则就会失去积极的效果。

学生的行为让你很沮丧,很想大声尖叫,尽管如此,你还是应当以平和的、安详的、私下的方式让学生承担行为后果。重要的是要避免冲突,帮助学生在同学面前挽回面子。还有一点也很重要,那就是注意针对当时的行为情境,而不是针对学生的个性品质。[53]换句话说,教师应该明确,他们认同学生,但不认同他们的行为。此外,还应当避免讽刺、过分简化、说教和抱怨,注意自己的言语和行为对学生的影响。

处理惯性的问题行为。采用现实心理治疗法。某些学生身上有着顽固的问题行为,以上所述的规范策略对他们不起作用。在这种情况下,必须采取更为彻底的干预措施。有一个可能的办法是威廉·格拉瑟(William Glasser)提出的包含八个步骤、一对一辅导的过程,这个辅导过程就是为了帮助学生改变问题行为。[54]以下是对这八个步骤的简要介绍:

1. 与学生私下沟通。认同学生,但不认同学生的问题行为。表明你想要帮助学生解决行为问题的意愿。

2. 要求学生描述他(她)当前的行为。

3. 协助学生对问题行为进行价值判断。问学生:"这有帮助吗?"关注学生当前所为是否有助于解决问题。

4. 帮助学生制定一系列行动方案。如有必要，为学生提供可选的备用方案；帮助学生实现自我决策，从而培养自我责任意识。

5. 让学生承诺履行自己所选择的行动方案。

6. 督促学生遵循行动方案、遵守承诺。确保学生明白，你一直在关注学生的进步状况。

7. 如果学生不能遵守承诺，教师就不会接受任何的借口。接受借口就会传递出教师并不关心学生的信号。可以提醒学生或许需要一个更好的行动方案。

8. 让学生承受问题行为所带来的自然的和现实的后果，但不惩罚学生；帮助学生再次尝试设计新的行动方案，并做出承诺。

格拉瑟认为，如果教师想要帮助有问题行为的学生取得进步，那么以上过程（"现实心理治疗法"）对他们而言是有效的。此外，格拉瑟还针对有群体行为问题的班级提供了一个类似的处理过程——社会问题解决班会。

处理惯性问题行为：运用基于行为学习原则的策略。行为矫正（或应用行为分析）立足于这样一个原则，那就是行为改变是外部事件影响的结果，而不是思考或知识产生的结果。当学生做出某个行为的时候，这个行为总会带来一个后果，无论这个后果是积极的还是消极的。行为主义者认为，某个特定行为出现的频率与该行为后果的本质保持一致或有赖于该行为后果的本质。

两种可能的行为后果就是获得奖励（"正强化"）和获得令人厌恶的或不想要的后果（"惩罚"），正强化导致行为出现频率的增加，受到奖励的行为得到了增强，以后也会反复出现。思考以下场景：

> 布拉德完成了一份字迹端正的作业并将其交给教师（学生的行为），教师表扬了布拉德的这种行为表现，还评论说字迹端正的作业比字迹潦草的作业好辨认多了（正强化）。此后，布拉德就会更加注意作业的字迹（受到强化的行为出现的频率增加了）。

相反，惩罚将导致某个行为出现的频率降低，并使受惩罚的行为趋向于中断：

> 吉姆完成了一份字迹潦草的作业并将其交给教师（学生的行为），教师批评吉姆作业不够干净，并告诉他字迹潦草的作业很难辨认，要求他重新完成作业再上交（惩罚）。此后，吉姆上交的作业就很少字迹潦草了（受惩罚行为出现的频率降低了）。

教师可以运用正强化来鼓励恰当的学生行为（运用奖励）。教师也可以运用惩罚来阻止学生不恰当的行为（运用不想要的刺激）。这些行为后果影响学生依据已确定的行为原则做出相应的行为表现。然而，如果教师奖励了问题行为，那么问题行为很可能持续存在；如果教师惩罚了恰当的行为，那么恰当的行为很可能不再出现。

在考虑运用正强化时，要注意一些要点。第一，界定奖励的依据是其在增进受奖励行为出现频率方面的作用。因此，奖励（和惩罚）只能被学生个体所理解。教师本意是要奖励学生的行为，但实际上却可能是一种惩罚。例如，在有些学生的文化中，强调集体利益高于个人成就，因此对个体的公开表扬会让他们感觉不安和尴尬。[55]同样地，教师本意是要惩罚学生的行为，但实际上却可能是一种奖励。一个常见的例子就是，如果学生出现问题行为的目的是获取关注，那么学生出现问题行为后，教师的斥责对于渴望关注的学生而言是奖励而不是惩罚，于是这个学生以后会继续出现这种问题以便获取教师的关注。

第二，奖励可以分为三类。社会奖励：比如拍拍后背、竖起大拇指和言语表扬。活动奖励：比如排到队伍的最前面，或者在上课结束前给予五分钟自由支配的时间。有形的或实物奖励：比如爆米花或荣誉证书。对于特定的学生要选择恰当的强化物，尽管教师必须注意这一点，但选择的过程并不一定困难。一个简单的方法就是直接问学生他们想要什么。你还可以观察学生在课余时间做什么：他们在使用计算机吗？在阅读杂志吗？在和朋友聊天吗？如果是，那么这些活动都可以当作恰当行为的奖励。

第三，一些教育者认为，运用正强化会产生反效果，因为这样会导致学生变得顺从而不是自我约束。阿尔菲·科恩（Alfie Kohn）在其著作《因奖获罚：金星、奖金计划、A 等级、表扬以及其他强化物引发的问题》(*Punished by Rewards*: *The Trouble with Gold Stars*, *Incentive Plans*, *A's*, *Praise*, *and Other Bribes*)[56]中指出，奖励"和惩罚一样是为了实现控制，即使奖励是以诱惑的形式进行隐性控制"。外部控制的大量运用破坏了促进学生自主、承担责任和自我调控。我们也很担心，教师会运用正强化来掌控学生，让学生顺从无聊的、不相关的课程，而不是努力寻找其他途径使课程对学生更有吸引力。

运用惩罚也有一套警示。审慎地运用惩罚可以对学生的问题行为产生预期的、即刻的影响，但惩罚也会带来负面影响。很重要的一点就是要意识到运用惩罚有益处也有不足。[57] 积极的一面有：

- 惩罚确实能够马上阻止受惩罚学生的行为，可以在很长一段时间内降低该行为出现的频率。
- 惩罚为学生提供了信息，它帮助学生快速区分被允许的和不被允许的行为。
- 惩罚对于其他学生也有教育意义，因为它可以降低班里其他学生模仿该行为的可能性。

消极的一面有：

- 惩罚或许会被误读（有时候，受到惩罚的某个行为可能会扩展到其他行为。例如，学生因为随意发言而受到了惩罚，结果在可以发言的时候也不发言了）。
- 惩罚会导致受到惩罚的学生完全退缩。
- 惩罚会产生消极的同伴反应。例如，学生会对受到惩罚的学生展示一些教师并不希望出现的行为（嘲笑或同情）。
- 惩罚会导致受到惩罚的学生形成对自己的和环境的消极印象。例如，惩罚会削减自我价值感或对学校产生消极的态度。

由于运用惩罚存在不足，教师应当经常思考减少问题行为的其他不同方式。此外，一旦选择了某种惩罚形式，就要非常审慎地实施，并小心控制其影响。在惩罚问题行为的同时，教师也必须找到期望被强化的行为。

行为学习中的原则提供了很多特定的管理策略：

- 提示是当教师想要学生表现恰当行为或遏制某些行为时给予学生的言语或非言语的提醒或信号。因此，提示可以用于鼓励或阻碍某个行为。提示不像强化物，它是在做出反应之前出现的，它"引发"了某种行为。
- 行为塑造是一种用于鼓励新行为的策略，它强化了朝预期目标发展时所取得的进展。每次学生的表现朝预期目标又前进了一步（逐次逼近法），教师就要强化学生。最终学生会持续一贯地保持所期望的行为。

- 代币式奖励机制往往包括三个要素，目的是改变学生的行为：(1) 一套详细撰写的指南，描述教师期望的学生行为；(2) 一套结构良好的代币式奖励机制，用于奖励行为表现良好的学生；(3) 一套程序，使学生用得到的代币兑换奖品或取得参加某项特定活动的机会。操作实施代币式奖励机制需要教师投入大量的时间和精力。因此，最典型也最有效的是当很多学生出现问题行为的时候使用代币式奖励机制，这样教师可以快速地改变这些学生的行为。

- 临时协议是教师和有问题行为的学生之间协商写下的书面协议。它指出了大家共同认为学生应该具有的行为表现，说明了如果学生有这些行为表现的话将会出现的后果（报酬）。在所有的协议里，双方都必须有义务约束自己。学生承诺表现出恰当的行为，教师承诺如果学生这么做就提供奖励。书写临时协议是一个需要花点时间的过程，因此往往在学生出现严重的违反基本常规的行为时使用。

- 自我监控是指学生记录自己行为的某些方面，目的是矫正自己的行为。自我监控策略通过自我观察系统地提升了主体意识。例如，学生可以记录下自己在一次讨论里大声嚷嚷了几回，或者在一堂课里离开自己的座位几次。

做记录。做记录描述问题行为造成的严重事件以及你自己所采取的干预措施，是很有帮助的。这种书面记录可以达到以下几个目的：(1) 记录里整理的信息有助于你更好地思考学生的行为模式；(2) 记录提供了书面的记载，这样可以与学生、指导教师、管理者或家长等分享，从而帮助他们更好地了解学生问题行为的实质和程度；(3) 记录提供了书面记载，当你被要求提供信息证明学生的问题行为和你是如何处理这些问题行为的时候，你就可以拿出来使用。

记录可以比较简单、不太正式，也可以比较复杂、正式。它可以是在索引卡上草草写下的记录，也可以是教师精心组织并保存在某个学生档案里的表格。无论什么情况，记录都应当包括：(1) 学生的姓名；(2) 事件发生的时间；(3) 事件发生的地点；(4) 参与或目睹该事件的其他人的姓名；(5) 对学生问题行为完整准确的描述；(6) 对教师行为完整准确的描述；(7) 教师的签名；(8) 做记录的时间。如果你想让学生有机会读到所做的记录，那么表格里还要留出地方让学生签名。甚至你或许还会要求学生对你的记录写一个反馈。最后，记录里还应当描述所有的后续行动、学生行为的所有进展或是否有类似问题行为再度出现。

关于做记录还有三个方面的建议值得探讨。第一，不带任何评判或干预的描述是最重要的。第二，在事件刚刚发生、你的记忆最新鲜的时候尽快做好记录。如果被要求将事件记录汇报给管理者或法定权威，而你又已经做好了同步记录，那么你的这份记录就是最可信的。第三，如果无法确定学生问题行为造成的事件是否严重到需要做记录，审慎的态度就是做记录。做了记录没有用到总比需要用到记录却没有做要好得多。

练 习

1. 对于以下出现问题行为的情境，各提出两条处理策略。

a. 你正在二年级的班上带学生复习数学家庭作业，这时候注意到有个学生在玩玩具汽车，而不是集中精力学习。

b. 你在高中化学课上刚把测验试卷发还给学生，迈克尔就拿起试卷，将它揉成一团丢在了地上。

c. 你五年级班上的学生正在合作学习，这时候你听到约瑟夫在对梅丽莎说："你太笨啦！"

d. 塔尼娅在课堂讨论中不断地大叫，你已经一再提醒她如果想发言就要先举手，但她往往只能安静五分钟，然后又开始大叫。

e. 你的高二英语课上正在讨论《白鲸记》（*Moby Dick*），布里塔尼却懒洋洋地坐在座位上，显得不感兴趣。

2. 思考以下两份记录，哪份记录更好？为什么？

a. 在约瑟夫、亚当和其他同学去食堂的路上，约瑟夫没有提醒就在背后推了亚当一把，把亚当推倒在地。在对质的时候，约瑟夫声称是亚当先冒犯了他。亚当说自己没有受伤，他是用"攻击"一词来说明自己并没有冒犯约瑟夫。从亚当方面的行为来看，我看不出他哪里冒犯了约瑟夫，导致约瑟夫推他。

b. 约瑟夫把亚当推倒在地，因为他不喜欢亚当。鉴于男孩中长期存在仇恨，亚当有可能是冒犯了约瑟夫。

掌握程度测验

目标3　确认班级管理的常见任务，解释每个任务对于创设良好运作的学习环境所起的作用

列出本章探讨的六项班级管理的主要任务。

1. 解释每项任务对于有效班级管理有何作用。例如，选取"建立积极的师生关系"任务，然后想出一个例子来说明这项任务对于建立有序、尊重的课堂环境有何作用。你可以说："如果学生认为教师是关心人的、尊重人的，那么学生更有可能与教师合作。"或者："如果教师采用像积极倾听这样良好的沟通技能，那么学生更有可能觉得自己得到理解和重视。"

2. 反思这六项任务，至少列出两个重要事项来记忆每项任务。这些"重要事项"可以指导你新学年的管理规划。例如，考虑物理环境。如果你想成为一名幼儿园教师，或许你要记得把图形标签贴在架子上，以便孩子知道东西该放在哪里。如果你将来准备教授西班牙语，那么你或许要搜集和展示来自西班牙和墨西哥的艺术作品和手工艺品。

因为本练习的回答因人而异，因此书后并没有列出答案。

最后总结

准教师总是喜欢谈论他们有多"爱孩子"，他们相信，好的教师应该是尊重学生、有爱心的教师。他们想象着自己在一个有序、高产和温暖的课堂环境中，与一群充满好奇、认真学习的学生打交道。

很遗憾，这些准教师对于如何赢得这样的课堂环境只有很模糊的概念，而且为了让学生感觉自己是尊重学生的教师，他们总是不情愿对学生建立行为规范、强加期望或做任何的要求。讽刺的是，这样做的结果却造成了充满问题行为和无序状态的课堂环境，在这样的环境下很难培育充满尊重和关爱的师生关系。于是这些准教师又会认为学生对教师不够尊重，走向了另一个极端，采取独裁政策，对问题行为采取严厉、惩罚性的后果。"我也想仁慈，但我却必须不友善"是新教师常哀叹的一句话。事实上，一些新教师会得出这样一个结论，那就是关心学生和维持权威之间是相互排斥的。[58]

本章所提供的概念和建议将有希望帮助教师避免出现这类情况。教师了解了领导型、权威型和民主型管理方式之间的不同，就能明白领导力和关爱两者都是必要的，领导型教师知道该如何既对学生提出要求，同时又尊重和支持学生。他们知道这样一个事实，坚持高行为标准和学业标准实际上也是一种表达关爱的方式。他们找到了"不友善"和严格坚定之间的差别。

在你考虑班级管理的目的和面临的挑战时，还要记住班级管理与纪律之间的差异。班级管理不仅仅是对学生的问题行为做出反应，它还包含了更广泛的任务，有些任务在前面已经做了探讨：设计恰当的物理环境、规划建立积极师生关系和学生关系的方式、建立行为规范、实施行为规范、主动与家长联系。很明显，学会做一个有效的班级管理者需要多方面、复杂的努力，包括知识、反思、努力工作和时间。与滑雪或游泳一样，它需要实地演练。阅读本章内容还只是第一步。

掌握程度测验

回答以下问题，并参照本书后附的答案检查你的回答。

1. 对于以下设计决策，考虑其可能的直接影响以及间接或象征性的影响。换句话说，物理环境设计可能会对学生的行为有何影响，会向学生传递什么样的信息？
   a. 将学生课桌排列成秧田式
   b. 按四人小组形式排列学生课桌
   c. 在小学教室里用带西班牙语和英语标识的架子
   d. 在教室里放置几个废纸篓
   e. 将铅笔刀放在教室办公桌后面

2. 假设在你任教的学校里，很多学生的人种背景是你以前从未接触过的，因此你需要获取文化内容方面的知识，那么你会问学生和（或）家长哪四个问题，来帮助你更多地了解他们的规范、价值观和经历？

3. 你注意到班上有很多辱骂和侮辱行为。如果你正好遇到学生在骚扰同学，他们却说："我们只是在闹着玩。"那么你会对他们说什么？

4. 守则和程序之间有何区别？

5. 对于成功召开家长会有哪五条建议？

6. 处理较轻问题行为可以采取哪些策略？

7. 处理较重问题行为或用不引人注意的方式无法解决的问题行为，可以采取哪些惩罚？

8. 传统的惩罚和有逻辑联系的后果之间有何区别？你班上有个学生把自己的名字写在课桌上，对于这一行为传统的惩罚是什么？具有逻辑联系的后果是什么？

9. 做记录为什么有用？做记录要包括哪些部分？

10. 以下练习中简要描述了五个问题，你的任务就是描述在每种情况下你会怎么做，并证明你所选择的行动方案，而你的证明应当描述决策背后的缘由。你

还会发现，描述你对于问题实质的假设、你所考虑的其他选择、你想建立或重建的环境等都将很有帮助。

很明显，在这里不存在正确或错误的回答。正因为如此，本练习没有提供答案。如果有可能，和一名同伴或部分同学分享你的回答。

a. 开学第一天，当琳达的妈妈把琳达带进幼儿园教室的时候，她提醒你说琳达是个"很敏感的孩子"。才过了两周，你就明白为什么琳达的妈妈觉得有必要提醒你了。她如果不能排在队伍的第一个，就发脾气。如果不允许她做她想做的事情，她就发脾气。琳达发脾气的时候完全就是拳打脚踢、号啕大哭、大声尖叫和满地打滚。你已经努力地忽略她发脾气的行为，但现在却发现同班同学都在取笑她了。典型的话语就是："看她又来了！""她简直就是个小婴儿！""爱哭鬼，赶快长大吧！"这时候你该怎么做？

b. 吉姆是你三年级班里最聪明的一个学生，但他总是做出问题行为。他的问题行为其实都不严重，只是一系列微小的事情，例如大声说话、大声欢笑、关课桌板时砰砰响、到处乱扔纸屑、戏弄同学。尽管这些都不是严重的问题行为，但却总是让人烦恼和分心。此外，其他同学还觉得这样的行为很有趣，他们笑着把吉姆当作笑话看。这时候你该怎么做？

c. 你对问题并不确定，但问题的征兆却很明显——你的初中数学课进行得不顺畅，学生总是迟交作业；学生经常不停地抱怨你布置的作业、测试的公平性以及其他事情；在班级讨论中，没有人参与讨论，虽然你认为你的问题大多数人能够回答得出来，却还是没有人主动要求回答。像铅笔折断了、书掉地上了、废纸篓翻了这样一些很小的事情总会经常发生。这时候你该怎么做？

d. 汤姆是圣诞节过后才从威尔逊中学转到这个学校的，在你的西班牙语Ⅰ课堂上才待了将近三周。尽管他看起来像是一个很好的年轻人，但很明显他并未被同学所接受。设计小组合作让汤姆参与进去似乎也没什么作用。汤姆仍然被排斥在一个很有凝聚力的群体之外。其他学生似乎总是忽略他，他也总是忽略同学，然而你也没有看到他们之中任何一方怀有敌意的征兆。这时候你该怎么做？

e. 你有个班级的第四节社会研究课总是比其他十年级的班级多一点问题，然而六个月以后，除了还有一个麻烦之外，这个班级学生在其他方面的表现已经很好了。尽管你已经无数次地告诉他们，当下课铃响意味着可以去吃午饭的时候，一定要等到你说下课他们才可以走，但他们总是听到铃响便离开座位，冲向门口，相互推搡，在过道里挤成一团。运气可真好，校长布莱克先生今天居然差点被这帮蜂拥而出的学生给撞倒。这时候你该怎么做？

观察表

班级管理：目的与策略

这次观察重点关注的是教师为有效预防和处理学生问题行为而采用的班级管理策略。

说明： 在使用这个观察表时，不要使用学校、教师、管理者和学生的真实名称和姓名。

观察者姓名：_____
日期：_____
年级：_____
科目：_____
班级规模：_____
背景信息： 简要描述该校学生的社会、经济和民族背景。
_____
_____

观察

1. 绘制教室分布图，评价教室的物理陈设。考虑以下问题：

这个教室看起来是不是安全、舒适？

课桌摆放是否与教师的教学目的相匹配？

教室里是否展示了学生的作品？

课堂常用物品是否容易拿到？

2. 教师是否想要促进积极的师生互动？例如，教师是否：

在学生进来的时候站在门口问候学生？

对学生的校外生活表现出兴趣？

提出高期望但又传递着温情和关爱？

3. 教师是否想要促进积极的学生互动？例如，教师是否：

开展小组合作活动？

鼓励学生相互尊重？

在学生之间出现嘲弄或辱骂情况时介入？

4. 教师是否让学生明白了自己对他们的行为期望？例如：

是否张贴了课堂守则？

学生是否了解去厕所、削铅笔等方面的常规？

5. 教师是否处理问题行为？教师是否：

在合适的时候采用不引人注意的、非言语的策略（如靠近）？

在合适的时候采用非直接的言语策略（如叫学生的名字或采用委婉的表达）？

是否安静、平稳、私下运用惩罚？

教师访谈

想办法安排几分钟时间和教师交流他们的班级管理方式，询问以下问题：

1. 你如何描述自己的常规班级管理方式？
_____
_____
_____

2. 你的班级管理目的是什么？
_____
_____
_____

3. 在自己的课堂上，你是否为建立共同体归属感和关爱氛围而做出过努力？
_____
_____

4. 如何了解课堂守则？你是否给学生分发书面守则？你是否张贴这些守则？你花了多少时间教授学生这些守则、讨论这些守则？你是否让学生参与制定这些守则？
_____
_____

5. 你认为哪些类型的纪律干预最有效？
_____
_____

对自己的观察与访谈进行反思

1. 课堂氛围是怎样的？学生与教师之间是否存在积极、温暖的关系？学生之间是否会以相互尊重、支持的方式互动？
_____
_____

2. 如果有的话，你是否观察到教师采取了某些管理策略来预防管理问题？你认为运用这些策略是否能有效预防行为问题？
_____
_____

3. 如果有的话，你是否观察到教师采取了什么样的管理策略来处理问题行为？你认为这些策略是否有效？
_____
_____

4. 根据你的观察，什么样的学生行为表明教师成功或没能成功地达成管理目的？
_____
_____

5. 你是否能够用领导型、权威型或民主型来界定这位教师的管理风格并做出解释？
_____
_____

参考文献

著作

Bear, G., with Cavalier, A. R., & Manning, M. A. (2004). *Developing self-discipline and preventing and correcting misbehavior.* Boston: Pearson/Allyn & Bacon.

Brady, K., Forton, M. B., Porter, D., & Wood, C. (2003). *Rules in school.* Greenfield, MA: Northeast Foundation for Children.

Cartledge, G., & Lo, Y. (2006). *Teaching urban learners: Culturally responsive strategies for developing academic and behavioral competence.* Champaign, IL: Research Press.

Charles, C. M. (2008). *Building classroom discipline* (9th edition). Boston: Pearson/Allyn & Bacon.

Emmer, E. T., & Evertson, C. M. (2009). *Classroom management for middle and high school teachers* (8th edition). Upper Saddle River, NJ: Pearson.

Evertson, C. M., & Emmer, E. T. (2009). *Classroom management for elementary teachers* (8th edition). Upper Saddle River, NJ: Pearson.

Gordon, T. (2003). *Teacher effectiveness training* (revised edition). New York: Three Rivers Press.

Jones, V., & Jones, L. (2007). *Comprehensive classroom management: Creating communities of support and solving problems* (8th edition). Boston: Pearson/Allyn & Bacon.

Marzano, R. J., with Marzano, J. S., & Pickering, D. J. (2003). *Classroom management that works: Research-based strategies for every teacher.* Alexandria, VA: Association for Supervision and Curriculum Development.

Mendler, A. N., & Curwin, R. L. (1999). *Discipline with dignity for challenging youth.* Bloomington, IN: National Educational Service.

Weinstein, C. S. (2007). *Secondary classroom management: Lessons from research and practice.* New York: McGraw-Hill.

Weinstein, C. S., & Mignano, A. J. (2003). *Elementary classroom management: Lessons from research and practice.* New York: McGraw-Hill.

网址

The Southern Poverty Law Center: http://www.teachingtolerance.org
The Teaching Tolerance project provides teachers at all levels with ideas and free resources for building community, fighting bias, and celebrating diversity.

Collaborative for Academic, Social, and Emotional Learning (CASEL): http://www.casel.org
Dedicated to the development of children's social and emotional competencies and the capacity of schools, parents, and communities to support that development. CASEL's mission is to establish integrated, evidence-based social and emotional learning (SEL) from preschool through high school.

The Family Involvement Network of Educators (FINE): Harvard Family Research Project, http://www.hfrp.org.
FINE brings together thousands of stakeholders committed to promoting strong partnerships among schools, families, and communities. FINE provides information about family involvement, including teaching tools, training materials, and research reports. Members can receive a free subscription to the FINE email newsletter, which regularly highlights new resources for strengthening, family, school, and community partnerships.

The National Network of Partnership Schools: http://www.partnershipschools.org.
NPPS provides information on implementing comprehensive, goal-oriented programs of school, family, and community partnerships. Check out the interactive homework assignments (TIPS) and the collections of "Promising Partnership Practices" on their web site.

For these links and additional resources, please visit the Premium Website at **www.cengage.com/login.**

注 释

[1] V. Jones, "How Do Teachers Learn to Be Effective Classroom Managers?" in *Handbook of Classroom Management: Research, Practice, and Contemporary Issues*, ed. C. M. Evertson and C. S. Weinstein (Mahwah, NJ: Lawrence Erlbaum Associates, 2006), 889.

[2] M. Pilarski, "Student teachers: Underprepared for classroom management?" *Teaching Education* 6 (1994): 78–79.

[3] L. Stough, "The Place of Classroom Management and Standards in Teacher Education" in *Handbook of Classroom Management: Research, Practice, and Contemporary Issues*, ed. C. M. Evertson and C. S. Weinstein (Mahwah, NJ: Lawrence Erlbaum Associates, 2006).

[4] K. Hammerness, "Classroom Management in New York City," *Teaching Education* (in press).

[5] E. Midlarsky and H. M. Klain, "A History of Violence in the Schools" in *Violence in Schools: Cross-National and Cross-Cultural Perspectives*, ed. F. Denmark, H. H. Krauss, R. W. Wesner, E. Midlarsky, & U. P. Gielen (New York: Springer, 2005), 41.

[6] Ibid.

[7] H. Mann, 1934, p. 288. Cited in E. Midlarsky and H. M. Klain, "A History of Violence in the Schools" in *Violence in Schools: Cross-National and Cross-Cultural Perspectives*, ed. F. Denmark, H. H. Krauss, R. W. Wesner, E. Midlarsky, & U. P. Gielen (New York: Springer, 2005), 41–42.

[8] G. Gay, "Connections between Classroom Management and Culturally Responsive Teaching" in *Handbook of Classroom Management: Research, Practice, and Contemporary Issues*, ed. C. M. Evertson and C. S. Weinstein (Mahwah, NJ: Lawrence Erlbaum Associates, 2006), 355.

[9] C. S. Weinstein, M. Curran, and S. Tomlinson-

Clarke, "Culturally Responsive Classroom Management: Awareness into Action," *Theory Into Practice* 42, no. 4 (2003): 269–276; C. S. Weinstein, S. Tomlinson-Clarke, and M. Curran, "Toward a Conception of Culturally Responsive Classroom Management," *Journal of Teacher Education* 55, no. 1 (2004): 25–38.

[10] L. C. Soodak and M. R. McCarthy, "Classroom Management in Inclusive Settings" in *Handbook of Classroom Management: Research, Practice, and Contemporary Issues*, ed. C. M. Evertson and C. S. Weinstein (Mahwah, NJ: Lawrence Erlbaum Associates, 2006).

[11] D. Baumrind, "Parental Disciplinary Patterns and Social Competence in Children," *Youth and Society* 9 (1978): 239–276.

[12] J. M. T. Walker, "Looking at Teacher Practices Through the Lens of Parenting Style," *The Journal of Experimental Education* 76, no. 2 (2008): 218–240; J. M. T. Walker, "Authoritative Classroom Management: How Control and Nurturance Work Together," *Theory Into Practice* 48, no. 2 (2009): 122–129.

[13] E. Bondy, E. and D. Ross, "The Teacher as a Warm Demander," *Educational Leadership* 66, no. 1 (2008): 54–58; J. J. Irvine, "'Warm Demanders,'" *Education Week* 17, no. 35 (May 13, 1998): 56; J. Kleinfeld, "Effective Teachers of Eskimo and Indian Students," *The School Review*, 83 (1975): 301–344.

[14] T. Wubbels, M. Brekelmans, P. den Brok, and J. van Artwijk, "An Interpersonal Perspective on Classroom Management in Secondary Classrooms in the Netherlands" in *Handbook of Classroom Management: Research, Practice, and Contemporary Issues*, ed. C. M. Evertson and C. S. Weinstein (Mahwah, NJ: Lawrence Erlbaum Associates, 2006).

[15] E. Proshansky and M. Wolfe, "The Physical Setting and Open Education," *School Review* 82 (1974): 557–574.

[16] K. F. Osterman, "Students' need for belonging in the school community," *Review of Educational Research* 70 (2000): 323–367; A. Woolfolk Hoy and C. S. Weinstein, "Student and Teacher Perspectives on Classroom Management" in *Handbook of Classroom Management: Research, Practice, and Contemporary Issues*, ed. C. M. Evertson and C. S. Weinstein (Mahwah, NJ: Lawrence Erlbaum Associates, 2006).

[17] R. J. Marzano, with J. S. Marzano and D. J. Pickering, *Classroom Management that Works: Research-Based Strategies for Every Teacher* (Alexandria, VA: Association for Supervision and Curriculum Development, 2003).

[18] D. J. Cothran, P. H. Kulinna, and D. A. Garahy, "'This is kind of giving a secret away . . .': Students' perspectives on effective class management," *Teaching and Teacher Education*, 19 (2003): 439.

[19] S. R. Katz, "Teaching in tensions: Latino immigrant youth, their teachers, and the structures of schooling," *Teachers College Record*, 100, no. 4 (1999): 809–840.

[20] Marzano, Marzano, and Pickering, *op cit.*: 53.

[21] J. Allen, "Family Partnerships that Count," *Educational Leadership* 66, no. 1 (2008): 22–27.

[22] Weinstein, Tomlinson-Clarke, and Curran, *op cit*.

[23] D. Corbett and B. Wilson, "What Urban Students Say About Good Teaching," *Educational Leadership* 60, no. 1 (2002): 19.

[24] D. Corbett, B. Wilson, and B. Williams, "No Choice but Success," *Educational Leadership* 62, no. 6 (2005): 10.

[25] C. S. Weinstein, *Middle and Secondary Classroom Management: Lessons from Research and Practice*, 3rd ed. (Boston: McGraw-Hill, 2003), 73.

[26] T. Gordon with N. Burch, *Teacher Effectiveness Training* (New York: Three Rivers Press, 2003).

[27] M. Sapon-Shevin, "Building a safe community for learning," in *To Become a Teacher: Making a Difference in Children's Lives*, ed. W. Ayers (New York: Teachers College Press, 1995), 111.

[28] V. Jones and L. Jones, *Comprehensive Classroom Management: Creating Communities of Support and Solving Problems*, 8th ed. (Boston: Pearson/Allyn & Bacon, 2007).

[29] M. Sapon-Shevin, *Because We Can Change the World: Practical Guide to Building Cooperative, Inclusive Classroom Communities*. (Boston: Allyn & Bacon, 1999).

[30] Ibid.

[31] Ibid.

[32] C. S. Schmollinger, K. A. Opaleski, M. L. Chapman, R. Jocius, and S. Bell, "How Do You Make Your Classroom an Inviting Place for Students to Come Back to Each Year?" *English Journal* 91, no. 6 (2002): 20–22.

[33] Ibid.

[34] N. A. Madden and R. E. Slavin, "Cooperative learning and social acceptance of mainstreamed academically handicapped students." *Journal of Special Education* 17 (1983): 171–182; R. E. Slavin, *Student Team Learning: A Practical Guide to Cooperative Learning*, 3rd ed. (Washington DC: National Education Association, 1991).

[35] D. W. Johnson and R. T. Johnson, "Social Skills for Successful Groupwork," *Educational Leadership* 47, no. 4 (1989/90): 29–33.

[36] R. Kriete, *The Morning Meeting Book*, 2nd ed. (Greenfield, MA: Northeast Foundation for Children, 2002).

[37] J. L. Nelsen, L. Lott, and H. S. Glenn, *Positive Discipline in the Classroom*, 3rd ed. (Roseville, CA: Prima, 2000).

[38] Gordon with Burch, *op cit.*

[39] J. Leishman, "Cyberbullying: The Internet Is the Latest Weapon in a Bully's Arsenal," (2002). http://cbc/ca/news/national/news/cyberbullying/index.html.

[40] E. T. Emmer, C. M. Evertson, and L. M. Anderson, "Effective Classroom Management at the Beginning of the School Year," *The Elementary School Journal* 80, no. 5 (1980): 219–231; C. M. Evertson and E. T. Emmer, "Effective Management at the Beginning of the School Year in Junior High Classes," *Journal of Educational Psychology* 74, no. 4 (1982): 485–498.

[41] Ibid.

[42] C. S. Weinstein and A. J. Mignano, *Elementary Classroom Management: Lessons from Research and Practice,* 4th ed. (Boston: McGraw-Hill, 2003), 127.

[43] C. S. Weinstein, *Middle and Secondary Classroom Management: Lessons from Research and Practice*, 3rd ed. (Boston: McGraw-Hill, 2003): 120.

[44] P. Heuveline, "Estimating the proportion of marriages that end in divorce," research brief prepared for the Council on Contemporary Families (2005). http://www.contemporaryfamilies.org.

[45] E. Heilman, "Hegemonies and 'Transgressions' of Family: Tales of Pride and Prejudice," in *Other Kinds of Families: Embracing Diversity in Schools*, ed. T. Turner-Vorbeck and M. Miller Marsh (New York: Teachers College Press, 2008).

[46] J. Epstein, *School, family, and community partnerships: Preparing educators and improving schools* (Boulder, CO: Westview Press, 2001); J. Griffith, "The relation of school structure and social environment to parent involvement in elementary schools." *The Elementary School Journal* 99, no. 1 (1998): 53–80.

[47] Jones and Jones, *op cit.*

[48] Ibid.

[49] E. Trumbull, C. Rothstein-Fisch, P. M. Greenfield, and B. Quiroz, *Bridging Cultures Between Home and School: A Guide for Teachers* (Mahwah, NJ: Lawrence Erlbaum Associates, 2001).

[50] Gordon with Burch, *op cit.*

[51] L. Delpit, *Other People's Children: Cultural Conflict in the Classroom* (New York: The New Press, 1995).

[52] Weinstein, *op cit.*, 325.

[53] H. G. Ginott, *Between Parent and Child* (New York: Macmillan, 1965); Haim G. Ginott, *Between Parent and Teenager* (New York: Macmillan, 1969); Haim G. Ginott, *Teacher and Child* (New York: Macmillan, 1972).

[54] W. Glasser, *Schools Without Failure* (New York: Harper & Row, 1969).

[55] Trumbull, Rothstein-Fiksch, Greenfield, and Quiroz, *op cit.*

[56] A. Kohn, *Punished by Rewards: The Trouble with Gold Stars, Incentive Plans, A's, Praise, and Other Bribes* (Boston: Houghton Mifflin Company, 1993): 51.

[57] B. Sulzer and G. R. Mayer, *Behavior Modification Procedures for School Personnel* (Hinsdale, IL: Dryden, 1972).

[58] C. S. Weinstein, "'I Want To Be Nice, But I Have To Be Mean': Exploring prospective teachers' conceptions of caring and order," *Teaching and Teacher Education* 14, no. 2 (1998): 153–163.

第9章

合作学习

玛丽·S. 莱顿
郑丹丹　译

目标 ▶▶▶

1. 明确在有效课堂上教师、学生和学习内容的作用
2. 描述合作学习有助于提升学生社会和学业领域成就的特征，区分能够促进较高学业发展的合作学习策略和结构较差、无法促进学业进步的小组活动
3. 将简单的合作学习形式整合到更复杂或更宽泛的课程中
4. 实施复杂的合作学习策略，包括学生小组成绩分工法（STAD）、切块拼接法和学术争论
5. 将过程性技能的教学整合到合作学习活动中
6. 从物理环境、组织环境和教学环境各方面为建立有效实施合作学习策略提供支持
7. 描述全校采用合作学习是如何提高学生的学业成就和专业合作以及减少暴力的

语言艺术中的案例

六年级阅读与语言艺术课的学习内容是词汇。星期一，全班同学从自己读过的小说里摘录出一系列新的、有趣的单词，再由他们的教师哈里曼女士帮助削减至20个单词，然后从书中找出单词所在的句子，明确该单词的意思。星期二，她设计了一个撰写游记的练习，让学生试着将这些单词用到描述自己生活的语句里去。今天，学生组成学习小组，为一个检查拼写、单词含义的小测验做准备。

和以往一样，每个学习小组都有自己的学习包，这个学习包是哈里曼女士用于分发和回收学习材料的。本堂课的学习包包括：按照字母顺序排列的词汇表，每个词都带有一个文章句子；一份指南，列出了这些词的定义和一般用法的若干例子；标着1号到4号的四张卡片。在一个名为美洲狮的小组里，每个成员（伊萨克、凯特、约瑟和梅）都是小组活动的老手了。梅在这一周是材料管理员的角色，她先从材料架上拿来本组的学习包，放在本组的桌子上。每个成员各抽一张卡片，然后看黑板，在黑板上哈里曼女士已经写明了每个号码对应的初始角色。伊萨克抽到的是1号卡片，表明在此次小组活动期间他是初始提问者的角色；凯特是3号，扮演初始检查员的角色，因此伊萨克拿着词汇表，凯特拿着答案。梅抽到的是2号，扮

演初始回答者的角色，伊萨克向梅提出头一个问题："'并不比马的饲料槽高贵'里高贵是什么意思？"[1] 梅回答："高级、重要、富裕。"凯特对照学习指南检查梅的解释，最后认定梅的回答可以接受。然而约瑟还是有点茫然，这时候伊萨克突然从椅子上跳起来，比划着扮演国王的样子，还拉着凯特让凯特深深地行屈膝礼。"我是高贵的人。"伊萨克宣称，"所有的臣民都要服从我。"约瑟点点头会意地微笑起来，于是小组活动继续。接着梅准确地拼出了这个词，这时候要互换角色：梅做提问者，凯特做回答者，约瑟最初抽到的是4号，在第一轮活动中扮演的是倾听者的角色，但现在要做检查员，而伊萨克则扮演倾听者。

今天小组活动期间的初始角色
1. 提问者 2. 回答者 3. 检查员 4. 倾听者

支持英语学习者

由于这是约瑟第一年参与英语阅读的小组活动，而他的同组成员在以往课程中已经经历过很多实例训练，已经能够很熟练地解释单词的意思，因此约瑟希望能够得到同组成员的额外帮助。偶尔他们还会请瑞秋加入美洲狮小组，因为瑞秋和约瑟一样，也是说西班牙语的，他也可以用西班牙语为约瑟举例说明。凯特广泛的阅读量使得她成为这个班里的明星，在小组里她也是约瑟的良好支持，而她以前很少能够接触到像约瑟这样的同学。美洲狮小组很早就完成了任务，然后利用剩余的时间进行实践测验。每个小组成员都很希望这周的个人测验得分能比以前更高，这样就能为本小组做出贡献，拉高小组得分。

哈里曼女士在教室里来回走动，监控各小组的活动，她停在了美洲狮小组旁，检查他们的活动进展。伊萨克是个非常独断的学生，她曾经给伊萨克进行过一次个人辅导，指导他该如何合理利用自己抑制不住的主动性。（在她眼里还掺杂着庇护他人的意味！）她帮助鼓励梅，因为梅是个害羞的学生。哈里曼女士看到伊萨克这方面的技能有所进步，而小组里每个成员也都在正常参与活动。

测验进步状况

明天这个班会有一个小测验，每个小组成员获得的分数要和他们的基础分数进行对比，而基础分数就是他们之前三次词汇测验分数的平均值。如果对比以后发现个人有进步，那么所在小组就能得分。所有达到"超级小组"标准的小组，都可以把本组获得的锦旗挂在教室公告栏上展示。因为哈里曼女士一直在实施这一策略，伊萨克的小测验分数从七十几分上升到了八十几分，看得出来他对阅读的兴趣也高涨了。约瑟的分数有了显著进步，到学期末的时候，哈里曼女士希望他的阅读能力能够达到本年级所规定的英语学科等级要求，之前他在西班牙语学科上已经达到了本年级规定的等级要求。现在梅已经能够面带微笑更积极地参与班级讨论了，她的成绩也上升了，固定在B等上。凯特是一个总拿A等的学生，但有时候做作业不仔细，现在她经常能够在小测验里得到满分。由于凯特的满分和约瑟的巨大进步，他们获得了很多的小组得分，常常出现在一周"超级小组"的表扬名单里。同样重要的是（至少从凯特和约瑟的角度看），小组成员比以往更多地参加体育活动和午餐社交活动。小组得分并不会改变成员个人的等级，因为个人等级反映的是每个人各自的学业成就，但是小组得分却能够为成员带来大家的认同和代币奖励，而这些都是学生很喜欢的。

生存技能

美洲狮小组积极参与的这个学习活动促进了多水平的发展，也利用了各种不同的学生资源来满足学生的不同需求。从长远看，这种活动可以帮助学生成为所属共同体更受尊重且高效的成员。人生各个方面的成功越来越有赖于综合运用知识、技能和创造力来解决问题的能力。每一天，新的社会安排、技术、政治经济体系、空间运用（对地球、地球周围以及更远的空间）带来现代生活新的挑战。在美洲狮小组成员离开6年级很久以后，他们还是能够记得如何利用可获得的专长来寻求答案，如何将天赋差异视作比较不同观点和丰富自身思考能力的机会，如何运用同伴领导和协商来维系集体共同进步。正因为哈里曼女士精心设计学习任务，才有学生持续的、合作的积极参与来面对有价值的认知挑战。学生参与的质量与数量对于他们的学习有着显著的重大影响。在参与活动的过程中学生互动的方式也强化了他们的社会联系。

更高的成就

结构良好的合作学习策略已经证明在促进各水平、各年龄的学生掌握知识与技能方面是有效的和高效的。为促进学生对于小说的学习，美洲狮小组所在班的教师采用了一种学生小组学习的形式[2]，这种形式也是一种复杂形态的合作学习。约翰逊兄弟对20世纪90年代成百上千的研究进行梳理，发现了合作学习策略有效性方面的一系列证据。[3]从数学、体育一直到第二语言学习，在很多学科上学生的学业成就提高了。这类研究往往关注的是小学和中学教学。但是，经济学教育[4]、心理健康培训[5]、化学[6]以及其他学科的实验研究也表明，合作学习策略在中等后教育中的学生身上也取得了积极的成果。这些研究扩展了美国加利福尼亚州立大学库珀及其同事的早期研究，他们的早期研究已经展现了合作学习策略在大学课程中的成功运用。[7]简言之，结构良好的合作学习策略是提高学业成就的可靠途径。

社会凝聚力

此外，合作学习策略还通过利用人的各种智力，并提供有助于分担工作与责任的任务结构，来增进人的创造力。很多研究表明，如果学校里的教师和学生经常开展合作学习活动，那么这些学校就能创造必要的社会和文化基础来培育一般性的礼仪规范并支持和平、有效地解决冲突。一份研究评论的总结中概括了合作学习的一个普遍的发现，即合作学习可以极大促进群体的凝聚力、积极的人际关系、提供同伴支持和欣赏多元化的能力。[8]此外，该评论还证明了合作学习在自尊、社会技能和压力管理方面有积极影响，而这些良好的社会与心理健康指标为集体的开放与创新提供了培育环境，这个环境反过来又激发和维持了创造性。当不同的学生有兴趣积极参与有着共同目标的高效活动时，合作学习就能激发不同人群之间积极的联系。

从20世纪60年代开始的关于合作学习的研究和实践都是建立在库尔特·卢因（Kurt Lewin）和莫顿·多伊奇（Morton Deutsch）的研究基础之上。[9]他们研究合作与竞争状况如何影响人际关系的问题。在20世纪60年代，教育研究者对于和学

校相关的法律和社会期望的改变所带来的挑战很感兴趣。已经习惯了在隔离的、不平等的学校就读的学生被安置于同一个校园里之后,研究发现,存在于不同校园之间的种族歧视会延伸到同一校园内。合作学习的早期研究部分是为了修补社会组织的分裂,同时促进学生的学业成就。[10] 有意识地将不同类型的学生放在同一个小组,要求个体之间合作的学习任务的设计,体现出合作学习在增强社会凝聚力以及弥补社会、种族和人种分裂方面的益处。

在本章中,我们探究了全世界教师认为有效的合作学习形式,明确了界定这些合作学习形式的基本要素。为了能明确区分,所使用的合作学习仅指本章后面部分所论述的特定类型的学习活动,小组活动则指包括两名及以上学生但不体现合作学习定义特征的学习活动。

目标1:明确在有效课堂上教师、学生和学习内容的作用

合作学习的一般环境

学习活动9.1

教师、学生和学习内容在一堂课上都扮演着重要的角色,这些角色的本质和重要性在有效的合作学习中与在其他课程形式中是一样的。教师控制着学生由于缺少相应知识与技能而无法掌控的课堂要素,学生努力建构和改造学习内容为自己所用。学习内容相当充分而且值得学生花时间和精力来学习。

教师的指导

教师提供学习内容,也就是说,教师创造机会,使学生能够学习新的材料、相关知识的组织结构以及认知的过程。例如,他们会展示、解释、提供媒介物(一部电影、一个互动式计算机活动)、讲故事或者组织班级旅游,无论采用何种形式,都要确保内容与过程的呈现落在学习者的最近发展区内。例如,要让小学生了解市政治理的概念,教师或许会先组织学生讨论家庭和学校成员的作用、关系和责任,然后才会组织学生研究市政当局。从家庭和学校生活入手,可以为了解一般结构提供组织者和启示;可观察到的不一致能用于解释有关家庭社会系统的差异以及差异程度的本质。

如果学生拥有恰当的纸质资料、互联网资源、超文本、访谈机会、录影带或其他数据来源,而这些内容都是学生可以独立查阅的,那么教师就可以从呈现者转变为指导者。当学生熟悉了新信息的细节后,作为指导者,教师要指导学生学习课程内容。教师必须知道这门课程的一般领域以及当前学生的了解程度,以便确定什么样的学习内容代表了学生合理的、可激发的发展空间,什么样的呈现模式能为学生提供最多、最具支持性的学习机会。

有一个令人烦恼的常见错误观念,那就是认为合作学习的学生相互之间就是最主要的教师。另一个相关的观念就是认为缺乏专长会限制学习——一个学生怎么从另外一个同样无知的学生那里学到东西呢?这种情况在小组活动的一些组织形态中会出现,但在合作学习中却不会出现。在有效的合作学习中,教师运用呈现策略来

确保所有学生都能够获得准确的、完整的信息。学习活动通过分享观念与实例、问题解决过程中的合作、相互指导技能的练习来实现学生学习之间的调和。教师或许会依赖性能良好的媒介或良好的学习中心来呈现学习内容，而不是传统的报告和展示。然而，教师的专长在选择和组织学习内容的呈现时还是很有用的。学生的学习并不局限于依靠同伴，同伴最初和他们一样都不了解学习内容，但是只有同伴积极参与解释、展示和激励，并将此视为自己学习活动的一部分，才能使学习内容日益丰富。

学生的学习

学习过程中与其他同伴一起进行陈述有很重要的作用，陈述可以帮助学习者了解自己和他们的听众掌握学习内容的类型与程度。无论是成人还是孩子，新手经常认为自己已经掌握了某个事物，直到需要自己解释这一事物的时候，才发现情况并不是这样的。当他们亲耳听到自己的陈述，即使听众还没有发表任何评论，陈述者自己也已经能够评价自己的知识掌握状况。如果陈述者没有发现自己的错误之处，其他听众一般也会指出。学习者需要在学习的过程中不断陈述自己所掌握的知识，以便确认无误或进行修正。良好的合作学习策略促使学生积极分享自己的想法，自我检验，从同伴的反馈中获取理解，通过倾听别人对同一学习内容的理解来扩展自己对概念的理解。

可靠的内容

和其他课堂教学一样，那些采用合作学习鼓励学生积极参与学习的课堂，其最终依赖的也还是学习内容本身（知识以及掌握知识的过程两者）能否妥当地促进发展。如果对新学习内容的呈现是混乱的或粗糙的，如果练习活动过于支离破碎，如果练习与学习内容之间有意义的互动被死记硬背所取代了，那么无论怎么灵活地运用合作学习激励机制，这样的课堂都已经注定了结局。

本章阐释的概念和活动表明了应该如何激发学生努力合作，以便使各自的能力实现最大发展。然而，要在掌握既定的技能和学习内容方面取得明显收获，合作学习就必须是在这样一个环境下实施——教师提供可获得的、有吸引力的学习机会，学习内容本身也是吸引人的。

掌握程度测验

目标1　明确在有效课堂上教师、学生和学习内容的作用

阅读以下表述，根据学习活动9.1提供的信息来判断它们是真（T）还是假（F）。

1. 运用合作学习通常可以提高阅读而不是数学的学业成就。
2. 已有研究表明，合作学习能够促进小学、中学和大学课堂上学生学业成就的提高。
3. 合作学习利用了学生的不同天赋和资源。
4. 尽管合作学习或许能够促进学业成就，但它却无法明显地改变社会技能或群体凝聚力。
5. 在合作学习的课堂上，学生是彼此的主要教师。
6. 教师很少在合作学习中使用多媒体，因为这是基于文本的策略。
7. 大多数学生通过观察自己的表现来学习，也通过观察他人或听取他人的反馈来学习。
8. 在合作学习中，学习内容的质量不如任务的形式重要。

目标2：描述合作学习有助于提升学生社会和学业领域成就的特征，区分能够促进较高学业发展的合作学习策略和结构较差、无法促进学业进步的小组活动

合作学习的基本特征

学习活动9.2

合作学习是一种教学设计，目的是促进学生积极主动地通过自己的努力以及学习小组成员的努力来实现学习目标。合作学习与其他同样以小组形式开展的学习活动之间的区别就在于与学业任务相交织的一系列基本特征。不同的思想流派采用了不同的方式来命名和列出这些特征，但是它们都集中于一个基本的观念，那就是学习任务的组织形式能够促使学生以高效和相互支持的方式积极参与学习活动，从而使所有学生都实现学习目标。在良好的合作学习活动中，更容易也更能吸引学生以小组形式而不是其他的方式来成功完成学习任务。

积极互助

任何成功的合作学习活动都会提到这些基本的特征。这些特征提升了学生"完成学习任务的努力程度"，同时又促进以下多个方面，即产出、学习的维持、完成任务的时间、高层次的思维、学习的转换、对学校的积极感受。[11]首要的特征就是积极互助，一种"我为人人，人人为我"的精神。[12]目标互助的意思是如果小组成员想要取得成功，那么所有小组成员都必须取得成功。奖励互助的意思是如果小组成员都达到了某个标准，那么所有成员都能够获得奖赏或认同。例如，如果小组里所有学生都在测验里获得了及格分数，那么每个成员都能额外再加五分。资源互助的意思是每个小组共享一份用于完成小组任务所需要的材料，而且要求是每个成员都能享有。角色互助的意思在前面美洲狮小组的合作学习中已经体现出来了：每个学生的角色都与小组里其他学生的角色紧密联系。

跳长绳就是一个积极互助的典型例子：两个人的手与手臂运动相互协调，而第三个人则按照一定节拍跳绳。注意只有这三个人全都准确地各司其职，跳绳运动才能顺利进行。

此外，奖励的实质就是，只要学生努力学习并取得进步，不管是高水平还是低水平的学生，都能够平等地获得奖励。[13]从本质上说，互助是无报酬的，因为在完成某个学习任务的时候，每个成员的资源并不平等，因此小组就会排斥获取报酬。确定相对进步的标准，而不是绝对的学业成就，这是一种支持小组成员积极互助的方式。

有些合作学习的模式中会有分工高度细致的角色，而有些模式则相对简单。所有能够促进学生学业进步的合作学习模式都是建立在积极互助的基础上的。

个人进步

第二个特征是在小组层面和个人层面的责任。也就是说，除非每个成员都取得成功或显著进步，否则整个小组就不会取得成功。学习任务的设计里既奖励小组的合作，同时也奖励个人实现学习目的。例如，在本章一开始所介绍的场景里，整个

美洲狮小组因为成员之间相互支持开展显著的学习活动而得到了奖励，小组里每个成员也因为各自取得了进步和完成了整个学业任务而得到奖励。不管对于整个小组的奖励是什么形式的，小组成员必须合作并通过每个成员的进步来证明本组学习活动的有效性。斯莱文在这一领域做了大规模的研究，而且这些研究都一致地取得了相同的证据：想要实现良好的合作学习，评价策略就必须建立在个人学业成就的基础上，而小组奖励就必须建立在个人进步的基础上。[14]每一个参与了小组合作学习却没有承担个人责任的人身上存在"搭便车"的现象，这种"搭便车"的人总是让别人干他该干的活，蹭别人的努力。"搭便车"的人自己没有学到什么，却让干活的人学到了东西。如果想让这些人也获得成功，那么设计学习活动时必须确保每个学生都积极参与学习。

促进同伴的学习

第三个基本特征被约翰逊兄弟称为"面对面的积极互动"——相互帮助学习的行为。[15]有研究专门分析了成功的合作学习小组究竟是如何开展活动的，结果发现个体要解释自己知道什么与其掌握情况有正相关关系。现在，人们一般认为聪明的学生知道得更多，会解释的也更多，当然最终在测验里所获得的成就也更高。但事实并非如此简单。在能力相同的学生中，那些通过准确解释来展示自己掌握情况的学生在这一过程中能够强化和拓展自己的掌握状况。在某个学业任务中，中等程度的学生向同伴解释自己的答案和想法时，他们自己也会学得更好。此外，如果高学业成就的学生有机会公开阐述自己所学或展示自己掌握的技能，那么他们自己的学习效果也能大大提高。[16]正因为如此，研究考察了合作学习策略在促进成绩优异的学生学业进步方面的作用，发现合作学习策略对于这些学生是有益处的。在能力小组里，学生通过运用不同的术语来阐述新知识或者经常为他人示范新技能，以获得对于学习内容更为深入的理解，从而提高学习的效果。[17]

掌握合作过程技能

第四个基本特征是重视学生在开展合作学习过程中运用的人际交往技能和小组活动技能。要在小组里成功地开展学习活动，就需要特定的社会技能，而这些社会技能在完成真实任务的情境下才能得到最好的学习和实践。在这一过程中，还需要学生具有批判反思自己技能的能力，从而提升本组学习活动的成效。

运用多元智力

如果能够恰当开展合作学习，那么不但能够促进学生的认知发展，而且也能在任何一个合作任务中充分发挥学生的多元智力。[18]在小组合作学习情境下，学生有机会确认和利用他人的长处，拓展自己的观念，知道如何应对挑战。例如，再回到前面美洲狮小组的案例，约瑟是一个英语学习者，母语是西班牙语，他的同组同学尽管都不会说西班牙语，却都想让他学会当前的学习内容。凯特的语言天赋使她能提供一些关于"高贵"一词的其他解释。伊萨克是一个有天赋的演员，他带领组员通过搞笑的表演来解释该词的含义。获得成功的人（不管是成人还是孩子）不会仅仅局限于只利用自己的天赋；通过实践和观察他人，他们在自己原本天赋才能很平常的方面也能发展相关能力。合作学习强调学业任务的设计和社会技能的掌握，这些确保学生有机会利用自己的特殊天赋并拓展自己的才能。合作学习有时隐蔽，但更多时候是明显地促进了元认知的发展——知道自己是怎么知道这些知识的，知道自己是如何学习的，知道如何促进他人的学习。为了帮助同组同学的学习，学生就有机会采用各种方式展示自己的知识与技能,这么做就是利用了学生不同的学习风格和智力类型。

多元智力与合作学习

加德纳[19]已经明确了人类至少八种智力,这些智力"依托生理"、"在单个或多元文化背景下得到重视"。他认为,所谓智力是"在特定的文化背景或社会中,解决问题或制造产品的能力"。以下所列的就是对各种智力的简要描述,以及各种智力在如美洲狮小组所参与的单词与拼写这样简单的一项小组合作学习任务中可能发挥的作用。相关内容也可以参见1998年尼克尔森-纳尔森的研究。[20]

智力	描述	对单词学习的作用
语言智力	顺利高效地运用单词和学习语言	提供可选择的界定
逻辑数理智力	科学地思考,快速自发地获取数据	建立逻辑联系,展示这个含义与其他含义之间的联系
空间智力	充分利用可视线索进行设计、操作、绘画等	绘制或制作单词含义的可视模式
音乐智力	运用歌曲、音调和节奏	回忆能够帮助记忆新单词的歌曲
身体运动智力	特别优雅或准确地控制身体运动	用行动表现单词含义
人际交往智力	准确认识他人情感与需求并运用这些信息做出反应	能够看出一个努力学习的同伴正遭遇挫折,为同伴提供额外的支持
自我认知智力	很好地了解自己的情感与需求并用它们来理解外部世界	移情、倾听、观察
自然智力	认识自然世界的构成要素与体系	利用自然形象解释单词含义

常见的三类合作学习模式

有三类常见的合作学习模式,每一类都有一个召集者统领其他人。这些模式在研究基础以及部分实践上存在明显的交叉重叠。但不管怎么说它们都有各自显著的特点。

学生小组学习

学生小组学习模式是由斯莱文提出的,关注的是学习任务的组织形式、小组的构成和奖励机制。[21]在学生小组学习的很多具体形式中,任务的结构设计确保了每个小组成员都参与。教师根据差异将班级学生划分成各个学习小组。小组的奖励机制也承认每个成员的个人进步,个人学业成就等级的划分完全由个人的表现所决定。学生小组学习(如本章前面探讨的学生小组成绩分工法)往往具有详细的小组奖励计分机制。教师需要教授和培养学生必要的小组合作技能,从而支持他们的合作学习活动,但是学业成就才是小组合作的目的;社会凝聚力只是一个想达成的副效应。这种合作学习模式使用最广泛的一种项目形式就是数学里的小组加速教学法(TAI)、

合作统整阅读与写作法（CIRC）、人人成功法（SFA）。

共学式

约翰逊兄弟更直接地关注小组活动过程和人际交往技能。[22]由于小组合作技能是在学习活动中学会的，因此社会凝聚力本身也被认为是重要的学习目的。于是学业成就和社会凝聚力得到了高度重视。为获得学业成就，学生学习、实践、评判自己的小组合作技能。通过共学式的合作学习模式，约翰逊兄弟希望奠定一个社会基础，即在这个社会里，社会成员善于合作和协商，知道该如何寻求和平与满意地解决社会问题的方案。尽管学生小组学习的合作学习模式已经证明了对社会关系有显著、积极的影响，但这个模式的直接目的一般都落在学业成就方面。[23]而共学式的合作学习模式则会促进学生获得学业和社会技能两方面的成就，往往更能成为构建共同体所采用的策略。

结构法

卡冈倡导一种分子式合作学习模式，即复杂的学习内容会包含其他学习活动形式的一个或多个合作要素。[24]和其他人一样，卡冈的目的也是促进学生学业学习的有效性、增进社会技能。但他的结构法将学习内容看成是环环相扣的各个部分的组合，这些组成部分有的需要合作，有的不需要合作。他所采用的合作形式是为了满足以下目的，即小组建设、班级建设、知识掌握、思考技能、信息共享以及沟通技能。

这三类方法的共同原则就是，有效的合作任务组织形式有其明晰的特征，而且支持一定种类和程度的合作以达成学习目标。严格控制的研究以及更多没那么严格的专业报告都表明，有效的策略都会包含基本要素的某些结合。在实践中，教师根据不同的教学情境来选择这三类合作学习模式。最近10年已经有证据表明，这些合作学习模式都能够促进学业进步，而且还越来越直接地关注社会关系问题。

什么时候小组活动不是合作学习？

非正式的小组任务

在一堂课的某个阶段或为达成某个学习目的时，教师经常会将学生分成小组。例如，在科学或计算机实验室里，教师会将两三个学生放在同一个地方来完成一系列学习任务。尽管他们如果愿意也可以真正实现相互帮助，但并没有专门的活动组织形式来关注和强化学生之间的信息交换，也没有特别的理由介入别人的学习。此外把学生组合在一起可能只是因为地方不够。

在课堂学习中实现社会化

在某一堂课里，每班学生都有自己的一系列兴趣和能力。把学生分成小组或许可以促进学生学习，或许也会更容易导致学生"搭便车"。天赋相对较高的学生会因为被迫分心而愤怒，而觉得学习材料太难的学生则可能继续保持沉默。在这类情况下，分配给每个小组的任务并不能确保大家都积极参与。这种临时性的安排也并不要求学生围绕学习任务展开讨论，或者并不将学生个人的进步作为小组活动的成果进行奖励，也没有专门安排指导学生如何跨越人际交往的障碍或激发他人对学业的兴趣。当然，有时候人们之所以产生兴趣仅仅是因为正好碰到可以从同学那里获利的机会，或者恰好有需要共同关注同一学习任务的机会，但这样的机会往往一不小心就被忽略过去了。小组活动对于促进人们主动改进学习环境并没有什么帮助，

但合作学习却利用了人们可预见的改进环境的倾向。

低水平的结构＝低水平的学习

如果一个小组忽略了学业表现相对较差的学生的需求，或者因为一些天赋较高的学生帮助了其他成员，从而使小组获得了奖励，那么这样的小组活动并不是合作学习。如果给小组总成果评定的等级就是每个组员的等级，而不考虑个人的进步状况或参与状况，那么这样的小组活动不是合作学习。如果小组里有的成员学业水平较低，而奖励机制并没有看到这些学生的个人进步以及对小组所获成就所做出的重要贡献，反而惩罚了这类小组，那么这样的小组活动也不是合作学习。如果小组活动没有促使成员之间相互促进学习，那么这样的小组活动就不是合作学习。如果在小组活动中没有提供指导，让学生知道如何有效地共同学习、如何评价有效性，那么这样的小组活动是不可能产生合作学习的。小组活动可能很吸引人、充满趣味，但如果没有合作学习的基本特征，那么这样的小组活动就无法保证一定能够促进学生的学业进步和社会技能或社会凝聚力的发展。

本章接下来要介绍一些简单的合作学习策略，这些策略都可以运用到不同类型的课堂中，而且它们都体现了以上合作学习的基本特征，促进了小组活动或全班活动的有效性。这些策略的特点就是实施相对简单，很少需要用到大家不熟悉的社会技能。它们没有复杂的合作学习策略那样作用强大，但却很有用，教师不需要什么准备就可以将其运用到课堂上。

掌握程度测验

目标2 描述合作学习有助于提升学生社会和学业领域成就的特征，区分能够促进较高学业发展的合作学习策略和结构较差、无法促进学业进步的小组活动

A. 简要回答下列问题：

1. 列出并描述合作学习的基本特征。

2. 在下列合作学习的三类模式中，每类模式写出其有名的倡导者，描述具体操作方法：

a. 学生小组学习

b. 共学式

c. 结构法

B. 情境设置：当前你已经阅读了一些资料，了解了合作学习策略中促进学业进步的要素，看看你是否能够区分包含这些要素的策略和其他小组活动策略。在以下所描述的情境旁边，用CL（合作学习）或Other（其他）两种标识来表明你的判断。

1. 在多元文化月期间，斯尼尔·戈麦斯（Señor Gomez）到小学的每个班上为学生朗读发生在墨西哥孩子身上的故事。他为三年级学生朗读的故事是关于艾力达的，这是一个八岁的女孩子，生活在这个国家边远地区的一个农场。等他讲完故事，要求学生按照往常的异质小组方式坐下，运用单词和短语来描述边远地区墨西哥孩子的生活。他批阅了学生的作业并进行个别测验，再参照预设的平均个人进步标准来奖励达到标准的小组。

2. 张女士分配给三个阅读小组（超前的、正常的、落后的）一个任务，就是从她所列书目里选取一本进行阅读，然后就这本书在全班做一个汇报。根据汇报情况给每个小组一个集体的等级分数。

3. 克莱恩先生的美国历史课上正在研究男性和女性在美国建立最初13个殖民地过程中的作用。星期五，他将进行一项测验，内容是男性和女性生活在什么时候什么地点，各自起到什么作用。他把学生分成四人异质小组，每个小组都要复习已经学过的资料。在批阅了测验试卷后，他会将平均分数达到10分或10分以上的小组（和成员）的名字公布在公告栏的"显要历史学家"一栏。

4. 朱尼珀女士正在上一堂分解十进制数的课，她把学生分为四人异质小组合作解决实践问题。在这节课快结束的时候，朱尼珀女士组织了测验。她在小组测验所得的平均得分基础上奖励各个小组；平均分超过80分的是"伟大小组"，平均分超过90分的是"超级小组"。

5. 杰斐逊先生已经讲解和播放了关于DNA结构（基因的主要构成）的影片，在本单元教学开始前，他就已经计算了每个学生的基础分数，基础分数代表他们在自己课上的一般学业成就。在呈现材料之后，他让学生自由组成小组，利用一份学习指南一起进行学习。以常规形式组织了单元测验后，他计算出每个学生的得分，再将本次单元测验分数与前面的基础分数进行对比，然后他在一个特定的奖励公告栏上公布进步显著的学生个人名单。

C. 正确/错误的表述：指出在合作学习策略中，以下情境在促进学业进步方面是否是必要的（T＝正确，F＝错误）。如果描述是错误的，则改正。

1. 在上课的第一阶段，学生一般围绕学习主题进行独立研究。

2. 高效的学习小组是由有很多相似之处的学生构成的，比如性别相同或属于同一志愿服务小组。

3. 学生在课堂上参加学习小组一般也会促使他们在其他地方积极参与合作性的社会互动。

4. 合作学习活动取得的学业进步要通过小组集体参加测验，建立团队精神来衡量。

5. 如果学生在参加学习小组后，在测验里取得了显著进步，教师就要公开奖励这个小组。

6. 小组奖励一般基于小组在测验里获得了高分，例如，小组平均得分达到了90分，就能获得奖励。

目标3：将简单的合作学习形式整合到更复杂或更宽泛的课程中

简单的合作学习形式

学习活动9.3

尽管大多数教师都在采用技术进步和教师培训所带来的各种新教学模式，但很多教师发现，均衡的教学仍然会经常出现这样一些情况，即学生仍然需要立刻参与同一个教学活动，比如讲授、讲解或观影。一些非常简单的小技巧可以确保学生带着已有的经验来积极学习和整合学习内容。下面将主要描述三个技巧：卡冈和其他学者也已经收集和验证了更多的技巧，这些都有助于促进积极的学习，即使是在相对被动的课堂上也可以使用。[25]

伙伴分享（TPS）与故事伙伴

课堂上教师在讲授或讲解的时候，往往通过提问来检查学生是否理解了。提问面向单个学生，因此只为单个回答者提供了展示学习状况的机会。而教师如果采用伙伴分享，就能为每个学生提供展示机会，更大规模地了解学生的掌握情况。[26] 以下展示了伙伴分享的具体步骤：

1. 计划。确认在一堂课里哪些地方应该暂停，让学生进行反思和交换看法，从而有助于学生学习。

2. 向学生解释这一策略。在上课前，教师要向学生解释伙伴分享策略：每个学生都会有自己的学习伙伴，在上课过程中只要教师一有指示，学生就和伙伴交流看法。

3. 配对。采用简单的方式进行配对，像双重数数的方式——1，1；2，2；3，3；4，4；等等。也有可能最后一组出现三个学生的情况，或者教师自己跟最后一名学生配对。

4. 提问，指示学生"思考"。在上课过程中恰当的地方提问，然后指示学生进入短暂的"思考时间"，时间或许是10秒或再多一点，这要根据问题的实际情况来决定。在思考时间里，学生必须保持安静。

5. 指示学生"分享"。一个指令，比如一个词（"分享"）或者一个闹钟的铃声，学生就转向自己的伙伴，交流各自的答案，如果有差异，就用一分钟的时间解释各自是怎么想的，解决差异。

6. （可选）两组学生相互分享。个人静默思考并和伙伴分享后，在进行全班讨论前，先让两组学生在一起，比较和讨论他们的答案。

7. 同伴小组进行汇报。在分享时间结束后，请一组（或组合在一起的大组）学生进行汇报。至于汇报过后，是邀请其他小组进行评价，还是直接进入下一环节的学习安排，需要根据学习内容和时间来决定。

8. 继续教学。如有必要，则从第四步开始一个新的循环。

伙伴分享

1. 计划进行 TPS 的时间点。
2. 向学生解释这一策略。
3. 配对。
4. 提问，指示学生"思考"。
5. 指示学生"分享"。
6. （可选）两组学生相互分享。
7. 同伴小组进行汇报。
8. 继续教学。

丰富故事时间的一个变式就是故事伙伴。[27] 在学生开始朗读或讲故事前，学生先进行配对或者选择座位附近的同学作为伙伴。在讲故事的过程中，教师在有意

思的地方做短暂停顿，请伙伴小组里的学生参与一个回答活动。例如，学生会被要求用某种表情（生气、焦虑、高兴）向自己的伙伴传达某个词的意思，安静地设想接下来的故事情节并悄悄地与伙伴交换各自的设想，或者与伙伴共同列出这个故事发生前后的事情。

这些活动结构性不强，也没有责任方面的保证，但他们却将学生社会互动的倾向引入了学业安排中，而且增加了检查学生理解和掌握状况的参与面。

三三三分组

"三三三分组"（指三个学生、三个观点、三分钟）是伙伴分享的一种更为简单和灵活的变式，特别适用于传统大班教学（如讲座）中年龄较大的学生（包括成人）。它不要求预先规划或向学生提供特定的指导，即便是在几百人的大学讲座中也得到了成功的运用。

1. 呈现。呈现部分教学内容（例如，前10分钟或15分钟进行讲授或播放电影），然后暂停。

2. 为三人小组布置任务。将座位邻近的三个学生分为一个小组，然后就前面已呈现的教学内容进行头脑风暴，想出至少三个观点、事实或问题。请学生写下他们想要教师回答的问题。给学生三分钟时间来完成这个活动。

3. 提问或继续教学。三分钟后，请学生提问或直接进入下一环节的教学，在需要或想要进行三三三分组的地方随时停下来再次组织这一活动。

和伙伴分享一样，教师提出一个问题来指引学生的小组讨论。如果时间不允许教师回答学生在小组讨论后产生的问题，那么教师可以在课后将写着问题的纸条收上来，以后再处理。在一般情况下，学生前面提出的很多问题在三分钟小组讨论或者教师的后续讲解中就会得到解答，因此学生只需要在课后上交仍未得到解答的问题纸条。

通过伙伴分享、故事伙伴、三三三分组等策略，教师就能够增加学生花在学习任务上的时间，增强讨论学业问题是有趣的事情这样一种意识。在需要选择全班教学的情况下，这样的活动可以促使学生持续关注和参与到教学中。

三三三分组

1. 呈现教学内容。
2. 为三人小组布置任务。
3. 提问或继续教学。

编号讨论

编号讨论是对事实进行操练和快速复习的方法，可以使得全班教学具有良好的参与度和效率[28]，而在更为复杂的学业学习中，也同样可以深化学生的参与程度。如果班级里已经组建了学习小组，那么编号讨论就很容易操作，在某堂课上临时组建学习小组进行编号讨论也是可以的。

1. 计划。明确适宜的实践材料。

2. 组建小组。将学生分为四人小组，有需要的时候也可分为五人小组。一般在组建学习小组的时候，尽量使同组学生的能力大致相同。

3. 给每个小组成员编号。给小组里每个成员一个号码。在已经组建了学习小组的班级里，每个小组的学习包里要有一套号码卡片，学生在进行活动时各抽一张卡片。如果4号被抽出来的话（如下所述），号码4和号码5就要交换回答了。在组织了一到两次这样的活动以后，学生就能够建立起编号常规来。在本章开头的案例里，伊萨克、凯特、约瑟和梅在完成各种学习任务的时候也都用到了号码卡片。

4. 提问。组建小组、给成员编号以后，接着就是提问。这类活动比较适合低推断、高聚合的问题，比如："你是怎么得到25乘以31的答案的？"或者，"堪萨斯州有哪些主要工业？"或者，"DNA的分子形状是怎样的？"或者，"'高贵'一词是什么意思？"

5. 要求学生"头碰头讨论"。在提出问题以后，要求各个小组头碰头低声讨论，以免被其他小组听到。小组成员必须商讨得出答案。不管这个答案是事实还是程序，都要确保每个人都已经知道这个答案，因为他们谁也不知道哪个成员的号码会被点到。只有被点到的成员准确回答出了问题，这个小组才能得分。

6. 叫号指定回答者。示意各小组停止讨论，然后随机叫一个号码，而有些教师会使用旋转指针来确保叫号的随机性。请每个小组里前面抽签时抽到这个号码的学生举手或站起来。这个阶段强调小组成员绝对的安静，以便和"头碰头讨论"时候进行指导一样，创设给予学生指导的良好环境。在以上两种随机选择方式里，根据当时情境和问题实际情况选择一种。但无论哪一种随机选择的方式都只会随机选取一个回答者回答问题，注意保证在整堂课里所有小组有差不多的回答机会，或者请每个小组的回答者（每个小组一个）同时在纸条或黑板上写下答案，或者齐声回答，或者采用一些预先设定好的方式展示答案。随机选择的回答者如果回答正确，该组就能得到一分。

一些很有进取心的实习教师还利用中学各个学科学生学习指南里的具体条目，发明了一种类似益智节目的编号讨论的变式。他们设计了"答案表格"，其中每一列都与单元学习主题相关，每一行是难度逐步增加，分值也逐步增加的条目。然后他们把这个表格画在更大的纸上或者投影出来，用可移动的遮盖物盖住答案。在单元复习课上，他们给现有的学习小组成员编号，并为每个小组提供便条纸和彩笔。

编号讨论的变式

在编号讨论的变式里，活动一般是这样开展的：(1) 在活动开始的时候，教师先在第一列难度最低的条目里填上答案，然后指示学生开始"头碰头讨论"。(2) 在小组讨论完毕后，教师使用旋转指针随机选取一个号码。抽到该号码的学生用彩笔在便条纸上写下答案，这个时候其他小组成员一定要特别安静。（如果有小组成员打破了安静，那么该小组就失去了回答的机会。）(3) 教师发出一个指令，所有回答者都停下笔，向教师展示他们所写的答案。谁回答正确，该小组就可以得到指定的分数。(4) 教师请回答正确的一个学生选定下一个讨论的项目。获胜小组的每个成员都能得到一张"迟交作业"的许可证。

与其他已经使用很长时间而且详尽的合作学习策略一样，编号讨论促使学生将自己对社会化的兴趣也纳入学业安排中，促使学生介入同组同学的学习中，促使学生自己也努力学习。此外，大多数学生真的很喜欢开展活动。然而，它也没有解决一些根本性的问题，这些问题会损害能力较差的学生参与的积极性。如果一个小组

的 2 号学生恰巧是一个成绩优异的学生，而另外一个小组的 2 号学生却有学习障碍，同时又抽到每个小组的 2 号学生回答，而问题又很复杂或者进度很快，那么无论是整个小组还是个人都会感觉他们并没有获得公平的相互竞争的机会。另外，由于活动的节奏很快，"头碰头讨论"的时间必须非常短，这样一来学生比较现实的做法就是直接找到答案而不是相互解释清楚答案。正因为如此，编号讨论只能成为通常通过奖励措施来促进进步和赢得"个人最大成就"的这种激励机制中很小的一个组成部分。

掌握程度测验

目标 3 将简单的合作学习形式整合到更复杂或更宽泛的课程中

下面简要描述了若干堂课，在这些课上教师选择了全班形式、教师中心的教学活动。如果在这些课上部分地采用诸如伙伴分享、故事伙伴、编号讨论或三三三分组等合作学习形式，则能取得更好的效果。针对以下每堂课，简单说明采用哪种合作学习形式会比较有效，或者是否需要采用其他策略来代替全班教学模式。

1. 在常规的半小时故事时间里，一位二年级教师正为班上 25 个学生大声朗读《平家物语》(*The Story of Ping*)。

2. 在一个小时时间里，学生在美国历史课上观看了内战系列电影中 45 分钟时长的片段，来更多地了解普通士兵的生活因为参军发生了怎样的变化。

3. 西班牙语课已经呈现并解释了本章出现的新单词，今天在快速复习之后，教师要通过练习活动来了解学生的理解情况，他采用的方法就是用这些单词讲一个故事，在讲的过程中偶尔停顿下来，就故事内容提问学生，要求学生回答。

4. 在经过几天动手做的操作练习后，教师计划用一节课的时间来讲解分数加减法。

5. 计算机专任教师计划用一节课的时间在实验室里为学生展示新软件的概况，这么做能使她的教学最有效。到下一节课，学生就在她的帮助下亲自体验这个软件。

6. 学生已经通过各种小组和全班活动研究了大西洋中部沿岸各州。在准备迎接这个单元的地区标准化测验的时候，教师想用一节课来复习每个学生都必须掌握的基本知识要点。

7. 今天四年级数学课学生要共同学习用混合运算解决计算问题，这是明天开始学习问题解决单元所需要的前提条件。教师希望能够检查每个学生的理解情况，如有必要还可提供额外的辅导。

8. 六年级学生正在学习家庭故事方面的文章，教师发现在讨论这些作品的时候，几乎每个学生对于引号部分都很疑惑。他计划开展一个指导性的活动，在本堂课上花 20 分钟时间为全班学生讲解引号方面的问题，并从他们的故事中举例说明。

9. 学生已经问了很多关于北美定居历史的问题，特别是关于沦为殖民地前的历史，但是本课程的教学大纲并没有安排太多的时间来解读这个主题。于是教师决定用一节课的时间来讲解美洲大陆在被哥伦布发现以前的历史，因为学生明显有兴趣想了解组成历史文本的那些故事是怎么组合在一起的。

目标4：实施复杂的合作学习策略，包括学生小组成绩分工法、切块拼接法和学术争论

复杂的合作学习形式

学生小组成绩分工法

学习活动9.4

学生小组成绩分工法是斯莱文提出的学生小组学习模式中的一种，由五个基本要素构成：组成异质学习小组；呈现学习内容；进行小组讨论与练习；评价学生个体的掌握情况；计算小组的进步得分，奖励小组所取得的成就。[29]当然以上每个要素都需要做出相应的一些设计。

学生小组成绩分工法

1. 组成异质学习小组。
2. 呈现学习内容。
3. 进行小组讨论与练习。
4. 评价学生个体的掌握情况。
5. 计算小组的进步得分，奖励小组所取得的成就。

通过成就平衡

组成异质学习小组。为划分学习小组，教师首先需要估计当前全班每个学生的学业水平，并按照学业水平将学生划分成不同等级。一个简单的办法就是把学生将要学习的学科领域里的最近三次得分加以平均。这个分数就称为基础分数。例如，想要组成数学学科的异质小组，教师就可以将最近三次数学测验分数加以平均，获得基础分数。用学业成就作为衡量指标非常重要，因为前面的学业成就是教学工作完成后预测学生表现的可信赖的指标。（教师有时候会倾向于用预先测验，但在这里并不适用，因为它们的目的是反映初始能力，而不是最终学业成就。）接着教师按照学业成就将学生划分为前25%、后25%和中间的50%。然后开始考虑其他一些也会影响分组的特征，比如人种、性别、机会均等条件或者小语种地位。

人口特征的平衡

教师利用这方面确定的信息，从按不同能力划分的学生群中选择1~2个学生，再按照其他特征，组成四人或五人小组。例如，在有28个学生的班级里，包括17个男生、11个女生、8个少数民族学生、2个有生理缺陷的学生、1个有学习障碍的学生。每个小组要由1个学业水平高的、1个学业水平低的、2个学业水平中等的学生构成。每个小组至少要有1个女生，但每个小组里女生不能多于2个。每个小组必须至少有1个少数民族学生，三个小组必须有1个存在缺陷或障碍的学生。如果班级里有30个学生，那么有2个四人小组各需要增加1个学业水平中等的学

生。对于中等程度及以上的学生而言，组建四人小组是最理想的，有必要时再增加第五个学生。对于年龄较小的学生而言，两人或三人小组或许更好；有些时候也可以把两两配对的两人小组再配对，组合成四人小组。对于成年人而言，六人小组或许更有效。

社会群体的平衡

如果小组构成就是已经存在的社会群体，那么小组活动可能会偏离学习任务或者探讨与学业无关的话题，而这些话题又正是他们刚开始自愿组合的基础。如果小组有共同的学业任务，又由有不同观念和能力的学生构成，那么这样的小组更有可能致力于达成学业目标。已有证据表明，对于学业目标的共同追求还会在班级里产生新的、持久的、积极的社会联系。[30]

有一些灵活性

出于以下四种可以预见的可能性，教师更需要采用以上组建小组的一般方式。第一，使用单一语种的班级里总有几个学生的家庭用语是不同的，他们对于班级所用语言的掌握程度也不尽相同。将两个第二语言学习者放在同一个小组里会很有效——一个学生掌握班级所用语言程度较高，那么就可以帮助另外一个水平较低的学生。

第二，如果来自两个不同社会群体的学生个体相互之间非常敌对，那么这种情况下比较好的办法就是保持谨慎。一开始不要把他们分在同一个小组里，虽然最终他们会掌握小组活动过程所需要的技能并展开合作，但如果在初期就强迫他们在一起是不明智的。

第三，在某些情况下，如果只将异质小组里某些学生独立起来当作单独的个体，那么会不利于他们获得成功。例如，在某些课上某种性别或人种的学生往往未能得到充分代表，如果在小组里至少有两个像这样的学生，那么这些学生就更能在小组里得到同伴的支持。由于小组的设计是为了最大化所有成员的参与度和获取的成就，而学生又是在这样的小组中获取专门的知识技能，所以教师应当进一步提高异质程度。[31]

第四，偶尔也会有学生完全拒绝被分入某个小组。这种初期的拒绝并不少见，卡冈[32]提供了一些应对的好办法。例如，他建议前期的学习任务可以安排一些用小组形式比用个人形式更能快速完成的任务，让不愿意参加小组活动的学生自己选择。他还提出了教师可以采用说服的策略来指导小组进行成员的招募，比如"我们需要你的帮助"。只要明智地采用比较温和的刺激策略，大多数原本不情愿的学生都能被说服参与小组活动。一些学生需要几天甚至几周时间去观察与同伴合作的机制的运作情况，然后才决定参与小组活动。还有更少一部分学生持续的时间更长。大多数教师发现，允许学生单独学习并不会带来实质性的问题。在那种情况下，学生不能获得给予小组的奖励，但根据个人努力情况也可以获得个人等级的成绩单以及其他的奖励。对这类学生要定期地邀请他们参与小组合作活动，如果他们愿意参加，则评分模式还需要考虑小组原有成员的公平性问题。

学习小组往往会选择一个有着积极形象的组名。他们会几个星期都待在一起（4~6周），以便共同完成一个项目或一系列相关的任务。当任务或客观情况改变的时候，小组就要进行重组。例如，当班级完成了一个单元的学习之后，就可以让学生有机会重组学习小组。或者一个原本学业水平较低的学生的成绩提高了，教师就可以将其划分为中等甚至更高的等级，也可重组学习小组。小组成员的定期轮换使得学生能够不断地实践各种社会技能，进行高效的小组合作，并在与新的、以前不熟悉的同学的交往中获得更多的经验。小组重组需要从两方面考虑，一个是考虑轮换带来的好处，一个是考虑小组建立之后需要相对固定一段时间，以便成员之间可以相互了解从而最大程度地利用各自不同的才能，要在这两者之间保持平衡。

练习

组建学习小组

利用以下所列的班级成绩计算基础分数，并按照学业成就水平对学生进行等级划分，然后根据学业水平、性别和种族将学生分为三个学习小组。

姓名	测验1	测验2	测验3	性别	种族
阿里	70	73	75	男	黎巴嫩人
安迪	76	79	70	女	非裔美国人
卡萝尔	62	64	65	女	其他
丹妮尔	74	85	80	女	白人
艾迪	98	94	100	男	拉丁裔美国人
艾德加	79	82	85	男	白人
杰克	40	49	50	男	白人
玛丽	91	100	85	女	非裔美国人
萨拉	100	97	100	女	拉丁裔美国人
山咲/千里	82	73	80	男	日本人
塔米	91	94	85	女	白人
特拉维斯	67	64	75	男	非裔美国人

呈现内容。教师利用任何可以充分确保数量与质量的方式来呈现教学内容。例如，在一个培养数学计算技能的课堂上，教师会解释和演示这一技能，然后指导全班学生进行练习。在分析一篇小说特点的时候，教师会让学生运用头脑风暴法，利用一些问题来引导小组的研究。在建立一个学生探究某一话题的学习中心时，教师会使用那些能够有效展示该话题的材料和任务。在学生小组成绩分工法中，内容呈现包括三个部分：（1）导入，包括对学习目标的简单表述、引入、简要回顾必要的技能；（2）学习的展开，强调展示、解释、非正式持续性评价的意义与重点；（3）指导练习，要求所有的学生尝试着回应，并随机抽取学生回答，以便促使学生保持注意力集中。[33]

学生小组成绩分工法并不是自我教导的学习模式，而是学生之间相互帮助来学习已经清晰有效呈现的教学内容的模式。不管教师扮演的是讲解者、指导者、评论者还是辅导者的角色，他（她）都有责任确保教学内容妥善呈现。教师提供学生理解教学内容并开始自己学习所需要的资源、材料和经验。

进行小组讨论与练习。有两个因素影响学习小组的成效。第一个因素是学业任务的结构。对学业任务以及完成学业任务的过程进行设计，促使每个组员积极参与学习。在很多成功的合作学习形式中，小组成员参与小组练习、材料讨论、个人实践、同伴辅导。学生尝试着与集体共同解决问题，解释他们的积极方案，评价每个成员的问题解决表现，分享各自对于问题本质的理解以及对与其他熟悉的问题相关的问题的认识。第二个影响学习小组成效的因素是异质。有效的小组本身就是较大规模班级的缩影，如有可能，小组成员应当包括代表各种不同能力的学生，以丰富对于教学内容的探讨。

评价学生个人的掌握情况。在进行个人评价测验的时候，每个学生必须不依靠其他小组成员，独立展示各自对于教学内容的掌握情况。尽管有些合作练习的任务设计中包括了共同填写记录表或创作集体成果，但小组的目的是帮助每个学生有良好的个人表现。在学习过程中，寻求和给予指导帮助是准则，在测验过程中寻求和给予答案只会加速导致个人的失败。教师是决定重教一遍还是进入下一环节的教学、如何打分、如何解释每个学生的学业成就，这些都建立在学生个人的测验成绩、表现或档案袋所搜集的信息内容之上，它们也就是个人掌握情况的具体证据。

最终测验所用的材料与小组学习中所探讨的问题或进行的练习一致，无论测验形式如何，只要保证信度和效度即可。个人成绩反映教师一般采用的评价机制——数字、字母、掌握情况检查清单或其他学业成就指标。

计算小组的进步得分，奖励小组所取得的成就。小组得分建立在分数提高区间基础上，分数提高区间是根据特定公式计算出来的，用于鼓励各个学业水平的学生和奖励整个小组为促进所有成员学业成功所做的努力。在学生小组成绩分工法中经常用到的公式是：

后测分数（百分比表示）	分数提高区间
低于基础分数10%或更多	0
基础分数上下10%	10
基础分数之上11%～20%	20
基础分数之上20%或更多或满分	30

小组每个成员分别计算分数提高区间，然后取平均数作为小组的分数提高区间。如果小组的分数提高区间达到了预先设定的水平，就可以获得小组奖励。

优良小组：平均分数提高区间在5～10
伟大小组：平均分数提高区间在11～20
超级小组：平均分数提高区间超过20

在学生小组成绩分工法中，小组如果达到了预先设定的个人成就标准，比如个人平均分数提高区间为10，就应当得到公开的表扬。像超级小组、伟大小组、优良小组是用于表示小组集体成就概念的。这种公开表扬的形式大多数是大张旗鼓、带有仪式性质的，例如有些教师会颁发制作精良（带有照片）的证书，有时候还会有小奖品。超级小组可能会给予"没有家庭作业"的准许证、额外的休息或其他一些代币。但在大多数情况下，表扬和奖励反映的是这部分学业领域的学业成就状况。不过个别情况下，公开表扬也会来自小组专长的公开展示，比如公开陈述。出众的个人进步状况既证明了有效的小组合作学习，也证明了个人的努力。如果约瑟在一周词汇测验中表现惊人，那么他所属的小组也会因为帮助他学习而获得奖励。

练习

学生小组学习

假设以下各个小组的成员获得了这些分数，利用前述的分数提高区间计算公式来确定哪个（些）小组可以给予优良小组、伟大小组和超级小组的奖励。

	A 小组			B 小组			C 小组	
	基础分数（百分制）	后测（百分制）		基础分数（百分制）	后测（百分制）		基础分数（百分制）	后测（百分制）
艾莉斯	90	92	奥吉	95	85	伯纳德	90	100
爱莉兹	80	95	艾德	85	90	葛楚德	85	94
基思	70	69	尼拉	65	70	艾琳	65	76
帕德玛	40	49	奥莉维娅	50	55	内德	55	85

	D 小组			E 小组	
	基础分数（百分制）	后测（百分制）		基础分数（百分制）	后测（百分制）
科列特	95	84	伊麦德	95	90
弗雷德	80	70	吉姆	70	81
泽尔达	70	60	伊萨克	60	73
迈克	50	59	卡尔	60	72
宣	40	48	丹尼	45	52

切块拼接法

学习活动 9.5

设计切块拼接法的目的是促进互助。学生参与专家小组和学习小组，在专家小组里，学生围绕一个复杂的学习主题搜集某个方面的信息，从而成为该方面内容的专家。然后学生回到自己所属的小组，与同组成员分享自己所掌握的知识技能，在一个小组里每个学生都是不同方面的专家。成员之间相互指导，从而通过共享各方面的复杂信息来掌握学习内容。接着全班学生都要接受涵盖学习主题各个方面的测验。提高专项知识技能并与同学共享的合作学习所包含的设计要素与其他类型的合作学习有所不同。

切块拼接法有六个要素：

1. 组成学习小组。切块拼接法组建学习小组的方式与学生小组成绩分工法是一样的。

2. 组成专家小组。每个学习小组各派出一个学生组成异质专家小组，每个专家小组关注某个宽泛的学习主题中的某一个方面。专家小组由 6~8 人组成。由于每个学习小组需要各个方面的专家，因此一般课上只有 4~5 个专家小组。

3. 提高专门知识技能。给每个专家小组一份学习指南，指导学生关注材料中的某个部分。然后指导这些小组解决问题或寻找答案。在不同的教学环境下，切块拼接法还有两种变式。一种变式是每个专家小组只拿到用于解决某个特定问题或课题的资料，例如在关于智利这个国家的教学单元里，教师要给研究智利水路状况的专家小组提供所有主要介绍这方面内容的参考书、网址和视听材料。研究智利生活状况的专家小组则利用不同的材料来实现其学习目标。如果已经拥有某个方面的相关学习材料，或者学习小组有能力、有机会独立进行研究，那么采用这一变式是最适合的。在第二种变式里，所有的专家小组拿到的是同样的资料，但只寻找其中与自己的研究内容相关的信息。例如，各个专家小组都使用地理课本里的相关章节、在线资料以及普通的材料，但是每个小组只搜集与自己的研究内容相关的数据。这一变式更容易进行计划，所用到的资料也更少。当缺少全班每人都可用的整套材料时，采用这一变式就特别好——学生可以像"寻宝"一样搜索问题的答案，再交换意见。此外，尽管专家只负责呈现自己这部分主题的信息，但他们也需要通读所有材料从而了解到其他主题，这些都为他们理解其他专家的研究提供了良好的背景知识。不管采用哪种形式的切块拼接法，专家小组的讨论重点都是为了汇集信息促进学习，为解决学习指南里的问题提供最完备的数据信息。专家小组成员还可以运用头脑风暴法，设想用哪些有趣的方式回到各自学习小组里呈现信息。

4. 在学习小组里共享各自的专项知识技能。一旦专家掌握了相关知识，他们就可以回到各自的学习小组。本部分活动的准备活动包括让学生学会一些简单的适合他们年龄层次的策略，以帮助回到学习小组进行积极的教学。利用他们的专家学习指南和教学技能，他们就可以在学习小组里呈现各自在专家小组里得到的信息。等到专家汇报完毕，学习小组就开始讨论综合性的学习指南，这份指南会要求学生在汇集了所有方面的信息之后，进行分析和评价。

5. 评价个人成就。与学生小组成绩分工法一样，学生个体参与整个单元学习测验，获得个人分数，这些分数构成了个人和小组分数提高区间的基础。

6. 计算小组分数提高区间，承认小组所取得的成就。教师采用像学生小组成绩分工法一样的评分体系，确定小组分数提高区间并设计相关的奖励仪式。

切块拼接法

1. 组成学习小组。
2. 组成专家小组。
3. 提高专门知识技能。
4. 在学习小组里共享各自的专项知识技能。
5. 评价个人成就。
6. 计算小组分数提高区间，承认小组所取得的成就。

练习

切块拼接法

下面列举了几个常见的主题，就每个主题至少写出四个子主题，而且这些子主题要适合专家小组以切块拼接法的形式进行研究。

1. 比较各种展示调查所得数据的形式。
2. 分析《睡谷的传说》（The Legend of Sleepy Hollow）或其他故事。
3. 解释沙漠群落的构成要素。
4. 博茨瓦纳的经济发展。

> **自己动手**
>
> 采用切块拼接法，对目标 4 的掌握程度测验 A 部分到 D 部分进行评论。（提示：E、F 和 G 部分可以单独测试。）
>
> 1. 组建四人或五人学习小组，成员应当显著代表了你们班级的异质情况。
> 2. 每个学习小组委派一个学生参加四人专家小组：
>   a. 学生小组成绩分工法：组成学习小组
>   b. 学生小组成绩分工法：呈现学习内容，小组讨论和实践
>   c. 学生小组成绩分工法：评价和计算小组的进步得分
>   d. 切块拼接法
> 3. 每个专家小组的成员学习课本上的相关内容，它们对相关主题进行了详细解释，并且有各种解释和实践练习，以帮助他们回到各自学习小组后能够再教给其他组员。
> 4. 专家小组完成任务后，学生再次组合成学习小组，这时候每个学习小组里都有各个方面的专家，这些专家教授其他组员相关的内容，从而全面覆盖了目标 4 的各个部分。
> 5. 每个人分别完成目标 4 的掌握程度测验里 A、B、C、D 四部分内容。
> 6. 每个小组成员在小组里汇报各自在掌握程度测验里的最后得分与目标 4 A 到 D 部分测试得分之间的差异。
> 7. 采用前面介绍的公式，计算小组平均得分，得出小组最后的成就水平（划分为优良、伟大或超级）。
> 8. 全班汇报整个活动状况。

学术争论

学习活动 9.6

学术争论是由约翰逊兄弟提出并展开研究的一种合作学习策略。[34]该策略是基于以下观察所得提出的——人们如果能在亲切友好的情境下竞争，而且确定可以借助协调分歧的社会技能增进文明，那么他们最乐意参与活动。学术争论需要学生：（1）确立一个站得住脚的需要维护的立场，其他有思想的人可能对这一立场持不同看法。（2）与其他有不同立场的人交流自己的看法。（3）确立合理的共同点。学术争论不是为了仓促地达成共识（寻求一致）或者打败坚持另一立场的人（辩论）；它是为了充分地探寻证据，扩展和调整参考资料的结构，从而创造性地解决看法不一致的情况。通过参加学术争论，学生会更加熟悉知识的本质与结构，以及各个学科的证据规则。这一策略还提供了不同学科交叉教学的机会，让语言艺术与批判思维交织在其他核心学科的学习中。

提供相互对立的立场

在学术争论中，学生组成四人小组，小组里两个学生配对，选取某个学习要点里相互对立的立场中的一个。例如《国土安全法》是否与《宪法》保持一致，某种动物是否应当被纳入濒临灭绝生物名录，某小说里的某个角色是否在做快乐正确的事情。以上仅仅是简单列举了几个例子。小组里每一对学生要利用可以获得的证据

为自己所处的立场辩护。不同小组里立场相同的每对学生还可以凑在一起交流各自的看法，并强化本方的立场。接着在小组内部由每对学生向对立立场的学生阐述自己的观点，而选取了对立立场的学生这时候就要仔细倾听，并做好笔记。在学生双方都阐述完毕后，小组里每对学生就要利用教师提供的指导方针批判对方的观点与证据，但要避免人身攻击。在进行批判之后，两对学生相互交换立场，开始为对方的立场辩护，这么做是为了确保学生全面掌握学习内容和形式。接下来小组要开始综合证据，确立一个比最初各立场更能站住脚的立场。然后小组将自己的立场结论在全班进行汇报，全班讨论每种立场的特点。为了促进每个学生在学习中都承担责任，每个学生都要参加关于本学习内容掌握情况的测验。如果小组每个成员的测验成绩达到了预先设定的进步标准或学业成就标准，那么这个小组就可以获得奖励。

长期效益

约翰逊兄弟的研究表明，与那些想要快速达成一致意见的辩论、个人学习或其他活动相比，学术争论可以产生水平更高的学业成就、范围更广的信息留存。[35] 此外，他们还发现，学生还会将这些技能迁移到新的学科和情境学习中。

由于学术争论特别强调通过智力冲突所碰撞出的火花来促进学生积极参与，因此这一策略比其他合作学习策略更有赖于学生是否掌握了必要的人际互动技能。创造机会直接教授学生这类技能，将有助于采用学术争论方式的学习活动取得成功。在开始的时候就制定一些基本的规则和训练一些讨论的特定技能，这些都是有益的。（参见学习活动9.7。）

学术争论包括两个主要任务：教师设计和学生开展学习项目。

设计一个学习项目。设计一个学习项目一般包括四个步骤：

1. 设计内容与结构。教师选取学习项目内容，选择一个主题，这个主题对于教学重点而言处于核心地位，而且本身也适合进行激烈的讨论。另外，围绕这个主题必须至少提出两个相反的观点，而且每个观点都有充分的参考资料。然后教师确认合作的目标以及共享的资料。教师最好再设立一个评分机制来奖励有效学习的小组，并进行个人最终的测验，这样的测验反映了参与该学习项目的所有学生是否都达成了学习目标。

2. 准备材料。教师就每个立场清晰地进行描述，提供一套有用的资料，指导学生搜寻更多的信息（例如网址或录像）。此外，小组拿到的材料还应当包括一套简单的指南，用于计划和展开争论活动，并用作衡量小组学习进步状况的参考。

3. 组建学习小组和分配立场。教师划分四人异质小组，每个小组里学生再两两配对。学习小组之间成员的能力应当大致相同，学习小组内部的两对学生之间也要能力相当。教师为每对学生分配各自的立场，并相应提供合适的学习材料。

4. 教授/回顾合作技能与流程。教师回顾总结学习任务，并对取得成功所必需的学业和人际交往技能进行简要回顾。例如：小组开展研究时需要将材料分开交给组内两对已经配对好的学生；起草和修改陈述稿需要编辑和反馈技能；阐述和倾听不同的观点需要改述和提问技能，以便澄清问题。在整个合作学习活动过程中这些方面的指导（见下文的描述）需时刻保证，但这些问题应当尽早解决。

信息的综合

开展某个学习项目。采用学术争论的学习项目一般按照五个步骤展开,每个步骤大约需要一个小时。[36]每个步骤都要精心设计,从而确保学生的高效参与以及观点和信息的广泛且有益的交换。最后的小组活动就是呈现新的、综合了的所有信息,但是个人的成绩要建立在学习项目结束后的个人测验的基础上。

1. 配对学生确立自己的立场。每个小组里每对学生都分配到了某个立场,并且也获得了相关材料来维护自己的立场。在陈述了讨论的主题之后(教师在分配不同立场或将学生两两配对的时候就已经完成),配对学生需要搜集与该主题相关的信息,并将其组织成有说服力、有逻辑性的陈述内容。来自不同小组但立场相同的配对学生在这个阶段可以共同协商,交换意见和看法,以便接下来能够更好地展开辩论。在这个阶段,必要时教师还要提供针对个人、配对学生以及小组的辅导,培养他们分割任务和整合成果的技能。

2. 配对学生陈述各自的立场。在小组内每对学生清晰地陈述各自的立场,两对学生的陈述应当分开。当一对学生在陈述的时候,另外一对学生就要做好笔记,追问正逐步明晰的问题,以确保能够充分理解对方的陈述。在这个阶段,教师指导学习小组展开良好的争论,提供将最初模糊的信息清晰化所需要的方法。

3. 配对学生对比和比较各自的立场。在学习小组内,每对学生对支持双方立场的证据进行评价。为了利用所有相关的证据和争论来得出一个更为完备的结果,小组成员会提出批判性的问题,拿出反驳性的证据,挑战对方的推理和证据。在这个阶段教师要细心地监控,为学生提供批判和挑战不同观点的策略,使对方不至于产生需要自我防卫的感觉。

4. 配对学生交换立场,学习小组确立新的立场。每对学生尝试着交换立场为对方的观点辩护,以便能牢固掌握其特点(和弱点),准确重申对方所陈述的内容。接着学习小组将信息进行综合来形成一种新的立场,提供更全方位的证据。在这个阶段,教师仍然需要注意寻找机会指导学生进行协商,让学生关注最出色地完成任务这一目的,而不是"无论如何维护和平共处"。

5. 学习小组向全班展示综合后的立场。小组成员在确立、撰写和陈述新立场方面要共同承担责任,然后在全班展示。教师根据每个成员的贡献质量进行评分,同时也对学习内容和呈现状况的总体质量进行评分。

在学习小组展示之后,教师就会组织一场个人测验。而学生的得分则要基于他们各自在测验中的表现。

练习

学术争论

A. 确定一个你自己感兴趣的内容和年级,就这个内容列出两个对立的立场。就每个立场指出这个年级容易得到的、能支持该立场的相关材料。(在本章最后列出了相关网址,它们提供了与该活动相关且及时有用的主题。)

B. 判断下列表述是否反映了设计良好的学术争论,正确(T),错误(F)。如果是错误的,改写该表述以使其正确。

1. 学术争论与辩论的相似之处在于,它们的目的都是要么赢得立场,要么失去立场。

2. 学术争论的目的是产生快速但又真诚的一致意见。
3. 在学术争论中，根据学生特点组建异质学习小组。
4. 学术争论和其他有效的合作学习策略一样，能够促进学业进步和维持学习，即使和相当简单的（像辩论这样的）策略相比也是如此。
5. 在学术争论中学生配对和立场分配是随机的。
6. 学术争论中占据一个强势的立场，就是为了配对学生的某一方可以在组内辩论中打败另一方。
7. 在学术争论中两组配对学生交换立场，是为了能够更好地了解对方立场的特点。
8. 学术争论中个人成绩要基于学习小组展示综合信息的具体情况。

掌握程度测验

目标 4 实施复杂的合作学习策略，包括学生小组成绩分工法、切块拼接法和学术争论

A. 以下所列是学生学习小组的活动或学生学习小组的特征，有些是典型的开展有效合作学习的小组，有些则与学习不相关甚至阻碍了学习。在支持合作学习的相关编号上画圈。

1. 学业水平较高的学生告诉每个组员如何填写空格。
2. 小组成员寻求和获取解释。
3. 小组每个成员都来自同一个社会群体。
4. 小组成员之间相互讨论学业任务。
5. 小组成员在学习时间内讨论共同感兴趣但却无关学业的话题。
6. 少数民族学生一般被安排在同一个小组。
7. 把有听力损伤的两个学生安排在同一个小组来简化沟通问题。
8. 小组得分要基于每个成员的进步分。
9. 中等学业水平的学生都放在一起。
10. 学业水平较低的学生放在需要辅导层面的小组里。
11. 在记录表或合作完成的项目里所获得的分数就是每个成员的得分。
12. 学生参加个人测验，个人得分构成了小组奖励的基础。

B. 以下所列是班里每个学生某学科最近三次测验分数的平均分（百分制），以及每个学生的身份特征。组建学生学习小组，小组构成要促进积极的社会互助和学业成就。

姓名	平均分（百分制）	性别	种族
安	87	女	白人
巴德	67	男	白人
马文	86	男	美国印第安人
杜瑞斯	81	女	其他
弗兰克	96	男	非裔美国人
乔治	56	男	白人
海蒂	75	女	白人

续前表

姓名	平均分（百分制）	性别	种族
乔伊	88	女	白人
拉塔纳	72	女	非裔美国人
梅丽莎	45	女	白人
娜恩	65	女	非裔美国人
保罗	85	男	拉丁裔美国人
罗斯	90	男	白人
山姆	18	男	白人
威廉	77	男	非裔美国人
于	97	男	华裔美国人

C. 列出并描述学生小组成绩分工法的五个要素，举例简要说明在你感兴趣的学科和年级里该如何实施每个要素。

D. 列出并描述切块拼接法的六个要素。举例简要说明在你感兴趣的学科和年级里该如何实施每个要素。

E. 请你选择一个学科，解释怎样设计一个学术争论项目，包括设计内容与结构，准备材料，组建学习小组和分配立场，回顾必要的技能与流程。

F. 在E部分所选学科教学中，列出一个学术争论项目的五个组成部分，简要解释如何组织实施这五个部分。

G. 解释在学术争论项目里如何确定个人得分。

目标5：将过程性技能的教学整合到合作学习活动中

提高学生的社会技能

学习活动9.7

合作学习策略不但依赖学习活动中的社会性，同时社会性也因此而得到强化。[37]学生都很喜欢社会化。学生需要发展的学业能力往往也包括了在小组里得到更好培养的那些技能，因为在小组里要比个人学习更频繁地出现示范和反馈。在其他学习策略里，学生被迫牺牲了其实特别需要的与同伴之间的互动。但在合作学习策略里，学生能够而且确实是在设计好的活动中，实现了相互之间的高效互动。这类教学活动的设计通过利用学生交谈的冲动，创建起新的互动模式和指导形式，为各个不同学业水平的学生创造了同伴互助学习的机会。在这样的情境下讨论学习内容就是一个社会事件，这样的社会事件因为预先设定了小组任务，因此具有学业学习的特点。

教师想要培育高效的小组活动，就要教授学生小组活动的过程性技能，有时候还要采用新的班级管理策略。很多教师一开始就会张贴学生共同制定的行为指南。这类指南会包括：

合作守则

1. 围绕小组任务安静地合作。

2. 寻求和获取解释，而不是答案。
3. 认真倾听小组成员的问题。
4. 如果有需要，可以向同组同学寻求帮助。
5. 按照适合本组的步调开展学习活动。
6. 相互督促将注意力集中在学习任务上，而不是讨论其他事情。
7. 记住，只有每个成员都掌握了材料，小组的任务才算完成。
8. 只有当你问遍所有小组成员，却发现他们谁也不能帮助你的时候，才能向教师寻求帮助。

在学生多元化的课堂上，教师不能预先假定每个学生都知道应该如何遵循这些守则。有时候"安静的"学习或许意味着完全保持寂静——但在这样的小组学习活动中这条守则很少有用。在另外一些情况下，寻求同伴的帮助或许会被看成是欺骗行为。很多学生最初觉得教师才是课堂上唯一受到认可的权威，于是他们会问教师无数关于学习内容和学习过程的问题，而这些问题其实同伴就能同样清晰且更快地给予解答。美国不同种族关于何谓得体言行和礼貌举止存在很大差异，这些概念对其他社会价值观的影响程度也存在很有意思的差异。预先假定所有学生都已经掌握了必要的技能和相同的社会互动守则，只会阻碍学习效率，导致学生倍感沮丧和尴尬。

优良的小组学习	
看起来是这样的小组	听起来是这样的小组
成员相互面对面，课桌或椅子相互靠拢	小组成员说话音量控制在12英寸内能听到的大小
小组成员已经准备好所有的材料	小组成员这样询问："能请你解释一下吗？"
小组成员采取了轮流的方式	小组成员这样说话："现在轮到你了。"
每个小组成员都努力学习、相互倾听	小组成员这样说话："让我们看看是不是每个人都明白了。"

掌握了成功开展小组活动所必需的社会技能，对于学生成年之后的能力发展大有裨益。最近有一项研究对成年人在工作中的学习要求进行了分析，结果发现，积极有效地参与学校合作学习活动所发展出的技能，可以迁移至校外其他环境，并且同样有效。[38]因此，在一堂课上留出专门的时间教授学生如何开展合作，将具有近期和长远的双重功效。

掌握过程性技能

正是出于这样的原因，教师发现，向学生展示如何进行小组活动、促进学生练习是很重要的，而且教师在教授任何其他新的不同内容时，也要以同样的方式和同样的耐心来帮助学生，直至他们深刻掌握这些技能。这样的练习有助于为所有学生创设容易获得相关技能的课堂文化，而不是错误地假定学生已经熟悉这些技能，事实上学生本来就没有掌握这些技能。一旦展示和练习了这些技能，教师就要巡视各个学习小组，以不引人注意的方式规范行为，从而逐步培养这些技能。等到学生可以在不干扰当前学习活动的情况下运用这些技能，教师就可以通过公开表扬表现良好的榜样来强化有效开展的小组活动过程。有些教师还会采用张贴图表的形式来记录一堂课里学生合作行为的榜样个例。

小组活动的技能可以分为四类：形成性技能、功能性技能、表达性技能、激发性技能。[39]卡冈有不同的技能分类，但是他的策略也直接指向促进有意义的小组活动过程。[40]

> **小组活动技能**
>
> 形成性技能使得规则能顺利进行。
> 功能性技能确立了小组的凝聚力与参与度。
> 表达性技能促进了切实的掌握。
> 激发性技能培养了批判性思维。

形成性技能本质上是程序性的，例如，这些技能包括了快速安静地走入所属小组或小组所在位置，然后待在那里，以"12英寸"（在不超过12英寸的距离可以听到）的音量柔和地交谈，相互轮换，喊出每个人的名字，不贬低别人。一旦掌握了这些技能，小组活动基本保障部分就变得简单和易于管理了。相反，如果学生没有掌握这一领域的技能，小组活动就无法顺利开展，时间也在不断变更中流逝。

协助转换

卡冈建议，如果教师想要教授学生在讨论中相互轮换的技能，可以采用发言卡的方法。[41]这个办法就是小组里每个成员都用一个实物（比如一支钢笔或一本书）作为标识，当轮到某个组员发言或从事小组学习任务的时候，他（她）就把自己的这个标识物放到小组所在桌子的中间，等到所有组员都把自己的标识物放到了桌子中间，大家就不可以再发言或从事小组学习任务了。接着大家把各自的标识物拿回来，开始下一轮的操作。这种方法可能会使学生受到一些干扰，但却可以促进学生认识到在小组活动中妥协的重要性。由于对别人做出反应的机会也是一种学习的机会，因此公平地分配参与机会对于所有学生能够取得成功是必要的。这个过程可以促进公平。

功能性技能往往能在情感层面解决合作的守则问题。一旦被放在同一个小组进行合作学习，他们都会采用一般性的、功能性的技能来推动学习活动的开展。重述学习指南、解释每个人应做的贡献、寻求或提供说明，这些都是形成小组凝聚力和强调全员参与的功能性技能。从这些技能方面来对小组学习的过程进行常规批判性评价，也是学生共同学习的一个关键特征。

推动学习活动的开展

彩色卡是发言卡的一个变式，用于推动小组学习过程中的讨论。[42]发给每个小组成员一套彩色卡或标识物，每个成员选取一种颜色。在讨论的过程中，小组成员每发言一次就交出一张卡放到桌子中间，等到讨论结束的时候，小组成员计算桌子中间的卡片，来评价每个成员是否公平地参与了这次讨论。如果学生认为参与的机会不均等，他们就会商量在将来的讨论中如何加以改进。卡冈还有另一些像"卡片游戏"的方法也都能促进学习讨论中的人际互动。例如，在小组活动前先发给所有学生确认卡，每次评价其他成员的努力状况时就把一张卡片放到桌子中间。开场白卡可以帮助提醒学生如何开始某个有特定目标的发言。例如，在学生需要开始复述其他组员的发言时，就可以采用这样一些语句："如果我说得对就请告诉我。"这样的语句都会印在用于复述他人发言的开场白卡上。用于练习如何提供反馈的开场白卡上则会印有这样的语句："我欣赏你的这些观点……"握有印着某些语句的实物在手，可以确保

每个学生都感觉到自己在某个特定活动中有可能被叫到并练习相关的技能。当功能性技能成为学生日常学习能力的一部分时，像卡片与开场白这样的东西就逐渐退出舞台。

评价同伴的学习

表达性技能帮助学生探究每个成员对学习内容的掌握情况，这类技能往往通过给学生分配角色来培养。例如，一个学生是总结者，另外一个学生是检查员，第三个学生是解释者。还有一种方式就是在某个特定的教学活动完成后，由所有的参与者来共同练习。表达性技能的目的是确保学生深刻挖掘了学习内容，参与了各种不同的认知过程来帮助学习的理解、运用和维持。卡冈配对检查的方法能够促进学生发展表达性技能。在配对检查的方法中，小组成员首先两两配对共同完成一个练习。开始的时候配对学生面对的是同一个练习，但却是一个学生学习而另外一个学生观察。第一个学生完成练习后对另外一个学生进行解释，如果两人都认为答案是正确的，那么就轮到第二个学生完成下一个练习，而第一个学生观察、倾听和讨论。然后他们与本组其他配对学生进行商讨，看他们在学习过程和所得结论上是否能够达成共识。如果不能达成共识，就需要继续商讨存在的差异，直至最后得出解决办法，然后再继续学习活动。还有一种配对检查的变式可以用于基于计算机的学习。一个学生当领航员，为船长指引方向，即练习如何决策。定期交换角色就能使两个学生都掌握相关技能。[43]在这一过程中，学生还练习了如何表扬对方的进步状况。

激发性技能对学生提出挑战，促使学生拓展和完善思维，学会分析与综合以及评价。这些技能包括：提出批判性的或挑战性的反馈，但又不至于冒犯了计划、成果或观点的提出者；更深入挖掘信息；迁移到新的情境或新的运用；综合信息的各个不同方面。

批判性思维

这类活动的目的是确保每个学生熟悉并在小组学习的时候习惯运用适宜的小组活动过程性技能。但是，从第一次使用合作学习策略开始，教师就必须维持关注学习内容和关注小组活动的过程性技能两者之间的平衡。在适宜的功能性小组学习活动中，学生明白了共同的礼仪规范有助于达成一个有价值的目标；在学校里，这个有价值的目标就是学业成就。如果合作学习活动太过于关注活动过程，学生或许能在社会技能方面有所收获，但却丧失了理应从学校练习里所获得的学业成就。另一方面，如果他们没有得到如何开展合作学习方面的指导，那么合作中的拌嘴争吵只会阻碍他们获得大量的学习机会。

在合作学习中，教授学生在小组里如何有效开展学习是一个关键要素，但是教师自身也必须发展起支持学生合作学习的教学行为。在某些情况下，教授有用的合作学习技能与在其他更直接的教学活动中教授良好的行为是不一样的。例如，在学生进入小组学习之后，教师应该尊重学生投入合作学习的需求，最大程度地压缩全班交流的时间。在和学习小组进行个别交流时，教师应当将音量控制在只有该小组成员能听到的范围。当解答学生问题的时候，只要是合适的，教师就应当示范如何相互指导和解释。

互助

对很多教师而言，学生在参与小组活动时最难掌握的新技能就是将学生个人的问题转交到整个小组来一起探讨，而不是直接回答。在最初呈现某堂课的新材料后，回答其他学生的提问是促进学生深化理解和记忆的一种方法。此外，一旦给予了相应指导，学生往往就能够将其转化用到同伴身上。很奇怪，有很多教师总是喜欢一遍又一遍地反复指导学生，而不是头一次就清楚明了地给予指导，结果更导致学生在教师指导的时候漫不经心。让学生相互之间重复教师的指导，这样被问到的学生就会注意到，是不是因为自己当时注意力不够集中所以现在产生困惑，然后就会意识到需要改进。

教师设计的教学结构需要学生既独立练习，又围绕学习内容积极参与有意义的、非常有价值的互动，这样就能促使各个不同学业水平的学生都获得有效的成果。如果合作学习的任务有社会性的要求，那么当学生既掌握了技能又努力地学习时，他们在基本技能、学习内容、批判性思维各个方面就都能取得更大的成就。这种积极的结果又强化了大多数人类活动都必须遵循的一个原则：努力完成相关任务就会获得更好的回报。

掌握程度测验

目标5　将过程性技能的教学整合到合作学习活动中

A. 学生的社会技能：

1. 列出并描述在合作学习中能够教授的四种过程性技能，每种过程性技能都各举一个例子加以说明。

2. 解释为什么需要直接教授人际交往的、过程性的技能。

B. 教师的类型：以下是虚构的教师，当他们采用教师中心的教学模式时，各自的行为习惯确实是有效的，请说明如果他们需要有效开展合作学习教学模式的话，需要哪些行为方面的调整。

1. 巴特勒女士在成为教师之前接受的是歌剧演员的培养，无论学生学习时的声音有多吵，她都可以通过提高音量的方式来吸引整个班级学生的注意。

2. 赖斯先生对自己的耐心引以为豪。他总是很乐意回答学习任务指导方面的问题，直到课堂上每个学生都能够开始学习为止。尽管他一开始的指导已经很明确了，但有时候他还是会花半堂课的时间来重复。

3. 杰克逊女士明白，乔伊不爱说话，在全班同学面前很难让他开口回答问题，因此她很少点名让他来回答问题或进行评论。

4. 罗格斯先生因为拥有最安静、最有秩序的课堂而闻名全校。在他的语言艺术课上，当学生在写作文或者解答刚刚读过的小说的相关问题时，你甚至都可以听到针落地的声音。

目标6：从物理环境、组织环境和教学环境各方面为建立有效实施合作学习策略提供支持

有效管理以支持合作学习

学习活动9.8

有些典型的教学活动从表面看似乎很容易。例如，举办一个讲座和组织一场测

验表面看很容易迷惑住大家，让人感觉很简单，事实上艰难的部分是私底下的准备过程。然而合作学习表面看似乎就是一个复杂的活动，一开始就让人感觉胆怯。人们最终会发现，要举办一个精彩的讲座或组织一场高水平的测验也是相当复杂的事情，但他们在一开始的时候总会觉得，还是合作学习策略需要更仔细地规划。经常采用合作学习的教师发现，从长远看初期的时间投入是能够得到回报的——学生会很快成为主动的学习者，依靠自己的能力学习，借用自身的学习劲头继续前进。另一方面，在教师中心的策略里，教师往往承担绝大部分工作，拉着全班学生学习；学生只需要听课、记笔记、填空。如果教师想要将合作学习策略也纳入自己的专业技能范畴，就必须为实施合作学习创设物理的、组织的和教学的环境条件。

物理环境

课桌摆放

教室里的物理环境安排要么支持，要么阻碍学习小组的轻松开展。理想的物理环境安排包括以下几个要素：

第一，课桌、椅子或台子摆放成四人或五人小组的形式。不管某堂课是否需要开展小组活动，学生都经常按照小组的形式就座。在大多数情况下，课桌或椅子可以调整，以便需要的时候学生都可以一律脸朝前，围成小组和其他方式一样都能使个人学习轻松开展。教师往往将可移动的课桌摆放成秧田式以减少注意力分散，但在教育史上，这种方式事实上从未能够杜绝学生聊天。此外，这样还会使教师过多地采用只将学生当作倾听者的教学方法。如果把学生按照小组排列，也能够促使教师更多地采用像伙伴分享、编号讨论或其他不那么正式的讨论方式来促进学生在学习内容和教学进度允许情况下反思和运用新的想法。

第二，教室里必须有展示空间和储藏用具的空间。用于展现学生得分情况的奖励展示应当一直摆放在教室里。如果这个教室不止一个班级使用，那么就必须有足够的空间能够展示每个班级的奖励情况。小组活动的用具，如小组学习包、锦旗、半成品以及其他材料应当容易拿到。如果这个教室有常规区域，如图书角，那么就应当确立小组活动期间学生应当如何使用的相关制度。

第三，在设计课桌的摆放、供给和小组活动时，应当将本班对其他共用开放领域的班级或紧邻教室的影响降至最低。如果能够谨慎地设计教室的物理安排，即使是在好几个班级共用开放空间的学校里，合作学习也能够成功开展。可以采用的小技巧就是利用地毯、陈设、地板空间以及紧凑的小组安排来降低噪声。

管理混乱状况

最后，创造性地利用教室里的陈设、空间或供给可能会对管理人员提出不同的要求，因此教师就需要提醒管理人员需要怎样的改变，并想想怎样才能做到合理的维持。例如，如果没有特别提醒的话，勤劳的管理人员每天晚上都会按照惯例将课桌恢复到秧田式，他们觉得这是他们的职责。新的学习任务一开始会引发大量的混乱状况，但等到一天学习结束的时候，它便已经成了一个有用的教学方式。教师经常说，学生活动越多就越容易造成混乱——有时还会遭到那些共享学习场地或打扫小组活动地点的人的强烈反对。教师必须牢记，实施合作学习会在学生学业成就方面获得丰厚的回报，因此在解决更为混乱的问题时，不应当减少合作学习的运用。

组织环境

前期的多次尝试已经为教师展示了在实施合作学习策略的时候争取同事支持的多种方法。开始与同事合作来学习和实施这些方法是教师能够获得的真正宝贵财富。同事之间可以共同进行计划、分享资源、讨论新想法、相互观察，一般还可相互提供精神上的支持以渡过最初的尝试阶段。

管理上的帮助

教师们反映，校长和其他管理者都可以为自己的教学提供重要的帮助，当然，参加过合作学习培训的管理者更可以针对新的计划和实践提供有深度的反馈。缺乏这方面知识背景的人需要先听取一个简要的介绍，这样当他们要来参观的时候就能知道将会看到什么，甚至还可以为他们下一次参观提供一个小小的观察任务。例如，要求他们逐字逐句地记录一个小组的讨论，或者记录在小组活动中特殊教育学生或小语种学生的参与情况。这样的数据对于上课教师而言是很难收集的，但又对反思一堂课的教学状况特别有帮助。对于新实践方式不了解的管理者可能会把正常开展的小组活动所发出的很活跃的交谈声，错认为是脱离学习任务的闲聊。预先告知本堂课的开展方式并恳请管理者积极投入，可以在上课过程中提高管理者的高效参与。

共同协商

同样的道理，不熟悉合作学习策略的同事也会对最近采用合作学习的课堂很好奇。他们可接受的噪声程度必须通过相互之间的重新协商来界定，另外还要提供解释介绍小组得分所对应的奖励。有些教师存在错误观念，认为小组得分可以替代个人学业成就；如果担心教师会有这样的错误观念，就应当给予他们正确的信息，如此就可以减少这类情况的发生。实践经验已经让第一年任教的教师深受教育，同时他们也明白了，即使教学水平优异的教师对于教师完整的专业知识技能究竟应该包括哪些内容也并未达成共识。合作学习的某些特点（小组活动发出的嘈杂声音是最为大家所诟病的）所引发的问题只要在初期与同事主动交流沟通，往往就可以得到解决。合作学习策略已经证明了能够有效促使每个学生达成学业和社会性发展双重目标，这样一来往往就能够让大家转变观念。

家长的认可

教师在开始实施合作学习的时候，都会知会家长，获得家长的支持和理解。处于最高和最低学业水平的学生的家长往往会产生疑问。聪明学生的家长会担心采取合作学习策略会使自己的孩子变成小组里最辛苦的人，而与水平较低的学生一起学习还会使自己的孩子学习退步。教师需要解释清楚，评分机制是如何确保每个孩子都努力学习来赢取小组得分，并通过回顾相关的数据表明，即使最聪明的学生在这样的教学环境下也确实能够取得成就。水平较低的学生的家长则会担心自己的孩子在这样的环境下会跟不上。如果按照有限的能力状况开展学习，或许确实会取得更为适宜的学业成就，但是相关记录也已经清晰表明了，在合作学习小组里水平较低的学生的进步特别明显。他们的个人学业成就之所以能够得到提高，是因为他们更加努力地学习了。他们不太可能成为班级里的学业明星，但他们会比以前学得更多。此外，他们还赢得了更高的受欢迎程度和被接受程度，因为他们的进步（不是他们最终的学业水平）也有助于小组得分。有些家长不熟悉合作学习的某些结构，因此他们会希望得到一个解释。由于在实施合作学习之后很快就有明显的积极成

果，而且很多学生在更好的表现基础上最终能够获得更高的成绩，因此家长最后就会成为这一新策略的拥护者。家长志愿者如果能够恰当地遵循合作学习的相关准则，那么在教学中他们可以在管理材料和支持高效的小组活动方面提供很大帮助。

教学环境

无论教师在某堂课上运用的是复杂的还是简单的合作学习策略，只要学生对于如何进行合作学习有着共同的期望，那么学习成果就会有所提升。一般的社会和行为期望所创造的环境能够影响教学。正如前面所讨论的，先决性的教学技能是成功开展合作学习的重要一步。教师需要教学生如何用"内部"音量即仅自己小组成员可以听到的音量讨论，或者教学生如何给予解释而不是直接给出答案，除了这些之外，还要准备团队构建方面的练习，掌握像卡冈所建议的那些小组形式。[44]

团队的培育

为维系和培育高效的教学环境，教师必须帮助学生认识到，他们的礼貌举止将有助于学业进步，并获得本质上令人满意的社会和学业成就。推动合作学习开展的一个很好的任务就是取组名。即使高中和成年学生也很喜欢这一任务。需要共同合作几个星期的小组会想要设计一个小组招贴画或旗帜，当他们合作学习的时候就将旗帜竖立在自己的学习场地内。一些教师会把招贴画的一部分作为特别的奖励，比如在编号讨论中赢了一个比赛，又或者在小组活动过程中展示了示范技能，就能够获得奖励贴纸。此外小组招贴画还可以用于展示每周小组得分。（学生真正的分数不会展示出来，但如果有进步就会展示提高了多少分数。）

材料的管理

教师已经发现，在实施合作学习策略的时候有两种管理方式特别有用。第一个本章称之为"小组学习包"，它可以是一个大信封、盒子或文件夹。小组学习包可以实现很多目标：教师利用学习包来收集和返还家庭作业。这项工作由小组的材料管理者来完成。学习包里可以搜集小组的半成品、实践练习、分数表、锦旗、编号讨论需要用到的号码卡、教师在课前就可以放入的其他任何讲义和材料，这种方式使得小组成员活动时容易进行材料的分发。

零噪声方式的操作

第二种就是采用能够被班级所有学生接受的零噪声信号。教师只在极少数情况下采用零噪声信号，那就是必须打断小组讨论以便告诉大家共同感兴趣的地方时，或者需要更合理地控制噪声的时候，又或者是其他一些需要引起每个学生注意的时候。这种信号可以是很简单地举起一只手，让最近的一个小组的所有成员都看到，然后这个小组的成员也会安静地举起一只手提醒其他同学，直到整个班级的学生都注意到这个信号并安静下来。有些教师发现，闪烁灯光或者闹铃的方式就很管用。这种信号最重要的部分就是要很快奏效，以便降低小组停下来的时间。教师有意识地用秒表来进行操练，为全班设置反应速度目标，这些措施可以帮助大部分班级有效地对信号做出反应。然而，教师不应当过度使用这类信号，正在合作的小组不应当被打扰。如果教师总是不停地打断他们的学习，学生很可能就不再会严肃地对待他们的合作学习了。

第 9 章 合作学习

> **掌握程度测验**
>
> **目标6** 从物理环境、组织环境和教学环境各方面为建立有效实施合作学习策略提供支持
>
> 威尔特先生很有兴趣更新自己的专业知识,因此他参加了一个由教师发展中心主持的为期三天的关于合作学习策略的工作坊。现在他很想把学到的新知识运用到所教的二年级课堂上。戴约女士是他所在学校的资深教师,威尔特与她合作设计了开展合作学习的最初几堂课,并对开始几个月的教学实践进行了反思。他已经准备了需要有所行动的问题清单,并准备今天放学后与戴约女士一起探讨问题。请阅读以下所列的问题,根据学习活动9.8里的相关介绍提出解决方案。
>
> 1. 不知道从什么时候开始,他教室里每个学生的课桌就是秧田式的。
> 2. 不知道从什么时候开始,管理人员琼斯女士放学后就会把学生课桌规整成秧田式。
> 3. 无论是校长还是年级组长都从未开展过(或者明显从未听说过)合作学习。校长经常非正式地进入教室来视察。
> 4. 大厅对面扎克先生的教室非常安静有序,他一直认为威尔特先生是个安逸的教师。
> 5. 艾莉森的父母是民法律师,他们对女儿的培养目标是让她进入常春藤盟校的一个本科到博士连续教育项目。他们抱怨自己孩子出色的聪明才智明显被轻视了。
> 6. 在学业活动中,威尔特先生的学生担负领导角色的时候偶尔会感觉不自在,有些学生很明显无法有效参与小组活动。

目标7:描述全校采用合作学习是如何提高学生的学业成就和专业合作以及减少暴力的

在全校范围内开展合作学习

> **学习活动9.9**
>
> 一旦教育研究拓展了对于新项目和实践所产生影响的认识,我们就会发现一些描述特征和衡量进步的新方式。最近的研究已经表明,在评价学生学业成就和衡量学校作为学习共同体所取得成就的指标方面都有了进展。表明这些进展的证据就是学校教育的三个重要维度。第一,在教学中实施合作学习策略的全校性项目中,已经有数据表明学生取得了相当大的学业成就。[45]第二,如果进一步拓展合作学习的应用领域,合作学习还被认为提供了实现同伴协调和冲突解决的一种稳定有力的环境。[46]第三,在课堂上采取合作学习策略还提供了一个培育和激励专业合作的环境,而专业合作又是实现成功的学校改革的基础。[47]

合作的学校

约翰斯·霍普金斯大学研究中心在对合作学习开展了一系列的研究之后,又对

学生小组学习的基本构成要素开展了进一步的研究,最终提出了人人成功法。[48]这是一个全校性的教学模式,大多数情况下那些拥有高比例处于学业失败危险的学生的学校会采用这一模式。全体成功的模式关注的是从幼儿园到六年级的阅读、写作和语言艺术课程。在每天拓展的阅读和语言艺术课上,整个学校都实施该教学模式。学生按照相近的阅读水平分成小的阅读小组,而且在教学活动中学生有更多的机会来讲故事、进行解释,甚至开展写作工作坊和小说研究。

学生在学习读写的最早阶段就开展小组合作和共同阅读,从而促进高效的学习。此外,在开展合作学习的时候,存在最严重学习障碍的学生还可以得到教师的个别指导,当然教师指导的目的就是帮助他们在常规的阅读项目中获取成功。存在非学业问题的学生是家庭支持小组工作的关注焦点,这类家庭支持小组由教师和专家组成,为学生家庭提供额外的帮助以确保学生取得成功。在全体成功模式中,所有的教师都采用同样的教学方式,并花费额外的时间进行专业发展,以持续发展的眼光来评价学生的成长状况。结果,即使是最接近学业失败的学生,在成绩当量上也比每年他们所参加的控制组的同学超出25%甚至100%。在西班牙语/英语双语的小组和英语作为第二语言的小组里,学生的成就同样可观。

全体成功项目后来在最初的基础上又得到了进一步扩展,将合作学习和冲突解决策略与学习环境相整合。教师学习小组与指导者共同解决问题,在教师群体中他们的领导技能也都得到了提高。授课,培育与家长之间积极的关系,帮助解决学业之外的问题,所有这些活动都将造福整个学校共同体。[49]

这两类项目都是采用建立在合作学习基础上的强有力且积极的策略来处理学业学习问题,而他们全面而周到的安排使得参与学生的学习有了显著的提高,也改变了教师的教学方式。

合作学习作为预防暴力行为的一种环境

在体现学校教育有效性的基本特征中,有一条就是维护安全有序的环境。最近的研究表明,尽管增加了预防暴力行为的相关项目,但学校中暴力行为的发生率仍然上升了。[50]这一研究结果或许出于以下两个原因。第一,大多数项目比较狭隘地界定预防概念(仅选取少数事件),因此也就只关注比较狭隘的一系列策略。第二,这些项目比较关注受训人员全体,因此很少关注那些有威胁性行为表现的极少数人。约翰逊兄弟提供的一个可选择的方案就是创设一个全校性的合作氛围,在这样的氛围下,同伴调停和冲突解决是常规合作方式的自然延伸。[51]这样就能够采取特殊的策略来应对少数有问题行为的学生——就是这些学生造成了大部分的安全问题。

由六部分构成的确保安全的方法

学生在合作学习中已经学会了一系列技能,想要创设安全环境的学校在此基础上需要采取一种由六部分构成的方法,这一方法可以拓展和丰富常规的预防暴力行为的课程。

1. 学校应当成为社区服务中心,尽力为学生和学生家庭提供其所需要的支持。
2. 学校应当创设一种合作的环境,在课程中广泛应用合作学习。
3. 学校应当在师生之间建立起长期的联系。例如,他们应当通过实施学校特别课程的方式,延长师生共处的时间,使学生起码有一学年以上是由同一个教师任教,以及(或者)采用区块时间表来减少一天里不同学生和不同教师的见面次数。

4. 学校应当提供一系列课外活动，组织社区俱乐部和社区活动来减少学生课外无所事事或不够安全的情况。

5. 学校应当与社区其他成员建立合作关系，这些成员可以通过辅导和实习指导等途径来协助促进更为和平的发展选择。

6. 学校应当在逐步增加复杂性的课程中为所有学生提供调停和预防暴力方面的内容。

如果学生是在只有"最棒的"人才能取胜（而且永远都不会是自己）的学校里接受教育，且伴随成功而来的社会评价一般也只给予那些利用自身天赋就能很容易表现出众的人，那么，学生就会缺乏面对暴力的诱惑所应具有的必要的自尊和符合行为准则的行为，也就难以逃脱使用暴力解决问题的陷阱。此外，在充满竞争的学习场所里，也很难培育寻找所有人都赞同的冲突解决方案的意愿以及产生这类解决方案所需要的创造力。如果平时的学习常规支持合作习惯以及能够产生创造力的信心，那么学生无疑就更乐意把自己看成是问题解决者与调解人。

在学校改革中的合作

最后，在当前大多数的学校改革方式中，合作似乎是一个关键概念。实现全面质量管理和促进领导力的改革运动有赖于发展一种合作的方式，通过这种方式娴熟地完成组织所承担的任务。改善培训、分布式领导、更为包容、认同卓越，这些都是促进强有力合作的要素。不断取得进步是团队奖励的基础——课堂上和教师中都是如此。对于在分享式专业发展活动中大家所提供的想法，通过相互协作以便采用和改进，将有助于强化专业文化氛围，而这样的专业文化氛围也是教师成长的基础。共同学习是现代学校中教师应对社会要求和学生需求的途径，共同学习并不限于学生。

观察表

合作学习

本项观察关注的是：（1）教师如何利用合作学习策略促进学生专注于并掌握学习目标；（2）教室是如何布置以支持以上活动的。

说明： 在使用这个观察表时，不要使用学校、教师、管理者和学生的真实名称和姓名。

观察者姓名：_____

日期：_____

年级：_____

科目：_____

班级规模：_____

背景信息： 简要描述该校学生的社会、经济和民族背景。
_____
_____

记录内容： 从幼儿园到12年级中选取一个班级，最好这个班级里的教师经常采用某种合作学习形式。确保与教师预先探讨了你的目的，确认这个班级将会

开展与你的观察任务相关的活动。

确认课程

在与这个班级的教师初次接触的时候，需要明确：
- 会采用哪些合作学习策略或复杂结构
- （如果有的话）如何教授和强化社会与程序技能
- 教师如何组建学习小组
- 学习小组在一起的时间有多久
- 采用哪些形式的奖励（比如分数、代币或证书）
- 教师如何看待合作学习的好处和成本

课堂观察

在观察课堂的时候，要做以下几个方面的描述：
- 显性的（规定的）教学目标
- 教师在教学内容呈现中的角色
- 学习任务——真正想要学生做什么？他们之间如何实现互助？
- 学生相互之间围绕学习说了什么？（比如提示和纠正）
- 共同学习所需要的社会技能
- 在小组学习期间教师所做的事情
- 设施与材料的安排是支持还是有损该教学形式？
- 这样的学生活动可能会对旁边的班级造成什么影响？

课后讨论

在观察结束后，尽早请教师解释哪些情况按照平常表现或者按照计划应该出现，但却没有出现。

反思你的观察：

1. 你所观察到的在多大程度上与本章所推荐的合作学习模式相符？

2. 在你观察的这一天，课堂环境和活动是"常态的"还是为了迎合你的到访而刻意调整的？

3. 确认并探讨你所观察到的教师行为与本章所倡导的策略和活动之间不相符合之处。

4. 如果其他学生也有同样的任务，可以组成小组，与同伴相互对比各自笔记，从而对你所观察到的情况做出评价。

第 9 章 合作学习

> **掌握程度测验**
>
> **目标 7** 描述全校采用合作学习是如何提高学生的学业成就和专业合作以及减少暴力的
>
> 判断下列表述是正确的（T）还是错误的（F），并订正错误的表述。
> 1. 全体成功模式太新了，还无法展示参与学生学业成就方面的成果。
> 2. 一个安全有序的环境对于学校教育的有效性是很有必要的。
> 3. 如果特别聚焦的话，预防暴力项目将取得最好的成效。
> 4. 维持大范围的家庭服务是减少校园暴力的一种途径。
> 5. 课外活动有助于维护学生的安全。
> 6. 在冲突解决中，习惯于合作学习的学生比其他学生感觉更为困难。
> 7. 特定的合作学习和一般的合作都不局限于学生。

参考文献

著作

Anderson, R., and K. Humphrey. *61 Cooperative Learning Activities for Computer Classrooms.* Portland, Maine: J. Weston Walch, 1996.

Gillies, R. M. *Cooperative Learning: Integrating Theory and Practice.* Los Angeles: SAGE Publications, 2007.

Gillies, R. M., A. Ashman, and J. Terwel (eds.). *The Teacher's Role in Implementing Cooperative Learning in the Classroom.* New York: Springer, 2008.

Jacobs, G. M., M. A. Power, and L. W. Inn. *The Teacher's Sourcebook for Cooperative Learning.* Thousand Oaks, CA: Corwin Press, 2002.

Johnson, D. W., R. Johnson, and E. Holubec. *Cooperative Learning in the Classroom.* Alexandria, Va.: Association for Supervision and Curriculum Development, 1994.

Johnson, D. W., R. Johnson, and E. Holubec. *The New Circles of Learning: Cooperation in the Classroom and School.* Alexandria, Va.: Association for Supervision and Curriculum Development, 1994.

Kagan, S. and M. Kagan. *Kagan Cooperative Learning.* San Clemente, Calif.: Kagan Publishing, 2009.

Oczkus, L. D. *Reciprocal Teaching at Work.* Newark, Del.: International Reading Association, 2003.

Slavin, R. E. *Cooperative Learning: Theory, Research, and Practice,* 2nd ed. Boston: Allyn & Bacon, 1995.

Slavin, R. E., and O. S. Fashola. *Show Me the Evidence: Proven and Promising Programs for America's Schools.* Newbury Park, Calif.: Corwin, 1998.

网址

The Jigsaw Classroom: http://www.jigsaw.org
Developed by Elliot Aronson and the Social Psychology Network, this site contains "how-to" explanations, research summaries, implementation tips, and related links.

The Cooperative Learning Center (CLC) at the University of Minnesota: http://www.co-operation.org
Provided by the CLC, this site contains descriptions of center work, essays and research reports by Johnson and Johnson and others, and book and supply catalogues.

Educators for Social Responsibility: http://www.esrnational.org
This site includes lesson plans and resource materials that can be easily adapted for cooperative learning lessons on current events. Some plans are especially well suited to Academic Controversy lessons.

International Association for the Study of Cooperation in Education: http://www.iasce.net
This site includes resources for teaching and networking.

Success for All: http://www.successforall.net
This site describes many features of the schoolwide cooperative learning curriculum and includes links to the full text of journal articles and research reports on cooperative learning.

George Jacobs Web site: http://www.georgejacobs.net

Richard Felder's Homepage: http://ncsu.edu/felder-public/
These web sites are treasure troves of online articles, links to other sites, and other items of interest to those who want to implement cooperative learning strategies from pre-K through graduate school.

For these links and additional resources, please visit the Premium Website at **www.cengage.com/login**

注 释

[1] K. Paterson, *The Sign of the Chrysanthemum* (New York: Harper & Row, 1973).

[2] R. E. Slavin, *Cooperative Learning: Theory, Research, and Practice*, 2nd ed. (Boston: Allyn & Bacon, 1995).

[3] D. W. Johnson, R. Johnson, and M. Stanne, "Cooperative Learning Methods: A Meta-Analysis," http://www.clcrc.com (accessed May 2000); D. W. Johnson and R. T. Johnson, "Social Interdependence Theory and Cooperative Learning: The Teacher's Role," in *The Teacher's Role in Implementing Cooperative Learning in the Classroom* (New York: Springer, 2008).

[4] S. Yamarik, "Does Cooperative Learning Improve Student Learning Outcomes?" *Journal of Economic Education* (Summer 2007).

[5] S. Bahar-Ozvaris et al., "Cooperative Learning: A New Application of Problem-based Learning in Mental Health Training," *Medical Teacher* 28, no. 6 (2006): 553–557.

[6] K. Doymas, "Teaching Chemical Equilibrium with the Jigsaw Technique," *Research in Science Education* 38 (2008): 249–260.

[7] J. Cooper et al., *Cooperative Learning and College Instruction: Effective Use of Student Learning Teams* (Carson, CA: California State University Foundation on Behalf of the California State University Institute for Teaching and Learning, 1990).

[8] D. W. Johnson, R. Johnson, and E. Holubec, *The New Circles of Learning: Cooperation in the Classroom and School* (Alexandria, VA: Association for Supervision and Curriculum Development, 1994); R. M. Gillies, *Cooperative Learning: Integrating Theory and Practice* (Los Angeles: SAGE Publications, 2007).

[9] D. W. Johnson and R. T. Johnson, *Cooperation and Competition: Theory and Research* (Edina, MN: Interaction Book Company, 1989).

[10] E. Aronson, http://www.jigsaw.org/history.htm

[11] D. W. Johnson and R. T. Johnson, "Social Interdependence Theory and Cooperative Learning: The Teacher's Role," in *The Teacher's Role in Implementing Cooperative Learning in the Classroom* (New York: Springer, 2008).

[12] D. W. Johnson, R. Johnson, and E. Holubec, *The New Circles of Learning: Cooperation in the Classroom and School* (Alexandria, VA: Association for Supervision and Curriculum Development, 1994).

[13] Slavin, *op. cit.*; R. E. Slavin, "Cooperative Learning," in *The Routledge International Encyclopedia of Education*, ed. G. McCulloch and D. Crooks (Abingdon, UK: Routledge, 2009).

[14] *Ibid.*

[15] Johnson, Johnson, and Holubec, *op. cit.*

[16] N. Webb, "Small Group Problem-Solving: Peer Interaction and Learning" (paper presented at the annual meeting of the American Educational Research Association, New Orleans, April 1988); N. Webb, "The Teacher's Role in Promoting Collaborative Dialogue in the Classroom," *British Journal of Educational Psychology* 79 (2009): 1–28.

[17] R. E. Slavin, "Research on Cooperative Learning and Achievement: What We Know, What We Need to Know," (1995), http://www.successforall.com/resource/research/cooplearn.htm

[18] H. Gardner, *Multiple Intelligences: The Theory in Practice* (New York: Basic Books, 1993); K. Nicholson-Nelson, *Developing Students' Multiple Intelligences* (New York: Scholastic Professional Books, 1998).

[19] H. Gardner, *Multiple Intelligences: The Theory in Practice* (New York: Basic Books, 1993), 15–16.

[20] K. Nicholson-Nelson, *Developing Students' Multiple Intelligences* (New York: Scholastic Professional Books, 1998), 10–12.

[21] R. E. Slavin, *Cooperative Learning: Theory, Research, and Practice,* 2nd ed. (Boston: Allyn & Bacon, 1995).

[22] D. W. Johnson, R. Johnson, and E. Holubec, *Cooperative Learning in the Classroom* (Alexandria, VA: Association for Supervision and Curriculum Development, 1994).

[23] Slavin, *op. cit. Cooperative Learning: Theory, Research, and Practice,* (1995).

[24] S. Kagan and M. Kagan, *Cooperative Learning* (San Clemente, CA: Kagan Publishing, 2009).

[25] *Ibid.*

[26] F. Lyman, "Think–Pair–Share, Thinktrix, Thinklinks, and Weird Facts: An Interactive System for Cooperative Learning," in *Enhancing Thinking Through Cooperative Learning,* ed. N. Davidson and T. Worsham (New York: Teachers College Press, 1992).

[27] L. Baloche and T. Platt, "Sprouting Magic Beans: Exploring Literature Through Creative Questioning and Cooperative Learning," *Language Arts* 70, no. 4 (1993): 264–271.

[28] Kagan, *op. cit.* (Numbered Heads Together is credited by the author to Russ Frank, a teacher in Diamond Bar, CA.)

[29] Slavin, *op. cit.* (1995).

[30] R. E. Slavin, "Effects of Biracial Learning Teams on Cross-Racial Friendships," *Journal of Educational Psychology* 71 (1979): 381–387; D. W. Johnson and R. T. Johnson, "Social Interdependence Theory and Cooperative Learning: The Teacher's Role," in *The Teacher's Role in Implementing Cooperative Learning in the Classroom* (New York: Springer, 2008).

[31] R. M. Felder and R. Brent, "Effective Strategies for Cooperative Learning," *Journal of Cooperation and Collaboration in College Teaching* 10, no. 2 (2001): 69–75.

[32] Kagan, *op. cit.*

[33] Slavin, *op. cit., (Cooperative Learning)*.

[34] D. W. Johnson and R. Johnson, *Reducing School Violence Through Conflict Resolution Training* (Alexandria, VA: Association for Supervision and Curriculum Development, 1995).

[35] Johnson and Johnson, *op. cit., (Cooperation and Competition)*.

[36] Johnson and Johnson, *op. cit.*, (*Reducing School Violence*).

[37] L. Corno, "Teaching and Self-Regulated Learning," in *Talks to Teachers,* ed. D. C. Berliner and B. V. Rosenshine (New York: Random House, 1987); J. Trimbur, "Collaborative Learning and Teaching Writing," in *Perspectives on Research on Scholarship in Composition,* ed. B. W. McClelland and T. R. Donovan (New York: Modern Languages Association, 1985).

[38] L. Resnick, "Learning in School and Out," *Educational Researcher* 16, no. 9 (1987): 14–20.

[39] Johnson, Johnson, and Holubec, *op. cit.,* (*New Circles of Learning*).

[40] S. Kagan and M. Kagan, *op. cit.*

[41] *Ibid.*

[42] *Ibid.*

[43] G. M. Jacobs, C. Ward, and P. Gallo, "The Dynamics of Digital Groups: Cooperative Learning in IT-based Language Instruction," *Teaching of English Language and Literature* 13, no. 2 (1997): 5–8.

[44] S. Kagan and M. Kagan, *op. cit.*

[45] R. E. Slavin and O. S. Fashola, *Show Me the Evidence: Proven and Promising Programs for America's Schools* (Newbury Park, CA: Corwin, 1998); G. D. Borman, R. E. Slavin et al., "Final Reading Outcomes of the National Randomized Field Trial of Success for All," *American Educational Research Journal* 44, no. 3 (2007): 701–731.

[46] D. W. Johnson and R. Johnson, *Reducing School Violence Through Conflict Resolution Training* (Alexandria, VA: Association for Supervision and Curriculum Development, 1995); *op. cit.,* (*Reducing School Violence*); D. W. Johnson and R. Johnson, "Why Violence Prevention Programs Don't Work—And What Does," *Educational Leadership* 52, no. 5 (1995): 63–68; D. W. Johnson and R. Johnson, "Reducing School Violence Through Conflict Resolution Training," *Bulletin of the NASSP* 80, no. 579 (1996): 11–18.

[47] J. Bonstingl, *Schools of Quality* (Alexandria, VA: Association for Supervision and Curriculum Development, 1992); *How We Are Changing Schools Collaboratively* (New York: Impact II, The Teachers' Network, 1995); L. Lezotte, *Total Quality Effective School* (Okemos, MI: Effective Schools Products, 1992); A. Lieberman, ed., *Building a Professional Culture in Schools* (New York: Teachers College Press, 1988).

[48] Slavin and Fashola, *op. cit.*

[49] Success for All Foundation, http://www.successforall.net/elementary/turn.htm

[50] Johnson and Johnson, *op. cit.,* (*Reducing School Violence*).

[51] Johnson and Johnson, *op. cit.,* (*Reducing School Violence*).

第 10 章

评　价

特里·D. 滕布林克
郑丹丹　译

目标 ▶▶▶

1. 界定"评价"并分别描述评价的四个阶段
2. 在进行课堂评价时选择适宜的信息搜集策略
3. 编写有效的测验题目以评价学业成就
4. 制定量规（包括检查清单和等级量表）以评价学生的作品和表现
5. 运用档案袋评价持续表现和进步状况
6. 描述如何利用信息进行评价，即评估、判断学生的进步状况，判断学生态度的变化状况
7. 描述如何利用评价数据帮助学生更有效地学习
8. 选择和使用标准化工具
9. 描述课堂评价中技术的作用

教育评价只有能够帮助教育者（管理者或教师）和学生做出正确的教育判断和决策的时候，才是有用的。在本章里你会学到一些可用于解决课堂问题的评价方面的基本原则，但我还想鼓励大家超越这种入门级的理解水平。请购买一本关于课堂评价技能方面的基础书籍，只要有可能就尝试练习测验编制技能，从刚开始评价自己学生时所犯的错误中吸取经验，学会将评价作为教师工作中一项重要且必备的工具来运用，并请运用评价来增进自己的教学和学生的学习。

目标 1：界定"评价"并分别描述评价的四个阶段

评价（evaluation）还是评定（assessment）？

学习活动 10.1

近些年来，教育者开始用"评定"取代"评价"。尽管这两个术语基本含义都是指同一个过程，但采用比较新的这个术语是想拓展我们对于评价作用的理解。评定策略不仅局限于正式测验，以往在课本里的正式测验主要关注测量与评价。这些程序最后都被看成是教学过程的一个基本构成。一般而言，真实的评定技术能够为

我们提供"真实的"行为、技能、观点、态度等方面的信息。我们通过真实性评价想要测量的是具有代表性的技能和信息，这些技能和信息在日常生活中是有用的，在帮助学生在某一学科里达到更高水平技能方面更是重要的。此外，真实性评价工具是在尽可能接近被评价的信息或技能的真实使用条件下获取信息。最可能提供真实评定信息的评定工具包括评量表、检查清单、等级量表和档案袋。本章将会具体探讨这些真实性评价工具，以及那些更为正式却仍然很有价值的评价工具，如测验和问卷。不管怎样，所有评价程序的基础就是评价行为。

做评价就是做判断

简言之，评价就是赋予价值评判——判断。形成判断并不是一个孤立的行为。要做判断，就必须拥有信息。判断行为有赖于获取信息这一前提行为。做判断本身又是进一步采取行动的前提条件：决策。因此评价，也就是做判断的过程，有赖于信息的搜集，此后又产生决策行为。用图来表示就是：

$$\boxed{获取信息} \rightarrow \boxed{形成判断} \rightarrow \boxed{决策}$$

或者这样表示：

$$\boxed{评价就是获取信息并利用信息形成判断，反过来再用于决策}$$

这一概念界定不但清晰地分解了评价过程中各个阶段及其相互关系，还清晰地表明形成判断是评价的核心。如果你没有形成判断，那么就是没有进行评价。

评价过程

对大家而言，很重要的一点就是要理解整个评价过程。因此我们需要拓展上述界定。到目前为止，评价很明显至少包括三个阶段：获取信息、形成判断和运用判断做出决策。如果前面再增加一个准备阶段，后面对最后一个阶段稍作拓展，就形成了以下四个阶段：

评价过程
阶段 1：评价准备
阶段 2：获取信息
阶段 3：形成判断
阶段 4：将判断用于决策和准备汇报

来看一个相当典型的教学/学习场景，注意这位教师在想要更有效地开展教学时所经历的四个阶段。

阶段 1：评价准备

邦妮是一位三年级的教师，她很关心学生比利，比利似乎在坚持阅读方面有困难。邦妮想知道比利在当前的阅读小组里还能坚持学习多久，是不是应该把他调到学习进度慢一些的小组里去。又或许她可以做些什么来帮助比利，比如一些额外的工作或者额外的关注。她判定，在自己准确判断比利的阅读水平前，还需要更多的信息。在确定了所需信息的种类后（例如朗读时比利所犯错误的类型，比利对于各种

快速辨词技能的运用，比利的兴趣等），邦妮确定了什么时候以及如何获取这些信息。

阶段2：获取信息

在几天之内，邦妮获取了有关比利的大量信息。她给比利做了一次标准化阅读测验，听了他的朗读，仔细记录了他所犯的错误，对他进行了一整天的观察，目的是观察他的行为模式，而行为模式或许表明了他对各个学科所持的特定态度。

阶段3：形成判断

在分析了所获取的全部信息后，邦妮得出了以下结论：
- 比利没有达到阅读三年级水平书面材料的能力。
- 比利只有当书面材料是二年级水平或者更低的时候才能自如地阅读。
- 比利最初的弱项是快速辨词技能。
- 比利不存在理解问题，他能够理解所阅读的内容。
- 比利喜欢自己所属阅读小组里的同学。
- 比利喜欢三年级读物里的故事。

阶段4：将判断用于决策和准备汇报

邦妮在以上判断的基础上，决定应该将比利留在当前的阅读小组里。她还决定采取以下行动：
- 准备一份快速辨词技能清单。
- 一对一地系统教比利这些技能。
- 接着给比利读故事，这样他在理解技能方面就不会落后。
- 比利每掌握一个快速辨词技能，就在快速辨词技能清单上相应地做上标识。

邦妮做出以上决策后，就对自己的判断进行总结，列出准备采取的行动。最后将这些资料收入文件夹里，以备今后查用。她还请来比利的父母，和他们共享自己的发现，并请他们配合，给予比利更多的鼓励和表扬，支持比利努力弥补教师在他身上所发现的不足。

请注意每个阶段的关键特征：
1. 阶段1：准备。明确所需信息类型，确认什么时候、如何获取这些信息。
2. 阶段2：信息搜集。尽可能准确地获取各类信息。
3. 阶段3：形成判断。将获取的信息与选定的标准相对比，然后做出判断。
4. 阶段4：决策和汇报。记录显著的发现，确认适宜的行动方案。

掌握程度测验

目标1 界定"评价"并分别描述评价的四个阶段
1. 请简要界定"评价"。
2. 列出构成评价过程的四个阶段，简要描述每个阶段中的具体活动，并列举课堂案例来阐明以上描述。

目标 2：在进行课堂评价时选择适宜的信息搜集策略

选择策略

学习活动 10.2

准备开展评价时，第一步就是明确想评价什么以及评价需要哪种类型的信息。[1]确认之后，就可以准备选择相应的策略以获取这类信息。这里包括两个步骤：（1）确认想要采用的信息搜集技术；（2）选择应当利用的信息类型。

第一步 选择适宜的技术

信息搜集技术

教师一般采用四种不同的技术以获取自己和学生的相关信息：质询、观察、分析和测验。质询就是询问，每当你想要知道某人的观点、感受、兴趣、好恶等时，就可以询问这个人。有效的教师总会询问学生对于当前的教学有何感受，他们也明白通过询问得到的信息会有怎样的价值。每当教师通过观看、倾听、感受或利用其他感官来了解当前课堂教学状况的时候，就是在运用观察技术。观察学生的表现、习惯模式以及人际互动，所有这些都将为教师提供有用的信息。分析就是将事物整体分解成各个组成部分的过程。例如，教师会分析某个数学任务，以便发现学生的错误类型，又比如某位职业教育教师会分析某个木工专业学生所做的一张咖啡桌，根据桌子的设计、总体做工以及完成情况进行评价。如果有一种常见的情况（例如测验问题）需要所有学生都做出回应，有一套常见的指示引导学生的回应，有一套评分规则可以评价学生的回应，有一种描述可以（往往是数字化的）反映学生的表现——分数，那就是测验。

观察表

评价活动

与一位教师共同探讨他（她）是如何决定教什么、什么时候教、如何教的，注意探寻明确的答案。在这位教师向你解释他（她）如何决策的时候，请尽量确认评价过程的各个阶段。你如何利用本章所介绍的技术来解释这位教师所做的事情？

说明：在使用这个观察表时，不要使用学校、教师、管理者和学生的真实名称和姓名。

观察者姓名：_____

日期：_____

年级：_____

科目：_____

班级规模：_____

背景信息： 简要描述该校学生的社会、经济和民族背景。
_____
_____

记录内容： 观察教师的行为，记录下评价是如何成为教师教学活动的一个基本组成部分的。利用以下表格追踪所搜集的信息、记录采用的信息搜集技术以及所做的判断。

时间	获取的信息	信息收集技术	判断
9：15—9：45	阅读课上学生的读词能力	观察	大多数学生做得很好，乔治和玛丽在某些词上还有困难

反思你的观察：

1. 该教师采用了哪几种评价技术？
_____
_____

2. 该教师是否通过某些方式利用了评价结果？在评价结果基础上，他（她）是否调整了教学或学习活动？
_____
_____

3. 如果有的话，是通过什么方式？
_____
_____

4. 对于该教师利用评价的情况，你有什么问题想问他（她）？
_____
_____
_____

第二步　选择最佳的工具获取所需信息

一旦选择了适宜的信息搜集技术，接着就应当选择想要采用的信息搜集工具类型。信息搜集技术就是指获取信息的过程。信息搜集工具是我们用来帮助自己搜集信息的工具。下面将会简要分析三种基本的工具类型：测验、量规和问卷。

测验用于测量态度、成就

测验就是提供一种常见的情境要求所有学生回应，提供一套常见的指示，提供一套常见的评分规则评价学生的回应。最初采用测验的目的是测量态度和成就。当我们想要了解学生知道了多少或者他（她）对某种技能的掌握程度时，测验就是一种适宜采用的工具。大多数课堂测验都是由教师组织的，并被冠以教师自编测验或课堂测验的名称，以便与标准化测验相区别。标准化测验工具是经过周密的标准化处理的，因此每个人是在相同的条件下接受测验的。大多数标准化测验都是由测验发行商开发和销售的，都经过了周密的开发、试验、修订、标准化和评价以保证信度和效度。

量规是一套对学生作品或学生表现进行评分的规则。量规的典型形式是一份检查清单或一份等级量表，当然也可以有其他形式。当你想要评价学习成果和过程，而这些学习成果和过程又与日常生活和真实职业环境中有价值的行为表现密切匹配的时候，量规就特别有用。这样的评价有时候也被称为真实性评价。例如，给学生指定某个政治立场，要求学生进行有说服力的、有逻辑性的辩论，这时候通过评价这个学生所写的辩护论文能够最直接地评价这个学生的辩论能力。还有一个稍微间接一点的方法就是给学生呈现一些陈述，要求学生从中选取最能支持某个特定立场的陈述。

检查清单用于确认是否完成或实现目标与要求

检查清单基本上就是一系列用于评价某些表现或最终成果的标准（或者是"寻找的事物"）。在运用检查清单的时候，只要简单地逐条清点符合标准的条目即可。例如，可以利用检查清单来确认学生是否符合某个练习项目里的所有要求，又或者将一系列有效演讲的标准作为指标，用于检查学生在演讲中哪些方面做对了。如果想要知道在某个表现（或者在某个最终成果）中是否出现了某个重要特征，那么检查清单会是一种适宜的工具。

等级量表用于体现质量

如果我们想要对表现或最终成果的质量划分等级，那么就可以采用等级量表。例如，我们会通过是否运用手势来判断一个演讲。但是，如果我们想要判断那些手势的质量（是否有益、公平、匮乏等），就必须用到等级量表了。等级量表提供的是不同的价值等级，用于描述被评价的人或事。

问卷用于搜寻观点

问卷是用于获取观点、感受和兴趣方面信息的工具。当我们不能确认可能会得到哪些回应的时候，可以采用问卷的形式。

表10-1概括了以上每种工具的优点和不足，请再次仔细阅读此表，然后在练习栏目中进行练习，学习如何选取适宜的工具。

表10-1　　　　　　每种信息搜集工具的优点和不足

工具类型	优点	不足
标准化测验：在需要准确信息的时候采用	往往设计良好而且可靠，评价一个班级或个人表现的时候有可以对比的标准	往往不能准确测量究竟教了什么，成本很高，局限于所测量的内容
教师自编测验：一般在需要获取学业成就信息的时候采用	往往能够准确测量究竟教了什么，成本不高，可以在需要的时候随时编制	没有该班以外的标准可以参照，往往不太可靠，需要花费大量时间编制
量规：在需要评价学生表现的质量时采用	在评价典型表现和最优表现的时候有帮助	不容易编制，有时候会受到观察者主观偏差影响

续前表

工具类型	优点	不足
检查清单：在确认表现中是否存在某些特征的时候采用	在将观察聚焦于关键要点或关键行为方面有帮助	只能测量是否存在某个特征或行为
等级量表：在判断表现的质量状况时采用	允许将观察数据用于定性和定量的判断	编制比较费时费力，如果太复杂，用起来会很不方便
问卷：在探寻感受、观点和兴趣的时候采用	使探寻活动重点突出，并帮助教师从每个学生身上获得同类信息	编制比较费时费力，很难打分，没有所谓正确或错误的答案，数据很难概括

练习

请选择信息搜集工具

阅读以下每条关于课堂场景的描述，首先确认需要什么样的技术（质询、观察、分析还是测验），然后写出你将会采用的具体工具，说明原因。将你的回答与同伴的回答以及本书所附的答案进行对比。

1. 一位二年级的教师想要确认，她的学生在圆体英文书写模拟中是否已经掌握了书写元音的方法。

2. 一位高中社会研究课教师想要了解他的学生对于最新选举结果的看法。

3. 一位四年级的教师想要知道，与四年级其他班级相比，自己班级学生基本学科——阅读、书写和算术——的学业成就究竟如何。

4. 一位八年级的教师刚刚教完如何计算立方体体积的问题，她想了解学生掌握这项技能的情况。

5. 一位音乐教师想对单簧管乐手进行等级排序，以便分配他们在乐队里的位置。

6. 一位实践课的教师想要确认所有学生在使用圆盘锯的时候是否都遵守了安全预防措施。

掌握程度测验

目标2　在进行课堂评价时选择适宜的信息搜集策略

阅读以下问题中所描述的每个场景，确定可以采用的最好的信息搜集技术和（或）最好的信息搜集工具。

1. 一位五年级的教师想问所有学生对于所学的每门课程的感受。
   a. 测验——课堂测验
   b. 观察——问卷
   c. 质询——等级量表
   d. 质询——问卷

2. 一位五年级的教师想要了解在课间休息的时候其他学生是否会和刚从墨西哥来的女生一起玩。
   a. 观察
   b. 质询
   c. 测验
   d. 分析

3. 学校主管想要了解学校里所有班级学生学业水平的概况。
   a. 检查清单
   b. 课堂测验
   c. 标准化测验
   d. 等级量表
4. 一位演讲教师想要提高自己判断即兴演讲的能力。
   a. 分析
   b. 观察
   c. 测验
   d. 质询
5. 一位英语教师仔细批阅每个学生的作文，这样她就能了解每个学生在写作方面的特长和不足。
   a. 分析——检查清单
   b. 分析——测验
   c. 质询——检查清单
   d. 质询——测验
6. 确认学生的学习才能以便在归入特殊项目中做好人员安排，应当采用以下哪种工具？
   a. 等级量表
   b. 检查清单
   c. 课堂测验
   d. 标准化测验

目标3：编写有效的测验题目以评价学业成就

学习活动 10.3

编制测验的第一步是明确想要测查什么，以及哪种类型的测验题目最适于测查这些信息。大多数课堂测验都是用于测查学习结果的。对学习结果最好的表述就是教学目标。你或许会回想起本书第2章里所讨论的，教学目标就是用可观察的术语，清晰界定我们对学生的学业成就期望；在撰写教学目标的时候，我们强调精心选择所用动词的重要性。所用动词应当能够准确描述你期望学生在特定学科内容中做出何种反应。如果教学目标所用动词能够做到这一点，那么决定采用何种类型的测验题目就是一件相对简单的事情了。例如，假设你想要了解学生是否达成以下目标：

- 列出美国头十位总统的名字。
- 描述华盛顿和林肯的主要贡献。
- 解释当不同的政党控制国会时所发生的变革。

第一个目标很明显需要采用简答题形式，通过简答题要求学生列出名字。对于另外两个目标，最好的测验形式就是论述题，因为学生必须进行描述或解释，而不是像客观题那样，只要进行正误判断或多项选择即可。哪些类型的学习结果最好用客观题（判断题、匹配题或多项选择题）进行测验？如果要求学生必须做出选择，那么这类题型最适于测量学生学习结果。例如：

- 选择最能够描述作者感受的单词。
- 选择最能表达民主立场的语句。
- 找出段落里具有感情色彩的语言。
- 从几个实验里找出最有可能提供某位研究者所需信息的实验。

注意这些目标都比较容易通过客观题来测查，但其中有些也有可能通过其他题型来测查。例如，上述第三个目标还可以通过以下多种题型来测查：

1. 判断题：上面段落里画线部分的表述采用了具有感情色彩的语言。
2. 多项选择题：以下哪个句子（在上面段落里已经做了编号）是具有感情色彩的语言？
   a. 句2
   b. 句3
   c. 句6
   d. 句9
3. 简答题：从上面段落里找出三个带有感情色彩的表述，写在你的答题纸上。

检查目标

大家很容易看出，在选择所采用的题型时，第一步就是检查教学目标。但除此之外往往还会有选择的余地，有些目标可以通过选取不止一种题型来测查。因此，还需要考虑其他一些因素。表10-2概括了几种主要题型的优点和不足。

表10-2　　　　　　　　　不同测验题型的优点与不足

题型	优点	不足
简答题	在很短时间内可以测查很多事实，相对容易评分，是数学学科里相当好的题型，测查的是学生的记忆力。	很难测量复杂的学习情况，往往比较含糊。
论述题	可以测查复杂的学习情况，可以评价思维过程和创造力。	很难客观地评分，需要很长的测验试卷，具有主观性。
判断题	可以在最短时间内测查很多事实，容易评分，测查的是认知，具有客观性。	很难测量复杂的学习情况，很难编写可靠的试题，答题时容易带有主观猜测。
匹配题	在测查事实之间的联系和对事实的认识方面效果比较好，尽管很简洁，却可以测查复杂的学习情况（特别是概念），具有客观性。	很难编写有效的试题，答题时容易采用排除法。
多项选择题	可以测查各种复杂程度的学习情况，高信度，具有客观性，在较短时间内可以测查大量的知识，容易评分。	很难编写，答题时某种程度上容易带有猜测。

> **练习**
>
> **选择题型**
>
> 针对以下各种学习结果，选择你想采用的题型并简要阐述理由。
> 1. 解释在段落写作时采用强变化主动动词的价值所在。
> 2. 列出冲印胶卷的各个步骤。
> 3. 从各个选项中选择一种最好的介绍新主题的方式。
> 4. 探讨世界新秩序的含义。
> 5. 写出第二次世界大战中至少五位将军的名字。
> 6. 选出最有可能引起某个引擎故障的原因。
> 7. 确认某个乐谱的调。

编写测验题

编写有效试题的奥秘就在于尽可能清晰准确地编写，不要想着捉弄学生，要用尽可能直接的方式测查学生的学习结果（教学目标）。在阅读一道测验题目的时候，学生应当能够准确理解问题的意思。如果学生了解这方面的知识，他（她）就应当能够正确回答这个问题。

编写论述题

在编写和批阅论述题的时候，想要保持客观性是非常难的。但是，如果遵循了以下这些简单的准则，你就能编写出高质量的论述题。

编写论述题的准则：
1. 确保题目真正测查了想要测查的学习结果。
2. 每个论述题应当包括：
a. 对问题的清晰表述；
b. 对答案的所有限制。
3. 每个题目都要编写标准答案，标准答案应当包括：
a. 理想答案的内容；
b. 理想答案里期望具备的所有重要组织特征。

一旦确定了想要采用的题型是论述题，那么就需要规范编写问题，这样每个读题的学生对于这个问题需要怎样的答案就有相同的认识。不需要每个学生都能够回答这个问题，但是每个学生都必须明白这个问题问的是什么。如果能够做到以下几点，那么就能够达到高质量论述题的上述准则要求：

清晰、简洁
1. 运用清晰、简洁的语言；
2. 准确描述答案的限定范围。

检查以下几套问题，注意最容易理解的问题都是比较简短的，语言都是比较简洁的，语句结构也都是很简单的。

A 套题
清晰的：对楔子进行描述，并列出它的3～4个用途。

不那么清晰的：解释什么是楔子，举几个例子说明其功能。

完全混乱的：写一段描述楔子以及它的功能的话。

B 套题

清晰的：解释为什么某些化学品总是必须按照一定的顺序混合。

含糊的：化学品爆炸会很危险，是不应当让其发生的。你该如何避免这样的事情发生？

没法回答的：在混合某些化学品的时候，如果没有按照恰当的顺序混合，有时会有潜在爆炸危险。你能对此做出解释吗？

运用清晰、简洁的语言还不够，有效的论述题还必须说明你对答案的特定水平要求。必须要让学生清楚，是否各种观点都可接受，是否必须用论据证明自己的论点，如果需要的话，论据是否需要出处。应当向学生说明，他们在回答问题时有多大范围的自由发挥空间。例如，看以下论述题：

讨论水的各种特性。

这个论述题的语言当然很清晰、简洁，但究竟什么样的答案是被接受的？"水尝起来很好，但当你掉进去的时候就会浑身湿透"——这样的答案能被接受吗？或许吧，只有出题的人自己才知道。再看下面对这个论述题的其他表述方式，其中每个表述对学生的回答都有稍许的不同限制，但正是新添加的这些限制，使得这些题目比先前那个题目好。

描述当水暴露在极端气温下的时候会发生什么。

列出水的化学特性。

列出饮用水的营养特性。

为什么不同地方的水品尝起来会有如此大的不同？

列出并简要描述水帮助维持生命的五种方式。

限制学生的回答

请注意，以上各个题目很明显需要不同的回答，还请注意，它们限制或约束学生回答的方式也是多种多样的。下面就请你在练习栏目里尝试编写论述题。

练习

编写论述题

编写两个论述题，一个是开放式的论述题，另一个则是对学生的回答有所限制的论述题。

1. 编写一个限制较少的开放式论述题。

2. 编写一个论述题，它以以下一种或几种方式对学生的回答有所限制或约束。

   a. 限制回答时间，或者限制答案的字数。
   b. 限定主题或副主题。
   c. 要求学生围绕该主题的一个方面展开。
   d. 答案只能有一个观点。

良好的论述题有助于学生进行回答，也使教师更容易批阅。论述题测验最大的问题在于很难客观地评分。如果编写了标准答案，并在批阅学生答案的时候将它作为指南，那么这个问题就会大大缓解。在编写标准答案的时候，要注意两点。

1. 要把所有重要内容都包含在标准答案里。
2. 详细说明在综合回答里希望具备哪些重要的组织特征。

练习

编写标准答案

编写2～3道给予不同回答自由度的论述题，然后给每个题目编写标准答案。

首先，标准答案应当包含所有希望学生回答的内容。在把学生的回答与标准答案进行对照的时候，你就只需要检查学生的回答里是否包含了标准答案所列的要点。在标准答案里需要列出事实、概念、原则和可接受的问题解决方案。下面是两个标准答案的案例，第一个标准答案对应的问题主要针对事实性材料；第二个标准答案所对应的问题需要特定的回答，但也给了学生一些自由，学生可以对特定内容发表不同见解。

事实性论述题标准答案案例

问题：描述冲印黑白胶卷的步骤。

标准答案：学生的回答应当包含以下信息。

第一步：在暗房里（只有红色灯光），把胶卷装在卷轴上，抓住胶卷边缘，检查胶卷表面有没有相互粘连。

第二步：将卷轴放在显影池，盖上避光盖。

第三步：将胶卷浸湿，等等。

允许一定回答自由度的论述题标准答案案例

问题：辩护或驳斥以下论述：内战对一个发展中国家而言是必需的。列举理由来辩护你的观点，并引用历史上的案例佐证你的理由。

标准答案：无论采用哪种立场，所有的回答都应当包括：（1）对所持立场的清晰阐述；（2）至少五个具有逻辑性的理由；（3）至少有四个历史上的案例来清晰佐证所说的理由。

编写标准答案

注意在第二个案例里，学生有很大的自由度来选择探讨的内容，但在答案里应当包含的信息类型实际上已经有限制。对于有些论述题而言，答案中内容的先后顺序很重要，而在另外一些论述题里，可能需要缜密的逻辑组织，具体内容反而不太重要。请记住这一级别的准则：标准答案里所强调的要点应当最能够反映本论述题想要测查的学习结果。

编写多项选择题

多项选择题或许是运用最频繁的测验题目类型了。为了更清晰地探讨这类题目，我们将一道多项选择题的各个部分加以标识：

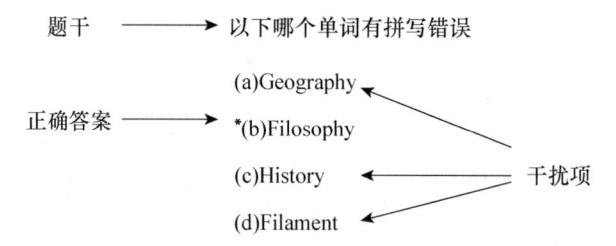

题干 ——→ 以下哪个单词有拼写错误

　　　　　　(a)Geography
正确答案 ——→ *(b)Filosophy
　　　　　　(c)History　　←—— 干扰项
　　　　　　(d)Filament

多项选择题是所有题型里适用性最强的，你几乎可以在任何理解水平上高可信度地出题。但是，如果多项选择题要能够既有信度又有效度地测量学习结果，还是应当达到以下标准：

1. 提出一个问题或疑问。
2. 从几个选项里选择一个正确的或最理想的答案能够测查学习结果。
3. 包括精炼的选项——题目大多数信息都出现在题干里。
4. 包括用词、行文风格、长度等都相似的选项。
5. 包括与题干有逻辑关联、符合语法规则的选项。
6. 包括貌似正确实际并不正确的错误选项。

让我们检查下面几个多项选择题，看它们是否达到了以上所列标准。然后尝试评价多项选择题，并尝试自己编写。

多项选择题案例

不良的题目：选项太长，问题不够清晰。

1. 冷冻食品
   a. 可以快速冷冻，然后0℃存储，但只能存放一定时间。
   b. 比其他加工食品可口。
   c. 在包装冷冻前往往必须清洗煮熟。
   d. 如果以适宜的方式包装和销售的话，可以在28℃及其以下温度中存储。

改良后：问题更清晰了，选项也变短了。

1. 冷冻食品想要长期保存，哪些条件是最重要的？
   a. 0℃温度
   b. 密封包装
   c. 冷冻前需要清洗
   d. 对需要进行冷冻的食品做出选择

不良的题目：选项和题干之间不符合语法规则。①

---

① 原文题干中是英文表示复数的谓语动词，故选项中如果只是单个名词或成分则不符合英语语法规则，但汉语并不区分单数与复数谓语动词，故译文无不符合语法规则之处。——译者注

> 1. 植物生存必需的空气成分有：
> a. 氧气和氮气
> b. 一氧化碳
> c. 氮气和碘
> d. 水
>
> 改良后：所有的选项都是成对的，题干更简短了。
> 1. 以下哪一组是植物生存必需的空气成分？
> a. 氧气和氮气
> b. 氧化碳和碘
> c. 聚乙烯和水
> d. 水和一氧化碳
>
> 改良后：所有选择都是单个的。
> 1. 以下哪个是植物生存所必需的？
> a. 氮气
> b. 一氧化碳
> c. 聚乙烯
> d. 碘

练习

评价和编写多项选择题

选择你熟悉的一个学科，编写五道多项选择题，其中至少两道题目的测查要高于识记水平。

编写判断题

判断题经常受到批评，因为学生很容易通过猜测答题。但是，某些学习结果很自然地就会需要用判断题形式测查。因此如果审慎编写题目，尽可能提高可信度的话，在测验里包含一些判断题也是合理的。

明显是正确的或明显是错误的

需要记住，在编写判断题的时候，最重要的编写准则就是每个题目必须明显是正确的或者明显是错误的。请看以下案例。

1. 正方形只有三条边和两个直角。
2. 液体总是朝着重力牵引方向流动。
3. 完整的句子要包含主语和谓语。
4. 城市都创建在主要交通干线上。
5. 月亮反射太阳光。
6. 外向型的人很开朗，也总是很受欢迎。

注意上面第 3 题和第 5 题明显是正确的，只有第 1 题明显是错误的。第 2 题基本上正确，但"总是"是一种相对而言语气比较强烈的词语。或许会有一些例外呢？那么第 4 题呢？可以确定的，这是一个相当普遍的情况，但却不是每个城市

的情况都是如此。最后，第 6 题则是部分正确（外向型的人是开朗，但并不总是很受欢迎）。题目里部分不正确是不是就意味着整个题目都不正确呢？只要记住第二条编写准则，就可以避免第 6 题所存在的问题了：每个正确或错误的表述必须呈现一个而且只能一个事实。例如，我们可以通过将题目拆分的方式来改良第 1 题：

1. 正方形总共有三条边。
2. 正方形只有两个直角。

需要记住的最后一条编写准则就是，编写判断题时不要想着捉弄学生。例如，在完全正确的表述里硬要加一个"否定"或者其他定性的词，使得这个表述变成错误的。

良好的题目：在赤道太阳更靠近地球。
良好的题目：在赤道太阳离地球更远。
不良的题目：在赤道太阳离地球不是更近。

不要将问题的表述抽离具体情境，还指望学生能够记得曾经读过这份材料，并因为熟悉相关内容而能够判断出来这个题目是正确的。

不良的题目：名词修饰名词。
改良后：尽管一般情况下并非如此，但在有些情况下名词可以修饰名词，例如："棒球帽"。

还存在其他很多捉弄学生的编题方式，在你编写试题的时候你就会了解了。应当抵抗住这类诱惑，应当经常问一问自己："我是不是在以一种直接的方式测查某项重要的学习结果？"

编写匹配题

编写匹配题就是将一系列题目分成两栏，学生的任务就是将其中一栏的题目和另外一栏的题目进行匹配。一套编写质量高的匹配题能够很好地说明两栏间能够匹配的题目之间的关系。例如，经常使用匹配题来测验一个术语及其界定之间的关系，比如用匹配题来测验以下一些关系：

1. 历史事件和日期。
2. 小说和它们的作者。
3. 工具和它们的用途。
4. 问题和问题解决方案。
5. 元素和元素符号。
6. 原因和结果。
7. 图画和对它们的解释。

测查相互关系

以上这样的相互关系通过匹配题就很容易测查。只要简单地分为两栏，编写一套清晰的提示语，告诉学生你要测查的关系类型（匹配的根据或依据）。在练习编写匹配题的时候，确保牢记以下要点：

> **在练习编写匹配题时需要牢记的要点**
> 1. 在两栏之间必须存在显著的、自然的关系。
> 2. 要让学生清楚了解匹配的依据。
> 3. 其中一栏的行数要比另外一栏长大约50%（这样就很难用排除法完成正确的匹配）。
> 4. 行数较少的那一栏不要超过7个或8个条目。

学习活动 10.4

作为可选的一种学习练习活动，你会发现只要跟后附的标准答案相对照，就可以对这种题型的大量测验题目进行评分。请你的指导教师帮助你区分标准化测验和教师自编测验之间的区别。逐题追问各个题目究竟有效还是无效，并追问："编题者真正想要通过这道题目测查什么？"这样的活动既可以以个人为单位开展，也可以小范围内开展，但是任何发现都需要在全班讨论里分享。

掌握程度测验

目标3　编写有效的测验题目以评价学业成就

制定一个单元教学目标，（选择具体的学科内容和年级）然后编写一套试题来确认学生是否达成了这些目标。或许你还会想把这些编好的题目写在索引卡上收藏，以便今后使用。

目标4：制定量规（包括检查清单和等级量表）以评价学生的作品和表现

学习活动 10.5

想象一下有多少回，你所做的测验都不能提供给你想要的信息：你想要对学生的音乐表现区分等级，想要评判一场演讲比赛，想要对一个艺术项目打分，又或者作为一个委员会的成员需要评价教科书是否可以采用。这些相似的情景所代表的评价问题，可以通过运用检查清单或等级量表得到最好的解决。

编制量规

量规提供记录系统和（或）评分系统来评价表现（或者某个表现的作品），一般采取检查清单或等级量表的形式。在这里我们将重点探讨这两类量规的编制，再简要探讨其他一些量规类型。量规不仅仅提供评分系统，让教师可以对学生的表现进行量化评价，还帮助教师聚焦学生表现中的关键要点，而这种注意力的聚焦可以减少"晕轮效应"和其他偏见所造成的失误。

检查清单

检查清单提供了一种系统的方式，用以检测某人的表现中（或某人的作品里）

是否出现了那些重要特征。注意需要特别考虑的是：表现或作品里的某些特征是不是真的非常重要，以至于仅仅检查这些特征是否出现就已经很有价值了？如果对这个问题的回答是肯定的，那么检查清单这种方式就正是合适的评价方式。以下是通过检查清单评价表现和作品的具体方式：

表现	作品
演奏乐器	素描和彩绘
唱歌	雕塑品
演讲	地图
参与讨论	木制品
主导讨论	手工艺品
组织实验	草稿
解一道数学题	
进行图书检索	
创作油画	
雕刻	

在编制检查清单用于评价某个表现的时候，注意力要集中在行为上；在编制检查清单用于评价作品的时候，注意力要集中在作品的显著特点或特征上。请比较下列案例中的两张检查清单，并注意两者之间的差异。第一个检查清单是在学生创作油画（表现）的时候用来评价学生的，第二个检查清单是在学生创作完成（作品）以后用来评价油画作品的。这两个检查清单有哪些共同点？又有哪些不同点？

案例：评价学生的油画

表现	作品
_____首先草拟大体布局	_____颜料几乎"不发酵"，从而保持明快色调
_____整体布局达到满意	
_____在大块区域刷上背景	_____有足够的细节，但并不过度
_____色彩明快和干净	_____精心选择画笔和画刀，从而创作出了想要的质地
_____在油画布上调和颜色	
_____创作符合主题	

检查清单的编制过程相对简单。首先，列出重要的行为表现或特征；其次，添加常见的错误项；最后，合理编排试题条目以方便使用。

列出重要的行为表现比列出作品的重要特征更加困难。这是因为，当我们表现良好的时候，往往不会意识到究竟是哪些因素使我们表现良好。如果要求展现运动技能的人用言语表现自己的运动状况就比较困难，比如要求你列出骑自行车时如何保持平衡并前进的步骤就很困难。要解决这个问题，有一个办法就是先找到一个表现良好的人，把你在其身上所看到的事情全部都列出来，然后从中挑出最重要的行为，将这些行为表现放入你最终的检查清单里。

如果你有机会观察过初学者的表现或者检查过初学者的早期作品，那么列出常见错误就非常简单了。注意，如果检查清单里包含了常见错误，那么检查清单也是

一种非常有价值的诊断性工具。但如果你只想利用检查清单作为行为表现的最终测查，那么就不需要包含常见错误。

编制良好的检查清单应当达到以下标准：
1. 列表应当相对简短。
2. 每个条目都应当清晰。
3. 每个条目都应当聚焦于显著的特征或行为。
4. 只有重要的特征或行为才可以包含在内。
5. 条目要精心编排，使整个列表可以方便使用。

等级量表

检查清单帮助我们确认一系列行为或特征是否存在，等级量表则是帮助我们确认行为或特征的质量。等级量表不但可以帮助我们明确一个演讲者是否采用了手势，而且还能够帮助我们判断这些手势的质量如何。等级量表就是用来评价行为表现的质量的，它可以帮助你回答这样一个问题：这个演讲者打手势的质量究竟如何？

等级量表用于判断质量

等级量表的编制先是要列出一系列行为或特征（就像检查清单一样），然后编写量化等级用于评价每个行为或特征。

举例：用于评价讨论负责人的等级量表

提示：给讨论负责人在下列每个特征上的表现情况打出等级，并在各个条目的水平线上相应位置标 X。

1. 讨论负责人在多大程度上促进了讨论？

| 用消极的评论阻碍讨论 | 既没有阻碍也没有推动讨论 | 通过积极的评论推动讨论 |

2. 负责人在多大程度上保证讨论沿着正确的方向继续？

| 让讨论迷失了方向 | 只是偶尔将讨论拉回到原本讨论目的 | 不让讨论游离在主题之外 |

3. 负责人提出有争议问题的频率如何？

| 从不提出有争议的问题 | 偶尔提出有争议的问题 | 不断提出有争议的问题 |

4. 负责人对于不恰当的评论有何反应？

| 奚落做出评论的人 | 将不恰当评论和恰当评论同等对待 | 阻止不恰当的评论 |

以上等级量表可以帮助观察者关注每个行为中特定的、显著的方面。每次在使用等级量表的时候，都可以测查相同的内容。这有助于提高评价行为表现的可信

度，降低观察者偏好所带来的失误。

编制等级量表包含了与编写检查清单一样的步骤，但又增加了界定每个特征不同等级的步骤。增加的这个步骤有时候操作起来会很困难，但如果你先界定了每个量表的两个极端，然后再描述中间点，就会比较容易了。如果你能够想到一些真实的案例，那么界定各个量表的极端就更容易了。例如，假设你想要编制一个等级量表，用来评价三年级学生的社会发展状况。而在众多特征中，你觉得与朋友分享是一个重要的特征。为了界定这个特征的极端，先考虑你所认识的能够极端体现这一特征的学生。这个学生总是以无私的态度乐于和所有的朋友分享。想象一下这个学生与他人分享的状况，在头脑里描述这个学生的形象，然后记下她究竟做了些什么，陈述她的分享行为。这种描述就界定了该特征量表中积极的或较高的那个极端。再想一个分享行为往往不良的学生，描述这个学生的行为，从而界定该特征量表消极的或低的那个极端，这样你就拥有了这个量表中低的那个极端的描述了。在审视这两个极端的基础上，能够相对容易地设想什么样的人是在中间状态的，这样该量表的中间点也就容易界定了。于是，关于分享这一特征的完整量表就会是下面这个样子的：

与朋友分享		
当朋友有了其他新朋友的时候就会抱怨，不把自己的东西借给别人	偶尔分享，与朋友之间少量地相互分享	鼓励其他人共同交朋友和相互分享

注意，到这里为止，我们还没有对量表进行编号，为了能够打分，我们还需要将这个量表的各个点进行数字编号，最低的点编为1，最高的编为5。如果没有数字编号，量表就是描述性的；如果各个描述带有数字编号，那就是数字—描述量表。移去描述只留下编号，这样就得到一个数字量表。只有要测查的特征容易量化的时候，数字量表才有价值（例如，一天中学生分享玩具的次数用数字表示：0，1~2，3~4，5~6或者更多）。

如果采纳以下建议的话，将有助于大家编制一些相当有效的等级量表。当然，还有很多技术可以用于编制更为复杂的量表，在本章最后的参考文献里有一些文章专门讨论了这些技术。

在这里没有足够的条件来完整地探讨等级量表的编制和实施，不过下面还是列出了教师就等级量表问得最多的一些问题，并附上了简要的回答。请仔细阅读这些问题和回答，对于其中你感兴趣的问题，还可以请你的指导教师做进一步的详细解释。

学生可以采用等级量表

教师就等级量表问得较多的问题
问题：采用等级量表有什么好处？编制有效的检查清单不是更简单吗？
回答：当你只是想了解某个特征是否存在的时候，采用检查清单更好。但是，检查清单只能简单记录量化信息，无法用于判断某个表现或作品的质量。

问题：在我需要评价表现的时候，是不是必须把书面的等级量表放在自己面前使用？我就不能把自认为重要的信息记在头脑里吗？

回答：等你使用某份等级量表很多次之后，即使不把这份等级量表放在面前，你也已经能够有效评价了。但是，即使到了那个时候，等级量表还是一个记录观察所得信息的比较方便的途径。在观察的时候，面前放一个具体实在的工具，这将有助于你将注意力集中在重要特征上，大大降低观察偏好的影响。

问题：等级量表应该采取几分制？五分制量表是不是最好的？三分制量表可以吗？

回答：一般而言，采用五分制量表就能够得到可靠的测查结果，而且一般奇数分制的量表（五分制或七分制）要比偶数分制的量表更好。

问题：学生可以用等级量表相互评价吗？

回答：当然，如果等级量表设计得比较好、对观察者有清晰指导的话，学生是可以相互进行等级评价的，特别是在表演艺术的评价中更能成功采用学生评价。质量比较高的量表还可以被学生用于评价自己带回家的学习任务、艺术作品任务等。

其他量规

作为评价工具，量规最主要的形式就是等级量表或检查清单，但任何有清晰界定的、对行为表现进行记录或打分的评价系统（或整套规则）都可以看成是量规。例如为评判论述题而编写的标准答案在本章就属于量规，评价学生在一段时间内或不同情境下行为表现的一套指南也同样属于量规。事实上，如果教师想要评价典型的行为表现（与最优化行为表现对照），很多情况下采用量规是很有帮助的。例如，一位五年级教师想要更好地全面了解学生的在校表现，就可以编制一个量规，确定在什么时候（比如在新授课的时候）、在什么场合下（数学课、社会研究课、艺术课，等等）观察学生，还可以明确观察类型（比如，与其他同学的互动，集中注意力的行为，记笔记，搞破坏的行为）。又比如，有一位中学科学课教师想要了解学生在实验课里是否能够将注意力集中在学习任务上，那么她可以编制一个量规，列出一个小时内几个特定的时间点（比如1：10，1：19，1：41），在这几个时间点观察学生。这样的量规将指引她关注界定良好的两类行为，即将注意力集中在学习任务上的行为和不将注意力集中在学习任务上的行为。她的这个量规还可以采用图表形式，将教室划分为若干部分进行观察，在特定的时间点上对特定部分进行观察。这一策略将帮助她从教室的各个不同地点获取行为方式样本，帮助她确定存在问题的具体地点。

大多数量规采用语言描述来界定行为表现的不同水平层级。但也可以采用代表行为表现不同水平层级或质量程度的样本。例如，如果编制的量规想要判断的是一份报告的组织结构状况，那么就可以从群体作品中抽取样本来代表不同的水平层级，从组织结构最差的一直到组织结构最好的。如果编制的量规想要评判透视图，那么就可以选择一系列透视图作品的样本（或透视图样本的照片），从没有透视效果的样本一直到具有良好透视效果的样本。如果编制的量规想要判断演讲中手

势的运用情况，那么就可以截取视频片段样本，从运用质量最差的手势一直到运用质量最好的手势。可以把这些视频片段刻在一张光盘里，并放在计算机里观看。

很明显这类量规不但有助于教师评价行为表现，还有助于学生了解良好的行为表现"看起来"应该是什么样子的。

> **掌握程度测验**
>
> 目标4　制定量规（包括检查清单和等级量表）以评价学生的作品和表现
>
> 1. 从以下所列选项（或者类似的）中选择一类学生作品，编制一个检查清单，列出评价这类作品最重要的标准。
>   a. 肥皂雕刻
>   b. 地形图
>   c. 素描
>   d. 读书报告
>   e. 村庄模型
>   f. 教育游戏
>   g. 手写体草书
>   h. 健康招贴画
> 2. 采用以下指南形式，编制在你自己的教学中适用的等级量表。
>   a. 对想要评价的行为表现或社会人际特点进行命名。
>   b. 列出评价中需要注意的主要步骤或重要特征。
>   c. 从前面第1题里选择4~5个条目，对每个条目分别编制量表，先描述量表的两个极端，再描述中间点。（或许你想做得更多，不局限于编制4~5个量表，但是在本练习中要求起码完成4个量表。）

目标5：运用档案袋评价持续表现和进步状况

学生档案袋

> **学习活动10.6**
>
> 档案袋就是精心选择、收集的学生作品的汇总，目的是提供机会进行特定的评价。用于评价的两类最常见的档案袋类型就是最佳作品档案袋和成长与学习进展档案袋。
>
> 最佳作品档案袋收集的是学生最好的作品（比如艺术作品、数学试卷或者书写作业）；档案袋针对各种问题类型，通过一些介质提供学生在一段时间内的作品样本。成长与学习进展档案袋用于收集学生在一段时间内的典型作品。这些档案袋可以应用的评价情形包括体现学习进步状况的错误类型和熟练程度，学生学习中思考和解决问题的策略类型，学生在学习进步中发现并改正自身错误的能力。
>
> **档案袋：教学的组成部分**
>
> 想要最有效地运用档案袋，它们就应当在整个学年中持续成为课堂活动的组成

部分。如果想要了解肯塔基州教育体系在这方面做了哪些工作，本章最后的参考文献中有文章专门介绍。

采用档案袋进行评价的步骤

采用档案袋作为评价工具至少需要完成以下六个步骤：

1. 确定档案袋的目的。在这里关键是确定为什么你要收集学生的作品，创建档案袋。回答以下问题或许会有帮助：评价的是哪个学习目标？你和你的学生在学习进步中会学到什么？档案袋是否有助于确认存在错误理解的领域？你是想评价学生最好的作品还是想评价学生成长或进步状况？你是想评价过程还是想评价结果？档案袋是否是你获取所需信息的最佳途径？

2. 确定由谁决定档案袋内容。收集学生的所有东西是无效的，也会使档案袋很难解释。审慎地选择作品样本，以使档案袋便于管理，也便于评价。一般情况下由教师确定哪些作品样本可以放入档案袋，但有时候教师也会比较喜欢请学生选择。如果请学生选择将哪些作品样本放入档案袋，就能很大程度上了解学生自我评价的能力。无论采取哪种方式，预先确立筛选作品的标准是很有益的。

3. 确立筛选作品的标准。评价哪个学习目标、哪些作品可以最好地代表学生的进步状况或者目标的完成情况？你是否想看学生的最佳作品？你是否既想看早期作品，也想看完善之后的作品？还是只想看最终的成品？你是否想看与早期作品相关的材料，比如某些参照（或许有些曾经纳入学习的范围但最后并没有采用，有些则在作品中采用了）、笔记卡片、大纲等？或许在准备报告时所做的访谈录音有助于确认学生如何选取信息进行汇报。

4. 确定档案袋如何整理，如何进行收录作品的登记。各个收录作品如何加以标识？是否需要有专门的"空间"存放所有的收录作品，如果需要的话，又该如何标识？做一张内容表是否有用？除了学生的姓名和完成日期，有关该收录作品的其他哪些信息也是有用的？学生对每个收录作品的自我评价是否可以提供有用的信息？这些收录作品是按照时间顺序整理，还是围绕不同问题进行整理？如果档案袋里有好几个分类，每个分类下应该收录多少作品？什么时候把作品放入档案袋？尽管这些问题以及其他问题都是由创建的档案袋类型所决定的，但需要在学生开始工作并最终完成档案袋之前解决。

5. 确定什么时候以及如何评价档案袋。你会在档案袋组建过程中（形成性评价）的几个时间点上评价收录的这些作品吗？还是等到档案袋全部组建完成之后，再进行评价（总结性评价）？由教师或学生独自评价这个档案袋，还是教师和学生共同评价这个档案袋？有没有确立评价这个档案袋的标准，还是已经编制了评分量规，仅仅打一个分数（或等级），或是做更多的分析评价？给学生的反馈有多少，是哪些类型的反馈？书面评论是否比分数或等级更有用？

6. 确定如何利用档案袋评价以及档案袋内容。评价是否用于确认某个等级，而这个等级又是报告单成绩的一部分？评价结果主要用于评价最终的学业成就，还是用于衡量学习进步状况？所得结果是不是用于帮助学生了解自己的努力成果？了解到学生如何有效和（或）高效地开展学习，你是否会因此而改变自己的教学策略？哪些信息应当反馈给家长，以便家长更好地理解档案袋和档案袋里的内容？档

案袋内容是依据已确立的标准判断，还是基于所有学生作品进行比较判断？是不是按照时间先后进行比较，也就是将学生的早期作品和后期作品进行比较？这类问题将有助于你确定判断类型，而且判断类型的决策是建立在从档案袋评价里所获取的信息的基础上。

电子档案袋

电子档案袋越来越受到欢迎，与传统的文件夹和"流水账"相比，它有很多优点。由于计算机越来越普及（家里、学校里和图书馆里），学生和教师很容易就能创建电子档案袋。电子档案袋最突出的一点就是可以从根本上消除存储和检索问题。教师可以将无数的档案存放在一张光盘里，然后带回家进行评价。电子档案袋在家和学校之间实现电子邮件传输——对于喜欢宅在家里的学生而言是非常有利的。纸质文件夹和记录本会随着时间的推移而越来越破烂，而且容易丢失（但是，电子档案袋也应当经常备份）。

在确定是否采取电子形式的档案袋时，需要考虑以下一些事情：

1. 教师和学生有计算机可用；
2. 有适当的软件可用（追踪变化的文字处理软件，处理和编辑照片的软件，创建剪贴簿、海报等的软件）；
3. 有记录学生作品和表现的扫描仪和（或）数码相机可用；
4. 教师和学生运用技术的水平（以及接受培训的机会）；
5. 采用电子档案袋比采用传统档案袋容易还是困难。

电子档案袋使得存储、检索、分析和评价学生作品的工作变得更加容易。但是，除非每个人都有机会接触到这类技术，并接受了相关的培训，否则简单地把学生的作品样本放入纸质文件夹可能更为容易。

档案袋：一个有效的工具

如果将档案袋充分融入整个教学过程中，而不是作为教学活动结束时的附加项，那么档案袋就能成为一个非常有效的评价工具。阅读本章最后参考文献中探讨档案袋的文章，在网上搜索档案袋的案例，探讨如何运用这些档案袋促进教学。还需要记住，所有类型的材料都可以放入档案袋，除了明显的纸笔作品外，还可以搜集艺术作品样本、三维模型、记录表现状况的录音和（或）视频（音乐、研究、访谈），以及体现学生思维过程的样本（书面的或录音的）。要有创造性，但又必须经常追问以下这些非常重要的问题：学生的作品样本怎样帮助我们评价学生的表现或进步状况？这类评价怎样帮助提高我自己的教学和学生的学习？

掌握程度测验

目标5　运用档案袋评价持续表现和进步状况

1. 用你自己的话来界定档案袋这一术语。
2. 列出可以用档案袋评价学生学习的哪些方面。
3. 不应该允许学生评价自己的档案袋。这个说法正确还是错误？
4. 最好等到已经收集了一些作品样本之后，再决定如何编辑档案袋。这个说法正确还是错误？

目标 6：描述如何利用信息进行评价，即评估、判断学生的进步状况，判断学生态度的变化状况

学习活动 10.7

评价就是做判断

评价就是做判断，就是进行价值评判。当我们进行打分，确定某个学生的学习状况低于该年级水平，评定某个学生的进步状况，或者评价某个教师教学有效性时，就是在做判断。在本章的这部分内容里，我们要问一个基本的问题：如何运用已经获取的信息（通过观察、测验等）进行评价和形成判断？让我们看一看一般情况下形成判断的过程，然后仔细地审视课堂判断的某些特殊类型（例如，打分，判断学生进步状况，判断学生态度的变化，判断教学有效性）。

形成判断

判断就是做比较

我们大家都很清楚形成判断的过程，因为我们每天都要做出很多判断。我们在购买汽车之前会判断汽车的价值，我们判断电视节目的价值，我们判断教室的整洁程度，我们判断家里的温度，我们判断邻居的友好程度，等等。每次我们做这些判断的时候，都用到同一个基本过程，也就是我们将和判断相关的信息与某些参照之间进行比较。例如，我们说这个餐馆很糟糕，因为里面的食物没有妈妈做的好吃。我们认为家里很冷，因为温度计的读数在 18℃ 以下。我们会认为某辆汽车太贵了，因为其他同类汽车的销售价格比它要低，又或者我们认为这辆汽车太贵的原因是它的价格超过我们的预算 500 美元。在每种情况下，我们都是将已有的信息与某些参照进行比较。表 10-3 说明了各类判断都具有类似过程，在表格里我们将每个判断分解为两个部分：(1) 所用的信息；(2) 将所用信息与之进行比较的那些参照。

表 10-3　　　　　　　　　　　　常见的判断

判断	与参照进行比较的信息	
彼得是我拼写水平最高的学生	彼得的拼写测验分数	全班学生的拼写测验分数
萨莉的阅读水平在年级水平之上	萨莉的阅读得分	她所在年级所有学生的阅读平均分
这本书是我所看过的数学教学方面最好的书	我对这本书的熟读状况	我对其他数学教学方面书籍的熟读状况
博比拥有超常的智商	博比的智商得分	博比这个年龄学生的智商测验平均得分
这个班级已经可以学习数学课本的下一单元	数学得分	开始学习下一单元所需要的数学成绩水平
乔治太高了，不符合海军要求	乔治的身高	海军对身高的最高限制
伊莱恩在学着待在座位上学习方面已经取得了很大进步	伊莱恩今天离开座位的次数	上个星期伊莱恩离开自己座位的次数

请注意，上表采用了不同的参照。我们经常把获得的信息和某些参照或标准进行比较（例如，把这个餐馆里的食物和我们曾经去过的很多其他餐馆的食物进行比较，或者把乔治正确回答问题的次数与全班学生正确回答问题的平均次数进行比较）。这类判断建立在常模参照基础之上。

每当我们想要确认所判断的某些人或事是否达到某些最低标准时，我们就会审慎地将标准具体化，然后将其作为比较的基础。例如，当我们把某辆汽车和自己能够承受的价格进行比较的时候，就会判断这辆汽车太贵。我们能够承受的价格就是我们的标准，我们利用这一标准所进行的判断就称为标准参照判断。标准参照判断允许我们独立判断某些学生作品与其他学生相比是好还是差。在采用掌握学习方式开展课堂教学活动时，这是一种重要的判断类型。

第三种判断类型也很有用，叫作自我参照判断。在实施这种类型的判断时，受评判的某人（或某事）本身就是自己的参照。例如，我们要判断山姆的表现是否非常好，就与他昨天的表现状况相比较，最后判断他今天的表现很好。当我们关注学生进步状况的时候，就可以采用自我参照判断。自我参照判断也可以用于诊断学生的长处与不足。想要回答"萨拉的数学能力和她的阅读能力相比如何"这个问题，就可以采用自我参照判断。

当你需要从更大范围中选择某些学生的时候，你就需要用到常模参照判断。当你需要在某些学生中比较判断他们的特点（比如谁是数学最好的学生）时，将某个学生与像其他学生这样的常模进行比较是很有用的。两个学生中需要选择其中一个学生（比如选择班级干部）时，就需要你能够将这两个学生按照特定的特征进行比较，这时候就需要用到常模参照判断。在你需要对学生进行比较的时候，会经常用到这类判断。

另外，在需要决定布置给学生什么类型的作业时，或者在需要明确学生的初始学业水平时，采用标准参照判断是最有用的。换句话说，当在采取行动之前需要行为表现或学业成就方面的某个具体标准时，采用标准参照判断是最有用的。如果决策是建立在了解学生进步状况或比较学生对不同学科的态度基础上的，那么采用自我参照判断是合适的。

练 习

判断的类型

回答下列问题，看看你在多大程度上了解了形成不同类型判断的基本过程。

1. 形成判断的过程中核心是什么？
   a. 信息
   b. 比较
   c. 人
   d. 策略

2. 做判断就是对某项事物赋予_____。
   a. 标识
   b. 编号
   c. 价值

> 针对第 3 题到第 6 题所列的每个情境，确定所做判断的类型，并用以下字母表示：A. 常模参照；B. 标准参照；C. 自我参照。
>
> 3. 一位三年级教师发现，自己班里学生在一次数学学业成就测验中，得分高于全国平均值。
>
> 4. 一位高中生物教师选择班里最好的学生帮助自己准备明天的实验。
>
> 5. 米丝蒂对于自己在阅读方面的进步真的非常高兴，她从去年开始所取得的进步是显著的。
>
> 6. 有四个学生在代数能力倾向测验里没能得到足够高的分数，因此不能允许他们开始学习代数。

判断类型

评 分

评分永远是教师很不喜欢的一项任务。似乎没有什么公平的评分方式，任何评分体系似乎都可能存在各种形式的解释问题。（参见本章最后参考文献中有关评分的文章）以下几段内容的探讨无法解决评分问题，却有助于你更好地了解可能的不同选择。

评分就是做判断

就评分方式而言，学生最常见的一个问题就是：你是不是按照曲线方式评分？不管分数是按照标准曲线分布，还是按照具有合理区分度的曲线分布，总之按照一定曲线评分的基本思想就是进行常模参照判断，这也是评分的一种常见模式。整个班级作为一个常模群体，班级平均分常常作为参照，然后每个学生都与这个参照进行比较并评分。很多时候平均分被定为 C，而且这个平均分上下一定范围内的分数都被归入 C 段（C 段往往包括了班级里 30%～50% 的分数）。然后在 C 段的上下选取截点，将一些分数纳入相应区域，这样一定比例的学生就落入了 B 和 D 两段，最后剩下的远离 C 段的分数就落入 A 和 E 段。你认为这样的评分方式有什么优点和不足？将这些优点和不足都列在纸上，然后将你的回答与表 10-4 里的内容进行比较。记住，每当你将某个学生与其他学生进行比较（或者与某个群体的平均分进行比较）并评分的时候，你所采用的就是常模参照方式，当然这一方法也存在其固有的缺点。

另外一种评分方式就是给每个分数建立一定的截点。把这些截点作为标准，然后对照这些标准判断每个学生的表现。教师常见的运用这种评分方式的途径就是给每个作业和测验确定截点，然后教师再确定学生需要得到多少总分才等达到 A、B 等等。每个作业或测验都可以按照这种方式评分。一定时期内的总分可以累加在一起，再按照同样的方式与截点分数进行比较，得出成绩单里的分数。这种评分方式可以称为标准参照评分。但是，真正的标准参照评价比我们前面所介绍的还要复杂一点，因为截点分数的确定需要建立在一些有意义的外部标准基础上。你认为这种标准参照评分方式有哪些优点和不足？

教师常常发现，当学生取得了很大进步的时候，自己就很想给学生高分。基于进步状况的评分方式是常见的自我参照评分类型。与自己进行比较是一种受欢迎的、

仁慈的评分方式,但是,这种评分方式也有很多不足。你能想出有哪些不足吗?在写下对这个问题的回答后,再研究表 10-4 的内容。

要确保给出适当、有效的分数,采用恰当的参照(常模、标准或自我)是第一步也是重要的一步。但是,在评分的时候还需要考虑其他一些非常重要的因素。您能通过思考评分实践活动想到其中一些需要考虑的因素吗?[2] (参见本章最后参考文献部分有关各种评分实践活动的文章)

表 10-4　　　　　　　　　　　不同评分方式的优点与不足

评分类型	优点	不足
常模参照	1. 可以在学生之间进行比较。 2. 可以在班级之间进行比较。 3. 使教师能够锁定班级里落后的学生。	1. 如果整个班级成绩都很好,某些学生还是会得到比较差的分数。 2. 如果整个班级成绩都很差,好分数会产生误导。 3. 不会考虑个体的进步状况或个人的环境因素。 4. 整个班级(或班级里很大一部分)需要用同一种方式评价。 5. 班级里每个学生(或者常模群体)必须在同样条件下以同种工具进行评价。
标准参照	1. 帮助教师明确学生是否可以继续下一阶段的学习。 2. 标准独立于群体表现之外。 3. 在掌握学习中运用良好。 4. 根据每个个体的学业成就水平,可以采用不同的材料评价每个个体。	1. 很难编制有效的标准(因此常常采用比较模糊的截点分数)。 2. 在计算标准参照测验可信度的时候会出现其特有的问题。 3. 很难在学生之间进行比较。
自我参照	1. 可以检查学生的进步状况。 2. 有可能对同一个学生在不同学科中的成绩进行比较。	1. 对个体所做的测量需要在同样条件下以同种工具进行。 2. 无法帮助教师将一个学生与其他学生进行比较。

以下将探讨一些当前常见且经常受到家长、教育者和评价专家质疑的评分实践活动。在这里所提出的问题都非常重要,但想要解决这些问题却往往并不简单。因此,本章的目的是让你熟悉这些问题,说明在可能的情况下你应当避免哪些评分实践活动。你自己还需要进一步理解这些问题,与自己的指导教师一起进一步探讨这些问题,或者参加一个测验与策略课程,在这样的课程中会提供一些策略和统计概念,帮助你了解这些问题的解决方案。

评分量表的运用不一致是一个现实问题,这个问题困扰着国内各个学区,影响着从幼儿园到研究所各个层面的教育工作。班里一个学生在百分制评分体系里得了 80 分,得到了一个 B,而另外一个班级得到 80 分的学生或许得到的就是 A 或者 C! 不同的班级之间、学校之间、学区之间甚至同一个班级同一个教师组织的测验,评分量表也各不相同。

还有一个非常棘手的问题就是平均分的操作问题。平均分会产生不够准确的结果,因为这些平均分的计算程序并没有考虑测验或者作业的难度,但这个因素也是学生分数的组成部分。将测验分数转换成标准分,然后计算标准分的平均分就可以解决上述问题。

另外一个问题就不太容易解决了，那就是一个极端分数和其他分数一起进行平均的问题。例如，假设一个学生所有的分数都是 A，只有一个不是（或许是因为他生病了，或许是因为他误解了一个主要概念，又或者他学习了错误的材料）。根据被平均的学科数目，这一个低分会将他的平均分拉至 B 或者 C。在这里有这样一个学生，他与其他得到 A 的同学相比，同等程度（甚至更好）地掌握了学习材料，但是在他的成绩报告单上却只能得到一个很低的分数。

作业没有完成或者违反纪律（"你今天多嘴乱发言，今天成绩打零分！"）的时候打零分，这是另外一个特别不公平的评分实践活动。如果把零分和其他分数放在一起加以平均，那么这个零分就会占据可怕的比重。如果把零分和其他几个 A 放在一起加以平均，那么得到的平均分很容易就会落到 D 甚至 F。在这种情况下，一个学生因为错过了一次测验或者因为接受纪律惩罚（很多情况下是因为一个与学业能力无关的行为），所以虽然他对所测查知识的掌握水平达到了 A，但也会得到不及格或者接近不及格的分数。

突击小测验、测查不清楚的事实或者采取其他一些让学生猝不及防的策略，这些属于另外一种评分实践活动，这类活动会使分数反映的实际上是学业成就以外的东西。此外，这类测验活动往往得到的是短暂的、不可靠的和无效的测量结果。尽管教师很少关注测验的信度或效度，却必须注意测量误差对于最终成绩的影响。教师或许会很仔细地把大量分数相加再求平均，结果仍然得到一个并不准确的成绩，因为这些分数本身就不准确。笔者曾经分析过教师自编的成千上万的测验，这些测验的信度非常低（而且经常是很高的测量误差），以至于分数就像前面所做的测验一样随意分布！

意识到测量误差

每位从事教学的教师和每位学校管理者都应当清晰地认识测量误差。很遗憾，有关这些概念的课程往往不是教师培养课程中的规定科目。本章最后参考文献部分列出了有关测验、测量和评价方面的书籍，这些书里探讨了测量误差概念，我们鼓励大家仔细阅读这些方面的探讨。

最后一种需要避免的评分实践活动就是把学生每个作品成绩都进行平均，并将平均分计入最终成绩。给学生布置了作业，学生从中学到新的知识或获得了新的技能。这些作业经常是实践练习，给学生提供机会尝试某项技能，尝试过程中出现某些错误，然后从教师那里获得恰当的反馈，从而从错误中学习。学生有充足的时间和充分的练习，掌握程度达到相当水平之后，再进行测验并把测验分数加以平均，这么做是否相当公平呢？

笔者在初中和高中教学生写作技能的时候，鼓励学生练习不同的句子结构、不同的散文风格等。学生一开始的尝试往往都是失败的，但很快学生就从错误中得到了学习，熟练地将掌握的新技能运用到此后的写作作业里。如果对早期尝试性质的冒险行为和探索新思想的行为结果进行评分，然后对练习之后质量比较高的文章进行评分，把这两类分数合在一起算平均分，这样做很明显前者处于不利地位。

努力寻求公平

评分比我们所希望的要复杂，但是有一点很重要，那就是我们需要尽力使评分过程公平、评分结果尽量有效。

判断学生的进步状况

教师一直都关心学生取得了多少进步。如果学生取得了相当大的进步，说明教学方式、学习材料等或许确实发挥了作用；如果学生没有进步或者进步很小，或许教师就需要改革教学活动的某些方面。

当然，判断学生进步状况是一种自我参照判断，因此这类判断所固有的不足也必然会存在。特别重要的一点就是，每次检测学业进步时，一定要用相同的方式测量学业进步状况。假设你想要测查学生阅读方面的进展，那么在测查时，最好每次都采用同一类测验（各种标准化测验、朗读观察、同类检查清单或等级量表，等等）。

以下建议将有助于你评价学生的进步状况。仔细学习这些内容，然后与同学一起探讨，这些建议在不同学科、不同年级里该以何种方式加以运用。

评价学生进步状况方面的建议：

1. 预先确定想要了解学生的哪些特征或技能。（不要在学期中间突然问："有没有取得什么进步？"）
2. 在学期初就确立一个底线（学业水平、行为模式等等）。
3. 预先选择和（或）编制测量工具（比如测验和量规），这样就可以在学生发展过程中加以运用（在这里档案袋特别有用）。
4. 描述你希望在学生发展过程中看到的变化。这类描述有助于你将注意力集中在适当的行为和学业成就上。
5. 获取足够的信息以便发现学生出现的任何进步，单个的不良信息样本也不会干扰你的评价。

评价态度的变化状况

大多数心理学家将态度界定为个体以积极或消极的方式对待某些人或事物的行为倾向。注意，态度是一种倾向，倾向是无法观察或测量的；但态度也是行为倾向，而行为倾向是可以观察的。这就意味着测量态度的时候，我们必须关注学生的行动或行为。当然，困难之处在于如何识别某个行为或行为模式有何含义（什么态度造成了这些行为）。

关注行为

通常当教师发现一个或几个学生有不良态度的时候，就会开始关注态度问题。常见的就是对某个学科的消极态度，对教师的消极态度，或者对班级里少数民族学生或特殊学生存在偏见。必须记住的一点就是，当你意识到存在消极态度时，一定是有什么行为表现使你发现了这种态度的存在。学生说了什么（说话是一种可观察的行为），做了什么，或者拒绝做什么，这些导致你意识到了这种态度的存在。因此，第一步要做的就是努力确认究竟是哪些特别的行为导致你认为学生存在态度问题并需要加以改变。

一旦你已经确定了哪些行为与某个需要改变的态度有关，接下来就要系统地获取有关这些行为出现频次的信息，这些数据将作为参照，用于测查学生在此后的态度是否有所改变。

确立参照

当你确认所观察的行为频繁出现，确实体现了某种不恰当的态度时，就要制订计划观察态度是否有所改变（态度的改变可能体现在行为的改变上）。在这里需要考虑两个重要的问题。首先，确保进行了频繁的观察，这样你就有信心确认所观察到的行为具有代表性，而不是孤立的。其次，在学生正表现出或者想表现不良态度的时候，搜寻相关的行为（例如，如果学生不喜欢数学，在数学课上就要搜寻他们的破坏行为）。

最后，在获取相关信息后，必须判断该态度是否有所改变。记住，自我参照判断的不足在于：采用两套不同的观察所得到的态度差异并没有什么意义。如果你发现在一段时间内（态度往往需要相当长的时间才能得到改变）不良行为出现的频次下降了，期望的行为出现的频次提高了，就表明该态度或许发生了改变。

寻找发生的变化

可以采用等级量表来帮助整理观察所得的数据。假设你想要看看学生对数学的态度是否有所改善，或许就需要编制一个等级量表，寻找以下信息。

讨厌数学 1	2	能够容忍数学 3	4	喜欢数学 5
抱怨数学，马虎地完成作业，上交敷衍了事的数学试卷		会说"不要关心数学分数"，会完成作业但会迟交，与其他学科相比不会选择数学		会说"我喜欢数学"，清楚无误地完成作业，会做额外的练习，与其他学科相比对数学兴趣更强

注意，不同态度的行为特征被放在量表的两个极端以及中间点下。每次我们观察学生对数学的反应时，就可以确认他（她）的行为最像上面哪类行为，然后在量表的相应位置画一个 X。在一个学期当中完成若干个量表，这些量表综合起来就能让我们了解学生是否有所改变。

基本步骤

总之，评价学生态度改变状况需要以下几个基本步骤：

1. 确定哪些行为与某个需要改变的态度有关。
2. 系统地获取有关这些行为出现频次的信息。
3. 确认这些行为出现的频次是否足够多，而且足以反映某个不良态度。
4. 制订计划，观察一段时间内态度的任何可能的变化。
5. 通过将两次或更多次数所获取的信息进行比较，确定该态度是否有所改变。
6. 记录你的发现，可以运用等级量表或其他量规。

评价教学有效性

很多教师真的很想知道自己的教学是否有效，但他们也很害怕，担心他们自己或者他们的校长会发现实际上教学真的没有效果。校长、同事、学生和家长都想判断教学的质量。因此，如果教师能够拥有良好存档的证据证明他（她）的教学成效，这对教师而言是很有利的。

当然，除了负责地完成教学任务，教师还希望能够进一步提高自己的教学质量。他们总是希望获取更多的信息以帮助提升自己的教学。因此，接下来我们会简要地探讨一些可能的选择，帮助教师评价自己的教学工作。在这里提供的信息将帮

助大家思考教学评价的问题，但绝不是自命不凡地就此想让你成为出色的评价者。本章最后参考文献部分提供了几本有关项目评价的书，或许以后你还会有机会参加专门的项目评价课程，因此在这里我们先提供一些基本的建议。

在评价自己的教学工作时，需要重点考虑两个问题。首先，你必须确定想要获取的有关教学有效性的信息类型。其次，你必须确定恰当的参照，以便据此判断自己教学的有效性。

至少有三种信息类型可用于确定教学的有效性。第一种是有关你作为教师的行为表现方面的信息。例如，如果你觉得只有当教师做某些事情的时候（比如，为学生提供行为目标，与学生经常互动，或者在教学中提出某些类型的问题）才体现教学有效性，那么就获取这方面的信息，确定你有没有做这些事情，将这些做法作为评价自己教学的依据。很多测查教师有效性的等级量表往往就是将注意力集中在这类教师行为上。尽管这类信息有助于检测自己作为教师所取得的进步，但也会误导有关教学有效性的检测。教师做了某些事情并不一定能够确保有效的教学或改善的学习。

另一种更受欢迎的检测教学有效性的测量（稍微好一点的测量）源自学生对教学有效性的评价。有一些编制质量很好的测量工具允许学生来评价他们的教师，如果你想要编制属于自己的测量工具，那么关注这些体现有效教学的教师身上的特征会有所帮助。即使采用开放式问题（"这个课里你最喜欢什么"，或者"要使这个课更加有效可以做些什么"），有时候也能获得有用的信息。

评价教学要素

当然，对教学有效性的最终测验就是测查学生学得如何。但是，利用学习者的学业成就来测量教学有效性还是存在一些问题。第一，不管教师教得怎样，学生也可能会学得很好。第二，很难知道如果教师采用了不同的教学方式会发生什么。即使学生学得很好，那么他们还有可能学得更好吗？假设班级学生成绩不好，是不是低估了环境的影响呢？是不是因为教材编写得不好呢？学生成绩不好是不是因为还有另外一个教师教这门课呢？最后这几个问题都不容易回答，但面对评价教学有效性时所出现的困难，上述几个问题确实指向了一个重要的解决办法。这个解决办法就是单独评价教学过程中的各个构成要素，而不是总体测量。例如，假定我们想要编制一个学生用的等级量表，用于评价高中英语课的教学情况，那么我们不要把注意力只集中在教师身上，我们还应该了解一些课堂上教学的其他方面，我们可以问学生对教材、练习本、图书馆查阅任务、小组讨论、测验等方面的看法。

在评价教学时需要考虑的第二个问题就是选择恰当的参照。你必须决定参照什么来评价自己的教学。你会与其他教师进行比较吗（比如将自己学生的标准分与学区里其他班级的标准分进行比较）？你会参照某些预先确定的标准判断自己教学的有效性吗（比如"我的学生至少80%在艾奥瓦基本技能测验中的成绩要达到甚至超过年级水平"）？你会采用自我参照判断方式吗（比如将学生本学期的成绩与前两个学期的成绩进行比较）？三种参照类型都有各自的合理性，你只需要决定哪种类型最有助于改善你的教学。和同伴就这个问题展开探讨或许有助于厘清你的思路。

学习活动 10.8

1. 在同伴中进行调查，请他们列出在自己整个受教育阶段最不喜欢的评分方式。找出他们认为最公平的评分方式。分享你的发现，讨论如何运用到自己的教学中。

2. 尽可能多地调查学生家长，了解他们最希望得到孩子在校期间的哪些信息，并尽可能具体化。

3. 一旦你编制出了有效的测验问题，你还需要将它们编排成测验应有的格式。问一问你所认识的教师，在编制测验的时候需要考虑哪些重要的事情（比如，确保复印机能够清晰复印）。

掌握程度测验

目标6 描述如何利用信息进行评价，即评估、判断学生的进步状况，判断学生态度的变化状况

1. 按照一定曲线评分的主要优点是什么？
   a. 学生之间可以相互比较
   b. 得出更多准确的判断
   c. 允许学生之间差异的存在

在第2题到第5题中，确认各自采用了什么类型的评分方式，并用以下字母表示：A，常模参照；B，标准参照；C，自我参照。

2. 一位教师给了乔治一个D，因为他的分数远低于班级平均分。
3. 一位高中生物教师允诺所有测验得分在90分以上的学生都可以得到A。
4. 凯利先生根据玛丽亚在一次标准化测验里的得分，告诉她的父母，她的阅读水平在年级水平之上。
5. "我认为你的语言艺术分数很快就会和你的数学分数一样高了。"
6. 在判断学生进步状况的时候，最大的问题是什么？
   a. 决定什么时候测量学生进步状况
   b. 每一次都采用同一种测量方式
7. 当教师评价学生的进步状况时，采用的是哪种判断方式？
   a. 常模参照
   b. 标准参照
   c. 自我参照
8. 评价态度变化状况的时候测量或观察的是什么？
   a. 感受
   b. 观点
   c. 倾向
   d. 行为

目标7：描述如何利用评价数据帮助学生更有效地学习

评价与标准

学习活动 10.9

两个非常重要的教育运动对于我们如何评价学生以及如何运用评价结果产生了

重大影响。第一个运动就是关注州和国家标准以及相应的责任。第二个运动指向对真实性评价技术越来越多的依赖。这两个教育运动使得我们更加认识到运用评价策略帮助我们更好地教学、帮助学生更好地学习的重要性。

如果想要确认学生在学习过程中究竟在做什么,那么真实性评价方式,比如档案袋、量规和检查清单都是特别有用的。例如,想要了解学生在写论文过程中在做什么,就可以让学生把论文的各种草稿放入档案袋(一开始是在选定最后主题之前的一系列可能的观点,然后是大纲、所采用的一系列论据和支持性证据、一系列利用的资源、初稿、修改稿以及最后的定稿)。

还需要注意的是,很多地方、州和国家标准里的目标都强调过程,而不是学习的最终结果。例如,共同核心标准就将下列标准作为衡量六年级数学学习的标准之一:运用不同计算方法的特性生成相似的表达式。[3]

结果还是过程?
在学习过程中评价

从历史来看,课堂评价关注学习的结果,因此我们测验的目的是看学生记住了哪些信息,我们通过评判答案来检查学生的学业,审慎地编制单元考试和期末考试。这些最终结果可以告诉我们很多信息,让我们了解学生学得如何、我们的教学如何成功。但是,如果既能够在学生学习之后也能够在学生学习的过程中评价学生,我们就能随时调整自己的教学,帮助学生在学习过程中就得到改变。我们可以比较早地发现错误的想法,在适当的时候加快教学速度,在学生遇到困难的时候提供更多有效的学习方法。从这个角度来看,在学生学习过程中进行观察是一种特别有用的工具。同样地,要求学生随时充实档案袋也能够透露更多的信息。例如,要求学生把某项规定的写作任务的每一次草稿都放入档案袋,就能从中了解到很多信息。档案袋里会包含他们曾经想写的所有主题,开始写论文之前的大纲(或提纲)、所查阅的参考书(包括那些最后并没有选择采用的参考书),从初稿到定稿所有的成果。

因此,为帮助学生更有效地学习,你需要确认他们在学习过程中做了什么(怎么想的)。很多情况下,通过这样一个过程就会发现有效的学习者有什么样的学习方法,而这些方法又可以教给那些学习效果不太好的学生。

让家长参与评价

尽管教师可以做很多工作以帮助学生更好地学习,但家长对于这个过程的参与也是无可替代的。但是,当前家长似乎越来越少参与学校活动。参加家长会的人特别少,会议也往往没有什么成效。当前学生家长都很忙,使得这类会议很难开展。因此,教师需要采用各种方式与家长沟通,通过送到家(或邮寄到家)的通知、每周通讯、电子邮件、电话、学校活动中的临时拜访等与家长保持联系。

比如何沟通更为重要的是为什么需要沟通以及沟通什么。你最初与家长沟通的目的是想让他们参与学生的教育工作。你是否希望家长帮助他们的孩子,支持你和学校的工作?如果是这样的话,你的目的就不应该是简单地抱怨学生的状况,告诉家长他(她)有多"差劲"。当你与家长沟通的时候,应当表现出对于他们以及他们孩子的真诚的关注。你应当向他们展现出尊重的态度,认真地倾听,清晰地表达自己的想法。告诉家长你对他们的孩子抱有什么样的期待,你计划如何帮助孩子达

到你期待的目标，要达到目标孩子应该做些什么，到目前为止孩子已经取得了哪些进步，家长可以如何帮助孩子。仔细倾听家长的观点，他们很可能比你更了解他们的孩子。不要因为控诉和单纯的消极评价而让家长处于防御状态。

> **掌握程度测验**
>
> **目标7** 描述如何利用评价数据帮助学生更有效地学习
> 1. 为什么在学生学习过程中进行评价很重要，而不仅仅在是学习活动结束后进行评价？
> 2. 在学生学习过程中你需要了解哪些方面？

目标8：选择和使用标准化工具

什么是标准化测验

> **学习活动 10.10**

当你需要高可信度的信息以便做出大量教育决策的时候，标准化测验就很有用。尽管标准化测验工具都是商业化开发的，但是它最重要的特征就在于标准化。在每次运用标准化测验的时候，都必须遵守一套标准的测验流程。在标准化测验里有一套精心编写的指导语，又有与这些指导语相对应的一套固定的问题，需要在一定的时间内完成。往往先给常模群体施测，将这一群体的表现汇总，编成手册，这样你就可以把自己学生的表现与这些常模的表现进行比较。有三种标准化测验工具：

1. 性向测验
2. 学业成就测验
3. 兴趣、人格和态度量表

性向测验的目的是预测某人在某个能力领域可能达到的程度。智力测验测量的是一般的学术能力，创造力倾向测验测量的是创造的能力，等等。除了这些常规的性向测验，还有很多学科学术性向测验用于测量在这些学科上的学习能力（数学性向测验、写作性向测验，等等）。

学业成就测验测量的是个体在特定领域所取得的成就。有一类成就测验会包含子测验，这类测验覆盖了一些不同的学科（比如艾奥瓦基本技能测验），还有一类成就测验深入测量的是特定学科的学业成就（比如盖茨-麦克金提［Gates-Mac Ginitie］阅读测验）。大多数学业成就测验按照等级水平评分，具体得分往往转化成相对应的等级分数。

严格来说，兴趣、人格和态度量表并不是测验，因为在这些测验里问题往往都没有唯一正确的答案。这些测验工具的目的是测量典型表现而不是最佳表现。对于学校辅导员和教师而言，测量兴趣、学习习惯、学习风格和学术追求态度的量表也非常有用。

选择标准化测验

选择标准化测验是一个让人望而却步的任务，但如果你能够对自己所考虑的每个测验都追问以下四个问题，那么这个任务就比较容易把握了。

关键问题

在选择标准化测验的时候需要考虑的四个主要的问题：
1. 这个测验是否能够为我提供所需的信息？
2. 这个测验所提供的信息是否非常可靠？
3. 这个测验容易实施、评分和解释吗？
4. 费用是否在我们的预算之内？

考虑效度

这个测验是否能够为我提供所需的信息？问这个问题的目的是想追问，这个测验如果参照你的目的是否有效。测验的效度就是测验在什么程度上测量到了想要测量的东西。很明显，如果测验无效（没有提供所需要的信息），那么就要寻找另外的测验。

有很多方式可用于确认测验的效度，其中最重要的或许就是**内容效度**，内容效度也就是测验的题目在什么程度上测量了该测验想要测量的内容。如果你得到了正在编制的测验的一套样本，那么你可以检测该测验里的题目，将其所测量的内容与你期望测量的内容进行比较。例如，如果你想要检查一个学业成就测验，就可以将测验题目和你的课堂教学目标进行比较。在比较一些学业成就测验之后，你就可以选择一个最能测量出这些目标所规定的学习结果的测验。

预测效度用于预测测验在什么程度上能够预测某些特征或表现上的得分。**共时效度**预测的是一次测验和另外一次测验测查同一变量所得分数的接近程度，两个测验同时进行，分数之间相互关联。预测效度的估值一般低于共时效度的估值，因此往往需要比较同一类型的效度预测。

标准化测验手册往往还会以效度系数的形式提供效度预测，这些系数一般落在 0～1（1 是最高）之间。用多次测验测查同一内容并进行比较，就可以得出这类测验比较可靠的效度系数。但很重要的一点就是，需要在同一种效度类型基础上比较各次测验。

考虑信度

这个测验所提供的信息是否非常可靠？如果始终一致地实施测量，那么测验是可靠的。有几种不同的**信度**计算方式以及相应的信度系数，和效度系数一样，信度系数也是落在 0～1 之间。信度系数一般比效度系数要高。或许最有用的信度预测就是内部一致性测量——它们预测的是一套测验里每道题之间的一致性程度。通常采用库德·理查森（Kuder Richardson）公式表示信度系数：KR20、KR21。**重测信度**预测的是不同次测验之间的一致性程度。**副本信度**预测的是在同一套测验采用两种形式测量同一内容的情况下它们之间的接近程度。在比较各次测验的时候，需要比较的是同一种信度类型。

这个测验容易实施、评分和解释吗？在选择测验的时候，不容易评价这些因素，但你必须搜集很多方面的信息。测验的实施指南是否容易理解？所举例子是否恰当，对学生而言是否有意义？时间规定是否清楚？关于如何处理学生的问题是否有充分的解释？答题纸用起来是否方便？手工评分是否可靠？是否有可能选择机器评分？如果可以的话，费用如何？通过所提供的评分数据是否还能获得其他方面的信息（汇总统计、当地常模数据、作答反应模式、分数解释）？是否有充足的图表和（或）说明来帮助解释这些数据？在检测样本套题的时候，或者通过阅读期刊或《心理测验年鉴》（Mental Measurements Yearbooks）里有关测验的评论文章，就能找到以上各个问题的答案。

费用是否在我们的预算之内？在确定测验费用的时候，确保考虑了以下各方面的费用：试题册、测验指导手册、答题纸、评分机器、培训时间（如果有必要的话，针对实施测验的教师开展培训）、汇报形式（向家长汇报结果的形式）以及解释测验结果的费用/时间。

有关测验的信息来源

还有很多有用的信息来源可以帮助你回答以上关于如何选择标准化测验的问题。仔细阅读以下内容，你就会知道到哪里去搜集自己所需要的信息。

《心理测验年鉴》。如果想要通过单一的途径搜集有关某个标准化测验的信息，那么《心理测验年鉴》或许就是最好的选择。[4] 除了基本的描述性的信息（作者、公布日期、可获得的形式、分数回答类型、实施时间、价格、可获得的评分机器等等），年鉴里还提供了测量专家的批判性评论，另外还收录了与某个测验有关的期刊文章目录。

《测验出版目录》（Tests in Print）。[5]《测验出版目录》汇总了曾经在《心理测验年鉴》中出现过的信息。当你在若干测验中缩小选择范围的时候，就可以利用《测验出版目录》快速检索相关信息，然后再到《心理测验年鉴》里寻找具体信息，进行更为详尽的分析。

专业期刊。有很多期刊里都收录了有关测验的评论文章。如果确定《心理测验年鉴》里没有收录这些文章，那么可以到《心理学文摘》（Psychological Abstracts）或《教育索引》（Education Index）里搜寻这些参考资料。

样本套题。没有什么能够替代对测验本身进行审慎的检测。阅读测验的实施和技术手册，尝试进行测验，获得是否容易操作的直接感受，检查答题纸，等等。你可以花少量费用从大多数测验开发商那里购买测验的样本套题，或者你也可以在测验中心或者大学或学院的图书馆里找到这些测验。

运用标准化测验

实　施

遵从指示

需要记住的最重要的事情就是，在实施标准化测验的时候，如果没有严格遵从实施测验的相关指示，那么得到的分数即使不是完全不能解释，起码也会很难解释。请提前阅读以下指示。对于大多数标准化测验而言，时间安排具有重大意义。你需要确保审慎地安排了测验时间，也制定了分发和回收测验试题的一定规则，这样使得所有的学生拥有相同的答题时间。例如，要求所有学生都把测验试题册合上，等到你说可以打开，大家才一起打开试题册开始做题，然后当你说时间到的时

候，要求学生同时合上试题册并放在桌面上，直到教师全部收缴上来。

在教师解释指导语的时候以及学生答题过程中，学生会提出各种问题，这时候请审慎地处理这些问题。每个学生必须明白指导语，教师也需要澄清指导语。如果就问题本身存在不清楚的地方，或者学生似乎不明白测验问题究竟问的是什么，那么你必须帮助学生明白，测验题目里究竟问的是什么问题，但你绝不可以泄露答案。

如果学生预先做好了测验准备，那么出现问题的情况往往会降至最低。诚实地回答学生关于测验用来干什么的问题，向他们保证标准化测验的设计目的就是几乎没有人能够答对全部题目，告诉学生尽力就好，别担心有些问题自己回答不了。

评　分

大多数标准化测验都是客观题，手工评分不是太难，往往还会提供评分模板，而利用开发商提供的评分服务也有很多优点。首先，评分会很准确。其次，往往可以获得班级分数的分布图表。再次，你一般能得到汇总统计，还可以要求提供学校里（或学区里）几个班级的汇总统计数据。最后，开发商的一些服务还能够帮助你建立当地的测验常模。

> **掌握程度测验**
>
> **目标 8　选择和使用标准化工具**
> 1. 标准化测验的重要特征是什么？
> 2. 在选择标准化测验的时候需要回答哪四个问题？请用自己的话写下这四个问题。
> 3. 如果你想要确认某个测验是否测量了它声明要测查的内容，以下哪个统计预测是重要的？
>   a. 信度
>   b. 可用性
>   c. 效度
>   d. 以上都不是
> 4. 对于某个特定的标准化测验，以下哪个来源能提供大多数信息？
>   a. 《心理测验年鉴》
>   b. 《测验出版目录》
> 5. 实施标准化测验的时候需要记住的最重要的事情是什么？
> 6. 简要解释教师应该如何处理学生提出的与所做标准化测验有关的问题。

目标 9：描述课堂评价中技术的作用

技术的作用

学习活动 10.11

技术越来越进步，越来越便宜，越来越复杂，也越来越容易获取。大多数学生和教师都能够接触到计算机、扫描仪、打印机，在互联网上还能获得海量的信息（好的和坏的信息）。计算机化测验越来越普遍，但这也只是一种评价学生知识和表现的技术，技术的作用就是协助评价活动，使其变得更容易、更安全，往往还更有效（因为我们可以更有效地搜集、存储和分析信息）。学生可以建立电子档案袋，利用大量的教育网站完成作业，将作品上传到学校局域网里的某个网页上，运用数码相机和录像机完成作业或记录行为表现。计算机化测验的一个突出优点就是可以提供视和（或）听信息，要求学生回应（识别、回答问题、分析、评论）。但互联网访问也为学生提供了大量剽窃的机会，这种欺骗行为现在也相当广泛地存在。教师可以把学生的作业上传到一个基于互联网的程序，这个程序会自动检视学生的作业并确认作业如果存在剽窃的话，有多少内容是剽窃的，这样就能解决剽窃问题了。如果想要更多地了解该程序，请登录 http://www.turnitin.com。

只有审慎地考虑了以下问题，才能运用技术辅助评价策略：
1. 有没有更简单、更容易的评价学生的方式？
2. 成本如何（时间和财力方面）？
3. 存在哪些隐私/安全问题？
4. 对技术缺乏了解是否会影响测量误差？

如果你选择了利用技术来辅助自己的评价策略，那么请记住：运用高水平的技术方法并不能弥补编制水平低下的工具或策略的不足。通常情况下教师需要遵从良好的、正确的评价准则，在做每一件事的时候都努力做到清晰、准确和连贯一致。

掌握程度测验

目标9 描述课堂评价中技术的作用
1. 用自己的话说明你为什么会选择技术来协助评价学生的进步状况。
2. 列出至少三个在决定是否采用技术帮助自己评价学生时必须考虑的问题。

参考文献

著作

Airasian, Peter W., and Mark Russell. *Classroom Assessment: Concepts and Applications,* 6th ed. New York: McGraw-Hill Higher Education, 2008.

Atkin, Myron J., Paul Black, and Janet Coffey, eds. *Classroom Assessment and the National Science Education Standards: A Guide for Teaching and Learning.* Washington, D.C.: National Academy Press, 2001.

Atkin, M. J., J. E. Coffey, S. Moorthy, M. Thiveault, and M. Sato. *Designing Everyday Assessment in the Science Classroom.* New York: Teachers College Press, 2005.

Barton, James, and Angelo Colins, eds. *Portfolio Assessment.* West Plains, N.Y.: Dale Seymour Publications, 1997.

Cohen, Ronald J., and Mark E. Swerdlik. *Psychological Testing and Assessment,* 7th ed. New York: McGraw-Hill, 2009.

Evans, E. D., and R. A. Engelbert. (1988). "Student Perceptions of School Grading." *Journal of Research and Development in Education* 21 (Winter): 45–54.

Gipps, Caroline V. *Beyond Testing.* Philadelphia, Pa.: Taylor and Francis, 2007.

Gribbin, A. (1992). "Making Exceptions When Grading and the Perils It Poses." *Journalism Educator* 46 (Winter): 73–76.

Gronlund, N. E., and C. Keith Waugh. *Assessment of Student Achievement,* 9th ed. Boston: Allyn and Bacon, 2009.

Kentucky Department of Education. *Portfolios and You.* Frankfort, Ky.: Office of Assessment and Accountability, 1993.

Kentucky Department of Education. *Teacher's Guide: Kentucky Mathematics Portfolio.* Frankfort, Ky.: Office of Assessment and Accountability, 1993.

Koretz, D., et al. (1994). "The Vermont Portfolio Assessment Program: Findings and Implications." *Educational Measurement: Issues and Practice* 13, no. 3: 5–16.

Kuhs, Therese, ed. *Put to the Test: Tools and Techniques for Classroom Assessment.* Westport, Conn.: Heinemann, 2001.

Lyman, H. B. *Test Scores and What They Mean*, 6th ed. New York: Allyn & Bacon, 1998.

McMillan, James H. *Classroom Assessment: Principles and Practice for Effective Standard-based Instruction*, 4th ed. New York: Allyn & Bacon, 2006.

Mehrens, W. A., and Irvin J. Lehmann. *Measurement and Evaluation in Education and Psychology,* 4th ed. Belmont, Calif.: Wadsworth, 1991.

Miller, David, Robert L. Linn, and Norman E. Gronlund. *Measurement and Assessment in Teaching*, 10th ed. Upper Saddle River, N.J.: Prentice-Hall, 2008.

Nitko, Anthony J. *Educational Assessment of Students*, 5th ed. Upper Saddle River, N.J.: Prentice-Hall, 2006.

Paulson, F. L., P. R. Paulson, and C. A. Meyer. (1991). "What Makes a Portfolio a Portfolio?" *Educational Leadership* 49, no. 5: 60–63.

Payne, David Allen. *Applied Educational Assessment*, 2nd ed. Belmont, Calif.: Wadsworth, 2002.

Popham, W. James. *Classroom Assessment: What Teachers Need to Know*, 5th ed. New York: Allyn & Bacon, 2007.

Salvia, John, James E. Ysseldyke, and Sara Bolt. *Assessment: In Special and Inclusive Education*, 10th ed. Boston: Cengage Learning, 2010.

Sunstein, Bonnie S., and Jonathan H. Lovell, eds. *The Portfolio Standard: How Students Can Show Us What They Know and Are Able to Do.* Portsmouth, N.H.: Heinemann, 2000.

Tanner, David Earl. *Assessing Academic Achievement.* New York: Allyn & Bacon, 2001.

Zubizarreta, J. *The Learning Portfolio: Reflective Practice for Improving Student Learning*, 2nd ed. San Francisco, Calif.: Jossey-Bass, 2009.

网址

Buros Institute of Mental Measurements: http://www.unl.edu/buros
This site provides professional assistance and information to users of commercially published tests.

Buros Institute: Standards for Teacher Competence in Educational Assessment of Students: http://unl.edu/buros/bimm/hrtml/article3.html
This site contains information regarding the approach used to develop standards, the scope of a teacher's professional role and responsibilities for student assessment, and standards for teacher competence in the educational assessment of students.

Central New York Regional Information Center: http://www.nysed.gov
Go to this site and search on "authentic assessment" for interesting articles discussing the value of authentic assessment procedures.

Access ERIC: http://www.eric.ed.gov
Access ERIC, the promotional and outreach arm of the U.S. Department of Education's Educational Resources Information Center (ERIC) system, keeps you informed of the wealth of information offered by the ERIC components and other education-related organizations. This site is a beginning point for access to all of the ERIC web sites and can help you in your search for the latest information on all aspects of education, including sources of information on assessment and evaluation issues.

The National Center for Research on Evaluation Standards and Student Testing: http://www.cse.ucla.edu
This site contains numerous articles and reports that discuss current assessment and evaluation issues. It also references past conference proceedings of the National Center for Research on Evaluation Standards and Student Testing.

Yahoo!'s Directory of K–12 Lesson Plans: http://dir.yahoo.com/Education/Standards_and_Testing
This site contains a large variety of resources for testing, assessment, measurement, and benchmarking.

For these links and additional resources, please visit the Premium Website at **www.cengage.com/login**.

注 释

[1] For more details, see T. D. TenBrink, *Evaluation: A Practical Guide for Teachers* (New York: McGraw-Hill, 1974).

[2] Canady, R. L., and P. R. Hotchkiss, "It's a Good Score: It's Just a Bad Grade," *Phi Delta Kappan* (September 1989): 68–71.

[3] Go to their web site (http://www.mcrel.org/standards-benchmarks/) for a comprehensive listing of standards in multiple subjects for grades K–12.

[4] Geisinger, K. F., R. M. Spies, J. F. Carlson, and B. S. Plake, eds., *The Seventeenth Mental Measurements Yearbook* (Lincoln: University of Nebraska Press, Buros Institute of Mental Measurements, 2007).

[5] Murphy, L. L., R. A. Spies, and B. S. Plake, eds., *Tests in Print VII* (Lincoln: University of Nebraska Press, Buros, 2006).

答 案

郑丹丹　译

第1章
掌握程度测验

掌握程度测验，目标1

1. 答案可以各不相同，但要包括以下一些特征：
- 学科内容知识
- 教学技能储备（包括计划/设计、提问、讨论技巧、技术的运用、差异化教学等）
- 有助于促进学习和积极的人际互动的态度
- 关于学习和人类行为的理论知识的掌握
- 个人实践知识
- 关于学生兴趣和文化遗产的知识
- 关于学生各种不同学习方式的知识
- 教学程序和学生行为的管理
- 教学反思的习惯
- 与同事之间的良好合作

掌握程度测验，目标2

2. 反思型决策之所以对有效教学如此重要，是因为只有通过反思自己的教学，教师才能成长，才能作为专业工作者进行学习，才能提高自己的教学。通过反思自己的实践，教师学会了质疑自己行为背后的假设。通过反思自己的行为，教师将这些往往不被认识到的假设显性化，从而可以批判、审视和完善这些知识。反思过程促使教师能够更好地了解自己的价值观和信念。

掌握程度测验，目标3

3. 教师可以用于促进反思型教学的一些技巧或过程有：
- 坚持写教学日记，记录每天的事件和自己的想法与反应。
- 视频记录课堂教学，即通过回看视频记录，了解课堂上发生的事件并发现教师自己的行为模式。
- 创建教学档案袋，提供教师与学生专业发展和成长的记录。
- 与同事相互进行教学观摩与评判。

掌握程度测验，目标4

4. 反思型决策模式由以下部分构成：计划、执行、评价、反馈和反思。教师

在进行计划决策的时候需要考虑内容标准、学生需求、时间限制、教学策略与方法等因素，以便达成教学目的与目标。然后教师实施课时和（或）单元教学，并在教学过程中基于学生问题以及学生回答问题的情况做出与学生有相互影响的决策。教师在确认学生是否达到了课时目标的情况下，再决定继续学下去还是重复教学。评价功能则要求教师判断所选择的目标和实现这些目标的教学策略是否适切，评判最终学生是否达到了教师预期的目标。

决策模式的**反馈和反思**维度仅仅意味着教师检验教学成果，考虑教学成果的意义，并且确定在多大程度上实现了三种专业角色。在考察的基础上，教师需要判断是否成功地实现了教学目标或是否需要制订新的计划或尝试不同的执行策略。反馈和教师对反馈的反思是教师再次启动或继续进行计划、执行和评价过程的新信息。它是决策制定系统自我纠正的方式。

5. 很多因素影响教师的决策过程，包括：
- 学生的文化、种族和民族背景
- 性别
- 学生的社会经济地位
- 归属感、安全感和自尊方面的需要
- 不同的能力与动机水平
- 教师个人实践知识与自我知识

教师在进行教学决策的时候，需要考虑以上这些因素以及其他方面的因素。这些影响因素的多样性使得教师面临着挑战，即实施差异化教学以满足学生需求。

各个影响因素以及这些影响因素如何影响教师决策的具体情况会因为不同的选择、年级以及学科而各不相同。

第 2 章

练　习

练习：辨析学生导向的目标

1. S。一个期望的学习结果。
2. T。个别化教育计划将帮助教师确定这一年该给学生制定怎样的目标。
3. T。或许对学生有帮助，但并不是一个期望的学生学习结果。
4. S。学生如果能够做到，那么说明学生已经学得很好了。
5. T。教师该如何做到这一点呢？
6. T。只有能够真正帮助学生达到某个期望的学习结果的时候，讲解才是重要的。
7. S。这是一个需要一些技能作为先决条件的学习结果。
8. T。当然，维持自律或许是一个重要的学生导向的目标。
9. S。这是一个大多数艺术教师希望学生最终达成的目标。
10. S。这是一个学生导向的目标。教师或许是与学生共同完成了这一评价，但是这一评判活动的设计目的是学生在教师的帮助下最终自己完成任务。

练习：找出清晰、明确的教学目标

1. 2。

2. 1。
3. 1。
4. 2。
5. 1。
6. 1。
7. 1。
8. 1。
9. 2。
10. 1。
11. 2。
12. 2。
13. 1。
14. 2。

练习：指出整体目标——第一部分和第二部分

第一部分

这里提供了更多高中的心理学课程的整体目标，你所写的目标并不要求与这些完全相同，但是两者之间必须有一定的相似性。如果找不出相似性，那么请你的老师评判你的回答。

1. 学生应该能够了解自己主要的人格特质、常用的学习策略、影响自己决策与行为的内部与外部的激励因素、自己在社会压力下的反应方式。
2. 学生应该能够欣赏心理学研究的价值。
3. 学生应该能够理解心理学领域专家的重要性。
4. 学生应该能够欣赏人格发展的错综复杂性。
5. 学生应该能够在了解学习原理的基础上，养成更好的学习习惯。
6. 学生应该能够更好地理解人们行为背后的原因。
7. 学生应该能够关心和理解精神疾病。
8. 学生应该能够以积极的态度对待精神疾病。

第二部分

这里提供了更多的有关第一教学单元"作为一门科学的心理学"的教学目标。当然你还可以写出更多的教学目标。虽然并不要求一定要用可观察的术语编写这些教学目标，但这些教学目标必须与确定的结课目标兼容。

认知目标

1. 学生应该知道心理学理论的主要奠基人以及他们的主要理论观点。
2. 学生应该能够描述心理学里的哪些方面促使心理学成为一门科学。
3. 学生应该能够列出心理学研究的方法论步骤。
4. 学生应该能够界定心理学科学以及心理学研究里主要的概念和术语。

情感目标

1. 学生应该能够接受著名心理学家各自观点之间的差异。
2. 学生应该乐于开展简单的心理学研究。
3. 学生应该有兴趣对心理学家所研究的人类行为的某些方面进行更深入的了解。

练习：将整体目标进一步细化为具体的、可观察的目标

以下是从给你的整体目标中提取出来的三个具体目标。将你所写的目标与这三个目标进行比较。在你所写的目标里是否包含了使其可理解和可观察的要素？当然，还要将你所写的目标与其他同学所写的目标进行比较。

1. 如果给学生一个心理学研究里会用到的主要概念或术语，学生应该能够从若干备选项里选出一个最能够解释这个概念或术语的定义或例子。

2. 如果要求学生写一篇短论文解释心理学研究的方法论，学生应该能够从课堂讲解中所介绍的 15 个主要概念里正确选用其中 10 个来进行解释。

3. 如果给学生呈现某个心理学研究中的问题，学生应该能够从若干备选项里选出最适用于解决这个问题的方法。

掌握程度测验

掌握程度测验，目标 1

1. (a)。
2. (a)。
3. (a)。
4. (a)。
5. (b)。
6. (a)。
7. (b)。
8. (b)。
9. (b)。
10. (a)。
11. (c)。
12. (a)。
13. (a)。
14. (c)。
15. (b)。

掌握程度测验，目标 2

1. 列举整体目标，将整体目标细化为更加具体的、可观察的目标，检查目标是否清晰和适切。

2. 正确。在将结课目标分解为具体目标的时候，目标应该是可观察的；但是，整体目标只是还没有细化成可用的、可观察的目标之前的一步。

3. (a) 如果向学生描述一项学习任务，学生应该能够描述学习者完成该项任务的过程。
学生要描述影响学习过程的主要因素——辨明哪些因素使学习任务易于完成，哪些因素增加了学习任务的难度。
(b) 如果给学生提供一些可能的动机以及有关某一人类行为的描述，学生应该能够从中选出最可能激发该人类行为的动机。
学生要能够列出激发人类行为的主要动机。
(c) 学生应该能够列出至少六个课堂上存在来自不同背景和文化的学生的

好处。

学生要能够解释，多元化的学生来源如何使课堂变得更加生动有趣。

4. （a）学科内容的描述。

   （b）预期学生对该内容可能做出的反应。

5. （a）预期学生做出反应的条件。

   （b）预期表现的水平或者是可接受的表现水平，将其作为目标达成的标准。

掌握程度测验，目标3

1. （a）关注备课情况。

   （b）有效地安排教学活动。

   （c）设计有效的评估步骤。

2. （b）。

3. （a）。

4. 因为不同类型的学习需要不同的思维类型和（或）不同的学习条件。

5. （c）。

掌握程度测验，目标4

1. （a）作为教学前发放给学生的讲义。

   （b）帮助学生做好准备投入教学。

   （c）作为整个教学过程的指南。

2. （b）。

3. （a）学习结果。

   （b）学生的活动。

   （c）教师的活动。

   （d）评价活动。

4. （d）。

第3章

练 习

练习：特德的概念图

在审视特德前后两张概念图的时候，需要记录以下一些变化：

1. 先前的概念图是比较局限的，主要反思了在教师培养阶段自己在教学方面经验的不足。

2. 之后的概念图有两个显著的特征：一个是运用了问题，另一个是这些问题强调了他所做的教学设计里各个方面的相互关系。他提出的这些问题表明他已经学会了将教学设计作为一系列的决策来思考。对这些相互关系的关注表明，他已经明白这些决策之间是相互联系的，而不是孤立的。

3. 尽管特德的概念图针对的是课时教学，但他提出的与教师教学设计有关的那些概念以及问题同样适用于比较长期的计划，比如单元计划或者年度计划。

在将你自己的概念图与特德的概念图以及自己学生的概念图进行对比的时候，你应该考虑：

1. 哪些术语是我用到了而其他人却忽视了的？反过来呢？

2. 我的概念图的结构与其他人的概念图相比，有哪些相似或有哪些不同？例如，我的概念图里包含多少子概念？我是如何展现术语之间关系的？

练习：观察实施中的计划

从视频或访谈记录里获得的教师对于教师计划的六个特征的描述：

1. 新建计划。

卡丽·阿布达尔-卡拉克：我觉得，我们在学年一开始就为学生确立清晰的课堂常规、清晰的惯例、清晰的规则，将有助于学生真正清晰地了解教师的期望，同时也给予学生主宰课堂的机会……（学生在开学之初就学习了一系列有关在操场玩耍的常规，而且这些常规在整个学年里的教学中都是有效的。）

2. 教师利用已经制定好的常规。

埃莉·戈德堡：在学生进行小组活动的时候，我喜欢运用很多不同的常规。今天，我先选取几个想要学生扮演的角色，然后我发给学生一个信封，里面装着这四个不同的角色。我要利用这四个角色来帮助学生，并在学生小组合作过程中指导学生。这四个角色分别是促进者、守门员、澄清者和读者。我真的发现给各个小组学生进行角色分配有助于提高学生的专注度。（小组角色扮演是一个早就建立并且为学生所熟悉的常规，因此这节课几乎不需要怎么花时间要求学生进行角色分配。）

教师行为：比如指给学生看黑板上方张贴的准则，提醒学生遵守准则上写明的小组合作流程。又比如举手示意，提醒学生在小组合作过程中遵守噪声控制方面的小组合作常规。

3. 计划是灵活的，允许根据学生的反应进行调整。

埃莉·戈德堡：如果我注意到有个小组的注意力分散了或者在讨论与数学无关的话题，我只要走过去坐在这个小组旁边，就能有很多效果了……

……通过提问促使学生将注意力集中到当前所探讨的数学内容上来……问："我能提供什么帮助吗？需要我怎样帮助你们开始探讨这个问题？你们在讨论哪个问题？"我会用提问的方式让学生的注意力重新回到我希望他们完成的任务上来。

4. 教师信念影响着教师在设计教学时所秉持的观念。

埃莉·戈德堡：我们想要在课堂上较多地运用小组合作，因为我会努力思考小组合作的动力问题，考虑学生会怎样互动、学生与可能的材料之间会怎样互动、他们如何运用当天所要用到的操控技术。

教师行为：比如告诉学生在把分到的操作材料用于数学学习之前，他们还有一分钟时间可以先自己摆弄一下。

5. 教师调整计划以满足不同学习者的需求。

埃莉·戈德堡：……至于调整，可以针对学生个体延长时间、推迟最后期限……

我认为我们真的必须根据他们在该内容领域内的技能水平和以往知识程度进行调整。

……或许学生的年度个人计划已经没什么问题了，又或许他们被要求以一种差别非常微弱的方式去掌握同一个内容。

6. 教师的教学计划可以通过与同事合作的方式得到提高。

埃莉·戈德堡：卡丽和我会定期合作……我们会一起探讨课堂教学……看课堂上正在发生什么，看我怎样帮你在课堂上支持某些特殊的学生。课后我们会相互听取报告，探讨课堂观察到的情况，确定后续支持学生的计划。

卡丽·阿布达尔-卡拉克：埃莉和我有很多方式的合作……我们一起完成课程设计，分享大量的课时计划以及某些课时计划方面的设想，经常一起交流探讨各自的教学情况，每周定期对个别学生进行研究，共享资源。

练习：尝试使用教学策略库网格图

这里提供了一些示例性的活动，可以在有关古希腊的教学单元里完成古希腊奥林匹克运动会的"拼图"教学后，作为后续学习活动使用。但这些活动也仅仅是建议而已，或许也有适合这个教学策略库网格图各个象限的其他活动。

B象限：（教师主导的，学习"接受性的"知识）

教师告诉学生，很多古希腊奥林匹克运动项目在现代仍然可以找到对应的运动，比如赛马、竞走、摔跤、拳击以及五项全能。然后教师提供一些有关古希腊文化的其他方面的信息，这些信息表明古希腊文化以某种形式延续到了现代西方文化中：希腊字母被用于指称大学生联谊会和女学生联谊会，希波克拉底誓言被用于医疗培训，元老院在很多民主政体中被用于制定法律，现代词汇中很多常见的词语都来源于希腊语。呈现完信息后，学生就要从两个相关的练习中自己选择一个独立完成：尝试学习并书写希腊字母，包括用希腊字母拼写自己的姓名；或者从教师处拿到一份教师准备好的常见词汇表，查词典辨识该词汇表里哪些是以希腊语为词根的，并用每个（以希腊语为词根的）词造句。

D象限：（学生建构的，"创造性"认知新方式）

教师提问学生对于运动员参加古希腊奥林匹克运动会的安全问题有何看法，在黑板或者投影上记录学生的回答。然后教师将全班学生分成10个小组，为模拟希腊元老院的辩论做准备。每个小组要就五个奥林匹克运动会项目里的一个项目进行辩护，提出修改该项目的规则的建议以便提高安全保障，当然这五个项目在前面的"拼图"教学中（学生选择的）已经有所涉及。他们还需要从这五个奥林匹克运动会项目里另外再选择一个项目进行辩护，支持该项目原本的规则不需要修改。每个小组的学生都要用简短的演讲来阐述自己的辩护要点，模拟辩论将在第二天进行。

A象限（教师主导的，"创造性"认知新方式）

教师上网搜索一系列有关古希腊的史实。教师将这些史实随机排列在纸上，复印给学生人手一份。学生自由组合成小组，对这些史实进行归类，将他们认为有共同特征的史实放在一起。教师向学生解释，大家的回答没有对错之分，这些史实可以有各种不同的分类，每个类别也可以包括数目不等的史实（2、3、8等）。每个小组的学生需要制作一张表格，用于展示他们的分类结果，包括列出每个分类里的具体条目并用它们共同的要素为每个分类命名。然后学生汇报各自的分类结果，探讨学生们分类方式的相同点和不同点。教师提问学生：他们所做的分类对于后续有关古希腊的学习有没有帮助/有怎样的帮助。

随机选取的有关古希腊的史实

1. 古希腊人相信他们所信奉的神喜欢看到体格健康强壮的男孩和成年男子。
2. 一个古希腊的花瓶上绘制着阿喀琉斯和埃阿斯正在下跳棋的场景。
3. 在古希腊，奴隶可以成为自由民，自由民也有可能成为奴隶。

4. 古希腊音乐家演奏的是一种叫七弦竖琴的弦乐器和一种叫排箫的管乐器。
5. 马的希腊语是"oikos"。
6. 古希腊的男人和男孩都喜欢竞技比赛。
7. 古希腊人认为男人是理性的和坚定的,而女人是非理性的和危险的。
8. 古希腊人制作的一个花瓶上绘制着一个女孩正在空中杂耍抛球的场景。
9. 古希腊神狄奥尼修斯与饮酒相关。
10. 萨孚是公元前600年左右的希腊女诗人,擅长写短诗。
11. 青铜时代晚期,希腊的城邦是君主制的,由国王统治。
12. 希腊人用"agape"一词指称兄弟之爱。
13. 希腊拥有很长的海岸线和海滩,因此很多古希腊人都是不会晕船的人。
14. 古希腊人信奉神谕,所谓神谕就是神传递给人们的信息。
15. 一个名为荷马的希腊人在公元前700年左右写了两篇(长)史诗《伊利亚特》和《奥德赛》。
16. 古希腊人认为如果没有将家养的动物首先供奉给神就宰杀和食用是错误的。
17. 像雅典、斯巴达、科林斯、底比斯等古希腊城邦相互之间经常发生战争。
18. 古希腊人认为男人更像神而女人更像动物。
19. 青铜时代古希腊的房子里,房间墙壁上有绘画作为装饰。
20. "agon"一词在希腊语里指的是竞争。
21. 一些希腊士兵被其他国家雇用去打仗,这些人被称为雇佣兵。
22. 一种名为拱廊的希腊建筑是男人聚会谈天的地方。
23. 公元前510年,雅典城邦诞生了第一个民主政体。
24. 希腊的商人乘船航行,将一个港口的物品买来运到另外一个港口贩卖。
25. 德摩斯梯尼是古希腊著名的雄辩家。
26. 帕特农神殿是希腊用于祭神的神庙,建于公元前440年左右。
27. 盾牌是古希腊战士所用装甲里一个重要的装备。
28. 在古希腊,男孩可以上学,女孩则留在家里与家人在一起。
29. 古希腊做渔夫的男人会将打来的鱼拿到市场去卖。
30. 古希腊的市集或公共广场称为市场(agora)。
31. 在雅典,女人、奴隶和孩子不允许参与选举。

(资料来源:www.historyforkids.org)

练习:州标准和教学策略库网格图

由于选定的学科领域和年级水平不同,学生的回答会各不相同。请将教材里图3-7作为指南,对学生的回答按照该教学策略库网格图的各个象限进行归类。学生如果能将自己的回答与一个或更多同学的回答进行比较,将会很有帮助。

练习:观察即兴创作行为

以下是教师根据学生的问题或建议所做的即兴创作示例。

一些学生说先有沙子后有砂岩。罗布·乔问全班学生,不管他们是否都赞同这一观点,但请思考这样一个问题:如果先有沙子,那么沙子又是从哪里来的呢?一个学生建议在摩擦砂岩的时候用纸收集磨下来的"沙子"。乔老师要求学生详细说明为什么要用纸?然后他又向全班学生重复这个建议以强化它。

另外一个学生建议用一个水桶"像海浪冲刷一样",将水泼洒到砂岩上,看看会有什么结果。罗布·乔追问如果用一个罐子代替水桶可以吗,学生都表示赞同。乔老师建议学生将罐盖留在罐子上,以免水溅得教室里到处都是。

教师的教学计划怎样才能让教师实现即兴创作:

罗布·乔:(探究学习)可以根据时间、我自己的心智能量、为这类教学所做的准备工作、所用的材料等进一步细化……我需要显微镜,需要放大镜,需要砂岩，需要盐酸，需要容器，这样学生才有可能真正做这个科学实验。所有这些都需要事先准备……我需要做长远的考虑。（提供了各种材料后，教师还要帮助学生想出各种相关的办法或操作程序，这样才能鼓励学生最后验证这些办法/操作程序，即使教师事先并不知道学生会有什么建议。）

教师的信念是怎样促使他实现即兴创作的：

罗布·乔：我在自己的课堂上采用了探究法来示范科学家是怎样研究科学的，因为这样就能使学生真正像科学家一样去观察和思考问题。探究学习促使学生积极参与，抓住了学生的注意力，为学生展示了不同学习方式。就像今天这堂课，他们一起拿着砂岩，真正摸到砂岩，摇晃砂岩并摩擦砂岩。他们一起探讨砂岩，以团队的方式解决问题。我不是用填鸭式的方法指导学生操作，相反，他们用各自不同的方式来解决问题，而我则是尽我所能鼓励他们解决问题。

练习：解释其他的比喻

对这两个比喻进行深入探讨的时候，会得到很多的看法。这里只列举一些有关"教师的教学计划像路线图"这一比喻可能的看法。

相似点

1. 你会用路线图指出到达某个目的地的最佳路径，而教师的教学计划则帮助教师明确达成某个教学目标的最佳路径。

2. 路线图表明可以有不止一条路径到达你的目的地，而教师的教学计划则帮助教师在决定如何做之前思考各种可能的路径。

3. 路线图标明了沿途你有兴趣停下来看的地方，而教师的教学计划则标明了一堂课或一单元课里或许能增进趣味的那些材料。

4. 当你有一条路线可以到达自己熟悉的地方的时候，你就不会使用路线图，而当你有一个常规的程序经常用于一堂课的教学的时候，你就不需要编写自己的教学计划。

5. 或许由于公路施工而需要绕道，但路线图不会告诉你这些需要绕道的地方。同样地，课堂上也会有干扰，但课时计划也不能提前预料到这些干扰。

6. 路线图可以标识各类地区，比如城市、州、地区等，而教师的教学计划可以标明各种时间阶段，比如一堂课、一周的课或者一单元的课。

7. 很难一边开车一边查看路线图，一边上课一边查看自己的教学计划同样也是没有效率的。

不同点

1. 路线图是由专人绘制然后供开车旅行者使用的，而教师则是自己准备自己的教学计划。

2. 路线图是用各种颜色印刷的，但大多数教师的教学计划是白纸黑字书写的。

3. 路线图放在汽车后备厢里，要用的时候一次次拿出来用，而教师的教学计划在再次使用前常常就已经发生变化或经过修改。

关键特征

1. 路线图这一比喻强调的是努力到达目标或目的地的思想，这也是教师教学计划的一个重要方面。

2. 路线图强调的是到达同一目的地有不同路线的思想，这也是教师教学计划的另一个重要方面。

以下是一些有关"教师的教学设计像编舞"这一比喻可能的看法。

相似点

1. 编舞是为一个舞蹈设计一系列的舞步，而教师的教学设计则是为一堂课或一单元的课设计一系列的活动。

2. 编舞是通过运用各种不同类型的位置变换使得舞蹈更加有意思，而教师的教学设计则是运用各种不同类型的活动使得一堂课或一单元的课更加有意思。

3. 编舞会根据舞者的技能或能力水平，设计针对不同舞者的不同舞步，而教师的教学设计则会根据学习者的技能或能力水平，设计针对不同学习者的不同任务。

不同点

1. 编舞是一群舞者所采用的设计，目的是取悦另外一群人即观众，而教师的教学设计关注的是一群学习者的教学，这些学习者需要紧跟教学设计的步调。

2. 编舞往往凸显的是一位明星的表现，要由其他大批人员作为陪衬，而教师的教学设计为了凸显班级里所有学习者的学业成就。

3. 编舞是有关物理活动的设计，而教师的教学设计则是典型的有关精神活动的设计。

关键特征

1. 编舞这一比喻强调的是顺序和变化对于增加舞蹈观赏性的重要性，这些在教师的教学设计中同样重要。

2. 在设计舞蹈的时候，强调关注团队互动的重要性，而教师的教学设计需要考虑团队的互动从而确保实现成功的学习。

掌握程度测验

1. 有各种方法组织该掌握程度测验里有关教学设计重要性方面的箴言，这里所提供的答案并不能穷尽各种回答的可能，但也确实提供了一些建议，有助于读者评估自己的分类和解释。

有关文中所探讨的重申教学设计奥秘方面内容的箴言

大家都做教学计划——使用各种方法

吸引学生，学生就会学习。

最好的纪律策略是创设吸引人的课堂。

［多数教师所需要的基本关注就是维持学生的兴趣与参与。］

小计划起大作用——特别是最初的计划

组织得好才能笑得出来。

［开学之初就制订课堂组织方面的计划，这么做对于整个学年的计划和活动都有重大影响。］

每天一计划，困难不害怕——给新教师的建议

如果你未能成功计划，那就等着计划失败。

过多的计划——事儿就大了。

要么准备，要么当心。

［详细设计课时计划对新教师而言是一项关键的事情，因为新教师还在逐步建设自己的课堂常规，需要通过尝试来确认对自己的教学而言什么样的教学程序是最

好的。]

计划不是用来打破的——恰恰相反
不怕即兴创作才是明智的。

为意外情况做计划。

[有效的教师能够灵活应对学生的反应，在必要时调整计划。]

一刀切——但这并不太好
预想学生的心态。

不要低估学生。

不了解学生就等着麻烦来吧。

[课堂多样性迫使教师修改计划以满足不同学生的教学需求。]

时间最关键——计划能使时间问题变容易
时刻注意时间才能更好地结束。

为跑步设定节奏。

[有效的教师运用管理程序来节省时间，这样教师和学生就能更专注于所要学习的内容。]

回头看——对提前计划有帮助
你不会一直赢他们，但你可以一直努力。

[如果教师想要从自己的教学经验中得到系统的学习，那么回顾最近所上的课就是一种有效的帮助。]

自己就能做——从朋友处获得一些帮助
不要害怕自己一个人看外面。

学生可以教，教师也要学。

[教师很少只孤立地借助自己的知识和灵感就能设计课堂教学。]

尝试一下，或许你会喜欢——你从过程中也能学习

过去在美国做得最好——除了别人做得更好的时候

[这两条被重申的奥秘最初指的是，通过这些方法，教师自己能从某些特定的计划和评价活动中长期受益。新教师在审视本测验所提供的箴言时，往往更关注短期效益或者自己在实习中所遇到的问题，因此他们的箴言往往很难与这两条被重申的箴言有关联。]

与课时计划的基本构成有关的箴言

教学目标/目的

教师期望的越多，学生给教师的就越多。

[清晰的目标表述可以说明教师对学生的表现和学习方面的期望。]

所学内容

每周错一次。

[这个玩笑式的箴言指的是这样一个事实，即新教师不是很熟悉所教课程，因此需要更多地关注教学内容本身。]

程　序

对学生不能越俎代庖。

学习是团队努力的结果。

为混乱设上限，为创造性设下限。

[有关适切的或有效的教学活动的可能的信念在课时计划的程序部分最容易得到体现。]

评 价

寻找学生已掌握知识的书面证据。

才美不外现。

[尽管有很多的评价方法,但对学生学习状况的系统评价是有效教学的关键组成,应当事先做好计划。]

更多有关课堂互动而不是预先计划的箴言

有趣一点不会伤到任何人。

不要一直站着,不然你就成了阿呆。

和蔼但坚决会帮助学生学习。

确保学生专注于任务。

不要让学生看到你着急。

想好再说。

喜怒不形于色。

[教学计划是重要的开端,但教师还需要很多其他的技能来有效实施自己的教学计划。]

2. 读者所选择的课时计划不同,对本测验的回答也会有所不同。这里提供一些读者在评价自己回答时需要关注的问题。完整的课时计划有五个核心要素:(1) 教学目标或目的的陈述;(2) 所要学习的主要内容;(3) 所需教学资料清单;(4) 所要遵循的一套教学程序;(5) 所用评价过程的陈述。另一些积极的特征往往是这五个核心要素的具体化。比如,结合相关学习标准或基准的目标陈述,提供以便后续研究的教学资料,针对不同能力学生的可供选择的教学程序。

第4章

掌握程度测验

掌握程度测验:目标 1

1. 一般界定:应当包含这样一种观点,即教学设计的起始阶段是教师将学生的经验与课堂教学目标相结合的表述和行动阶段。

列出以下四个目标中任意三个目标:(1) 集中学生注意力;(2) 建立学习期望;(3) 激发学生参与;(4) 与先前知识相联系。

2. 读者可以选用文中案例里所描述的情境或自己所遇到的情境。

掌握程度测验:目标 2

当然,对这五个情境的回答都是不相同的。如果你仔细阅读了每个情境,每个情境都有一个你可以遵循的基本导向。

情境 1:所设计的教学启动活动需要确认学生掌握该视频内容的情况如何,或者确认他们是否能够恰当地将所学内容运用到一些新的活动中。

情境 2:所设计的教学启动活动要引导学生或将学生注意力集中在污染问题的重要性以及污染对环境的影响上,这样才有帮助。

情境 3:在这个案例里,学生的注意力需要放在关注他们在其他领域如查阅目录表、词典、百科全书时早已经获得的搜索技能上。

情境4：所设计的教学启动活动应该包含某种评价活动，这样学生就能积极运用前面所学的知识，教师也有机会查看学生究竟掌握了多少。

情境5：所设计的教学启动活动应该是过渡性的，这样学生就有机会将先前所学的内容与新技术相结合。

掌握程度测验：目标3

1. 一般界定：应当包含这样一种观点，即教学计划讨论阶段允许学生和学生之间、学生和教师之间进行开放的互动。学生是学习的中心，要求所有的参与者都要遵守讨论活动的原则。

2. 列出以下五个目标中任意三个目标：（1）学生获得新知识；（2）学生学习清楚地表达自己的观点；（3）学生学习评价自己和他人的观点；（4）学生学习反思不同于自己的意见；（5）学生学习形成自己的观点。

3. 读者可以任意选用学习活动4.6里所描述的案例或自己的案例。

掌握程度测验：目标4

将自己的观察结果与其他学生的观察结果进行比较，准备一份有关你们讨论结果的书面或口头报告。

掌握程度测验：目标5

当然，对这个问题的回答可以各有不同，但你的回答必须包括书中所提供的每个步骤。

掌握程度测验：目标6

1. 一般界定：应当包含这样一种观点，即教学结束阶段是指教师旨在帮助学生总结并掌握所学内容的行动或表述。

目的：你的解释需要包括以下目的：（1）引起学生对结束阶段的注意；（2）帮助学生巩固所学的知识；（3）加强对重点知识的学习。

2. （a）T。教学起始阶段的设计启动了教学，而教学收尾阶段的设计则使教学终止。

（b）F。时钟可以告知时间，但只有教师才有权力结束一堂课。

（c）T。恰当地运用教学收尾阶段的设计，可以帮助学生评价自己对一堂课的理解程度。

（d）T。教学收尾阶段的设计所发出的信号就是表明某个陈述程序上的自然总结。

（e）T。教学收尾阶段的设计就是为了重述一堂课的教学要点。

（f）F。有效的教学收尾阶段设计并不是个自然而然的事，而是需要教师有意识地控制。

（g）T。有效的教学收尾阶段设计通过回顾的方式促使学生学习结果与教学目标保持一致。

（h）T。因为教学收尾阶段设计是有序的教学系列中的一个组成部分，因此需要仔细计时。

（i）F。教学收尾阶段的设计是为了终止一堂课的教学，而教学起始阶段的设计是为了开始一堂课。

（j）T。教学收尾阶段设计通过回顾的方式帮助学生组织和维持自己的学习。

3. 读者可以选用文中案例里所描述的情境或自己所遇到的情境。

掌握程度测验：目标 7

当然，对这个问题的回答可以各有不同，如果读者已经认真阅读了每个情境，那么以下每条建议都是读者在回答时可以遵循的一般指南。

情境 1：这堂课最恰当的教学收尾阶段的设计可以是回顾教学中所展示的整个操作顺序。

情境 2：该情境中恰当的教学收尾阶段的设计是给学生机会实践他们所学到的操作方式。

情境 3：到了课堂教学的这个时间点上，回顾刚才讨论中所得出的观点、想法或者概念是最恰当的。

情境 4：跟前面的情境一样，最恰当的教学收尾阶段的设计可以是回顾刚才所学，并与刚上课时所介绍的组织原则再次呼应。

情境 5：最恰当的教学收尾阶段的设计可以是让学生将课堂所学的概念运用到新的条件下。

第 5 章

练 习

练习：有效提问的特点

1. F。

2. T。

3. T。很让人吃惊，但却是真的。

4. T。

5. F。很抱歉是错的。

6. 课堂提问的目的是：激发学生的思维，使学生在学习中承担关键角色，满足学生智力发展的要求，深化学生的理解，促进学生的聚合或发散思维，拓展学生的多元智力，此外让学生学到低层次或高层次的内容。

不恰当的提问理由：习惯，维持权威，因为这不是讲座，学生会更努力地学习，涵盖学科内容，让学生保持警惕，这是我的职责，可以促使学生参与，我以前当学生的时候也是这样的。

练习：识记

1. F。知识或记忆需要回忆，只是一个低水平的活动。

2. T。很遗憾这是对的。

3. F。记忆或识记型问题是重要的。学习者必须掌握广泛的信息，如果没有这样的基础，其他层次的思维水平是不可能存在的。

4. T。

5. T。

6. K。

7. —。除非学生刚刚学习这则材料并记住了它，否则这就不是一个识记型问题，它需要用到分析，而分析属于一个高水平的思维过程。

8. K。

9. —。需要高层次的思维。

10．K。

11．一。需要比回忆或识别更具有创造性的思维过程。

12．一。除非学生已被告知经济衰退会带来什么，否则学生需要运用比记忆更高水平的思维过程来解答这个问题。

练习：理解

1．F。尽管学生需要用到原来的表述，但只能使用先前学过的信息。

2．T。

3．T。这是理解型问题为什么重要的一个理由。

4．F。理解型问题要求学生掌握信息并用自己的话来复述。

5．K。需要回顾事实。

6．C。需要用到比较。

7．C。需要学生从一种媒介转换到另一种媒介。

8．K。需要回顾事实。

9．C。需要学生用自己的话描述一样事物。

10．C。关键还是要用自己的话来描述。

练习：应用

1．C。必须用自己的话来解释。

2．Ap。学习者必须运用自己的技能来解决问题。

3．K。需要回忆一个人名。

4．Ap。必须运用有关盈利或损失方面的信息来确认公司是否盈利或损失。

5．Ap。要划分不同的植物，就必须运用刚学过的分类体系界定。

6．C。需要用到比较。

7．Ap。要解决问题，就必须运用刚学过的解决问题的准则。

8．C。复述一词表明需要用自己的话来描述。

9．K。需要回忆以前的信息。

10．Ap。要选择正确的答案，就必须运用有关哺乳动物的定义。

练习：分析

1．正确。

2．(d)。评价属于分类学里的另外一个层次。

3．正确。"为什么"的问题经常需要分析数据，以便明确能够起到支撑作用的证据或确认背后的缘由、原因或动机。

4．错误。学生回答理解型问题需要用到重述信息。

5．正确。

6．An。学生必须通过分析哈姆雷特的行为来确定动机。

7．K。只需要用到记忆。

8．C。需要复述先前讨论的内容。

9．An。需要搜寻支持这一观点的证据。

10．Ap。需要运用道德困境的定义去剖析哈姆雷特，从而获得答案。

练习：综合

1．K。

2．K，C或Ap。答案可以是这些水平里的任何一个，具体取决于学生的回答。

如果是单纯的重复，那么就属于识记水平。如果是复述有关首府的描述，那么就属于理解水平。如果是走到地图前指出首府的位置，那么就属于应用水平。

3. Ap。需要学生展示或运用所掌握的信息。
4. S。需要解决问题，会出现不止一个答案。
5. An。需要支持性的证据。
6. S。需要预测。
7. S。需要用到之前的交流结果。
8. K。需要作者观点方面的记忆。
9. C。需要复述和描述。
10. Ap。学生需要运用规则解决问题。
11. （c）。综合是一种高水平的活动，不仅仅需要记忆。
12. 正确。

练习：评价

1. K。需要回忆。
2. C。需要用自己的话描述。
3. S。需要用到之前交流的结果。
4. E。需要判断。
5. Ap。需要将一种风格与另外一种风格之间的特征进行区分。
6. An。需要考虑提供证据并做出归纳。
7. E。需要判断。

练习：根据布卢姆目标分类学的六个水平设计问题

以下提供了针对布卢姆目标分类学六个水平设计的一些问题，供读者在研究该材料时参考。这些并不是全部的答案，只是提供了一些参考案例。

1. 识记水平

(a) 艾奥瓦州得梅因市这三所学校的学生进行了什么活动，从而导致他们被退学？

(b) 最高法院对该案的判决是什么？

(c) 最高法院判决依据的是宪法的哪个部分？

2. 理解水平

(a) 本则材料的主要观点是什么？

(b) 请用自己的话解释为什么最高法院判决学校勒令学生退学是违法的。

3. 应用水平

(a) 结合对于得梅因市这个案例的思考，如果学生不顾学校的禁令，穿着缝有黄布星星的夹克抗议美国对以色列的政策，那么这些学生会受到怎样的法律制裁？

(b) 思考最高法院对于得梅因市这个案例的判决，如果学生堵住教室门抗议性别歧视，那么这些学生会受到怎样的法律制裁？

4. 分析水平

(a) 最高法院为什么支持学生在校期间表达自己政见和社会观念的权利？

(b) 除了本案例所提供的证据外，还能找到哪些证据证明当前年轻人正在要求长期被压抑的正当权利这一结论？

5. 综合水平

（a）请讲述一个故事，描绘21岁以下年轻人如何想要取得长期被压抑的正当权利。

（b）如果未成年人取得了与美国成人一样的法律权利，这会对家庭生活带来怎样的影响？

6. 评价水平

（a）你对未成年人取得与成人一样的法律权利有什么看法？

（b）如果得梅因市学生不顾学校禁令，戴着黑臂章抗议越南战争，而你是裁决该案的法官，你会如何判决？

练习：提问策略

请关注这里所提供的要点，这些将是读者自己回答时所能运用的分析框架。

1. 延长等待时间的目的：增加回答问题的学生数量；提高那些总是不愿意参与课堂互动的学生的参与度；提高学生回答的长度、准确度、创造性和质量；提供机会，使学生能够充分思考高水平的问题。

2. 在纠正之前指明批评的原因：学生能够知道某个答案是错的是件好事，特别是接下来教师还会帮助纠正的时候；批评不需要挖苦、恐吓或者针对个人，而是要鼓励学生转向如何纠正；这是一个信号，让学生知道自己还有提高的空间，你对他们有比较高的期望，他们值得进行纠正，而不是仅仅被中立地接受。

3. 运用多元智力促进学生自主提问的原因：例如，如果学生在艺术或音乐方面有天赋或有兴趣，那么当教师进行非传统的智力领域的教学时，很可能唤起学生的好奇心；课堂的多样化也会唤起或培养某些学生萌芽状态的兴趣，可能激发更多的学生自主提问；最后，教师对新领域和智力采取开放的姿态，将有助于营造探究和质疑的支持性的课堂氛围。

4. 有关等待时间的个案摘要（这里只是提供了一种学生最常见和最可能写出来的案例）：教师在讲课已经结束但学生还没有下课时提问，想看看是否有人还有问题。但学生已经把书合起来，这时候已经没有等待时间了。当然，学生肯定会有疑问，但没有人会在那个时候提问，那个时间是留给快速跑出教室，而不是用于思考。

5. 将接受作为反馈：教师不知道自己有多频繁地使用接受式的反馈；这种反馈不会激发成就感；这种反馈很容易，很少需要思考；这种反馈不会伤人。在激发提问和激励观点表达或开展探讨方面，接受也是可以有价值的。

6. S。我们希望通过相互的审视使得你们的教学可以更出色。如果你和你的搭档能够达成共识，那将是一个良好的开端。

7. S。有首五行打油诗是这样的（当然你能做得更好）：曾经有一位教师，思考问题与回答，如果提供脚手架，而不是东拼西凑，学生将更加喜欢！

8. K／C。（往往有强硬底线。）

9. C。

10. E。

11. An。

12. S。我们已经作好诗了，你不要期望我们会猜测你们有什么疑问，这才真正是……你们该练习了！

练习：应对多元文化

这里提供了一个案例，用于启发读者思考。

25号教室

教师被积极的学习者吸引，一些陈旧的（有关性别和种族的）行为被强化。教师需要运用教学策略推动每个学生参与。一个办法就是给每个学生两张"反应票"，在课堂教学结束前他们必须用掉这两张票。一些学生需要教师督促才会被迫上交哪怕一张票，而有些学生则必须慢慢思考在恰当的时间选择恰当的回答。这个程序将促使每个学生关注"分享时间"。

这些观点将有助于引导读者改写本场景。

911号教室

缺少等待时间，尤其是对那些英语水平有限的学生来说；对拉丁裔女生只抱较低期望；教师通过回避整个学生群体来避免让他们尴尬，这还是说明了教师只对他们抱较低期望。

411号教室

对有些学生而言事实性问题很好，但很多学生会觉得事实性问题很无趣，或者认为教师"看低"了自己。教师在追寻成功的时候往往反而在最低的学习水平上卡壳，而学生也一样往往在这类水平上卡壳。

007号教室

该场景中很有意思的是，一个相当有技巧的教师创设了一个很有效的课堂氛围，但即使这样，还是有一部分来自不同文化背景的比较安静的学生被忽视。

OK教室

教师对学生的回答没什么兴趣，这表明了这些问题和学习内容要么无趣，要么没有挑战性。对非裔美国学生额外地大加赞赏也表明了教师对他们原本只抱较低期望或存在无意识的歧视。

5050号教室

该场景后面的分析揭露了性别不平等，即教师提问男生的次数要多于提问女生的次数，而提问女生等待的时间要少于男生。因此，你会有怎样的不同做法呢？

掌握程度测验

掌握程度测验，目标1

有效课堂提问与案例

A. 我们了解提问的哪些方面

1. 强调有关提问的研究成果

要点：太多提问，没有等待时间，太多低水平的提问，大多数提问来自教师

2. 确认迷惑学生的种种困扰

要点：控制过度帮助、贬损、操纵、怀疑、"劈头盖脸地给予"

B. 提高教师课堂提问效果的七个习惯及例子

1. 减少提问次数

例子：

（没有必要的提问就不要提。）

2. 差异化提问

例子：怎样制定我们愿意遵守的课堂常规？

3. 提出有深度的问题

例子：思考我们自己的课堂常规和本地区的有何相似之处。设计一套在这两种场合都适用的常规。

4. 广泛地提出问题

例子：创作一个与课堂规范有关的滑稽短剧、招贴画或者诗歌。

5. 用好等待时间

例子：是的，这是对的，那么你们还有其他想说的吗？（5，4，3，2，1……几秒钟的静默。）

6. 选择学生回答问题

例子：我会等到至少一半的学生举手。

7. 给出有价值的反馈

例子：反映课堂规范的滑稽短剧非常有趣，因为你们的表演说明了如果没有课堂规范我们的一天将会是什么样子。现在我们看到了课堂规范的好处！

掌握程度测验，目标 2

1. C。
2. E。
3. K。
4. C。
5. S。
6. E。
7. S。
8. An。
9. K。
10. E。
11. An。

掌握程度测验，目标 3

如果想要通过本次掌握程度测验，读者就必须能够提出与所给阅读材料相关的 12 个问题。应当在布卢姆目标分类学的每个水平上各提出两个问题；而且所提出的这 12 个问题里至少有 9 个问题必须结构良好，能够准确反映该类别的水平。

很明显根据所给阅读材料可以提出各种各样的问题。以下是根据布卢姆目标分类学的每个水平提出的三个问题。

1. 识记型问题

（a）人们对于死亡所持的多少有点矛盾的两种想法是什么？

（b）在万物之中，只有谁能预知死亡？

（c）"我们恐惧的是我们不知道将要去往哪里"是谁说的？

2. 理解型问题

（a）用自己的话解释，德莱顿所说的"我们恐惧的是我们不知道将要去往哪里"这句话是什么意思？

（b）人们往往对死亡有各种想法，请比较人们所持的两种关于死亡的不同看法。

(c) 材料里第二段话的主要观点是什么？

3. 应用型问题

(a) 回想前面我们对于明喻和隐喻的学习，思考材料第一段里的这句话运用了这两种文学手法中的哪一种："死亡或许是不受欢迎的、令人恐惧的敌人，是一个龇牙咧嘴、手握大刀的魔鬼。"

(b) 之前你已经学习了描述各种心理状态的术语和界定，那么在这些术语里，哪些能够最恰当地描述人们抗拒死亡现实、不愿设想死亡的心理倾向？

(c) 从本学期我们所读的小说里选取一个人物，这个人物要能够明显表现出这种抗拒死亡现实的心理倾向。

4. 分析型问题

(a) 你觉得为什么人们会抗拒死亡现实、不愿设想死亡？

(b) 作者觉得人们不能面对死亡这个概念。你能找出哪些证据证明这一观点？

(c) 根据材料所提供的信息，你觉得作者认为人们应该怎样应对死亡？

5. 综合型问题

(a) 写一篇诗歌或短篇故事，里面的主人公必须面对自己的死亡或他人即将来临的死亡？

(b) 如果世界上没有了死亡，你能想象生活会是什么样的吗？

(c) 对于如何帮助人们更好地接受自己必将死亡的命运，你有什么想法？

6. 评价型问题

(a) 你认为在人们的日常生活中像现在很多人做的那样忽视死亡好，还是更加关注和接受死亡好？

(b) 如果不可避免地要将死亡作为中心思想，你认为什么样的作品是最好的文学作品或艺术创作？

(c) 在你的观念里，让学生阅读有关死亡的书籍是否是个好主意？

掌握程度测验，目标 4

如果想要通过本次掌握程度测验，读者就必须设计一个包含四种提问策略的场景，并正确标出这些提问策略。由于可以有各种可能的回答，因此这里只摘录一个案例。

场景：

教师：我们来对肺的生命意义做一简要回顾，这样大家就能为下周的测验做好准备了。我们前面已经学习了有关肺的哪些问题？请大家花点时间在自己的组织表上简单写下四种观点。（时间流逝，学生各自书写。）

谁已经写了至少六种观点了？好的，噢，几乎每个人都已经至少写了六种了。萨莉塔？

萨莉塔：吸烟伤肺。（四秒钟过去了。WT）

教师：请讲得再详细一点。（R）

萨莉塔：我知道这个是因为我们曾经看过吸烟者的肺部照片，看起来太可怕了，全是黑的，都染上疾病了。

教师：你还记得我们称这种疾病为什么吗？

萨莉塔：肺气肿。我从视频里学到的。

教师：名字完全正确（SP）。现在请同学们一起阅读有关肺气肿的简短材料，然后观看相关视频。谁对这种疾病以及这种疾病如何影响肺部有疑问？大家提出的疑问能够帮助我们进行复习（SIQ）。大家先思考一会儿吧。（五秒钟。WT）

掌握程度测验，目标5

如果想要通过本次掌握程度测验，读者就必须回顾前面目标4的掌握程度测验里所涉及的场景。然后必须将学生的多样性以及相应的提问策略融入该情境中，必须提供案例说明每条提问策略中，如何展示针对个人与群体的相关知识、高期望和关注。和其他题目一样，读者的回答会各不相同，因此以下只是提供了一部分可能的回答。

课堂描述：这是一所城市小学，绝大多数学生都是非裔美国人。我是一名音乐家（非裔美国人，女性），每隔一周会去这所学校。大多数学生喜欢听和唱"自己的"歌曲，但当我介绍音乐理论和乐谱的时候，很多学生就比较冷淡了。今天我要让学生了解休止符（暂停）、节奏、切分音之间的关联。

一个非裔美国男生（杰罗德）精通音乐，却总是不喜欢在音乐课上发言。他时时刻刻都在和朋友一起说唱和跳舞，但却不把这种音乐造诣带入音乐课堂。他不喜欢参与课堂学习，也真的不喜欢被老师赞赏。在这堂课快结束时，我要求学生做一些包含了非常复杂的休止符的划分测试，学生需要完成四道测试题，还需要进行相关的计数和点读。

有针对性的表扬：杰罗德带着自己的节拍序列图来到教室前面，完美地进行了计数和点读，正确地点出了休止符和拍子记号。那么我专门针对他的表扬会是什么？"杰罗德，就是应该这么做！你不但全都做了，还全都做对了。现在请同学们来帮我一下。在今天课堂上的其他活动中，他还做对了哪些事情？我知道有四五项事情他是做对了的，现在你们谁想到一个了？"这样的表扬是有针对性的和积极的，能够强化我们的学习目标。杰罗德很有希望诚心接受这样的反馈，因为这些反馈来自他的同学。

第6章

练 习

练习：形成差异化教学的概念

1. 确保你的描述中包括了这一情境是如何让你遭受精神打击（比如，当你不能确认学习这些内容有什么好处的时候，你是否很困惑——为什么你需要学习这些内容，因为课堂教学用语不是你的母语而让你很不舒服，教师的解释说得太快让你根本无法吸收，因为早就已经掌握这些内容了却还要反复听讲而让你得不到满足，因为早已完成了任务却不能去做自己感兴趣的事情而让你很沮丧，因为早已掌握了学习内容却还不得不做相关的作业而让你感到厌恶？）和情感打击的（你是否因为打扮得与众不同而感觉受到同学排挤，你是否坚信教师因为某种理由而不赞同你，你是否因为学校里大多数同学不认同你的兴趣而觉得与大家格格不入？）。

2. 详细描述你以前的老师是如何设计学习经历或学习环境以便更适合你学习的。比如，他们有没有以下做法：

- 创造机会让学生个人提问；
- 让学生配对总结各自观点，澄清没把握的领域；

- 采用亲身实践的方式或同学示范的方式来解释相关观点；
- 允许还在学习英语的学生先用自己的母语来写，然后再翻译成英语；
- 给学生的任务可以表明相关观点和技能是如何运用的；
- 如果学生已经知道如何完成基本任务了，那么布置的作业可供学生选择；
- 找时间与每位学生建立联系；
- 帮助学生看到相互之间的长处。

3. 你的定义里可以包括以下有关差异化教学的参照。

- 教师需要积极设计（而不是即兴创作）；
- 建立在教师对每位学生学习需求的评估之上；
- 教师力图确保课堂上每位学生都能开展学习；
- 包含了时间、材料、人力资源、空间的灵活运用，从而帮助学生更好地学习；
- 为有各种需求的学生提供各种活动、作品、学习方式、支持系统；
- 是学生主导的教学；
- 包含多元的教学方式和学习方式。

如果你漏掉了其中某些要素，思考为什么你会觉得这些漏掉的要素对你而言不如你所列举的那些要素重要？你还写了哪些要素作为差异化教学含义的组成部分，为什么你觉得这些要素很重要？

另外，分析你自己定义差异化教学的方式，就是看看这个定义是否包含了有关差异化教学课堂变革、变革如何发生以及为什么会发生方面的指标。

4. 思考你的观念有怎样的变化，这些观念涉及学生存在的各种不同需求、教师在应对这些需求时所扮演的角色、课堂上课程与教学的作用以及（或）有助于学生成功的学习环境的作用等。

练习：为差异化教学构建教学理论

1. 询问教师为什么和同事会（或不会）修改教学或进行差异化教学，他们的回答往往包括了以下所列的原因。

为什么会

学生可以学到更多。

行为表现会更好。

学生会更喜欢学校。

学生能够发展自己的长处。

少有学生会感觉挫败。

少有学生会感觉无聊。

学生可以理解和识记得更好。

课堂会更加充满活力。

教师会感觉更有创造力。

学生可以按照不同的速度学习。

为什么不会

设计太费时间。

家长可能不能理解。

没有足够的材料。

没有足够的计划时间。

教室太小。

需要使用太多的材料。

那会不够公平。

我不知道该怎么做。

同事会讨厌我。

教室里会太吵闹。

学生会无法独立学习。

2. 想想你的回答（以及同事的回答）跟以上所列有何相似之处，或者有哪些不同。为什么你认为有相似之处？为什么你认为有不同之处？跟以上所列比较类似的一种常见理由模式就是，开展差异化教学大多数是因为关注学生的需求，为了学生，而不开展差异化教学大多数是因为关注教师的需求，为了教师。你了解这样的理由模式吗？这是不是意味着教师将学生放在第二位？又或者是有其他原因（比如教师在熟练教学前只有用自己的教学方式才感觉比较舒服）？你作为新教师，从自己所列的回答中看出了什么？

3. 想想你所写的或所说的理由中，与自己作为发展中的专业工作者和学生面对挑战并取得成功的需求有关的那些理由。比如，你或许会说，你想要帮助学生维持学习动机，因此需要了解不同的学生有怎样的学习动机。在这种情况下，如果想要做到了解学生有怎样的学习动机，并能自如地运用所搜集到的这方面信息，你该怎么做？

练习：检验有针对性的教学中的课堂联系

1. 在思考用图示法描述莱克斯夫人教学中教学对象、教学地点、教学内容和如何教学这四者时，需要考虑关键的两点。首先，她对教学对象的想法决定了其他方面的想法。其次，这四个要素里每个要素都为其他要素提供了"反馈回路"。比如，思考课堂应该如何设计以便所有学生都能面对挑战并取得成功（教学地点），这个要素影响了莱克斯夫人在某个时间节点会如何教学。同样地，思考如何通过教授一个观点或技能促使学生有所收获，这个要素又会帮助莱克斯夫人反思什么内容是真正必要的、必须放在教学内容里的。

2. 在这个流程图里，四个要素相互之间有可能有一定的距离、互不相关，也有可能会因为不局限于把学生放在思维逻辑的顶端而有所关联。比如，把"教学内容"放在思维逻辑的顶端，则整个流程图就会是这样的：每个人（教学对象）在严格控制的学习环境下（教学地点）以同样的方式（如何教学）学习相同的材料是很重要的。

在分析你回答问题1和问题2时所做的流程图时，很重要的一点是要关注教师一开始并不将学生的成长与成功作为教学思考的中心，到进行教学设计时却能够将学生的成长与成功作为教学思考的中心，这之间的变化是如何发生的。

3. 由于读者所选择的信念不同，答案也会各不相同。比如，如果读者认为某个特定年龄阶段或年级的学生应该在同一个时期以同样的方式学习同样的内容，这一信念会影响教学对象，因为教师不会觉得需要满足不同学生的不同学习需求；这一信念会影响教学地点，因为这一信念使得教师在以教师为主导的课堂上感觉更为舒适；这一信念会影响教学内容，因为在这样的信念下就可以使用同样的材料和教学目标，而不需要变化；这一信念会影响如何教学，因为教师在某个时间对所有的学生采用同一种教学方式时会感觉很舒服。另一方面，如果你坚信学生必须在课堂上感到安全放心才能在学习上有效进步，这一信念会影响教学对象，因为教师会仔细搜寻每个学生如果想要感到安全放心的话会有什么需求；这一信念会影响教学地点，因为教师会不断搜寻学生对于学习环境的反馈，并据此做出调整；这一信念会影响教学内容，因为教师会将教学内容与不同的学生兴趣、感受相结合；这一信念会影响如何教学，因为教师会寻找能促使每个学生最大限度取得成功的教学策略和教学方式。

4. 大多数课堂上采取评分时的假设就是，评分的基本功能就是"做出区分"或者将每个学生与标准进行对照。在差异化教学的课堂上，有一个假设就是，评分的一个重要构成必须是考虑学生个人的成长。在回答有关评分的问题时，读者有没有确认前面莱克斯夫人关于学生的信念与关于评分的信念之间存在怎样的关联？在回答有关评分的问题时，读者有没有确认前面莱克斯夫人关于学习环境的信念与关于评分的信念之间存在怎样的关联？在回答有关评分的问题时，读者有没有发现，在莱克斯夫人的课堂上评分或许已经不再用于惩罚有学习障碍的学生，或者也不再用于奖励那些恰好比较适应学校学习的学生？

读者在思考自己关于教学与评分的信念时，有没有探寻有关这四个要素（教学对象、教学地点、教学内容和如何教学）的信念与自己的评分信念之间的关联？

练习：以学生的需要为基础，设计差异化教学

1. 预先评估方案要求学生解释和（或）证明自己是否掌握了与本次评估内容相关的知识、理解与技能。换句话说，如果预先评估方案包括了本章节里最重要的知识、理解与技能，那么你就需要将这个预先评估方案与教材该章节内容对应起来。

2. 检查确认你原始的教学活动确实达到了本堂课所设置的学习目标。换句话说，只要教师完成了教学任务，是不是学生基本上就能够达到学习目标？

当你给学习该内容有困难的学生设定原始的学习任务时，需要确保：（a）提供必要的支持，帮助学生从任务中学习并胜利完成任务；（b）设定难易程度符合学生水平的任务；（c）继续完成任务中核心的学习目标。在以上过程中，你可以提供学生非常熟悉的事物来满足学生的需求，将任务设计得更具结构性，减少完成任务所需要的步骤，利用更简单易读的资源，或者直接给学生做示范，从而使得学习有困难的学生更容易完成任务。例如，如果你的课堂教学有图表组织，那么可以在发给学生的图表里涵盖一部分组织图，这么做可以帮助学生了解所需的信息类别。如果学生需要做研究，教师可以提供模板引导学生搜集并分析信息。这种额外的组织结构图的引导对学生而言，比只是泛泛地要求学生搜集信息并解读信息要更有帮助。

当你给学习比较超前的学生设定原始的学习任务时，需要确保：（a）提供刺激，拓展学生对于该任务核心思想的理解以及（或）技能的运用；（b）继续完成任务中核心的学习目标。在以上过程中，你可以通过将新思想和（或）技能的运用变得更复杂或更抽象，使任务变得更开放，将技能的运用或模式变得更陌生，将任务设计成如想成功完成就需要更多思维步骤的形式，要求学生学习参照类似专家的标准，提供更高级的资源，从而使得学习比较超前的学生所面对的任务更具有挑战性。

3. 或许你还想反思教师是如何拓展你对该学科或该主题的兴趣的，也想反思教师是如何改变你对于自己作为一个人和（或）一个学习者的看法的。教师有没有什么信号表明他已经了解了你的才能？从教师角度来说，教师需不需要通过额外的思考或努力来拓展或产生对你的兴趣？是否有证据表明教师对别的学生也做了跟对待你一样的事情？为什么你觉得教师所做的事情激发或拓展了你的兴趣？

4. 你的受访者在多大程度上探讨了他（或她）在学校的感受，又在多大程度上探讨了他（或她）在学校的所学？受访者所探讨的教师、作业、学生、人生目标、友谊、分数、课堂常规与你的有何相同之处或者不同之处？现在你已经成为教师，你觉得通过怎样的方式才有可能成为受访者眼中有效的教师或不太有效的教师？想想为什么会这样。

5. 有很多策略可以加在本章前面所列的表格里，这里只提供其中的一部分。

根据学生的准备程度调整教学：教师展示阶段的策略

让学生一起朗读复印的关键提示和重要指南，这是针对学习困难学生的一种支持性策略。

要求学生倾听教师的讲授，扮演所述内容中的一个角色，并从这个人的视角围绕本主题提出不同的观点（比如，学生在听教师讲故事的时候，假想自己就是故事里的一个角色；又或者在听有关西进运动的时候，学生假想自己就是其中的一位美洲原住民），这种策略能够拓展学习超前学生的相关思维。

根据学生的准备程度调整教学：学生学习阶段的策略

对于学习本内容比较困难的学生，要求他们按照比较熟悉的模式学习，但对于学习超前的学生，则要求他们按照不太熟悉的模式学习（比如，对大多数学生而言，编写一个故事比给编辑写一封信要熟悉得多）。

要求学生在完成学习任务或完成学习作品的时候，多跟能促进自己思维的同伴请教，这样每个人就能得到更多有价值的想法，以促进自己的学习。

根据学生的兴趣调整教学：教师展示阶段的策略

选读一些名人探讨自己的激情与兴趣的篇章，比如在中学历史课上，阅读马娅·安杰卢有关民权的思想；在艺术课上，阅读约翰·列侬有关艺术与音乐之间联系的一些思想；在科学课上，阅读默里·盖尔-曼有关文学的思想，或者阅读刘易斯·托马斯有关音乐的思想。往往在一个领域有名的人会对另外一个领域也有兴趣，他们为学生的兴趣和特定学科内容之间架起了有益的桥梁。

教师在讲授时可以采用打比方的形式：解决这个数学问题和用砖搭房子之间有怎样的相似之处？美国宪法的演变和暗室工作之间有怎样的相似之处？等学生看到你在做什么的时候，要求学生将自己感兴趣的事物和教师所教授的事物之间联系起来尝试打打比方。

根据学生的兴趣调整教学：学生学习阶段的策略

要求学生比较专家在教师所教领域的工作和贡献与专家在学生感兴趣领域的工作和贡献。

给学生时间，让学生在单元学习开始时和学习过程中提出自己关于所学内容方面的问题。调整学生的任务，以便尽可能多地解决学生的问题。还要帮助学生养成习惯,在学习结束时继续搜寻仍然未知的问题,从而帮助他们理解并积极参与对于知识的持续探索过程。

根据学习风格调整教学:教师展示阶段的策略

要求学生告知以往学习中他们学得最好时教师的教学方式,然后将这些教学方式融入自己的讲授模式里。

帮助学生意识到教师想要运用各种讲授风格,让学生分析哪种教学风格对他们最有效。

根据学习风格调整教学:学生学习阶段的策略

让学生以不同的方式完成任务或作品,记录下学生是如何学习的,随时分析各种学习方式带来的结果,最后得出学生自己工作与学习倾向方面的结论。

给学生提供挑战,让学生审视一个主题,完成一项任务,或者采取多种模式制作作品。然后让学生思考他们从两种而不止一种的视角开展学习时,发生了什么,哪种对他们更有教学意义。

练习:检验有效的差异化教学原则

1. 在这三个表格里,大多数策略需要提前计划。当然有些策略与其他策略相比需要更多的计划。在这些策略中,相对不太需要预先计划(相对而言)就能"当场"使用的策略有:

- 运用复杂或抽象观念的具体解释;
- 时不时停下来让学生反思和提出问题;
- 通过提问逐步增加课堂讨论的难度;
- 指导学生取得成功;
- 运用等待时间。

但是,即使是这些策略也需要一定程度的思考和计划才能有效实施,特别是在教学的早期阶段,几乎所有的教学常规都需要审慎思考。比如,从基本的理解到越来越复杂的一系列有序排列的提问并没有看起来那么容易实施。一定要对自己在表格中所添加的内容进行分析,确认这些策略是否需要预先计划。

2. 有多种方式可以用于审视差异化教学的核心原则与教学对象、教学地点、教学内容和如何教学这四个要素之间的联系。这里只提供了与其中三条核心原则有关的答题思路。

(a) 差异化教学是积极主动的而不是消极被动的。

教学对象:教师会注意到,当场发现学生的差异并不足以解决学生的学习之间存在巨大差异的问题,不足以提供有意义的挑战,不足以关注语言需求,不足以满足一系列的兴趣等。

教学地点:教师很可能会一直做计划,以便灵活有效地利用空间,帮助学生构建一个积极的学习共同体。

教学内容:需要通过认真审视标准、教材资料、教师自己有关本学科的知识,来确认每个学生在学习本学科的时候需要学习哪些核心的知识、理解与技能。

如何教学:教师必须仔细计划教学任务,既保证差异化教学,又确保每个学生获得支持并有机会去掌握关键的知识、理解与技能。

(b) 教师持续评价学生理解,并基于评价结果调整计划。

教学对象:如果我要评价一个学生,我会利用很多不同的资源,从而发现学生究竟知道了什么，学生对什么感兴趣，哪些能使他们的学习最有效。

教学地点：课堂上每个人都必须尊重学生之间存在的相同之处和不同之处，明白教师为什么要花时间解决特殊的学习需求，为什么要建立差异化课堂教学常规。

教学内容：持续的评价有助于教师形成教学的逻辑序列，知道什么时候需要围绕学习目标重复教学或者拓展教学，知道如何将教学内容变得对学生而言更有趣。

如何教学：针对不同的准备程度设计任务和作品，或者关注不同的兴趣，这些都使更多的学生能够在内在学习动机驱动下有效学习。

（c）有效的差异化教学课堂关注成长。

教学对象：通常学生无法掌控自己参与学习时的准备程度和背景经验。教师很可能需要通过对每个学生赋予成长的期望，支持每个学生的成长，当学生成长时给予肯定，从而最大程度地激发学生的潜能。

教学地点：如果当课堂出现错误或当学生达不到规定的时间表上所列的标准时，学生就必须要接受惩罚，那么在这种情况下教师是不可能将课堂创设成一个安全的学习场所的。如果学生并没有达到"优秀"，教师却给予奖励，那么这种情况下教师是不可能将课堂创设成一个富有挑战性的学习场所的。

教学内容：教师在逐步理解自己所教内容时，还需要掌握一系列的观念和技能，用以引导学生并评价和支持他们的成长。

如何教学：教师需要通过各种方式来教学，帮助学生通过各种方式来学习，从而在最大限度上促进每个学生的成长。

练习：想想自己怎样进行差异化教学

1. 你的回答应该源自你自己的具体信念，这里只是提供了一些可能的例子。

信念：我的学生将按照不同的速度学习。

行动：在课堂上我会留出时间，让需要更多学习时间的学生能够继续完成任务，让已经完成任务的学生能够继续有重要的任务可以完成。

信念：课堂上出现错误也是学习过程的一部分，学生在学习时应该感觉到安全。

行动：学生在完成特别重要的作业时，我会确保学生能够获得反馈，让学生在上交作业前知道该如何完善自己的作业。

信念：如果学生对教学内容感兴趣，学生就会学得更好。

行动：我会寻找各种方法激发学生的好奇心，让他们看到所学习的内容在他们自己的生活里是怎样发挥作用的。

2. 教师可以做很多事情来帮助蒂亚、卡洛斯、山姆在学校里获得更多的收获。以下是针对这几个学生的一些设想。

蒂亚：她的学习要比班级里其他很多同学都超前，因此对目前课堂的教学节奏和难易程度感到很沮丧，因为很多时候她必须坐等其他同学完成，而没有机会按照自己的速度成长。此外，所处的学习环境也让她感觉不能自由地提出自己的疑问和想法，因为这些疑问和想法会让她显得跟同伴格格不入。

建议：
- 围绕同一个学习目标提供相关的材料或活动，但在思维和理解程度上要求更高。

● 和蒂亚一起设计与学习目标有关的后续任务，这样她就能在掌握了本单元的关键信息和技能后继续学习下去。

● 要求蒂亚完成与本学习内容相关的复杂的日记评论，这样她在完成日记时就能拓展自己相关的思维。

● 课堂上留出时间与所有学生分小组学习（包括那些学习超前的学生），这样教师就能促使学生超越现有的想法和技能。

● 确保蒂亚能够经常和同样超前的学生一起学习。

卡洛斯：这个学生很明显已经被教学内容的数量、水平和教学节奏给压垮了。这或许是因为他存在学习障碍。这或许是因为他是第二语言的学习者。他只是因为缺失其他学生所具备的背景知识和经验，这些背景知识和经验使得其他学生更容易适应"学校的学习生活"。他或许存在未知的学习问题。不管怎样，他在课堂上已经陷入了困境，不断因为自己跟不上大家的感觉而备受打击。

建议：

● 在单元教学开始前，预先评估学生的知识与技能，做好计划，利用规模较小而且由教师主导的小组帮助学生掌握他们学习时所需要的知识和技能，从而弥合学生之间思维上的差异。

● 在学生课堂上必须记笔记时，采用包括关键词汇表在内的图表组织。

● 帮助学生学会确认课堂讲授中哪些是关键点、哪些是干扰或是不太重要的内容。

● 在学生记笔记的时候，确保教师在黑板上或投影上提供了整幅组织图。

● 在讲授之后组织"总结小组"，这样学生就能将他们自己听到的和同学所听到的进行比较，随后再由学生提问。

● 确保学生有机会能够比较舒适地运用自己已经掌握的技能和知识，这样就能够解决对他们来说比较困难的事情。

● 如果学生英语说得不好，可以帮助这个学生建立一个支持系统，这个系统可以帮助提供翻译、重复教学、审视想法、获取学习反馈、组建学习小组等。

● 如果某个学生英语说得不好，那么这个学生可以用自己这个活生生的例子帮助同学更好地理解同时学习一门新语言和一门新课程是多么巨大的一个任务。教师可以帮助其他学生多想一想办法，思考如何帮助该学生并及时庆祝该学生所取得的进步。

山姆：不管出于什么原因，山姆总是不能好好坐着。或许他是一个过度活跃的人。或许他只是一个喜欢摇摆的人，也就是说只有身体摇摆而不是端坐听课才能学得最好。他还似乎需要一个为什么学习的理由——或许需要看到这些信息得到运用时会是什么样子。他或许需要一个能够容忍身体摇摆而且基本上实践多于信息传递的课堂。

建议：

● 允许学生只要不干扰别人，就可以在课堂上动一动。

● 帮助山姆了解自己想要动一动的需求，并帮助他学会在学习和阅读的时候如何活动以便促进自己的注意力集中。

● 常常从一个活动转换到另外一个活动，或从教师讲授转换到学生学习。

● 经常运用简单的同伴讨论小组形式，确保所有学生持续参与，确保每个学生有机会积极参与。

● 不断介绍所学内容在人们生活中的作用。

● 让山姆示范所学内容在实践中的运用，并（或）分配给他需要实践的课堂作业和课后作业。

3. 读者自己的差异化教学目标不同，回答也会各不相同。有可能任何一个差异化教学的步骤都会在某种意义上对蒂亚、卡洛斯、山姆提供帮助。请读者检查各自的回答，看看与其他没有设置这些目标的教师相比，你的每个目标是否确实能够帮助到这三个学生。

掌握程度测验

1. 利用以下信息帮助读者审视自己对于本测验里前两部分的回答。你可以有各种方法修改自己的课时计划和课堂教学，以便促使课堂更加适合蒂亚、卡洛斯、山姆。以下信息中列出了这三个学生的学习需求以及教师可能的反应。而本测试第三部分的回答则基本上取决于读者个人。

蒂亚

学生需求：

● 快速学习；

● 更高的挑战；

● 完成前面任务后出现更有意思的任务；

● 有机会回答她个人的疑问；

● 有机会和水平相似的同伴一起学习；

● 与教师交流的时间；

● 源于努力与成长的优越感；

● 作为学习者的自我效能感；

● 一个赞赏个体差异和寻求成长、支持与认同的课堂。

教师对学生需求的反应示例：

● 提供相关的更高水平的书籍和其他资源；

● 提供分层任务，这些任务有更复杂的指导、步骤和要求；

● 借助兴趣中心、子课题的具体研究以及（或）独立学习，允许学生探索自己的疑问和兴趣；

● 运用灵活的分组方式，包括将同水平的学生分为同一组；

● 确保教师能够帮助学习超前的学生持续成长；

● 鼓励学生建立一些有关学习任务和作品更个性化的成功标准；

● 提供包含非常高的成功指标的量规；

● 确保个体成长作为反馈和评分中的一个重要依据；

● 与学生探讨评价他人观点的需求，并在教师自己的教学中，为学生亲身示范应该如何接受他人的观点；

● 请资优教育资源中心的老师提供建议。

卡洛斯

学生需求：

- 写作方面的支持；
- 记笔记方面的支持；
- 理解和遵从指示的支持；
- 围绕某个主题或单元形成相关概念"大图表"方面的指导；
- 努力学习争取成功时提供的组织结构与反馈；
- 围绕某个主题或技能获得额外教学的机会；
- 优秀的表现源于努力和成长的感觉；
- 作为学习者的自我效能感；
- 一个赞赏个体差异和寻求成长、支持与认同的课堂。

教师对学生需求的反应示例：
- 利用一些任务选项，这些任务选项展示了学生对于最基本写作的理解情况；
- 提供指导性的记笔记的方法，通过黑板或投影示范这些记笔记的有效方法；
- 提供记笔记的模板或指南；
- 确保小组里的成员认真听课、抓住要点；
- 利用概念图或类似的组织图帮助学生了解各个观念和信息之间有何联系、有何作用；
- 将指导说明录下来；
- 利用重复教学的机会或微型工作坊帮助需要额外教学的学生；
- 利用灵活的分组形式，包括让学生有机会在不同水平成员组成的小组里学习，这样所有的学生都能对小组做出重要贡献；
- 利用高回报的作品或评价，这些高回报的作品或评价需要学生运用通过有意义学习所掌握的知识；
- 提供包含清晰的成功指标的量规；
- 在完成学习任务和作品的过程中提供教师和同伴的反馈；
- 鼓励学生建立一些有关学习任务和作品的属于他们自己的成功标准；
- 确保个体成长作为反馈和评分中的一个重要依据；
- 与学生探讨评价他人观点的需求，并在教师自己的教学中为学生亲身示范应该如何接受他人的观点；
- 请特殊教育资源中心的老师或阅读方面的专家提供建议。

山姆

学生需求：
- 做一个积极的学习者的机会；
- 动手做的学习；
- 紧张的学习中能够有一定的间隔；
- 特定知识与学习之间相关性的了解；
- 实践性任务；
- 对自己学习风格的了解；
- 优秀的表现源于努力和成长的感觉；
- 作为学习者的自我效能感；
- 一个赞赏个体差异和寻求成长、支持与认同的课堂。

教师对学生需求的反应示例：

- 提供很多动手做的学习机会；
- 利用各种资源和灵活的分组提供学习的各种变化；
- 利用学习任务和选择机会将与人们的生活、工作和兴趣有关的知识和技能联系起来；
- 运用基于问题的任务、作品和评价；
- 鼓励表现学习的模式多样化；
- 利用概念图或类似的组织图帮助学生了解各个观念和信息之间有何联系、有何作用；
- 帮助学生明确、理解和利用自己的个人学习风格；
- 提供包含清晰的成功指标的量规；
- 在完成学习任务和作品的过程中提供教师和同伴的反馈；
- 鼓励学生建立一些有关学习任务和作品的属于他们自己的成功标准；
- 确保个体成长作为反馈和评分中的一个重要依据；
- 与学生探讨评价他人观点的需求，并在教师自己的教学中为学生亲身示范应该如何接受他人观点；
- 请特殊教育资源中心的老师或资优教育资源中心的老师提供建议。

2. 回答示例

（a）学生作为学习者在准备程度、兴趣和学习风格上各不相同。这些差异会影响学生如何开展学习，如果教师恰当地处理这些差异，学生就能更为有效地学习。

学生的需求是被校内外的经历、机遇、文化、性别、个人的优点与不足共同塑造的。

要满足学生的各种需求，教师就需要信任每个学生有学习的可能性；需要教师研究自己的学生，充分了解学生，从而有效教学；需要教师清晰表述课程目标；需要教师运用持续性的评价，从而掌握学生与学习目标相关的进步，并根据学生掌握情况调整教学；需要教师根据学生的准备程度、兴趣和学习风格进行教学设计。

随着时间的推移，教师越来越能够有效满足学生的需求。

我真的很关注学生，我认为这种关注对我很有帮助。我希望我的课堂对学生而言是有效的，我也希望通过自己的努力促进这种有效课堂。

我不介意犯错，我希望从错误中学习。我认为在学习如何进行差异化教学的过程中，犯错也是很重要的，因为只有教师具备了耐心和坚持，才能最后很好地掌握差异化教学。

（b）我觉得研究自己的学生对我而言是很自然的事情，因为我喜欢了解他人。我知道曾经影响过我的教师就是把我当作一个个体来看待的，现在我也想对自己的学生做同样的事情。

我觉得制定清晰的课程目标对我而言是很自然的事情，因为我已经很熟悉科学课了。我知道课程目标有什么作用，也希望我的学生看到课程目标的价值而不是仅仅识记这些信息。我已经非常审慎地表述了学习目标，然后我就能在开展教学活动前，检查自己的课程设计是否与这些学习目标相匹配。

我还努力确保学生知道我们学习这些课程内容的目标是什么，并在每堂课和单元学习结束时，让学生反思他们对这些目标的感受如何。

我觉得我能够很好地运用持续性的评价,来让自己知道学生学得如何。我不能想象,如果不能知道谁学到了哪些我所教授的内容,教学该怎么开展,如果学生不知道该学些什么,教师又该如何去帮助学生学习。

(c) 我觉得对我而言管理多元化教学的课堂很有挑战。现在我还没有信心能够管理任何课堂,管理一个不同学生在同一时间做不同事情的课堂对我而言很困难。

我觉得很难真正了解自己的学生。我在高中要教 150 个学生。我无法想象我该如何去熟悉这 150 个学生。此外,我要教授非常丰富的课程内容,我无法想象在紧张的课堂教学过程中我还能有时间与学生交流其他什么事情,我只能告诉学生该学些什么从而确保通过学年末的考试。

我觉得学生的生活跟我自己像他们这么大的时候的生活已经不一样了,因此很难理解学生眼里的学校是怎样的。我来自一个什么都不缺的家庭,我所说的语言就是上学的学校所用的语言,而我的父母很能理解人,也会支持人。我知道家长想要我在学校里好好学习。但所有这些却不是我现在的所有学生都具备的,我没法预先假设说我的学生对学校的看法会和我的一样。

(d) 我知道需要花费很长的时间才能真正掌握如何教学,从而对每个学生的学习都能有所帮助。我希望能慢慢地开始,然后逐渐地进步。我不指望自己一下子就能很完美,我希望能够慢慢地掌握——就像我希望学生在课堂上慢慢地坚持学习一样。

我希望自己眼里有学生,并能从学生身上学到东西。我会问学生我的课堂上哪些对他们有帮助,哪些没有帮助。我希望能够听到学生对于改善课堂的意见。

在我的教师职业生涯里,我希望自己也是一个积极的学生。为此,我想要不断地读书、研究教学,我也希望所在的学校能够支持我这么做。如果学校支持,我会抓住能够促进自己的一切机会。如果学校不支持,我就自己独立学习。我希望从各个领域汲取营养,学习如何教那些超前的学生、有学习困难的学生、来自不同文化和种族的学生、在家有问题的学生。我知道自己在这些方面还有很多需要学习,我是一个孜孜不倦的学习者和阅读者,而且在学习和阅读方面我都很想坚持下去。我还希望我的学生了解到我也像他们一样在不断学习。

第 7 章

练 习

本练习的回答因人而异。

掌握程度测验

掌握程度测验,目标 1
多元文化教学方式的特征

读者可以对盖伊的分类做出自己的解释,但读者的回答应该体现多元文化教学方式的关键构成要素,包括:

- 对学生身份的肯定;
- 一种整体的教学方式,不会逼迫学生摆脱自己的文化身份去追求学业成功;
- 对多元文化教学方式最本质的了解,包括了解教什么(课程)、如何教以及课堂的氛围与文化;

- 将教学作为为学生赋权的工具；
- 允许学生设想和认识自己生活得到拓展的可能性；
- 整体解决学校和社会的权力关系问题，特别关注这些权力关系问题对以往在学校未能得到充分服务的那些学生的影响。

掌握程度测验，目标2

文化身份盒

很难通过这样一个活动就认识和表述你所有的个人和文化身份，但是在创建和反思自己的文化身份盒的时候，需要考虑以下这四个方面：

1. 内容：在创建自己的文化身份盒的时候，是否已经体现了你对自己身份的综合考虑？你的文化身份盒是否能够代表你身份的各个方面？盒子里所放的东西是否能够代表你自己？你能否清楚地说明盒子里东西所代表的含义？

2. 表述：在创建这个盒子的时候有没有付出足够的努力？这个盒子是否反映了你对自己学生期望的水平？

3. 创造性：你的盒子是原创的吗？在选取或制作放入盒子的东西时，是否体现了你自己的创造性？

4. 反思：你如何使自己的文化身份有意义，特别是跟与自己有相似身份或不同身份的人相比的时候？

掌握程度测验，目标3

身份圆饼图

你的反思应该体现思维的深度。这些反思需要探究在这一过程中你了解了什么，以及你对课堂上的其他人又了解了什么。你需要指出哪些文化身份让自己感觉特别自豪，又有哪些文化身份使你感觉被人排斥或被消极对待。最后，请考虑探讨你关于自己（与他人比较）新的或被强化的认识对课堂教学的影响。这种自我感知将会在多大程度上提高你的能力，使你能够跟与自己文化背景不同的学生一起学习？

掌握程度测验，目标4

设计一堂多元文化课

你所设计的多元文化课必须包括以下几个部分（但不仅仅局限于此）：

原理：

你应该提供一个深刻的原理来支撑自己教学的主要观点，而且这个原理还应该能够直接指明你在多元文化教学方面所做的努力。

目标：

这份教案应该包含清晰表述的、简明的目标，这些目标与你所讲授的内容相关。你在编写这些教学目标时应该考虑采用布卢姆的教育目标分类法。

州或地区的学习标准：

你应该指出与你所要教学的内容相对应的州的学习标准。确保在所设计的教案里包含了对于如何达成州的学习标准有简要的描述。

调整：

在适当的时候你应该做出必要的调整，从而能够更为适切地满足班级里所有学生的学习需求。

程序：

这份教案应该包含教学预期如何开展方面的纲要。比如，教学活动从预先准备的教材开始，然后出示新材料，最后以实践性的活动和讨论结尾。

评价：

这份教案应该指出教师准备如何评价学生掌握学习内容的程度。

材料：

在这份教案里适当的地方，还应该包含有关你赖以促进教学的材料的罗列及简要说明。

掌握程度测验，目标 5

文化浸润

	优秀的	熟练的	新手的	不合要求的
学术来源/促进理解	利用各种各样的书面资料，从相当的深度和深刻的理解出发解释自己的发现，利用一些非传统的资料。	利用一部分书面资料，充分解释自己的发现和良好的理解，利用一些非传统的资料。	利用一部分书面资料；充分解释自己的发现，能够有一定的理解，如果有的话，利用一种非传统的资料。	利用极少的书面资料，而且书面资料差异不大或者单一；对资料做出贫乏解释，极少有自己的理解；没有利用非传统的资料。
个人经验来源	运用多种方式（表演、餐厅、广播、电视、互联网等）身体力行地积极参与到该群体中，长期浸润的明晰证据。	高于平均水平的文化浸润方面的努力，利用一些具体方式；一定时期的文化浸润的证据。	以特别单一的方式在文化浸润方面所做的一些努力，短期文化浸润的证据。	很少或没有文化浸润方面所做的努力；如果有的话，也是极少花时间接受文化浸润。
个人反思（这一群体是如何在美国保留自己的文化的?）	很顺畅、很恰当地将新文化下的经历与自己的文化和美国的大众文化联系起来，在接受文化浸润的同时探讨个人感受，得出一些有关文化差异方面有深度的个人结论。	能以高于平均水平的方式将新文化下的经历与自己的文化和美国的大众文化充分联系起来，在接受文化浸润中探讨一些个人感受，得出一些有关文化差异方面的个人结论。	将新文化下的经历与自己的文化和美国的大众文化充分联系起来，在接受文化浸润中很少探讨个人感受，极少得出有关文化差异方面的个人结论。	很少或不能将新文化下的经历与自己的文化和美国的大众文化联系起来；在接受文化浸润中很少或者不能探讨个人感受；即便有的话，也极少得出一些有关文化差异方面的个人结论。

第 8 章

练　习

本练习的回答因人而异。

掌握程度测验，目标 1

1. 班级管理可以界定为教师为创设一个尊重、关心、有序而高效的环境所采取的行动。

2. 纪律这一术语指的是教师针对问题行为（比如命令别人，将剥夺某项权利作为惩罚）采取的措施。纪律只是班级管理的一个方面，它是一个更为宽泛的概念，所包含的策略既有用于阻止问题行为的也有处理问题行为的。班级管理的目的是支持和帮助学生学业学习和社交情感学习。

3. 多元文化的班级管理指的是应对来自不同的人种、种族、语言和社会阶层背景的学生所需要的知识、技能和倾向。实施多元文化班级管理的教师发现，不同文化包含不同的信仰、价值观以及对人类行为的假设。我们必须将这些文化偏见提升到意识层面，反思它们如何影响教师与学生之间的交往，获得"文化内涵知识"——对不同文化下价值观和标准的理解（包括白人中产阶级的文化）。

4. 白人中产阶级的文化（学校里所表现出来的）赞赏的是个人成就、独立、竞争和效率。相反地，集体主义的文化强调的是合作、和谐、为集体的利益服务。来自集体主义文化的个体一般会避免展示个人成就。

掌握程度测验，目标 2

1. AN。
2. P。
3. AV。
4. AV。
5. AN 和 AV。
6. AN。
7. AV。
8. P。
9. AV 和 P。
10. AV 和 P。

练　习

1. 问题 1 的回答因人而异。
2. (a) 是比较好的逸事记录，因为它比较客观、具体和综合。

掌握程度测验，目标 3

1.

	直接影响	间接（象征性的）影响
a.	在全班讨论中学生无法面对面地互动，教室后排的学生很难听到前面学生的声音。	教师不想进行全班讨论，教师不认为全班讨论有价值。
b.	学生之间将会相互影响。他们会实现社会化，在完成学习任务时相互帮助。	教师希望学生相互影响，在完成学习任务时相互帮助。
c.	讲西班牙语的学生和讲英语的学生都能知道东西该摆放在哪里，还都学习了其他语言里的一些单词。	教师对西班牙语和英语同样看重。
d.	学生能够轻易地处理垃圾，而不太会将垃圾扔在地上或塞满课桌。	教师强调整洁；教师希望学生保持教室整洁；教师体谅学生，不会让学生走到教室前面来扔垃圾。
e.	削铅笔很困难。	教师不希望学生削铅笔，卷笔刀是给教师用的。

2. 教师可以通过询问，从学生和（或）学生的家人那里获取"文化内涵知识"，具体可以参见文中"提高文化素养"部分所列举的内容。

3. "这已经超越了友好,是嘲讽了";"贬损和骂人会让人受伤";"这种行为在这个教室里是不被接受的";"我们希望这个教室是一个安全的、尊重人的地方,坐在里面的大家都很关心他人的感受"。

4. 守则是一般情况下的标准。程序或规则是完成特定的任务(比如削铅笔或整队)时所遵循的。

5. 参考文中"为家长会做好准备"和"开家长会"部分所列举的内容。

6. 对于较轻的问题行为,教师可以采用非语言的策略(比如"教师的目光"、手势、缩短物理距离),比较温和的、委婉的语言策略(叫一下学生的名字,将学生的名字嵌入当前的教学活动,委婉地表达),或者更为直接的策略(包括提出要求)。

7. 对于较重的问题行为,教师可以运用惩罚或行为后果方式,比如私人会谈、取消某项特权、联系家长、放学后留校。如有必要,教师可以将学生带离教室或者将学生带到办公室。

8. 传统的惩罚似乎很武断,跟问题行为本身似乎没什么联系。与问题行为有逻辑联系的后果则与问题行为直接相联系,学生可以看到两者之间的关联。如果学生把名字写在了课桌上,传统的惩罚就是课间叫他留下来或放学后叫他留下来。与问题行为有逻辑联系的后果则是要求学生把课桌上的字迹擦掉。

9. 做记录的方式很有用,因为:(1)记录有助于你更好地思考学生的行为模式;(2)记录提供了书面的记载,这样可以与其他人分享;(3)记录提供了书面记载,当你被要求提供信息的时候,你就可以拿出来使用。记录都应当包括学生的姓名,事件发生的时间,事件发生的地点,参与或目睹该事件的其他人的姓名,对学生问题行为的完整准确描述,对教师行为完整准确的描述,教师的签名,做记录的时间,(如果学生阅读了这份记录的话)学生的签名。

10. 问题10的回答因人而异,这里不再提供具体答题要点。

第9章

练 习

练习:组建学习小组

姓名	基础分数/排名	分组
阿里	73/9	C
安迪	75/8	B
卡萝尔	64/11	A
丹妮尔	80/6	B
艾迪	97/2	B
艾德加	82/5	A
杰克	46/12	B
玛丽	92/3	C
萨拉	99/1	A
山咲/千里	78/7	A
塔米	90/4	C
特拉维斯	69/10	C
*答案可以不同。		

练习：学生小组学习

A 小组

伟大小组 x̄＝12.5

B 小组

优良小组 x̄＝7.5

C 小组

超级小组 x̄＝22.5

D 小组

（没有加以识别）x̄＝4

E 小组

伟大小组 x̄＝16

x̄＝所提高的分数的平均值

练习：切块拼接法

回答可以各有不同，以下是一些示例：

1. 散点图、数字表格、圆饼图、柱状图。
2. 情节、人物、环境、历史背景。
3. 植物群、动物群、地质情况、天气情况。
4. 教育、运输、工业、社会角色。

练习：学术争论

A. 回答可以各有不同。

B. 正确/错误。

1. F。设计学术争论是为了让学生熟悉与某个问题有关的事实以及一些观点。
2. F。学术争论的目的是整合所有的信息和相关的观点，形成一个新的、较好的综合思想。
3. T。
4. T。
5. F。学术争论中的学生配对和组队应该最后形成异质小组。
6. F。学术争论中占据一个强势的立场是为了更好地掌握学习内容。
7. T。
8. F。个人成绩要基于个人的学业成就。

掌握程度测验，目标 1

1. F。
2. T。
3. T。
4. F。
5. F。
6. F。
7. T。
8. F。

掌握程度测验，目标 2

A. 简要回答。

1. (a) 积极互助——我为人人，人人为我。

   (b) 在小组层面和个人层面的责任——整个小组的成功基于每个成员的进步。

   (c) 面对面的积极互动——相互帮助学习。

   (d) 人际交往技能和小组活动技能——在完成学习任务的同时直接教授社会技能。

2. (a) 斯莱文：主要是关于学业的，详细的小组奖励计分机制。

   (b) 约翰逊兄弟：关注社会性也关注学业，强调教授社会技能。

   (c) 卡冈：每堂课都由若干要素构成，其中一些要素之间可以相互组合，组成一个复杂的事物。

B. 情境设置。

1. CL。
2. Other。
3. CL。
4. Other。
5. Other。

C. 正确/错误。

1. F。在上课的第一阶段，教师呈现信息或组织实施信息的呈现。
2. F。高效的学习小组是由班级里各不相同的学生组成的。
3. T。
4. F。通过对个人进步状况的测查来衡量合作学习活动所取得的学业进步。
5. T。
6. F。小组奖励一般基于是否达到了预先设定的标准。例如，小组成员的个人测验得分提高了1～10分，小组就能获得奖励。

掌握程度测验，目标3

1. 故事伙伴。
2. 三三三分组。
3. 伙伴分享——提供了更多的实践机会。
4. 不同的策略——因为教学时间太长了。
5. 三三三分组或不同的策略——因为教学时间太长了。
6. 编号讨论。
7. 编号讨论。
8. 伙伴分享。
9. 三三三分组或伙伴分享。

掌握程度测验，目标4

A. 2、4、8和12题是支持合作学习的。

B. 回答可以各不相同。但是只有一组应该有三个白人学生；只有一组应该有一个女生；有三组应该有两个其他人种学生；每个小组应该有四个最高分学生里的一个学生，也要包括最低分的学生。示例：A小组——拉塔纳、梅丽莎、保罗、于；B小组——杜瑞斯、弗兰克、乔治、山姆；C小组——安、娜恩、罗斯、威廉；D小组——巴德、马文、海蒂、乔伊。

C. 学生小组成绩分工法的五个要素是：（1）组成异质学习小组；（2）呈现学习内容；（3）进行小组讨论与练习；（4）评价学生个体的掌握情况；（5）奖励小组所取得的成就。举例说明的回答可以各不相同。

D. 切块拼接法的六个要素：（1）组成学习小组；（2）组成专家小组；（3）提高专门知识技能；（4）在学习小组里共享各自的专项知识技能；（5）评价个人成就；（6）承认小组所取得的成就。举例说明的回答可以各不相同。

E. 回答可以各不相同。

F. （1）配对的学生确立自己的立场；（2）配对学生陈述各自的立场；（3）配对学生对比和比较各自的立场；（4）配对的学生交换立场，学习小组确立新的立场；（5）学习小组向全班展示综合后的立场。

G. 评分基于对学习内容掌握程度的评价中的个人表现。

掌握程度测验，目标5

A. 学生的社会技能。

1. 形成性技能——程序性的，利用发言卡实现相互轮换；功能性技能——情感守则，重述，解释，澄清，利用彩色卡；表达性技能——掌握学习内容，配对检查；激发性技能——拓展学习内容，探究，批判，挑战。

2. 任何国家不同的文化群体都有其不同的标准和期望。孩子并不是带着对于良好行为的共同认识来学校的。

B. 教师的类型。

1. 她应该只需要在小组合作期间处理学生个体或小组的问题。

2. 他应该和各个小组关注自己所要解决的问题。

3. 她应该鼓励乔伊所在小组成员督促乔伊积极参与。

4. 学生可以而且也应该随时随地注意安静地交流学习，这么做可以促进他们学习的深化。

掌握程度测验，目标6

1. 他应该移动课桌，并让学生知道为什么这么调整。

2. 他应该跟琼斯女士专门碰个头，解释他正在做什么改革，并寻求她的配合。或许他可以让琼斯女士每天提供反馈，告知她来教室整理时教室里的情况，或者通过在卫生情况良好的小组座位前贴便利贴的形式，告知学生他们的整洁情况。

3. 他应该同校长和年级组长简短会面。他应该向校长寻求特殊的帮助，要求校长帮助他进行数据搜集。观察者所做的详细记录要比教师本人的记录有用得多，也容易操作。

4. 他应该跟扎克先生介绍合作学习这种方式，说明特别需要注意持续依赖个体的表现和对学生个体进行评分。

5. 他应该搜集能够证明自己确实关注了有天分学生的证据，并与家长分享，说明艾莉森在学校学习期间还获得了其他能够拓展思维的机会。

6. 他应该实行定期轮换制度，并直接教授学生领导技能。所有的学生都应该知道如何锻炼自己的领导能力，即使有些学生比另外一些学生本身有更好的领导才能和领导倾向。

掌握程度测验，目标7

1. F。该模式也能同时展示参与学生学业成就方面的成果。

2. T。

3. F。努力进行广泛合作的话能够取得最好的成效。

4. T。

5. T。

6. F。他们已经掌握了很多课堂必备技能。

7. T。合作学习并不仅仅适用于学生！

第 10 章

练 习

练习：请选择信息搜集工具

1. 观察是最好的选择，因为想要知道学生写字母写得如何，就必须观察学生是如何书写的。

2. 通过质询可以最理想地探究他们的感受。这位教师应该询问他们的感受是什么。

3. 通过测验可以最理想地测查学生的学业成就。

4. 只要教师想测查某项认知技能的最佳表现，就必须运用测验这种信息搜集工具。

5. 观察他们的表现，或许还要分析所听到的演奏的情况。这就是对于这位音乐教师评价问题的回答。

6. 观察是最好的信息搜集工具，或许还应该不让学生知道自己正被教师观察着。

练习：选择题型

1. 论述题：学生在解释时要有一定的自由回答的空间。

2. 简答题：没有自由发挥的空间，需要直接列出这些步骤。

3. 多项选择题：从所列的各选项里进行选择。

4. 论述题：探讨时要有一定的自由回答空间。

5. 简答题：回答只需要列举名字，不需要解释。

6. 多项选择题：从所列的各选项里进行选择，或匹配题——将故障列为一列，然后将可能的原因列为另外一列。

7. 多项选择题：在乐谱后面列出对的和错的调作为选择项。也可以用简答题这种题型来测查："以上这个乐谱用的是哪个调？"

练习：编写论述题

1. 开放式的论述题：这个论述题应该允许学生有很大的发挥空间给出自己的回答，但首先还是应该清晰地表述问题问的是什么。你可以从以下示例中看到，开放式的论述题比较难评分，因为每个学生都存在局限，他们都是从自己的视角来回答这个问题的。

开放式论述题示例：

(a) 探讨在即兴演讲时降低焦虑的方法。

(b) 在没有消毒设备的情况下，如何杀菌？

(c) 探讨草案登记的优点与不足。

(d) 说服我为什么了解英语语言的发展历史是重要的。

2. 有所限制的论述题：还是同样需要确保论述题是清晰表述的。检查你的问题中对于答案的限制是否有助于学生做出更好的回答（如果学生知道这个问题想要追问的是哪些信息，学生就能知道如何回答这个问题）。

有所限制的论述题示例：

(a) 描述 20 世纪早期典型的爱斯基摩人村落，答案不超过 10 行。

(b) 列出并解释我们所探讨的如何开展实验的具体步骤。

(c) 举出将时速限制为 55 英里的五个理由，并提供证据证明其中的一个理由。

练习：编写标准答案

根据标准答案检查你的回答，将自己的回答与同学的回答进行比较。如果你对自己的标准答案不确定，那就请你的老师来帮你检查。

练习：评价和编写多项选择题

根据有效多项选择题的标准检查你的回答，然后再和一个同学交换，相互评价对方的回答。

练习：判断的类型

1. b。
2. c。
3. A。
4. A。
5. C。
6. B。

掌握程度测验，目标 1

1. 评价就是获取信息、形成判断并用于决策的过程。

2. (a) 评价准备。在这个阶段，首先你需要明确自己将采取的判断与决策（比如，什么时候开始学习第 2 单元，布置什么样的任务，把约翰尼安排在哪里）。然后，你必须明确如果要做出以上判断和决策需要搜集哪些信息（比如，学生学习掌握第 1 单元内容的速度如何，学生的兴趣是什么，约翰尼的阅读水平如何）。最后，你需要决定什么时候以何种方式获取所需的信息（比如，每周通过小测验获取，教学的第一周利用兴趣列表获取，教学的第二周利用阅读标准化测验和观察学生的朗读情况获取）。

(b) 获取信息。包括询问学生（质询）、观察学生（观察学生如何开展一项实验）或测验学生（进行历史事实方面的多项选择题测验）。

(c) 形成判断。在这个阶段，你需要将所搜集的信息与某些参照物进行对比，做出价值判断。反映学生学业成就的分数和反映学生预期表现的分数都是代表课堂判断的常见范例。

(d) 将判断用于决策和准备汇报。在评价的最后阶段，主要任务是决定采取怎样的行动（比如，将约翰尼安排在一个阅读水平较低的小组），汇报做出该项决策所依据的评价结果。注意重点是如何运用判断。

掌握程度测验，目标 2

1. d。
2. a。
3. c。

4. b。

5. a。

6. d。

掌握程度测验，目标3

运用以下标准，评价你所编写的测验试题：

1. 测验清晰地测查了教学目标。

2. 题目简单明了（不含糊）。

3. 所选用的题型是可直接用于测查教学目标的。

4. 你所选择的题目该年级学生都可以读懂。

5. 清晰表述了学生所需要的指导。

掌握程度测验，目标4

1. 编制检查清单：你的检查清单应该简单、明了、易用。如果有可能的话，在实践中尝试使用一下。向专家请教，看你的这份检查清单是否只涵盖了一些重要的行为表现。

2. 构建等级量表。依据有效等级量表的标准检查你自己的量表。与同学分享你所编写的量表，问一问他们是否觉得能够在实践中顺利地使用这份量表。

掌握程度测验，目标5

1. 档案袋就是精心选择、收集的学生作品的汇总。

2. 档案袋可以用于评价错误的类型和数量、思维类型或解决问题的策略，以及学生抓住并修正自己错误的能力。

3. F。

4. F。

掌握程度测验，目标6

1. a。

2. A。

3. B。

4. A。

5. C。

6. b。

7. c。

8. d。

掌握程度测验，目标7

1. 你的回答至少应该包括：必要时调整我们的教学，提前发现学生的误解，确认更为有效的学习策略。

2. 学生在学习过程中所做及所思有哪些？

掌握程度测验，目标8

1. 效度。如果测验不能测量到想要测量的内容，那么无论你怎么使用它还是无效的。即使这个测验的信度极高，对你而言这个测验还是没有用。

2. （a）这个测验是否能够为我提供所需的信息？

（b）这个测验所提供的信息是否非常可靠？

（c）这个测验容易实施、评分和解释吗？

（d）费用是否在我们的预算之内？

3. b。

4. a。

5. 严格遵从实施测验的相关指示。

6. 教师必须解释清楚，帮助学生明白，测验题目究竟问的是什么问题，但你绝不可以泄露答案。

掌握程度测验，目标9

1. 技术的作用就是协助评价活动，使其变得更容易、更安全、更有效。

2. 有没有更简单、更容易的评价学生的方式？成本如何（时间和财力方面）？存在哪些隐私/安全问题？对技术缺乏了解是否会影响测量误差？

译者后记

《如何成为反思型教师》是一本以探讨教师课堂教学技巧为主的实用手册，也是美国很多教师培养机构与教师教育专业师生的必读书，自1990年第一版出版以来，经过不断的修改、增订，已经更新到了第九版。我们也正是在其第九版的基础上进行翻译的。

由于是一本师范生培养的教科书，本书在体例和编写上按照教师设计和实施课堂教学的逻辑来组织，非常便于使用和学习。全书首先系统地阐述了何为"有效教学"，并且借用在美国得到广泛认可的丹尼尔森的教学专业实践框架，帮助初入教学门庭的师范生和新教师理解教学的专业性。不仅如此，本书的开篇即在广泛的专业认识论研究基础上，明确地将教师的专业性建立在反思实践的基础上，代表了当代教学专业和教师专业化研究的主流观点。

在后续的章节中，作者按照教学目标、教学计划与设计、教学实施、班级管理与教学评价的顺序将专业化的教师所应具备的能力逐一进行描述，同时设计了大量的实践技巧学习环节，并且精心安排了自主练习，帮助教师掌握实践技巧。另外，在按照教学环节编排的章节中，作者还穿插了一些十分重要的教学技巧，如促进学生投入学习的"使学生参与学习"和"提问技巧"等章节，都既实用又具有可操作性，便于新教师提高课堂掌控能力，改善教学效果。

在翻译的过程中，译者常常在思考，这样一本以美国社会文化环境和教学文化为背景的教科书是否适合中国读者学习和使用。经过反复的思考和讨论，我们认为，本书对于我国的师范生培养与教师专业发展同样具有指导性意义。具体体现在以下方面：首先，尽管中美两国的社会文化不同，特别是基础教育阶段的教学文化可以说存在着巨大的差异，但是本书所阐述的技巧，以及对课堂教学过程的理解与设计同我国一般意义上的理解基本上是一致的。并且，本书所阐述的课堂教学技巧也是各学科教师的通用技巧，对于教师来说，相当于基础性技能，因此，除个别章节之外，本书所描述的技巧，对于教师教学并无明显的文化倾向。其次，经过新课程改革的洗礼，我国的课堂教学组织与实施方式已经发生了深刻的变化，由传统的讲授式课堂逐渐转变为开放型课堂，更加关注学生的学习过程与学习体验，小组合作学习、任务型教学、问题解决式学习、项目学习等多种教学方式正在逐渐融入我国基础教育之中。传统文化中宝贵的教育思想如"因材施教"等也在回应现代教育思想的过程中产生了新的内涵，关注学生的个性化发展，为不同的学生提供适宜的教学等差异化教学的价值取向也日益成为学校教学活动设计的基本出发点。不仅如此，随着现代社会生活的发展，学校的学生也比以往呈现出了更多的差异性。有特殊需要的学生正在逐步通过融合教育步入普通学校的课堂，可以说，种种的教育变革也对今天的教师提出了前所未有的挑战。本书所介绍的教学技巧其主旨方向恰恰与我国教育改革特别是课堂教学方式变革的基本趋势相吻合，因此，对于变革中的教师而言，本书中的技巧可以帮助教师将心中关于教学的愿景与设想转变为课堂教学的现实。最后，在长期的教师教育研究工作中，译者发现相关主题的教材建设在我国仍亟待加强。师范生的培养方式和培养质量不能满足基础教育改革需求的矛盾在我国很多地区、很多学科领域都突出地存在着。译者也痛感我国教育科学研究对基础教育以及教师培养工作支持乏力，教育科学研究队伍与教育实践工作者常常陷入"自说自话"的尴尬境地。译者也希望通过引入这样一本面向师范生教学技能培养的教材，为我国的教育科学研究提供一种参照和借鉴，推动教育学科的研究成果以对教师更为"友好"的方式去支持教师培养与教学实践工作。

为适应中国读者需要，在出版社的支持下，我们对书中部分内容进行了大胆的删减。原书中有大量提示，提醒读者关注书中所介绍的技巧与美国教师资格证书认证标准的关联。这类内容显然与中国读者关系不大。原书还包含了一定篇幅的视频案例解析，对于没有看过视频案例的人来说，这部分内容会让人莫名其妙。因此，在征得了版权授权人同意后，我们把这两部分内容删掉了，这样全书的内容更为紧凑，也更加贴合中国读者的需求。

教学工作是一项极为复杂的工作，教师需要在复杂的教学情境中随时评估学生的学习状况，做出决策，选择恰当的教学方法。教师还需要高超的情绪管理能力来抵御超负荷的工作压力与行政问责带来的职业倦怠，保持教学的热情。此外，教师还是学生成长道路上的榜样，引领学生在人格、道德和思想方面逐步走向成熟。因此，师范生只有经过长期的精心培养才能胜任教学岗位的要求，教师也只有掌握和灵活运用丰富的技巧与策略才能实现高质量的教学。缺乏教学策略与技巧，不仅仅会影响教师的教学效果，也很有可能导致教师在专业伦理和道德方面出现严重的问题。这就要求：一方面要加强师德师风建设；另一方面，也需要教育工作者拥有高超的教学能力与丰富多样的技巧，以做到游刃有余。希望本书的翻译和出版，能够为我国教师送上一份"锦囊妙计"，帮助教师丰富和发展自己的教学技巧资源库。

这本书的翻译过程也可以说是一波三折。早在2013年，译稿就已经交付出版社，2014年暑假，笔者根据出版社提出的意见，整体上对译稿进行了二次加工和润色，郑丹丹补充翻译了练习题目的答案。2014年10月，完整的译稿再次提交出版社。其后很长时间内，这本书都被排在笔者的工作日程之外。2017年3月，笔者在美国访学期间，又接到出版社修改稿件的通知，于是利用在美的宝贵学习时间，重新通读、校订、修改了全部译稿。对本书翻译有利的是，笔者赴美访学期间，有机会近距离观察和接触当地公立学校，因而对美国公立学校的课程与教学以及学校文化有了直接真切的感受，也对书中所谈到的种种教学技巧有了进一步的认识。因此，这一次的修改中，笔者不仅对编辑提出的问题进行了确认和整理，而且有针对性地对全书进行了校订。特别需要提及的是，为帮助出版社加快出版进度，再加上担心跨洋邮寄造成稿件遗失，笔者在美探亲的老母亲学会了使用手机扫描App，戴着老花镜，将修改过的300多页译稿逐一扫描到手机之中，再由笔者通过电子邮件发给编辑。如此辗转波折，也是希望能够将书中的内容尽可能及时准确地呈现给读者。

翻译此书初稿时，部分译者还是在校研究生。等到本书面世，这些研究生早已毕业奔向各地，并且在自己的工作岗位上做出了很多可喜的成绩。特别是一些同学还走上了一线教学岗位，亲身投入我国教育教学改革的前沿。希望本书的出版，既能成为他们研究生学习生涯的纪念，也能成为他们今后教学生涯的参考。本书共有10章，前言、致谢、如何使用本书、作者简介、答案以及第7～10章初稿由郑丹丹翻译，第1章、第2章由李学文、赵萍翻译，第3章由郝国强翻译，第4～5章由闫玉洁翻译，第6章由赵萍、李琳翻译，最后全书由赵萍统一校译、审订。由于本书出版周期很长，时过境迁，书中有些术语和内容的翻译或许有不够准确或是不同于前沿研究的表述；再加上才疏学浅，鲁鱼亥豕之处在所难免，译稿的责任全部由赵萍和郑丹丹两位主要译者承担，在此也恳请方家不吝赐教。

赵萍
2017 年 12 月于北京

Classroom Teaching Skills, 9e
James M. Cooper; Jason G. Irizarry; Mary S. Leighton; Greta G. Morine-Dershimer; David Sadker; Myra Sadker; Robert Shostak; Terry D. TenBrink; Carol Ann Tomlinson; Wilford A. Weber; Carol S. Weinstein; Karen R. Zittleman
Copyright © 2011, 2006 Wadsworth, Cengage Learning

Original edition published by Cengage Learning. All rights reserved. 本书原版由圣智学习出版公司出版。版权所有，盗印必究。

China Renmin University Press is authorized by Cengage Learning to publish and distribute exclusively this simplified Chinese edition. This edition is authorized for sale in the People's Republic of China only (excluding Hong Kong, Macao SAR and Taiwan). Unauthorized export of this edition is a violation of the Copyright Act. No part of this publication may be reproduced or distributed by any means, or stored in a database or retrieval system, without the prior written permission of the publisher.

本书中文简体字翻译版由圣智学习出版公司授权中国人民大学出版社独家出版发行。此版本仅限在中华人民共和国境内（不包括中国香港、澳门特别行政区及中国台湾）销售。未经授权的本书出口将被视为违反版权法的行为。未经出版者预先书面许可，不得以任何方式复制或发行本书的任何部分。

Cengage Learning Asia Pte. Ltd.
151 Lorong Chuan, #02-08 New Tech Park, Singapore 556741

本书封面贴有 Cengage Learning 防伪标签，无标签者不得销售。

北京市版权局著作权合同登记号　图字：01-2010-2125

图书在版编目（CIP）数据

如何成为反思型教师：课堂教学必备技能：第九版/（美）詹姆斯·M. 库珀主编；赵萍，郑丹丹译. —北京：中国人民大学出版社，2018.1
（教育新视野）
ISBN 978-7-300-23932-3

Ⅰ.①如… Ⅱ.①詹… ②赵… ③郑… Ⅲ.①课堂教学-教学研究 Ⅳ.①G424.21

中国版本图书馆 CIP 数据核字（2017）第 010273 号

教育新视野
如何成为反思型教师：课堂教学必备技能（第九版）
[美] 詹姆斯·M. 库珀（James M. Cooper） 主编
赵 萍 郑丹丹 译
赵 萍 审校
Ruhe Chengwei Fansixing Jiaoshi: Ketang Jiaoxue Bibei Jineng

出版发行	中国人民大学出版社		
社　　址	北京中关村大街 31 号	邮政编码	100080
电　　话	010-62511242（总编室）		010-62511770（质管部）
	010-82501766（邮购部）		010-62514148（门市部）
	010-62515195（发行公司）		010-62515275（盗版举报）
网　　址	http://www.crup.com.cn		
	http://www.ttrnet.com（人大教研网）		
经　　销	新华书店		
印　　刷	北京七色印务有限公司		
规　　格	185 mm×260 mm　16 开本	版　次	2018 年 1 月第 1 版
印　　张	21.75 插页 1	印　次	2021 年 7 月第 3 次印刷
字　　数	505 000	定　价	98.00 元

版权所有　　侵权必究　　印装差错　　负责调换

Supplements Request Form（教辅材料申请表）

Lecturer's Details（教师信息）			
Name： （姓名）		Title： （职务）	
Department： （系科）		School/University： （学院/大学）	
Official E-mail： （学校邮箱）		Lecturer's Address/ Post Code： （教师通讯地址/邮编）	
Tel： （电话）			
Mobile： （手机）			

Adoption Details（教材信息）	原版☐ 翻译版☐ 影印版☐
Title：（英文书名） Edition：（版次） Author：（作者）	
Local Publisher： （中国出版社）	
Enrolment：（学生人数）	Semester：（学期起止时间）

Contact Person & Phone/E-Mail/Subject：
（系科/学院教学负责人电话/邮件/研究方向）
（我公司要求在此处标明系科/学院教学负责人电话/传真及电话和传真号码并在此加盖公章.）

教材购买由 我☐   我作为委员会的一部分☐   其他人☐ [姓名：   ] 决定.

Please fax or post the complete form to（请将此表格传真至）：

CENGAGE LEARNING BEIJING
ATTN：Higher Education Division
TEL：（86）10-82862096/95/97
FAX：（86）10-82862089
EMAIL：asia.infochina@cengage.com
www.cengageasia.com
ADD：北京市海淀区科学院南路2号
融科资讯中心C座南楼12层1201室   100190

Note：Thomson Learning has changed its name to CENGAGE Learning.

VERIFICATION FORM/CENGAGE LEARNING